经济学科的方法论探索

数理逻辑批判

经济学的建模和计量

朱富强◎著

THE
CRITIQUE
OF
MATHEMATICAL
LOGIC
—
Modeling
and
Quantitation
in
Economics

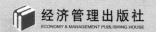

经济管理出版社
ECONOMY & MANAGEMENT PUBLISHING HOUSE

图书在版编目（CIP）数据

数理逻辑批判：经济学的建模和计量 / 朱富强著 . — 北京：经济管理出版社，2020.12
ISBN 978-7-5096-7481-9

Ⅰ . ①数… Ⅱ . ①朱… Ⅲ . ①经济学—方法论—研究 Ⅳ . ① F011

中国版本图书馆 CIP 数据核字（2020）第 255960 号

组稿编辑：王光艳
责任编辑：许　艳
责任印制：黄章平
责任校对：董彬珊

出版发行：经济管理出版社
　　　　　（北京市海淀区北蜂窝 8 号中雅大厦 A 座 11 层　　100038）
网　　址：www.E-mp.com.cn
电　　话：（010）51915602
印　　刷：唐山昊达印刷有限公司
经　　销：新华书店
开　　本：710mm×1000mm/16
印　　张：26.75
字　　数：463 千字
版　　次：2020 年 12 月第 1 版 2020 年 12 月第 1 次印刷
书　　号：ISBN 978-7-5096-7481-9
定　　价：88.00 元

在我看来，所有为人接受的思想体系都不过是舞台剧本，代表了它们自身按照一种不正式的戏剧化的风格创造出来的世界。

——培根

（现代经济学研究生培养的困境是）当他们开始从事模型建立时，他们必须是有关建立模型的方法论方面的专家，但他们在上岗前，却又必须从未讨论过方法论问题。

——博兰

数学定理不过是同义反复，它们由于不涉及任何实质内容，因此不可能是错误的，它们只不过是给出了如何定义事物的含义。

——宾默尔

实证取决于事先的规范决定……

——西德尼·亚历山大

导　言

 一　方法论研究的现代意义

　　马尔库塞曾指出，经历商品经济与社会达尔文主义的竞争观念的多番轰炸，绝大多数人已经几乎丧失了政治革新的热情，而被迫接受了现实社会，因为大众的政治参与最主要是追求生活需要的满足，而这种需要最初是以粗陋的现实需要为主要形式的。同样地，单向度性也深深地浸透在现代经济学的研究之中，绝大多数经济学论文的撰写目的都只是基于个人生活的需要，从而也就会刻意地遵循和依附主流的分析框架。也正是经过专业化和技术化的单向度改造，现代经济学就蜕变为一种烦琐的"八股"之学，并由此形成了只有"章句之师"而无"传道之师"的当下局面。相应地，经济学科就面临着类似韩愈"直指人伦，扫除章句之繁琐"的革新。有鉴于此，笔者追随康德而数十年如一日地躲进小楼，游离于社会杂务之外，将所有精力都用于文献的梳理及思辨的追寻之中，尤其是积极吸收和契合其他社会科学的研究思维和理论认知，并由此来审视和发展现代经济学。

　　一般地，对主流经济学体系的审视主要基于两大问题意识——关注理论与经验之一致性的现实意识和注重理论体系之内在逻辑一致性的理论意识；进而，对具体经济理论的审视则主要基于两大推理视角：逻辑推理的前提假设和推理过程。其中，基于两大逻辑视角的审视主要属于理论问题意识范畴，因此，即使逻辑前提和逻辑关系都不存在显著缺陷，它所获得的也仅仅是"逻辑的真理"，而与"事实的真理"之间很可能出现脱节。相应地，这就需要运用批判性思维去审视理论与事实之间的关系，需要引入强烈的现实问题意识，而这又涉及理论研究所根基的哲学思维。在很大程度上，正是由于现代主流经济学缺乏对自己所根基的哲学思维进行反思的意愿和能力，从而就造成目前这种只关注表象且缺乏批判性反思的学术取向。有鉴于此，笔者基于两大问题意识以及两大推理视角对现代主流经济展开系统的审视和剖析，并完成了六大批判：数理逻辑批判、流行范式批判、研究定向批判、理论硬核批判、普适性批判和纯粹市场批判。

当然，正如库恩强调的，一门非常规科学的研究，不能局限于对现有常规科学范式的批判，而必须给出一个可以替代它的更好的新范式；同时，只有新范式具有更强的分析力和说服力，才能真正实现范式的转换和理论的发展。这意味着，真正有价值的学术研究不应局限于批判层次；相反，只有当提供一个更为合理和可行的替代方案时，批判才会具有建设性意义。相应地，系统的学说研究就需要将批判与建设相结合，不仅要有解构，更应有建构。有鉴于此，笔者又进一步基于从解构到建构的逻辑而展开全面的学术思考，进而，上述六大批判也就对应了四套丛书的基本主题：数理逻辑批判和流行范式批判是对经济学方法论的反思而形成的《经济学科的方法论探索》丛书的主题，研究定向批判和理论硬核批判是对经济学中人性假设的反思而形成的《经济分析的行为逻辑》丛书的主题，普适性批判是对经济学本土化的探索而形成的《中国经济学的范式构建》丛书的主题，纯粹市场批判则是对市场神话的经济政策进行审视而形成的《社会秩序的扩展机制》丛书的主题。

在很大程度上，本丛书就集中于对现代主流经济学方法论进行剖析，进而对流行学术规则和传统智慧进行审视。正是由于本丛书不是遵循大家都熟悉的研究范式，从而就不容易为时下学人所接受。关于这一点，奥地利学派学者沃恩就写道："当奥地利学派经济学家试图谈论有关规则的时候——比如为什么他们不喜欢主流经济学的规则或者为什么他们认为他们的规则会更好一些——人们便指责他们太过于专注于那些'不过是些方法论'的东西，而方法论普遍被认为是只有那些做不了真正的经济学研究的人才去做的事情。我们常常听到有人说：如果奥地利学派的人能够忘掉他们的那些方法论而实实在在地去做一些经济学分析的话，那他们的名声会好一些。然而，如果你的方法论遭到那些主流规则的人所误解或不屑，你又如何能够做令人信服的经济分析呢？"[①]

在过去的学术生涯中，笔者也曾多次听到一些同仁的抱怨：你与其从事学术批判和研究方法论，还不如集中批判几个关键定理，或者提出一些影响社会发展的政策。现代主流经济学界也流传这样一句话：往往只有那些思想和学说

---

① 沃恩：《奥地利学派经济学在美国——一个传统的迁入》，朱全红等译，浙江大学出版社2008年版，第3页。

创见匮乏的人，才会转而研究所谓的方法论。那么，为何又要专门探讨方法论呢？门格尔所给出的理由是，只有在错误的方法在学科中取得了支配性地位的时候，"方法论的探究才确实是对于学科的发展来说最重要、最紧迫的问题。"[①]在很大程度上，正是感受到历史学派的方法思维已经严重阻碍了对理论经济学的探索，门格尔就掀起了一场方法论大战。由此推之，现代主流经济学正日益陷入"我向思考"的封闭逻辑之中，严重影响了对现实世界的认知和分析，因而目前也需要有一场新的方法论交锋。

其实，固然我们可以集中对现代主流经济学的基本原理和具体理论进行审视，也确实已经有大量的文章对现代经济学教材中的几乎所有理论都做了批判，但现代主流经济学的地位依然稳如泰山。这是为什么呢？一个重要原因是，迄今为止并没有任何一个理论能够称得上（绝对的）真理，现代主流经济学的理论都建立在它自身的一套分析框架和理论体系之上；相应地，除非你提出的理论能够对所有这些理论都形成完整的批驳和替代，而不是零星的批判，不然就很难驳倒其他理论，更不要说，那些对主流经济学理论提出替代的各个理论也都源于不同的范式和框架。熊彼特很早就指出，"即使在我们这个时代，距离那种不消一页纸的短文就能像物理学上那样形成国际思想的日子，还远得很呢！"[②] 正因如此，我们对主流经济学的批判，并不能仅仅着眼于某个观点或定理，而应该从哲学思维入手剖析它的分析逻辑，由此来揭示它在方法上的缺陷，并提出更好的替代方法，然后后继者才能在此基础上发展出一个个替代理论。

最后，我们关注经济学的方法论问题，也是当前经济学的学术环境和学术使命所决定的。首先，在学术环境方面，兰德雷斯和柯南德尔指出，经济学"行业本身没有鼓励非正统思想，而是质疑非正统观点的正当性。因此，非正统经济学家一般倾向于关注研究方法，因为通过方法，他们才能质疑主流经济学家既定的假设、范围与方法的正统性。超越方法来建立自身的分析，并提供一个可行的竞争性研究计划，是几乎所有非主流集团都要面对的一个问题。"[③]另外，在学术使命方面，兰德雷斯和柯南德尔指出，"在你开始研究解决问题之前，你必须决定你将研究什么以及你将采取什么方法——你必须做方法上的决策。一旦你着手于一项研究，你就会变得太潜心于此，以至于不能改变你的

---

① 门格尔：《经济学方法论探索》，姚中秋译，新星出版社 2007 年版，第 5 页。

② 熊彼特：《经济分析史》（第 1 卷），朱泱等译，商务印书馆 1991 年版，第 375 页。

③ 兰德雷斯、柯南德尔：《经济思想史》，周文译，人民邮电出版社 2011 年版，第 8 页。

做法"，"要获得年轻经济学家对方法研究的支持，没有告诫是做不到的：浅尝方法论是极端危险的做法。对方法的研究是会上瘾的；它哄骗你去考虑你正在做什么，而不是怎样去做。方法上的问题被复杂因素所淹没，新的尝试者可能会错过完全使他或她的见识失效的细微点"。①

二 丛书的研究架构和内容

（一）本丛书的研究重心

本丛书是有关经济学方法论的反思和探索，对应于六大批判的前两个。它包括4部书稿：《数理逻辑批判：经济学的建模和计量》《流行范式批判：经济学的庸俗化取向》《帝国主义批判：经济学的契合式发展》和《中国经济学怎么走：学术精神和制度批判》。它们分别从主流经济学的思维逻辑、应用经济分析的流行范式、经济理论发展的契合路径以及中国经济学的现实困境这四个方面展开对现代主流经济学方法论的全方位审视和反思。

第一，《数理逻辑批判：经济学的建模和计量》。数理建模和计量检验是现代经济学的主要方法论特色，相应地，该书主要从这两个维度对现代经济学进行反思，集中从理论上剖析了经济学数量化发展中的内在逻辑问题。由此，该书主要展开以下探索：①为了更深入地洞悉经济学数理化发展中潜含的问题，该书系统审视了科学的内涵及其划界标准，进而剖析了经济学科的科学特性及其方法论要求；②为了更好地辨识经济学数理化的成因及其缺陷，该书又对其哲学和方法论基础——逻辑实证主义展开系统审视和批判，尤其是指出嵌入其中的逻辑缺陷；③为了理解经济学数量化何以如此偏盛，该书又系统考察了经济学数量化发展过程的历史背景、学科认知以及相应的学术制度。

第二，《流行范式批判：经济学研究的庸俗化取向》。从理论层面上说，数理建模和计量实证对经济研究具有一定的积极意义，它有助于一些直观看法的严密化和初步检验；但是，当数理建模和计量实证局限于现代主流经济学范式时，经济学研究就呈现出明显的方法导向特征，进而衍生出追求形式的变异形态。正因如此，当前经济学研究就注重形式规范而偏离科学认知，从而带有强烈的庸俗性。尤其是，受制于狭隘的知识结构以及功利的学术风气，中国经济

---

① 兰德雷斯、柯南德尔：《经济思想史》，周文译，人民邮电出版社2011年版，第11页。

学人还热衷于使用这种方式分析具体现实问题，进而偏重于应用政策而非基础理论的研究，这使主流分析范式的原有缺陷被进一步扩大。为此，承接《数理逻辑批判》一书，该书转而从现实应用层面对现代经济学范式的庸俗性展开深刻的审视和批判。

第三，《帝国主义批判：经济学的契合式发展》。现代经济学的研究范围已经远远超越了传统的经济领域，却没有积极吸收其他社会科学所开辟的思维和所积累的知识，而呈现出单向度的扩张，这就是经济学帝国主义。经济学帝国主义致力于将原本就存在严重缺陷的经济分析方法从工程学以及传统经济领域拓展到更为广泛的社会生活领域，结果就造成研究方法与研究内容的进一步脱节。事实上，生活世界具有不同于自然世界的根本性特点，人类行为也不能人为地分割成不同领域并做割裂式研究；相应地，经济学与社会科学而非自然科学更为接近，更应该充分契合社会科学各领域所提供的知识和思维，而不是简单地引入将自然科学的研究思维和分析工具并进而将之单向地拓展到生活世界以分析纷繁芜杂的社会经济现象。同时，知识和思维的契合也对经济学研究提出了这样的要求：既要具有广博的知识结构和高超的智性能力，又要具有包容性的学术态度和多元化的学术思维。因此，该书基于整体论思维来审视经济学帝国主义的发展路向、认知缺陷以及现代经济学人的知识局限，进而寻求构建统一经济学科的基本路向和合理途径。

第四，《中国经济学怎么走：学术精神和制度批判》。前面三本书是对现代经济学的思维和范式批判，该书则是转向对中国经济学的现状批判。经济学研究的根本目的在于指导社会实践，理论假设也应来自人伦日用；但是，现代主流经济学的基本范式却越来越抽象和形式化，从而导致了理论与现实的脱节。与此同时，儒家社会崇尚的"知行合一"观可以更好地将理论探索与生活体验及理想发展结合起来，从而受儒家文化影响的经济学人应该且可以对现代主流经济学的基本思维及其经济人假设展开反思。问题是，中国经济学界根本上却缺乏这种反思精神，而大肆贩卖现代主流经济学的思维和学说。为此，该书基于从本质到现象的研究路线对当前中国经济学界扭曲性的研究倾向及其原因作系统性的探索，进而将经济学理论研究所需的学术素养与目前中国社会的学术环境、社会风气以及共生的制度安排结合在一起展开交叉性的思考；由此，就不仅可以深刻地解答钱学森之问，而且还可以寻求有效变革的方向和途径。

（二）本丛书的主要内容

本丛书主要是基于理论问题意识层面的反思，扣紧了社会经济现象以及社会科学的基本特性；同时，它主要是基于逻辑关系维度的反思，集中剖析现代主流经济学的数理化趋势，剖析了其紧密相连的一系列分析逻辑所内含的缺陷。实际上，理论逻辑包括形式逻辑和行为逻辑两个方面，而现代主流经济学中获得充分发展的主要是形式逻辑，它注重数理推理的一致性和严格性。但是，经济学研究的根本对象是由心理意识所促发的人类行为以及由社会互动产生的社会经济现象，这不仅远比自然现象更复杂和多变，而且更难以用不变的定量关系来刻画。有鉴于此，本丛书集中于对经济学科的基本特性及其方法论要求进行解析，重点研究议题如下。

第一，方法论对经济学的理论研究而言非常重要，尽管从事经济学研究的人并不一定都会成为经济学方法论专家，但每位从事理论经济学探究以及打算将经济学理论应用于实践的人至少对经济学的研究思维都有一定的了解。然而，现代经济学人却越来越热衷于在特定的新古典—凯恩斯经济学分析框架下作模型构造，并且只重视工具而不关心方法。为何如此呢？本丛书致力于对经济学方法论展开深入探索。

第二，如果缺乏合理方法论的指导，所谓的研究往往只能是观点的陈述，或者只是做些机械的数据处理工作。因此，所谓的研究根本就上升不到理论层次，而只会落入庸俗实用主义的窠臼之中，从而必然无法全面地认识经济现象和经济规律。那么，目前为现代主流经济学人所遵行的研究范式合理吗？本丛书致力于对现代主流经济学的方法论以及由此获得的一些重要论断进行审视。

第三，从根本上说，完整的经济学理论研究包含了四个基本层次：首先是方法论层次；其次是理论构建层次；再次是表达工具层次；最后是实证检验层次。但现代主流经济学基本上舍弃了方法论和知识契合这两个基本范畴而偏重于工具表达和实证检验这两个辅助性范畴，从而导致了数理经济学和计量经济学的偏盛。那么，经济学研究究竟应该遵从何种方法论呢？本丛书致力于构建经济学研究的基本路线和分析框架。

第四，任何学科的研究方法都应该与其研究对象相适应，不同学科会因其研究对象的差异而呈现出迥异的特征以及偏重某种独特的研究方法。显然，作为一门社会科学，经济学的研究对象根本不同于自然现象，从而在研究方法上也不能简单地模仿自然科学。但现代主流经济学的根本问题恰恰就在于，它把经济学当作自然科学来研究。本丛书致力于经济学与自然科学在分析思维和方法论上的差异比较。

第五，现代主流经济学极力强调经济理论的普遍性和客观性，强调推理逻辑的严格性和精确性，乃至将科学化与客观化进而和数学化等同起来；结果，数学工具的使用程度就成了衡量经济学论文水平的重要标准，这最终导致经济学蜕变成为应用数学的一个分支。问题是，经济学的科学性并不同于自然科学，经济学的数量化也不等同科学化。本丛书致力于探究科学的本质以及经济学科的科学性内涵。

 ## 三　本书的内容结构和观点

（一）本书的研究重点

本书致力于从学说的高次元精神和要求层次上对现代经济学的流行范式进行批判性审视，它主要由五大部分构成：第 1 篇"经济学的学科属性及其衍生特征"集中审查"科学"的内涵以及科学的判别标准；第 2 篇"现代经济学中纯粹数理建模批判"集中审视现代经济学中的数理建模取向；第 3 篇"现代经济学中纯粹计量实证批判"集中审视现代经济学中的计量实证取向；第 4 篇"数量化的逻辑实证主义基础批判"集中考察数理建模和计量实证共同的逻辑实证主义基础；第 5 篇"经济学数量化的路径及成因审视"集中考察数量经济学如此迅猛发展的社会和制度原因。

第一，现代经济学号称社会科学的明珠或皇后，但经济学科符合流行的科学特征吗？现代经济学可以被称为一门科学吗？经济学科的科学性有何独特性呢？它对方法论有何要求？本书首先就"科学"的内涵以及科学的判别标准作一探索，并基于科学研究的根本目的来探究经济学作为一门科学所应有的学科特性，进而提出整体论的研究思维以及四大层次的方法论。

第二，现代经济学往往将理论研究等同于数理建模，但是，社会经济现象和规律能否用数学语言来精确刻画和揭示？数理经济学的发展是否深化了人们的社会认知？经济学的数学化能够带来经济学科的科学化发展和理论进步吗？经济学本身能否被打造成逻辑自洽的公理体系？本书对数学建模的方法论基础和科学意义做了深刻的反思。

第三，现代经济学的应用研究基本上就是计量实证，但是，流行的计量实证果真能如宣扬的那样客观和科学吗？计量实证能够真正得出以及检验一个经济理论？计量分析提高对经济现象的解释力和预测力了吗？基于计量结论提高对社会改造的实践能力了吗？进而，把实证经济学转化为一门解释性学说合理吗？本书对计量实证内含的价值观及其实践效果进行深入剖析。

第四，将数理建模和计量实证统一起来而形成现代主流经济学范式的哲学基础是逻辑实证主义，但是，逻辑实证主义作为经济学的方法论基础有多大程度的合理性呢？它能揭示事物的内在本质和作用机理吗？进而，能构造出"极高明而道中庸"的理论体系吗？本书对逻辑实证主义的发展历程及其内在缺陷展开系统审视，由此来寻找替代性的哲学和方法论基础。

第五，科学哲学家和方法论专家对逻辑实证主义大多持批判态度，但数量经济学为何还会如此泛滥？主流经济学界和非主流经济学界是如何看待这一现象的？进而，这一现象又根植于哪种社会环境和学术机制？本书对数理经济学的发展历程、社会背景、内在机理以及内在缺陷作一深入的剖析，由此对相关的学术风气和学术精神进行了批判性审视。

（二）本书的主要观点

经济学数量化的畸形发展是科学主义不断偏盛的产物，它试图借鉴自然科学的"科学方法"来研究社会经济问题，却由此忽视或舍弃了对社会经济现象的理解中必不可少的人之"知性"的作用。结果，现代主流经济学的研究根本上就处于"不思"状态，它所谓的研究往往只是对事物表象的描述而无法深入到对事物实质的揭示，自然也就不能提出什么新知识，也无法推动理论的发展和进步。本书的主要观点如下。

第一，流行的科学概念及其内涵源于自然科学，它建立在可检验性（实证论）和可重复性（还原论）这两大基本条件之上，但经济学科根本不符合这种"科学"含义。因此，现代主流经济学刻意地将其学说包装成一种客观的科学，并以客观和中立为借口排斥其他视角的反思和批判，最终只会退化为一门"伪科学"。

第二，现代主流经济学之所以蜕化成"伪科学"，主要体现为两方面：①现代经济学根本达不到自然科学的要求；②主流经济学人清楚这一点却极力宣传它的客观性和科学性。也就是说，一方面现代主流经济学在客观上存在明显缺陷，另一方面现代经济学人在主观上又存在"欺骗"动机，这样宣言和事实间的巨大差距就造就了现代主流经济学的"伪科学"性。

第三，经济学研究难以符合自然科学的"科学性"要求。这也表现在两大方面：①社会现象总是在不断变化的，影响因素随历史、文化不断改变，因此，人工隔离则往往会消除那些在社会科学中极为重要的因素；②人类社会中存在强烈的俄狄浦斯效应和自反馈效应，因此，在社会科学中看似重复出现的事件的经验与原来事件的经验是不同的，每一个被观察到的事件都是新的。

第四，科学根本上体现为主体对客体的认知，是"实现我们为此研究所追求的目的"的理论体系，从而具有强烈的主观性。正是在这一维度的定义上，经济学科本身是一门科学。但同时，经济学的研究对象涵盖了人与自然以及人与社会这两个关系层面，涉及自然世界和生活世界两大领域。从这个意义上说，经济学科又具有人文性和科学性的双重特性。

第五，经济学本质上归属于科学范畴是一回事，但现实经济学是不是科学又是另一回事。事实上，现代主流经济学的很多具体论断都已经被经验事实和逻辑推理所证伪，但是，现代主流经济学人却依然把自然科学视为模仿对象，并试图通过各种包装来使人相信其理论的客观性、科学性。其结果必然是，现代经济学将会日益丧失其科学性。

第六，科学本身就嵌入了主观性和不确定性，因而数学在科学研究中本身就受到一定限制。同时，包括经济学在内的社会科学所研究的对象更不确定，所获的认知也更为主观，这使经济学理论具有更强的主观性。此外，经济学科与自然科学在科学特性上的差异，也体现在两者具有明显不同的研究目的。

第七，对经济学的理论研究来说，数学分析属于工具性层次，仅仅是第二位的；更何况，由于涉及真实的人类行为机理，数学工具应用于经济学将面临着比在自然科学中更大的局限。但是，数学工具的价值却被现代经济学过分拔高了，这导致了经济思想的缺失，导致在貌似变"硬"的同时离真实世界越来越远。

第八，尽管现代主流经济学偏重实证经济学的科学性和客观性，但实证分析的客观性本身却是一种虚构：无论从数据资料的选择还是从分析工具的选择都嵌入了主观性。在很大程度上，包括经济学在内的社会科学理论发展，主要不是基于可控实验的外部标准进行检验，而是要依据内部标准的逻辑体系。

第九，以计量实证来构建经济理论会遇到"休谟问题"：以无数例子构成的一般结论总会面临新的特例的反驳。事实上，当计量实证的检验结果与理论一致时并不能证实理论，因为还有更多事实没有得到检验；当检验结果与理论发生差错时也不能证伪理论，因为经济理论所基于的条件根本上不可重复。

第十，基于计量实证的现象预测和政策指导也存在严重问题：当实证分析试图根据现状或过去发展来预测未来走势时，这就会遭遇预测的逻辑一致性问题；而当实证分析试图将适合特定时间、特定范围和特定物体的方法或手段运用到其他场合时，这就潜含着工具主义谬误。

第十一，尽管逻辑实证主义促进了归纳和演绎逻辑的严密化，但它根本上内含着约定主义和工具主义取向。其结果就是，现代主流经济学往往只是在特定引导假定下做些细枝末节的解释性或检验性工作，却无法对自身理论展开系统而深入的批判，进而也就无视经济理论与现实的脱节。

第十二，逻辑实证主义在解释、确证以及理论构建三大层次上都存在逻辑问题：弗里德曼的"假设的现实无关性"论断混淆了前提和推论间的关系；基于工具主义来构建理论则混淆了功能联系和因果机理。因此，逻辑实证主义只是为经济学发展了一套更为完善、圆滑的自我辩护的技巧以及提供一些琐碎的统计资料。

第十三，经济理论不仅关注社会事物之间的功能关系，更不能停留在数字间的相关性分析上；相反，它要挖掘事物之间发生的作用机理，要揭示何以存在这种机理的因果关系。基于这一目的，经济学理论研究更需要运用溯因推理或外展推理的方法，而这是超验实在主义基本特性。

第十四，良好的直觉是经济学理论研究的必要条件，而经济直觉也不等于数理直觉，它的合理性不是依赖于形式逻辑的证明，而是源于广博的社会科学知识。同时，从经济直觉上升到经济理论，也需要经受内部有效性的检验，但这种内部有效性的依据并非是数理逻辑而是行为逻辑。

第十五，经济学数量化有两大起因：一是实践上盛行的实用主义原则，这由功能主义哲学观所促发；二是理论上遵循的自然主义思维，这由科学主义发展观所引领。但是，前者往往会蜕变为就事论事的庸俗实用主义，后者则会混同社会现象和自然现象的不同特性。

第十六，经济学的抽象化和数理化加剧还在于一系列的社会机制，这包括：模仿和攀比促发的自反馈路径，学术界等级化秩序导致的单一化理论研究，流行的匿名审稿体系对数理形式的强化，引导假定的不可通约性加剧了"我向思考"式研究，等等。基于这一认识，多方学者都对经济学的数理化取向提出了批判。

第3篇

现代经济学中纯粹计量实证批判

第4篇

数量化的逻辑实证主义基础批判

第5篇

经济学数量化的路径及成因审视

绪　论

现代经济学为何缺乏方法论的反思？

> **导　读**
>
> 　　方法论对任何学科的理论研究都至关重要。从某种意义上讲，经济学说发展史也就是一部经济学方法论变换史：①经济思想的任何重大创新和发展都伴随着方法论的变革；②任何经济学流派的研究方法都与其研究对象和内容相适应。然而，自新古典经济学研究范式确立之后，特别是自弗里德曼等将逻辑实证主义引入经济学以来，自然科学的研究方法就开始主导了经济学的研究，而方法论的探究则日渐式微；即使20世纪70年代以来经济学的研究内容已经发生了巨大改变，现代主流经济学依然不愿对方法论进行实质性探讨，以致20世纪80年代曾经在西方复兴的方法论思潮又逐渐湮息了。究其原因有二：①迄今为止的方法论探究还主要停留在画地为牢的批判层面，因而没有对经济学的研究和教学提供多少有用的东西；②现代主流经济学已经日益教条化和功利化，那些掌握学术资源的主流为了维护自身地位而不愿接受新思维的挑战。

 引言

　　对任何科学的理论研究来说，研究思维和方法论都是至关重要的。一方面，每当一个理论体系和一门学科遇到现实意识和理论意识的挑战之时，就有待于方法论的突破，由此将最终产生新的研究范式。在这个意义上，如果没有一个较为明确而合理的方法论，那么，所谓的研究往往只能是零碎的观点陈述，或者只是些机械的数据处理；相应地，所谓的研究就根本上升不到理论层次，而只会落入庸俗实用主义的窠臼之中，从而必然无法全面地认识经济现象和经济规律。另一方面，任何学科的研究方法都应该与其研究对象相适应，不同学科会因其研究对象的差异而呈现出迥异的特征并形成某种独特的研究方法。在这个意义上，关注"人"的经济学与研究"物"的自然科学在研究方法上就应该存在很大差异，这可以从两方面加以解释。①社会现象总是在不断变化的，其影响因素也随历史和文化的转换而不断改变；相应地，在社会科学领域，相同的条件往往只会在唯一的时期之内出现，而人工隔离则往往会消除那些在社会科学中极为重要的因素。②人类社会中存在强烈的俄狄普斯效应和自反馈效应，第二次进行实验的条件必定会受到以前已经进行过的实验的影响，即现在的状态往往被过去的事件所规定；相应地，在社会科学领域，看似重复出现的事件的经验与原来事件的经验也是不同的，而重复往往是产生新的、习惯性的条件，每一个被观察到的事件都是新的。

正是由于社会现象的复杂性和不确定性，随着经济学研究对象的拓宽，经济学的学习和研究就不能仅仅是阐明诸如需求定律、生产要素边际分配净尽定理、M–M定理、科斯定理、纳什均衡以及阿罗不可能定理等基本原理以及引述支持这些原理的论据；相反，要真正理解一个经济理论，就必须理解嵌入在科学共同体之中的共同价值观，必须能够明白理论提出者在提出该理论时的基本思维、价值理念以及希望达到的目的，以及这种理论可能衍生的其他效应。事实上，在包括经济学在内的社会科学领域，即使是同一个理论或学说，其隐含的意义在不同立场的学者看来也存在很大差异。例如，现代主流经济学[①]中那些被视为一般性结论的东西，往往就不能为马克思主义学者、激进主义学者、制度主义学者、女性主义学者乃至奥地利学派学者等所认同。为此，豪斯曼强调，"与学习任何科学一样，学习经济学并不仅仅是理解诸如需求规律一样的概括性命题。在人们享有价值、语言和观点的同时，人们也在了解事实、

---

① 所谓主流经济学，通常是指为一群具有极高声望的经济学家所使用并进入顶级大学的经济学教科书中的那些理论观点和研究思维。显然，受这些顶级学者和顶级大学的影响，这种理论观点和研究也为其他学者或大学所效仿，从而形成了现行学术中在研究观点上和研究方法上的多数，不仅包括研究者人数和刊物，也包括所获得的资金资助和奖项获得。相应地，中国"主流"学者则是指基本继承西方主流经济学研究思维/分析框架和概念工具的学者，他们在中国社会的研究队伍和掌控的杂志数量也越来越多，并在几乎所有的有影响的大学的经济系正获得越来越大的支配权。在某种意义上讲，所谓的正统和主流，主要就是那些掌握了行政或学术资源的宗派；从学科的多元化发展角度上讲，这种主流化取向严重阻碍了学术的自由交流和良性发展，因而本丛书也着重对此进行反思和批判。

命题和方法，这是一个社会化的过程"。[①]

正是出于对主流的凯恩斯—新古典综合之失败的一种反应，20 世纪 70 年代后期以降，学者们就开始重新寻找经济学与哲学思想之间的联系，从而涌现出了像霍奇逊、哈奇森、布劳格、罗森伯格、考德威尔、巴克豪斯、豪斯曼、博兰、克兰特、劳丹、劳森、迈凯、胡佛、亨德森、汉兹、雷德曼、马奇、温特劳布以及麦克洛斯基等一大批新的经济学方法论专家。同时，另一些非主流的经济学家也开始从方法论上对主流经济学展开了更深层次的批判，这包括奥地利学派、后凯恩斯主义者、制度主义者、马克思主义者以及女性主义者，等等，甚至出现了超边际学派。与此相对应，有关经济学方法论的思想观点、论文数量等在西方学术界也出现剧增趋势，并出现了《经济思想和方法史研究》《经济学和哲学》以及《经济方法论杂志》等讨论方法论的刊物，以致"现在可以把经济学方法论看作经济学领域内可以清晰识别的一个分支学科"。[②]但与此形成鲜明反差的是，尽管在新古典经济学成为方法论批判的对象已有近 40 年的历史了，但它依然没有对这些批判做出有效回应，更没有任何实质性的调整迹象；即使那些开始关注研究方法的主流经济学家，往往也是几乎将其精力用于经济学的建模方法上，而不是对新古典经济学的基本假设前提以及逻辑思维进行反思。为什么会出现如此反常的现象呢？绪论首先就此作一深入分析。

 方法论转变与经济学发展

我们知道，自经济学科从其他社会学科中独立出来以降，方法论就是几乎所有的经济学大师们所关注的基本课题，如古典经济学家配第、斯密、李嘉图、萨伊、马尔萨斯、西尼尔、穆勒父子、麦克库洛赫、凯尔恩斯，历史学派学者西斯蒙第、琼斯、缪勒、李斯特、施穆勒、韦伯、桑巴特、凡勃伦、康芒斯、加尔布雷思，边际效用学派先驱杰文斯、瓦尔拉斯、门格尔、克拉克、马歇尔、维克塞尔，以及现代经济学家罗宾斯、米塞斯、哈耶克、马克卢普、库

---

① 豪斯曼："库恩、拉卡托斯和经济学的性质"，载巴克豪斯编：《经济学方法论的新趋势》，张大宝等译，经济科学出版社 2000 年版，第 259 页。

② 巴克豪斯："导言：经济学方法论的新趋势"，载巴克豪斯编：《经济学方法论的新趋势》，张大宝等译，经济科学出版社 2000 年版，第 1 页。

普斯曼、琼·罗宾逊、弗里德曼、卢卡斯、森，等等。霍奇逊指出，"在大约100年的时间里，（方法论）这一问题占据了科学研究中一些最伟大的思想家的头脑，而且这一问题是多数社会科学和经济学分析的中心"。[①]

而且，每当经济学范式面临转换之时，方法论上的争论就尤显激烈。例如，经济学从古典主义向新古典主义过渡时期的方法论之争表现为，历史学派对古典学派的挑战、边际学派对历史学派的挑战、制度学派对边际学派的挑战。同样，当今经济学的理论发展——诸如凯恩斯革命、凯恩斯综合、理性预期革命、新凯恩斯综合等——以及各种流派的出现，无一不是首先在方法论上出现反思和革新：宏观经济学对微观经济学的革命、凯恩斯内部左右两派的争论、理性预期的反革命，等等。从某种意义上讲，经济学说发展史实际上也就是一部经济学方法论变换史。

一方面，每一次经济思想的重大创新和发展都伴随着方法论的变革。这已经为经济学说发展史所证明：经济学学术史中的五次革命和五次综合都是建立在方法论转化的基础之上。[②] 譬如，在斯密之前，重商主义者的思想主要源于对历史和现实的观察，而斯密第一次把政治经济学提升到了演绎科学的殿堂，从而构建了古典经济学的基本框架和学说体系；针对后来李嘉图、萨伊、西尼尔等把演绎法极端化以及将经济学孤立于其他学科的取向，穆勒又重新将归纳法和演绎法结合了起来，并将社会学、心理学和伦理学等都引入经济学之中，从而形成了古典经济学的综合。再如，古典经济学后期的门格尔、杰文斯和瓦尔拉斯等一反古典经济学从劳动和分析角度探讨财富增长的思路，以商品的稀缺性和人的欲望及其满足作为经济学研究的出发点，着重研究消费（需求）、分配（流通）、价格（竞争）、市场机制以及个体经济等微观经济理论，并再一次抛弃了归纳法而强化了抽象的演绎分析，从而掀起了边际革命；而马歇尔则把古典经济学从客观成本分析的思路和边际效用学派从主观需求分析的思路结合起来，构建了供求均衡的分析框架，并再次吸收了归纳分析的基本思路，广泛运用生物学的原理如有机体组织、进化论、生存竞争等解释经济现象，从而形成了新古典主义经济学的综合。因此，正如门格尔指出的，科学的创造和革命是由那些不停地钻研科学方法的人们所推动的，即使他们没有清楚地意识到自己在使用正确的方法，或者没有转过去研究这些方法，但他们的成功仍可以

[①] 霍奇逊：《经济学是如何忘记历史的：社会科学中的历史特性问题》，高伟等译，中国人民大学出版社2008年版，第26页。

[②] 朱富强：《高阶西方经济学说史：思想的鉴与释》，中国财政经济出版社2018年版，第1—4页。

归结为正确方法的运用。

　　另一方面，任何经济学流派的研究方法都与其研究对象和内容相适应。这也已经为经济学说发展史所证明：无论是历史学派、制度学派还是凯恩斯学派或者是理性预期学派都形成了与其研究对象相适应的研究路线。譬如，当经济学从古典主义转向新古典主义之时，由于研究对象发生了从公共领域到私人领域的转化，相应地，也就产生了从平均主义到边际主义的方法论革新。显然，通过重新审视经济学的演化以及现代经济学的特征，我们可以更好地发现经济学方法论的变革趋势，并对现代经济学方法论进行反思。事实上，按照新古典主义的正统经济理论范式，整个经济中的总产出和就业都是由个体最优化行为下微观层次的均衡状态所决定的，但新古典主义的诸多限制性假设却大大削弱了其对现实经济活动的解释力。为此，凯恩斯将预期和不确定性引入自己的体系之中，并以非均衡分析为起点来构造宏观经济理论，这正是对新古典经济学信奉的自由市场经济及其自动出清或均衡的否定。可见，凯恩斯对新古典经济学最突出的反叛，不在于他所提出的理论，而在于他对新古典经济学范式的否定；同样，凯恩斯之后，无数的追随者们对凯恩斯体系本身存在的种种"空隙"和"硬伤"给予修正、弥补、完善，这些都是凯恩斯经济学得以发展、充实的重要前提和体现。当然，这些弥补主要体现在逻辑推理和假设前提上，而这是方法论的较低层次；相反，在方法论较高层次的研究思维上，却依旧承袭了古典主义后期就不断凸显的自然主义思维。①

　　正是根基于自然主义思维，着眼于微观分析的新古典经济学理论就退化成解释性而非预测性的；而且，这种解释的视角是以均衡为参照系，从而并不能发现和解决现实问题。正是出于对新古典微观经济学这种解释性学说的反动，凯恩斯提出了其宏观经济学以对总体经济变量进行分析和预测。不过，凯恩斯经济学也面临着两方面的挑战：①它作为应对短期萧条经济的应用政策经济学而出现，因而无法满足历史的经验检验和预测未来经济发展，并且很快就遇到了滞胀危机的实践挑战；②它的宏观经济理论过分强调预测性而疏于解释性，从而无法满足逻辑推理上的一致性检验，并且很快就遇到了新古典宏观派的理论挑战。与此相对应，新古典经济学确立的成本—收益以及供求均衡的分析范

---

　　① 其实，在整个古典主义时期，绝大多数古典经济学都是出身于相关的社会科学，并把经济学当作社会科学来研究的；但是，由于边际革命主要是由工程师和数学家所发动，因而自然主义思维开始支配经济学界，以致后来的新古典经济学都把既有制度视为合理的外在制约因素而专注个人的选择行为研究。

式在逻辑上往往显得更为严密和系统，从而更容易为追求科学性和客观性的当代经济学人所接受。为此，在经历了凯恩斯经济学的宏观冲击之后，20 世纪 70 年代弗里德曼、卢卡斯等又主张回到新古典去，以新古典经济学的理性选择来构建宏观经济学的分析基础，并重新占据主导地位。正是新古典宏观经济学将宏观经济学的经验分析和微观经济学的理性推理结合起来，从而引入并壮大了逻辑实证主义；同时，由于新古典宏观学派以"假设的现实无关性"为理论指导思想，从而日益偏盛于基于理性的数理模型和细枝末节的实证分析。于是，以数理化为特征的现代经济学研究范式就确立了：任何问题的研究都需要量化，即使制度、关系、文化、精神乃至宗教等都要转化为可量化的指标；而量化的分析往往又是建立在理性行为的基础上，故一切不确定都被转化成理性选择问题。

　　当然，现代经济学方法论的确立也经历了三次大的争论和变革：① 19 世纪 70 年代在门格尔和施穆勒之间爆发的那场影响深远的方法论之争，它最终确立了抽象演绎法的主流地位；② 20 世纪初在内维尔·凯恩斯、罗宾斯以及哈奇森之间爆发了一场经济学方法论大战，他们分别发表了《政治经济学的范围与方法》《经济科学的性质和意义》以及《经济理论的意义和基本前提》，对方法论提出了迥然不同的观点，并开始把波普尔思想引入经济学理论研究中；③ "二战"后萨缪尔森、弗里德曼以及卢卡斯等对经济学方法论提出了系统的意见，特别是弗里德曼的逻辑实证主义最终成为经济学难以撼动的方法论基础。当然，弗里德曼、卢卡斯等仅仅是强化新古典经济学的方法论思维，或者发展和补充一些分析工具。正是对新古典经济学分析思维的强化，自逻辑实证主义方法论被引入经济学以后，经济学就日益把物理学视为榜样而试图构建一般性的理论；结果，经济学越来越关注细枝末节的技术工具，而越来越不关注理论研究的哲学思维，以致方法论的探究日渐式微。而且，正因为现代经济学把经济学当作一门自然科学来对待，并极力模仿自然科学的单一研究方法，导致经济学方法论的探讨在很长一段时间内已经被淡化了；即使在 20 世纪五六十年代就出现了波普尔、库恩以及拉卡托斯这样的方法论大家，但弗里德曼引领的逻辑实证主义在经济学领域却占有牢不可破的统治地位。

　　可见，经济学发展本身就伴随着方法论的转换和发展，经济学的研究方法也应该与其研究对象和内容相一致。因此，只有通晓经济学的方法论思维，才可以更好地明白经济学的发展轨迹，才会产生真正的问题意识，并发现理论和实践中的症结。一般地，经济学的研究对象和内容源自特定的社会环境和时代课题，而既然社会发展呈现出否定之否定的规律，经济学的研究路经也必然是否定之否定的。事实上，正是基于这种规律，自从其他学科中独立出来并开始形成自己的学科体系算起，经济学的发展就已经经历了五次危机、五次革命以及五次综合。[①]不幸的是，尽管方法论对经济学的理论研究如此重要，但随着经济学中数理模型和计量分析的主流地位日益强化，涉足经济学方法论领域的人就越来越少，方法论问题也越来越吸引不了经济学研究的兴趣，绝大多数人热衷的是在新古典经济学框架下用数据为最大化的理性行为提供一些注解。因此，尽管现代主流经济学越来越不讨论方法论问题，但流行研究几乎都内含了特定的研究思维：数理模型的构建和计量检验的分析都以特定的方法思维为前提，这个思维就是自然科学的导向。沙克尔写道："数学家倾向于把经济学视为机械来研究。对于机械，我们总是有可能（有时实际也是如此）对其进行抽象的讨论，从而可以不顾过去与未来之间存在的差异，可以设计一个系统，在其中，'略部分'的影响不会超过它对重力作用的影响，把所有对象都视为确定的、预先设计好的、可计算的。"[②]

 现代经济学的方法论困境

　　现代主流经济学推崇基于形式逻辑的数理建模和基于计量实证的量化分析，从而将现代数学工具大肆应用到经济问题的研究中。但显然，注重计量和数理的研究思维已经越来越难以适合当前日益拓展的经济学内容。究其原因，现代经济学越来越涉及社会生活领域，不仅生活领域中人类行为的根基是行为和心理逻辑而不是数理逻辑，而且绝大多数社会因素都是无法量化的，更不要说社会经济现象本身还在不断变化。但是，"数学所能够探讨的，要么是其本身就可以隐含地表达的含义，要么是已经给定的含义。社会的经济事务方面的数学模型可以把社会成员视为稳定地或逐渐地获得知识的人……这样一个模型

---

　　① 　重商主义危机导致的重农主义革命和斯密综合、斯密学说引发了不同导向的零星革命到穆勒综合、古典主义全面危机导致的边际革命到马歇尔综合、新古典主义危机导致的凯恩斯革命到萨缪尔森综合、凯恩斯主义危机导致的理性预期革命到新凯恩斯主义综合。

　　② 　转引自霍奇逊：《演化与制度：论演化经济学和经济学的演化》，任荣华等译，中国人民大学出版社 2007 年版，第 4 页。

无法将我们所说的创新包含在内"。[①]

　　然而，尽管自 20 世纪 70 年代以降的经济学在研究内容上已经发生了如此巨大的改变，但数理化和逻辑实证主义的研究方法却没有进行相应的修正，反而一往直前地扩展且不断渗入其他传统上的非经济领域。结果，现代主流经济学尽管满足于形式逻辑的日益精致化，却无法满足理论与经验事实的一致性经验。显然，这也正是现代经济学的危机根源。霍奇逊写道："今天（有关一般性与特性、统一性和差异性的方法论讨论）这一问题却被大多数人忽略了。绝大多数社会科学家都没有察觉这一问题。而且教科书中这一问题也被忽略了。不论是新古典经济学家还是后凯恩斯的经济学家，似乎都没有意识到这一问题。虽然较早的理论学家，如马克思和康芒斯研究了这一问题，但是当代的马克思主义者和制度主义者却很少关注这一问题。"[②] 因此，我们必须对流行的数理化经济学取向进行反思。

　　其实，正是由于迷信于数学对经济学科学化发展的作用，结果不但使为这些学者提供纯粹智力体验和展示的假设前提变得日益不现实，而且也使由此得出的推理结论与现实实践越来越相脱节。霍奇逊写道："主流大学经济学系主要的注意力并没有集中在当今世界的紧要问题上，他们通常并不培养对现实经济过程、体系和制度的研究。智力资源虽然没有完全浪费，但却严重配置不当"，"即使建模者对新古典理论的标准假设提出了挑战（偶尔出现的关于相互依赖的偏好关系、粘性价不完全信息等等的正式文章），这些挑战常常也是以智力难题的形式而不是对现实现象的考察提出来的。"[③] 在某种意义上讲，现代主流经济学的两大流派——凯恩斯主义流派和新古典经济学以及由此衍生的新古典宏观学派——都存在理论上的严重缺陷。有人就诙谐地说："在 20 世纪末，经济学被分为宏观经济学家和微观经济学家，前者观察不能够解释的现象，后者解释不能观察的现象。"[④] 尤其是随着资本内涵的变化和外延拓宽以及

　　① 转引自霍奇逊：《演化与制度：论演化经济学和经济学的演化》，任荣华等译，中国人民大学出版社 2007 年版，第 4 页。

　　② 霍奇逊：《经济学是如何忘记历史的：社会科学中的历史特性问题》，高伟等译，中国人民大学出版社 2008 年版，第 26 页。

　　③ 霍奇逊：《演化与制度：论演化经济学和经济学的演化》，任荣华等译，中国人民大学出版社 2007 年版，第 3-4 页。

　　④ 转引自克洛尔、豪伊特："经济学的基础"，载多迪默、卡尔特里耶编：《经济学正在成为硬科学吗》，张增一译，经济科学出版社 2002 年版，第 22 页。

人类需求的变化，经济学涉猎的领域越来越宽，而当经济学为了保持其"客观性"和"科学性"而极力将数理模型化分析应用到这些新领域时，往往就会产生令人匪夷所思乃至荒唐的结论。

尽管现代经济学的数量化已经暴露出了严重的问题，但是，这种发展的步伐不但没有稍作停顿，反而有加速的趋势。为此，琼·罗宾逊 1977 年在《问题是什么》一文中就质疑道：正统经济学在多大程度上受意识形态错误地驱使？这种状况为什么能够一直持续下去？是否因为经济学研究对象的变化太过频繁，以至于其一般的"法则"才一直没有获得承认？为什么新古典经济学不能在社会生活中的历史性时刻起到适当的作用？经济增长的目的是什么或作为一个富足的社会我们希望实现什么？为什么那么多的经济学家认为民族国家的组织原则是理所当然的？经济学解释的发展在多大程度上可以被理解为对（不）适当的方法的"选择"，如选择数学而不是参与者的行为学？ [①] 显然，现代主流经济学面临着更严峻的挑战：不仅关乎社会现实问题的变化，如 2008 年爆发的金融危机就显示了这一点；而且关乎人类社会的文化、心理和思维问题，如当前社会中暴露出来的交往合理性的危机。麦克洛斯基等甚至指出，历史上发生的经济学危机和革命与这一次危机相比就根本算不上是什么危机，也没有产生什么真正意义上的革命。

因此，要解决当前经济学的理论危机，对现代经济学的基本概念术语、主要分析思维乃至整个逻辑体系都需要重新进行审视。一般地，当前经济学危机的深层原因在于：西方社会意识形态的裂变导致了科学主义的衰落。一方面，根植于根深蒂固的自然主义思维，西方社会所产生的整个社会科学都是科学主义的产物。正是基于这种思维，尽管社会科学的各分支迄今还很不成熟，但人们相信，它们终归有一天会像自然科学一样成熟起来，为此，主流经济学不断将其自然主义思维拓展到人类社会的各个领域。另一方面，经济学数量化趋势的盛行也是 20 世纪上半叶整个世界经济计划化的产物：当时全球的物质资源非常稀缺，因而经济学主要关注如何更有效地使用这些稀缺性资源这一根本性课题。正是因为当时经济学所处理的对象是自然物，所以可以有效地将自然主义思维加以拓展；而且人类工具理性的挖掘也确实在人与物之间关系上取得了一些重大发展，这包括线性规划、投入产出等。

显然，正是自然科学哲学为现代主流经济学的方法论观点提供了作为制定

---

① 转引自米洛斯基："问题是什么"，载巴克豪斯编：《经济学方法论的新趋势》，张大宝等译，经济科学出版社 2000 年版，第 67 页。

规则的元理论，它为经济学家规定了"正确"的科学实践。但是，这种观点在过去几十年里已经遇到了越来越大的冲击：①来自哲学（其他的）最新发展的冲击；②来自经济学研究对象变化的冲击。事实上，正因为科学哲学的多样化发展，它已经不再能够提供探讨经济学和科学知识之间关系的可靠工具，无法直接从科学哲学的货架上提取工具并将之应用到经济学的研究中，以致麦克洛斯基、温特劳布等宣称，经济学方法论已经死亡。[①] 同样，当前的经济学研究内容已经与早期新古典经济学存在如此的不同，以致倘若依旧在这种科学至上主义引领下局限于经济学的数理化一途，就会带来完全适得其反的结果。

　　不幸的是，尽管理论与现实已经越来越相脱节，但现代主流经济学并不努力改进研究思路以求更有效地发现和解决问题；相反，经济学的研究旨趣和研究方向在20世纪80年代后却逐渐发生了蜕变：主流经济学家不再把经济学研究与实用主义挂钩起来，而是把经济学研究作为展示其智力的一项活动，并从基于各种假设变换而推演出的各种具有启发性意义的结论中获得乐趣，而这并不能提供具体的应用而只能锻炼人类基于不同角度的思维方式。霍奇逊写道："经济学越来越成为应用数学的一部分，在这里，经济学的目标也已不再是去揭示经济世界的真实过程和结果，而是为了自身的兴趣去探索数学技巧……经济学因此成了一种数学游戏，一种用自己的语言来玩的游戏，游戏的规则是由那些带着玩游戏的人指定的，不再受到描述的充分性或者参照现实这些问题的限制。"[②] 正是基于智力游戏的追求，现代经济学就呈现出这样两种研究取向：①把经济学视为一门艺术科学，在象牙塔里基于逻辑推理而享受乐趣；②把经济学视为一门思维科学，从基于不同视角对具体现象进行思辨的过程中获得认知的增进。进而，正是由于主流经济学把经济学视为一门自然科学而热衷于建立经济模型，而这种研究除非具有高智力的"天才"是很难取得成就的，结果，经济学就越来越成为那些智力超群人士的专门领域。[③]

　　在这种情势下，那些享受智力挑战乐趣的数理经济学家们往往乐于维护自

---

　　① 汉兹：《开放的经济学方法论》，段文辉译，武汉大学出版社2009年版，第7页。

　　② 转引自霍奇逊：《演化与制度：论演化经济学和经济学的演化》，任荣华等译，中国人民大学出版社2007年版，第5页。

　　③ 例如，最早将博弈策略引入经济学的诺伊曼就被誉为20世纪最伟大的数学天才之一，他6岁时就能够心算两个8位数间的除法，8岁时就掌握了微积分，高中最后一年就已被看作专业的数学家，并发表了他的第一篇论文。

己的这一领地，而方法论的任何反思所得到的往往要么是挖苦、要么是忽视。正如劳森写道："在当代经济学家中，尤其是主流经济学中，对详尽的方法论的分析和评论普遍表示不赞同……对方法论研究的有力阻挠……明显地表现在主流杂志不愿发表许多这方面的文章"，而且，即使像哈恩这样的主流经济学家，"既发表了关于方法论的文章……又经常参加当地方法论的辩论"，但实际上，他所有的行为都是为了为主流经济学的公开方法论进行辩护，"他的公开的立场长期以来一直是反对学习和研究这类问题的……在其退休时，哈恩以忠告年轻经济学家的形式提出了若干'反思'。值得注意的是，这些反思包括建议年轻经济学家应'像躲避瘟疫一样躲避讨论"经济学中的数学"'，至于方法论，根本就不要去想。"①

事实上，在 20 世纪 50~70 年代，西方经济学界少量的方法论文章也主要是围绕弗里德曼的《实证经济学方法论》一文而展开，除此之外几乎没有什么其他经济学方法论的文献。博兰写道："有关方法论的论述方面，能够算得上具有实质性内容的任何论述，都被罗列在大多数中级理论教科书的开篇中，人们除非在这方面有所增添，否则就没有更多可说的。所有的教科书都可以归纳为两类：第一类教科书提到弗里德曼……另一类则包括那些根本不提及方法论的教科书。"② 既然经济学研究已经越来越成为那些智力超群人士的游戏，③那么，绝大多数的智力平庸之士又能干什么呢？一般地，平庸的经济学人只能在这些经济学大师所制定的游戏规则下作一些机械地模仿。

毋庸讳言，平庸之士从游戏规则的刻意模仿中并不能得到多少乐趣，但是，在学术研究和教师都日益世俗化的情况下，他们却可以更容易地发表论文，由此获得一些教职而安身立命。博兰写道："一些主要的杂志不愿接受不涉及模型建立的任何论文，今天出版物已等同于使用数字描绘的研究。其原因

---

①　转引自博兰：《批判的经济学方法论》，王铁生等译，经济科学出版社 2000 年版，序言。

②　转引自博兰：《批判的经济学方法论》，王铁生等译，经济科学出版社 2000 年版，第 4-5 页。

③　在很大程度上，这些经济学"大师"们之所以坚持抽象的主流研究方式，也与他们的出身和能力有关：他们大多是数理专业出身，擅长的是数理推导，但缺乏足够广阔的社会科学知识来解决真实世界中的问题。一个明显的现象是，目前实验经济学尤其是行为经济学领域主要有两类学者：一是来自社会科学出身的心理学家或人类学家，二是来自数学专业出身的博弈论专家；一般地，前者的研究结论往往反对目前流行的经济人分析框架，而后者的研究则努力证实经济人分析框架的合理性。之所以出现这种差异，在很大程度上就与其学科背景有关，乃至实验的控制条件也有很大差异：一般地，前者往往试图尽量模仿现实世界，通过改变某一信息变量来比较行为的差异；相反，后者则设定符合经济人的实验条件，如匿名、随机等双盲实验都尽量舍去人的社会性。

是明显的。无论是对研究人员还是对审稿人来说，用数字描绘来得安全，不会出问题"，结果，尽管科学研究的特点在于批判，但"今天，倘若批判是针对建立模型的方法，则批判就成为一项不可能的任务。倘若你想讨论人们在开始建立模型前肯定要提出的该方法论思想（比如人们假定决策者会采用何种学说理论？），你将会面对这样的审稿人，他将要求你提供一个模型以讨论模型的建立！这种老一套的做法充斥于经济学的方法中，但不允许任何人对此加以批评"；显然，正因为"杂志编辑也不愿意拓宽经济学问题的思路"，因而"倘如聪明而有学识的研究生为了能成功地做一名学院的经济学家而不得不面对什么主题的话，我敢肯定许多人都将选择（方法论）另外的课题。"[1]

可见，尽管作为深化认知和思想交流的主题，方法论探讨往往比撰写那些以数理模型为基础的冗长乏味的论文更有意义，从而也应该更能够引起学者们的兴趣；但是，由于当前学术界强盛的主流化现象以及自以为是的经济学帝国主义心态，以致主流经济学人大多对方法论问题持不屑一顾的态度。博兰认为，这种态度就尤如正人君子对待性问题一样，主流经济学也把方法论视为思想领域中的色情文学，视为因很少有露面的机会而得以哗众取宠但缺乏实质内容的东西；因此，它们对待方法论的态度往往是一种冠冕堂皇的方式："对不起，请免谈方法论，我们是经济学家。"[2] 而且，正是这些数学出身并控制了学术取向的经济学大师始作俑，导致了越来越少有青年学子能够去反思流行的研究方式，即使对社会中大量存在的那些悖论现象往往也是熟视无睹，或者千方百计地将这些现象纳入新古典经济学的分析框架下进行解释，而很少去发现和解决问题。这样，经过第二、第三代的强化效应，现代学术界中的大部分经济学人对注重数量化的主流经济学所产生的历史背景以及当前经济学研究内容的变动取向都丧失了察知能力；而且，学术界的功利主义也令他们毫不关心，相反，为了追求所谓的科学和"实用"而不断地推动经济学在数字游戏之路上畸形膨胀。一个明显的现象是，在 20 世纪七八十年代，"经济学危机"之类的词汇还经常出现在各种出版物上，但是进入 20 世纪 90 年代后，"危机"的提法就似乎已经过时，整个经济学界日益单向度化，而否定和反思的声音则日渐消逝。

---

① 引自博兰：《批判的经济学方法论》，王铁生等译，经济科学出版社 2000 年版，序言。

② 博兰：《批判的经济学方法论》，王铁生等译，经济科学出版社 2000 年版，序言。

（四）现代经济学忽视方法论反思的原因

　　经济学说史告诉我们，每当处于支配地位的经济学遇到巨大的现实问题冲击后，一些经济学大师就会重新去关注方法论、寻找新的研究方法：20 世纪 30 年代的大危机使凯恩斯、希克斯以及琼·罗宾逊等去重新审视新古典经济学的均衡分析，而 20 世纪 70 年代的滞涨又促使弗里德曼、卢卡斯以及哈耶克等关注凯恩斯经济学的逻辑缺陷；其他如熊彼特、奈特、缪尔达尔以及森等也都对经济学方法论提出了独特的贡献。同时，正是由于 20 世纪 60 年代末期至 80 年代，不断更迭的主流经济学在预测甚至解释社会经济现象上都接连碰壁，欧美学术界在拉卡托斯的引领下对经济学方法论的探讨大有复兴的趋势。豪斯曼就指出，"我们的上一代人对经济学的哲学和经济学方法论又重拾兴趣。这种兴趣的基础广泛。哲学家、经济学家、其他社会科学家以及普通民众都感到更需要了解经济学，了解它是怎样的一种专业科学，了解它所宣称的那一套在何种意义上可信"，"对经济学兴趣增加的一个主要原因是它们不像以前表现得那么好了……对主流经济学的信任在 60 年代达到顶峰"，"现在不但一般大众怀疑经济学家，就连经济学家自己也在怀疑自己。在这样一种氛围中，经济学家转向方法论的反思绝不会令人惊讶，它们希翼着能够找到以往经济研究的缺憾，或者，更积极一点儿，希望找到新方法来更好地指导将来的研究"。①

　　在豪斯曼看来，有三个重要的理论原因使现在比以前更关注经济学方法论：①"不但许多经济学家、甚至人类学家、政治科学家、社会心理学家和受经济学家影响的社会学家近来都在主张'经济学方法'是唯一合法的、富有成效的人类行为研究方法……它们主张，经济学是所有社会科学必须效法的模范"，但"具有讽刺意味的是，在许多经济学家对它们的理论充满疑虑之时，某些经济学家和其他社会科学家不断对经济学方法的普遍有效性夸下海口"。②"在'经济学方法对于人类行为研究十分适用'这类说法正在被炮制出来的时候，受认知心理学工作传统深刻影响的心理学家和经济学家正在用严格的心理学方法来检验现代主流经济学的基本结论。它们的结果现在看来仍不明确，

---

　　①　豪斯曼："导言"，载豪斯曼编：《经济学的哲学》，丁建峰译，世纪出版集团、上海人民出版社 2007 年版，第 2 页。

但他们认为，主流经济学家的很多结论存在着问题"。③ "科学哲学家们对于科学史以及当代科学的发展状况进行了超越前人的、更加系统和细致的研究。虽然大多数此类研究集中于自然科学方面，但对于经济学的哲学关注也在增加，因为对于哲学家而言经济学实际上是一门很有趣的科学。"① 事实上，有关经济学方法论的文献在 20 世纪 70 年代之前十分有限，但 20 世纪 80 年代以后方法论已经在经济学领域登堂入室了：不仅出现了布劳格、博兰、考德威尔、罗森伯格、科兰德、劳森、豪斯曼、克兰特、麦克洛斯基、米洛斯基、司徒尔特、豪利斯、内尔等经济学方法论专家，而且整个 20 世纪 80 年代相关的经济学方法论文章以及论著不断出现。

尽管如此，直到 20 世纪 90 年代，方法论问题却依然没有得到主流经济学的重视，而且，那些主流经济学家甚至比六七十年代的同行对方法论更缺乏了解。例如，魏因特布（Weintraub）就指出，"方法论对于经济学实践没有任何影响，方法论只是诸多哲学论题中的一部分，并且引起了实践科学家日益增加的不信任。"② 其理由是，经济理论必须用经济证据而不是外部的证据来评价，因而方法论企图以一种一般的理论化说明来统治特定的经济理论是不可能的。同样，培森（Payson）也认为，方法论对经济学的研究没有什么意义，他说："对经济学方法论与认识论及其与哲学关系的研究可能对阅读与写作是有益的，但这些研究不能使经济学研究与教学更为科学。如果说这些研究有什么作用的话，它对经济学的科学性程度也只能有负面效果。"③ 其理由是，这种研究已经创造了一个自身不同的问题——全神贯注于哲学而不是科学，科学实践自身很少依靠科学哲学。事实上，现代主流经济学家往往指责经济学方法论的评价是经济学之外的"哲学"评价，但实际上这个指责是毫无道理的。究其原因，尽管存在不同的学术共同体，但一个共同体的观念并不应该排斥另一个共同体的使用，而且，只有相互的交锋和争鸣才可以促进学术共同体本身的发展。

既然如此，经济学方法论的反思之声为何如此微弱？而现代主流经济学的

---

① 豪斯曼："导言"，载豪斯曼编：《经济学的哲学》，丁建峰译，世纪出版集团、上海人民出版社 2007 年版，第 2-3 页。

② Weintraub E R., 1989, Methodology Doesn't Matter, but the History of Thought Might. The Scandinavian Journal of Economics, （6）: 47–448.

③ Payson S.,1996,Regardless of Philosophy, Economics Will Not be a Science until It based on Science. Journal of Post Keynesian Economics, 19（2）: 272.

研究范式又为何如此顽固呢？一般地，这可从这样两方面加以说明：①迄今为止的方法论探究还主要停留在"画地为牢"的批判层面，没有形成建构型思想，也没有对经济学的研究和教学提供多少有用的东西；②现代主流经济学本身已经陷入了教条主义窠臼，而且，它可以获取主流化现象所产生的所有收益，从而不愿接受新的东西。

就前者而言，博兰归纳了当前方法论文章的三种类型：一是研究经济思想史的历史学家，他们撰写的是关于已故经济学家的方法论观点；二是经济学哲学家，他们为经济学是否为一门科学而担忧；三是传统的经济学方法论者，他们争论假设是否永远都必须是现实的，如果不是，那么应该如何选择采用非现实假设的最佳理论。而且，这三个群体都具有一个令人不快的共同特征：对其他观点不宽容，他们通常举办大型研讨会，却往往只邀请那些与其观点保持一致的人。①例如，某些搞经济思想史的历史学家最喜欢与这样的方法论者相处，他们谈论的是，在经济学中是否曾有进展，如果有进展，那又是什么。②正因为经济学方法论者所发表的文章往往只有方法论者才会感兴趣，因此，关心现实问题解决的主流经济学对这些文章就缺乏兴趣。

就后者而言，随着经济学理论在实际经济领域中的作用逐渐淡化，它主要成为解释而不是预测的学问，更不是用于改造社会的学问。结果，当前经济学就在一系列大大小小的范式制约下逐渐形成了不同的解释共同体，③它们往往依据特定的术语和逻辑体系进行逻辑上的诠释，而共同体之外的批判往往被置之不顾。正如温特劳布写道："事实上，人们不可能用一个方法论的命题驳斥或否定一个经济学的主张。经济论断，就像对通货膨胀的解释，总是要在经济学范围被评估。不存在独立的评估基础：哲学不可能构建通货膨胀理论。"④

其实，现代经济学主要为美国的一些主要大学和那些诺贝尔经济学奖得主

---

①　这在当前中国经济学界也是如此，那些反"新古典经济学"的会议几乎永远都只限于持某些特定主张的小圈子。

②　博兰：《批判的经济学方法论》，王铁生等译，经济科学出版社 2000 年版，第 386 页。

③　科学共同体是库恩提出的一个概念，它是指这一类科学家集团，他们从事同类的研究，受过相同的教育与专业训练，彼此了解，在专业上判断比较一致；后来，斯坦利·费雪（Stanley Fish）把一个学科及其从业者称为"解释共同体"。

④　转引自胡佛："实用主义、实效主义与经济学的方法"，载巴克豪斯编：《经济学方法论的新趋势》，张大宝等译，经济科学出版社 2000 年版，第 383–384 页。

所把持，他们把自己的学生派遣到各个高校，并垄断了主要的学术刊物以及各种学术委员会；在这种情况下，不仅美国的学者在追随主流经济学的研究框架，世界其他国家的学者也模仿美国的主流研究范式。于是，经济学界的"主流"意识得到不断的强化，而反思和批判声音则日见微弱，最终使经济学危机日益深重。事实上，正是在这种排斥异己、拒绝兼容并包的体制中，现代经济学"已经变成一个封闭的体系，它更像一种宗教，而不是一门科学。"① 显然，上面所列举的导致方法论批判缺乏效率的两方面因素在中国经济学界也普遍存在，甚至还更为严重：在某种程度上讲，中国社会的学术研究像政治活动一样已经团体化，每个人都必须依附一个强大的团体，否则就难以得到任何学术资源和传播自身观点的机会。这里也分两方面加以说明。

就前者而言，中国经济学存在严重的宗派化和利益集团化的倾向，一些团体往往为了自身的利益而控制着一些资源，并进行"我向思考"（Autistic）式的讨论：他们热衷的是对其他宗派观点或方法的批判和对自身观点或方法的维护和宣扬，而根本不愿认认真真地以对方的批判来审视自己的观点和方法，最多就是"既不攻击他人，也不接受他人批判"地和平相处。正因如此，在中国经济学界，崇尚自由主义和演化理性的学者可以围绕在哈耶克思想的周围而专门阐述哈耶克以及其他奥地利学派的思想，崇尚理性分析的一群人可以把卢卡斯推为宗师而相互应和，崇尚产权私有化的学者则可以在科斯定理的基础上把芝加哥学派视为自己的思想来源，热衷于企业和组织问题的学人往往集中于威廉姆森 - 德姆塞茨的研究框架，热衷于社会制度理论问题的一群人往往会围绕在凡勃伦 - 康芒斯 - 诺思的思维路线上，偏爱公共事物治理实践的一群人则又往往围绕埃莉诺·奥斯特罗姆以及印第安纳学派所发表的著作周围。在方法论问题上更是如此：搞经济思想史研究的人往往就事论事地阐发经典大师的方法论主张，而至于如何为当代经济学所借鉴则往往不甚了了；研究经济学方法论的则主要是在阐发西方的一些前沿观点，而究竟如何修正当前的中国经济学范式则往往被置之一旁；而研究经济学与其他学科交叉的少数学人也形成一个小团体，热衷于宣扬其他学科中的一些最近发现，如语言经济学、本体论经济学、基因经济学、神经元科学，等等。

就后者而言，中国经济学界截然分为马克思主义经济学和西方经济学两大派别，两者除了在一些具体观点（次要的是方法论）上相互攻击外，平时基本上在各自感兴趣的问题上自我思考：不仅不理会对方究竟如何展开研究、在研

---

① 艾克纳：《经济学为什么还不是一门科学》，苏通等译，北京大学出版社 1990 年版，第 7 页。

究什么问题，而且不参加对方的任何学术活动，甚至也不允许对方参加自己的学术活动。例如，马克思主义经济学者往往热衷于马克思本人已经着手研究的那些领域、尤其是那些曾经引起争议或西方学者批判的几个理论问题，或者是基于经典文献的文本梳理以阐明马克思本人的真实意图和思想发展，或者基于马克思经济学的传统分析框架作"完善"马克思主义经济学的探索；相应地，西方经济学则很少对事物的内在本质做本体论探索，也不关心现实世界中的异化和剥削问题，而是热衷于基于供求或力量博弈来对现状进行分析和解释，特别是基于细枝末节的实证来印证西方主流经济学的理论。而且，从某种意义上讲，这两大派别都在努力地掌控影响社会改革的话语权，而两者的努力方向往往存在差异：正统马克思主义者往往以立国的指导思想来影响上层政府的决策，而西方经济学家则通过教材和舆论来影响青年学子和基层政府的行为。正因为两者都掌控了一定的学术的、社会的资源，所以呈现出一种相对均衡的态势；同时，两者对其他独立学人基本上都采取排斥的态度，以致独立的创新很难有生存的空间。

当然，自20世纪90年代以来，西方经济学在中国经济学界逐渐占据了支配地位，它们不但逐渐排除了传统的马克思主义政治经济学，而且也很少接受和阐发西方社会中的"非主流"经济学派。因此，尽管中国社会确实已经存在了一些自得其乐的小型学术团体，但基本取向则是一如既往地抱着主流的新古典经济学范式，热衷于数学建模和计量分析。事实上，现代主流经济学尤其是它的数量化取向在中国经济学人的盲信跟风已经成了一种拜物教。麦克洛斯基指出："对客观证据、定量检验、实证分析以及其他赋予信念之物的热诚，在现代主义那里充分展现出来，并被一再重复，于是这些东西也带上了魔咒似的光环。现代主义在经济学当中极富影响力，但并不是因为它的前提经过了仔细考察并被发现是正确的。它是一种天启宗教，而不是理性宗教。"[①]因此，在中国经济学界，除了传统的两大经济学分支——政治经济学和西方经济学之间还周而复始地进行方法论的争论外，已经越来越少有学者尤其是青年学子对方法论感兴趣，更不愿就方法论展开深入而实质的争论；相应地，杂志上发表的真正对经济学方法论进行探究的文章非常罕见，即使存在一些方法论文章也大

---

① 麦克洛斯基："经济学的修辞"，载豪斯曼编：《经济学的哲学》，丁建峰译，世纪出版集团、上海人民出版社2007年版，第360页。

多是对西方学者相关争论的介绍。[①]

可见，经济学的数量化仅仅体现了特定群体的方法论或工具选择偏好，它并不是最适合经济学理论的研究方式，而且，这种不适合性随着经济学研究对象的扩展而日益显现。不幸的是，现代主流经济学却极力排斥方法论的探讨，更不容忍对其主流地位的挑战。显然，这根本上与当前功利主义的学术风气密切相关，也反映出经济学界存在的主流的傲慢倾向：掌握学术资源的主流在与非主流的博弈中往往对非主流的任何挑战采取漠视的态度。究其原因，主流经济学家本身已经控制了经济学领域的主要杂志和大学，为了维护自身的既得利益而不能容忍对其地位的挑战，即使自身也看到了这种缺陷，也会力图掩盖它而不是提请公开讨论；因为他们担心，方法论的探究会证明其堆砌的著作要么是空洞无物的，要么是浪费时间的，从而使其丧失自身的学术地位。正因如此，主流经济学家往往刻意避免与方法论者探讨一些深层次的问题：该论文将回答或解决什么问题？为什么它是一个令人感兴趣并值得讨论的问题？正如休谟写道："与那些固执于自己原则的人的争论，较之于一切其他争论是最令人厌烦的；或许只有与那些全无诚意的人的争论除外，那些人其实并不相信他们所维护的观点，他们之所以参与争辩乃是出于装模作样，出于一种对抗精神，或者出于一种炫耀其机趣和技巧比其余人类高超的欲望。在这两种人中，所能期望的是他们对自己的论争同样盲目的坚持、对他们的对手同样轻蔑和对坚持诡辩和谬误的同样强烈的热心。由于推理不是这两种争论者各自导出他们的信条的源泉，因而期望任何不涉及感情的逻辑将使他们接受更健全的原则都是白费心思。"[②] 显然，这种学术风气也对中国经济学的研究取向产生了深远的影响。

 五 结语

方法论对经济学的理论研究而言非常重要：尽管从事经济学研究的人并不

---

① 当然，这不是因为现代主流经济学真的在理论上是完善的，也不是主流经济学在实践中得到了验证，更不是主流经济学在指导实践中没有暴露出问题；相反，笔者相信，当前中国社会很多人也都意识到了这种范式的理论缺陷以及它应用于中国实践的问题，笔者通过与大量的青年学子和教师的交谈可以强烈地感受到这一点。

② 休谟：《道德原则研究》，曾晓平译，商务印书馆 2001 年版，第 21 页。

一定都成为经济学方法论专家，但是，每位从事理论经济学探究以及打算将经济学理论应用于实践的人至少对经济学的研究思维有一定的了解。博兰曾指出，当人们建立经济学模型时，他们必须做出方法论决策，每一位模型建立者都必须思考他们将如何把经济理论模型化；然而，现实的情况却是这样的一个困境：当他们开始从事模型建立时，他们必须是有关建立模型的方法论方面的专家，但他们在上岗前，却又必须从未讨论过方法论问题。① 显然，如果我们对经济学方法论展开探究，就会很容易发现现代经济学在方法论上的内在缺陷，从而会对数学的滥用保持高度的警惕。究其原因，经济学的研究方法应该与其研究内容保持一致，研究内容发生了变动，研究方法也应作相应的调整；新古典经济学以最大化和均衡为目标的数理化路线就适应于物质资源配置的传统经济领域，并茁壮于建构理性主义膨胀的计划经济时代。然而，随着经济学研究领域的不断拓宽，经济学理论越来越呈现出这样两种不同于自然科学的特征：①具有强烈的思辨性，因为经济学本质上属于社会科学，从而首先必须对事物的本质进行探究；②具有浓郁的规范性，因为经济学的研究需要对现实进行改造，从而必须具有一种社会理念或理想。显然，就复杂多样的经济现象而言，形式化的数学模型往往会窒息思想的丰富性，从而永远不能代替文字或图表等形式所具有的开放性和灵活性。正因如此，我们必须对现代主流经济学的方法论进行深刻的反思。

　　然而，现代主流经济学却似乎不愿对方法论问题进行实质性探讨，以致20世纪80年代曾经一度兴起的方法论思潮很快就湮息了，中国经济学界更是如此。其实，某些主流经济学家维护的并非坚定的学术信念，而是其自身的利益，从这个角度上说，一些主流经济学家的所作所为已经使现代主流经济学蜕化成一种"伪科学"。这一点也为所博兰所认同，他写道："因为波普尔说，'科学'的特征主要在于它的批判态度，而新古典经济学家似乎不愿意接受方法论及其固有的对新古典理论的方法论批判。要证明新古典经济学家乃是懦夫，简直易如反掌。但是从我的苏格拉底—波普尔视角来看，更重要的是，不愿意宽容方法论批判，也许只不过证明了新古典经济学是'非科学的'。"进而，新古典经济学家之所以会采取无动于衷的行为还在于它的研究对象以及核心假设，正是经济人这一假设为他们维护自身利益的行为提供的理论和信仰支持。博兰指出，"哪种学者对新古典经济学家产生好感呢？很明显，认定了自私自利符合其最大利益的那些人，将发现新古典经济学为他们的自私自利提供了一项强

---

① 博兰：《批判的经济学方法论》，王铁生等译，经济科学出版社2000年版，序言。

有力的辩护。这不是说，赞成主流经济学家的每一个人都是自私的，这只是说，我们非常易于识别那样一些同事，他们非常善于利用他们的新古典解释来避开对他们自私自利追求的挑战"；因此，"假定可以说，倘若新古典经济学吸引了占绝大多数的有自私自利倾向的人，则把对新古典经济学的有力批判置之不理，是符合他们的一己私利的。倘若新古典经济学被驳倒了，我认为对许多新古典经济学家来说，将会出现一场严重的诚信悖论"。①

当然，正如加尔布雷思指出的，理念天生具有保守性，它们不会屈从于其他理念的攻击，而只会屈服于无与争锋的大规模进攻环境。②面对形势变迁，无论如何坚固的思想观念往往都显得无力为继。显然，这场全球性的经济危机迫使我们重新反思现代主流经济学的基本理论和研究思维，因为现代主流经济学面临着一个明显的"女王难题"：为什么没有人预见到信贷紧缩？为此，英国一些经济学家谢拉·道、彼得·厄尔斯蒂、约翰·福斯特、杰弗里·哈科特、杰弗里·霍奇逊等就联合上书指出，"经济学家的受训面太窄，只关注数学技术和建构不依赖经验的形式模型，这是我们这一职业失败的主要原因。在许多主流经济学学术期刊和院系中存在的为数学而数学的研究追求进一步加剧了这一缺陷"，正是"这一不大关注现实世界的对数学技术的偏好，让许多经济学家偏离了至关重要的整体性观察的轨道。这导致经济学家们无法对经济学分支领域的过度专业化及进一步探讨损害大局观念形成的原因之动力进行反思"；尽管"模型和技术是重要的。但考虑到全球经济的复杂性，我们需要范围更宽广的模型和技术，它们应当更注重事物的本质，关注历史的、制度的、心理学的和其他高度相关的因素"，而"我们缺乏一种将心理学、制度构架以及历史先例的丰富知识都蕴含其中的专业智慧。这种缺失在那些给政府、银行、商家和政策机构提供咨询意见的经济学家身上显露无疑。否则，他们对全球金融体系的潜在不稳定性那些非量化警告早就该予以更多的注意"。③2009年9月2日，克鲁格曼又在《纽约时报》上撰文章指出，"仅有很少几个经济学家预见到了这场危机的来临，而且，这种预测的失败还只是该领域的所有问题中最微不足道的一个"，究其原因，"经济学科的迷途在于，经济学家作为一个整体误将优美——套上外表华丽的数学外衣——当作了真理……经济学科

---

① 博兰：《批判的经济学方法论》，王铁生等译，经济科学出版社2000年版，第386页。

② 加尔布雷思：《富裕社会》，赵勇等译，江苏人民出版社2009年版，第16页。

③ "女王难题"是英国女王2008年11月访问伦敦经济学院时向学者们提出的，参见"全球经济危机的'女王难题'"，http://business.sohu.com/20090917/n266795778.shtml。

失败的核心原因则在于对那种追求无所不包的智力优雅的研究方式的企望"。[①]
为此,霍奇逊等发起了支持克鲁格曼文章的签名运动,很快就有 2000 多名经济学人签了名,包括诺思、青木昌彦、布莱尔、布劳格、布罗姆利、克莱默、麦克洛斯基、朱莉·纳尔逊、温特、卢瑟福、卢兹等。[②] 不过,学生仅占签名者的 3% 左右,这表明在个人利益原则的主导下,当前的青年学子更倾向于模仿现有规则而缺乏批判的能力和勇气。可见,经济学科的发展还任重而道远。

---

① 克鲁格曼:"经济学家如何错得如此离谱?",朱富强、安苑译,《中国社会科学内刊》2009 年第 6 期。

② 笔者曾收到霍奇逊的多封相关邮件,签名活动可见 http://www.ipetitions.com/petition/revitalizing_economics?e.

第1篇

经济学的学科属性及其衍生特征

　　现代经济学往往自视为一门科学，甚至号称社会科学的明珠或皇后。但是，如果对科学之含义进行深入辨识，那么，经济学又体现哪种科学特征呢？事实上，流行的科学概念来自自然科学，但经济学却具有不同于自然科学的明显特质。那么，经济学科可以被称为一门科学吗？根本上，这取决于对科学的理解。其实，科学的概念并非自然科学专有的，相反，凡是可以"实现我们为此研究所追求的目的"的理论体系都可以被视为科学。

　　正是从这个意义上来理解，科学化应该是任何一门社会科学发展的基本方向，科学性也理应成为日益成熟的经济学科的显著特性。问题是，作为科学的经济学又应该具有什么特点呢？一般地，经济学比自然科学具有更强的主观性和规范性，其理论也无法借助简单的证伪或证实的检验而向前推进。既然如此，经济学的理论研究又具有何种要求呢？为此，本篇首先就"科学"的内涵以及科学的判别标准作一探索，同时，根据科学研究的根本目的来探究经济学作为一门科学所应有的学科特性，从而进一步探索这类学科的一般研究路线。

经济学是一门科学吗？

——基于科学的特性及其划界标准的审视

导 读

　　流行的科学概念及其内涵源于自然科学，它从客观性的角度强调科学理论符合实证论和还原论这两个基本条件。但是，按照这一要求，经济学显然不符合西方主流社会所理解的科学含义，相应地，以此来强调经济学的科学性就只会强化它的"伪科学"特征。其实，尽管现代经济学从客观性来看待科学概念，从而努力推动经济学的数理化发展；但实质上，科学本身具有很强的主观性，无论是以证实主义还是以证伪主义作为科学划界的标准都存在严重缺陷，这对包括经济学在内的社会科学尤其如此。因此，对科学的划界应该寻找另外的标准。

 一 引言

　　在当今学术界，当我们提出或争论一项研究或一个新知识是否正确时，往往将它与科学联系在一起："科学"才是正确知识的体现，进而"科学方法"就是证明研究或知识是否"正确"的唯一可靠方法。正因如此，现代主流经济学也就极力强调其理论知识的科学性和客观性，因为它采用了自然科学中科学的研究方法。问题是，尽管现代主流经济学致力于以物理学等自然科学的特征来型塑自身，但它果真实现其所号称的科学性了吗？进一步地，经济学果真能够实现它所号称的那种科学吗？根本上，这就涉及对"科学"和"科学方法"的理解。其实，有关科学和科学方法的广泛信仰是建立在已有近四个世纪之久的方法论基础之上，而这个方法论在过去的两个世纪却遭到了巨大的挑战。[①]
尤其是，经济学是否成为流行意义上的那种"科学"本身就一直饱受争议。例
如，早在 1898 年，凡勃伦在《经济学季刊》上就发表了《经济学为什么不是
一门进化的科学》，该文强调，经济学已经落伍了，它还不具备现代科学的资
格来处理它的研究主题；[②] 到了 1983 年，阿尔弗雷德·S.艾克纳主编的《经济
学为什么还不是一门科学》则提出经济学已背离科学并正处于危机之中的问
题。[③] 而且，尽管"科学"一词被到处使用和宣传，并成为当前社会最引人注
目的学术词藻之一；但遗憾的是，人们在使用这一概念的同时却很少对其内涵
进行缜密的梳理和深刻的审视，而主要是把它作为一种实现自身目的的"口
号"，这就严重误导了当前经济学的研究思维和发展路线。为此，本章就科学
的划界问题作一梳理，并由此对经济学的科学性进行反思。

二 流行"科学"的内涵辨析

查尔默斯定义了一种流行的常识科学观：科学是从经验事实中推导出来的
知识，其特点是以我们所能看到、听到和触摸到的东西为基础，而不是以个人
的观点或推测新的想象为基础。同时，经验主义和实证主义都试图将这种流行
的观点形式化，从而密切关注科学知识与事实之间的逻辑关系。由此，这就涉
及两个截然不同的问题：第一个问题关系到这些"事实"的本质以及科学家打
算如何获得这些事实；第二个问题关系到这些事实获得之后，构成我们知识的
定律和理论如何从中推导出来。[④] 那么，究竟如何才能从经验事实中获得可靠
的知识呢？显然，这又依赖于"科学"的方法。进而，科学往往就被特征化为
一种获取关于我们周围普遍想象的可靠知识的方法。[⑤] 一般地，如果对世界的
观察是仔细和无偏见的，那么，以此方法所确定的知识就为科学构建了一个可

① 博兰：《批判的经济学方法论》，王铁生等译，经济科学出版社 2000 年版，第 123 页。

② Veblen T. , 1989, Why Is Economics Not an Evolutionary Science?, *Quarterly Journal of Economics*, 12(July): 373–397.

③ Eichner A.S., 1983, Why Economics Is Not Yet a Science, *Journal of Economic Issues*, 17(2): 507–520.

④ 查尔默斯：《科学究竟是什么》，鲁旭东译，商务印书馆 2007 年版，第 16 页。

⑤ 汪丁丁：《身体与生命，西医与中医》，中央广播电视大学出版社 2012 年版，第 17 页。

靠的和客观的基础。为此，无论是在内容上还是在方法上，"科学"往往都以客观性和严谨性来定义。当然，这种科学实际上主要来自西方主流社会对自然科学的理解：一方面，它强调科学知识是精确的、可以度量的并且与个人无关的有关事实的知识；另一方面，自19世纪以降，实证（观察和实验）越来越成为获取科学知识的基本路径。

正是基于对客观性的理解，科学知识又派生出两大基本特性：可检验性和可重复性。其中，可检验性是指理论必须可以经受得起经验事实的实证检验，可重复性则意味着理论所依赖的条件可以复原。进而，基于这两大要求，数学逻辑就被视为科学理论的基本分析工具，而数据资料则成为科学理论的基本事实支撑，这在自然科学领域是根本性的。相应地，为了体现经济学的科学性，现代主流经济学也将数学化程度作为一项重要指标，由此促使经济学不断朝数量化的道路迈进。一方面，基于可检验性的要求，经济学在逻辑实证主义的思维支配下逐渐走上了计量化道路。这种倾向移植到中国社会后就发生了进一步的蜕变：没有数据的就不是真正的经济问题研究，当然也就谈不上研究的科学性。例如，有经济学人就大肆宣扬所谓的"无计量不学术""将计量进行到底"，等等。另一方面，基于可重复性的要求，经济学在抽象演绎主义的思维支配下逐渐走上了数理化道路。这种倾向引入中国社会后也发生了蜕变：没有数学模型的也就不是经济学理论研究，当然也就谈不上对经济学理论的发展。

同时，在可检验性和可重复性这两个条件基础上，西方学者还发展出了两大理论：①将可检验性进一步提升为逻辑实证论（Logical Positivism），它以经验为根据、逻辑为工具来进行推理，用概率论来修正结论而不是基于一次性的证实或证伪，各种保护带的存在使无论是实验室里实验还是日常生活经验都无法对经济学理论作彻底的证实或证伪；②将可重复性进一步提升为还原论（Reductionism），它认为现实生活中的每一种现象都可看成更低级、更基本的现象的集合体或组成物，从而主张把高级运动形式还原为低级运动形式，用低级运动形式的规律代替高级运动形式的规律。亨普尔（C. Hemple）、内格尔（E. Nagel）、卡尔纳普（R. Carnap）、奥本海默（P. Oppenheim）和普特南（H. Putnam）等就是还原主义方法论的代表人物。例如，内格尔将理论还原的条件归结为"桥律"（Bridge Principle）和"可导出条件"（The Condition of Derivability），并把理论还原作为"客观的、积累的科学进步的典范"。奥本海默和普特南则进一步提出了"科学统一的纲领"，把"科学统一"界定为语言统一［所有科学词项都还原为一门科学（如物理学）的词语］和规律统一

（"所有科学的规律都还原为一门科学的规律"），认为还原是基于"进化原理"和"个体发生原理"的理论非特殊性，在逻辑上要求不自反、不对称和可传递性。①

问题是，经济学与自然科学的研究对象存在明显的特性差异。一方面，影响自然现象的各要素之间往往是独立的，且可以通过人为的方式进行隔离。例如，我们可以将万有引力和空气浮力分离开来单独地考察它们的影响，从而可以制造出具有重复性的实验环境。正因为自然科学理论中那些被抽象的条件在实践或实验中是可以还原的，从而可以对相关理论进行检验。另一方面，影响经济现象的因素却是复杂多变，并不可分离地纠合成一个有机整体。例如，我们根本不能将人性中的本能和社会性分隔开来单独进行分析，从而根本无法制造出与理论相一致的具有重复性的实验环境。正因为经济学理论中那些被抽象的条件在实践或实验中根本上是无法还原的，从而其相关理论也无法得到有效检验。面对这种差异，我们又如何简单地将自然科学的理论特征及其方法要求拓展到经济学之中呢？

正是由于面对着不同性质的研究对象，经济学"科学化"所基于的逻辑实证论和还原论就与自然科学存在很大的不同。①经济学的实证取向体现为，在"假设的现实不相关"假说的指导下，注重结论的检验而不是前提假设的真实性。显然，经济学中对实证的这种理解和运用实际上是一种工具主义态度，这与自然科学中注重假设合理性的实证方法很不一致。事实上，即使被经验事实所证实，也不代表理论的合理性，更不代表理论已经揭示出了因果关系和经济规律，这涉及"F-扭曲"问题。②经济学的还原取向体现为，把具体的社会人还原为孤立的原子人，把人的社会行为还原为动物的本能冲动，从而可以在几个简单假设的基础上进行数学建模。显然，经济学中对还原的这种理解和运用实际上是对现实世界的扭曲，这与自然科学中注重条件一致性的还原方法存在明显差异。事实上，原子化的经济人在现实中是根本不存在的，也根本无法通过实验室控制而获得，更无法在此基础上进行重复性实验。

因此，从可检验性（实证论）和可重复性（还原论）这两个基本条件来看，经济学并不符合西方主流社会所理解的那种"科学"含义。特别是由于与自然科学的科学特性存在根本的不同，经济学"无法满足一个或多个流行的实

① 参见肖磊："经济学'还原主义'方法论：批评与反思"，《经济评论》2008 年第 1 期。

证主义或波普尔主义的评价'某一理论是否是科学'的标准"。[1] 例如,考德威尔就写道:"经济学家们提供的用以检验他们自己的理论的数据还不足以产生令人信服的检验结果。经济学家们通过严格界定他们学科的范围来对此做出反应。比起被局限在这个范围内的内容来说,真实世界要丰富得多。因此,经济学又是'不精确'的科学。"[2] 然而,尽管由于研究对象上的差异,经济学并不符合自然科学意义上的那种科学含义,但是,现代主流经济学却依然把自然科学视为自己追慕的对象,大肆渲染其理论和观点的客观性和科学性。为此,它还往往以非常复杂的形式来遮蔽日益空洞的内容,以数理的措辞来掩盖其内在的价值判断,从而误导了社会大众和政府政策的决策。

可见,尽管鼓吹客观和严谨的科学主义宣言在当前经济学界尤其是中国经济学界广为流行,而实际的经济研究却明显偏离了这种"科学"要求。在很大程度上,也正是由于这种宣言和事实之间存在巨大差距,笔者认为,当前那种以"科学"为口号的"主流"经济学实际上已经蜕变成了一种"伪科学",或者说,一些经济学人的实际行为不自觉地使现代经济学朝"伪科学"方向转化,这与巫术、占星术等的夸大其词之间并没有多少本质区别。甚至就工具论意义上的成效而言,费耶阿本德也说:"如果科学由于它的成就而受到称赞,那么,神话必须更热烈地受到百倍的称赞,因为它的成就大得无与伦比。神话的发明者开创了文化,而理性主义者和科学家只是改变了文化,而且并非总是改得更好。"[3] 事实上,作为一个科学的理论,首先应该勇于并善于发现自身的缺陷,进而提防"科学"内含的理性自负。同时,如果真正基于科学精神,那么,学术研究就会采取开放和包容的态度,自然也就不会出现如此之多的相互排斥的流派和自闭症式的解释共同体。譬如,尽管社会学、法学等的科学性往往被公认为比经济学更"软",但我们却很少听到有学者探讨法学或社会学是不是一门科学。其中的一个重要原因就是,这些学科的每个流派都能够较为清楚地认识到自身的缺陷,从而不会把自己的主张看成是客观、普遍的,也就不存在像经济学界那样强烈的"正""伪"之辨。

---

① 罗森伯格:"经济学是什么:如果它不是科学",载豪斯曼编:《经济学的哲学》,丁建峰译,世纪出版集团、上海人民出版社 2007 年版,第 334 页。

② 考德威尔:"关于复兴经济学实践的两个提议",载巴克豪斯编:《经济学方法论的新趋势》,张大宝等译,经济科学出版社 2000 年版,第 193 页。

③ 费耶阿本德(本书译为法伊尔阿本德):《自由社会中的科学》,兰征译,上海译文出版社2005年版,第 128 页。

三 从证实主义到证伪主义

"科学"一词最初源于自然领域。传统的观点强调知识的客观性，而这种客观性又由可还原性和可实证性来保障。长期以来，人们正是通过运用这两个标准来解决科学和玄学的分界问题：科学的理论是可以被经验证实的，因而是有意义的；相反，玄学不能被经验所证实，因而是没意义的。早期的实证主义强调，事实必须是通过观察或感觉经验，去认识每个人身处的客观环境和外在事物；因此，它将哲学的任务归结为现象研究，通过对现象的归纳寻求科学定律。然而，这种归纳法存在这样几个明显的问题：①归纳是从有限的事例推广到无限的定律，但有限不能证明无限；②归纳是用已过去的事情证明未来的事情，但过去不能证明未来；③从单称命题过渡到全称问题缺乏逻辑根据；④归纳不是一个严密的逻辑形式推理而是一个概率推理。

其实，在实证主义哲学兴起之前，休谟就发现了归纳中的逻辑问题，这被称为休谟难题：一是基于经验列举的归纳结论是不完全的；二是意义判断和科学划界是彼此独立的两个问题。正是沿着休谟的怀疑和批判的思路，导致了逻辑实证主义在 20 世纪的崛起。逻辑实证主义继承以休谟为代表的经验论者把一切命题分为分析命题和综合命题的做法，并将凡不属于这两类命题的都视为形而上学命题，从而也就是没有意义的。因此，在逻辑实证主义看来，有意义的具有科学内容的命题只有两类：①分析命题，即关于"观念间关系"的命题，单单依靠形式逻辑或"单纯的思维运算"就能判别其正确与否，这是一种纯逻辑的正确或不正确的命题；②综合命题，即关于"事实"的命题，其真假性要依赖经验来确定。问题是，如何界定这个有意义标准的命题以便把经验科学和形而上学区别开来呢？其实，尽管维也纳学派以及其他分析哲学家对此也有过不少争论，但一直没有提出一个令人满意的标准；为此，亨普尔在 1950年的文章中就放弃了严格的经验标准，而认为分析命题和综合命题、有意义命题和无意义命题并没有绝对的界限。

不同于逻辑实证主义基于经验归纳来发展科学理论的路向，波普尔在解决休谟难题的过程中提出了另一种思路：尽管个别的经验事实不能证实作为普遍命题的科学理论，却可以证伪它；同时，如果根据演绎推理得出的结论是假的，那么，其前提也必是假的，这是归谬推理法。波普尔认为，可证实性并不能用来对理论的科学性进行确认。其理由是，由于科学的理论是对事实的解释，而每一种解释都与一系列关于绝对普遍的特征的假设有关，进而这些绝对普遍的命题又从来不会被经验观察所证实；与此同时，每个命题却都可以被经验观察所证伪，只要有一个关键性的判决实验与理论相悖就可以证伪整个理论体系。而且，在波普尔看来，任何对一种理论的真正的检验，都是企图否定它或驳倒它；从这个意义上说，可检验性就是可证伪性，而不同理论在可检验性的程度上的差异也就是可证伪性的差异。[①] 这样，波普尔就提出了可证伪性的科学划界标准：科学的显著特征不在于其命题能够被证实，而在于从逻辑上可以被证伪、反驳或推翻。一般地，一个命题只要它是可检验的或可证伪的，它就是科学的；相反，如果它不可检验或不能证伪，那么就是非科学的、形而上学的。进而，区别科学和非科学的分界标准，也就在于其能否被证伪的程度。一般地，一种理论所提供的经验内容越丰富、越精确和普遍，它的可证伪度就越大，科学性就越高。

同时，在波普尔看来，理论先于观察，因为观察离不开理论的指导。正是由于受不同理论的指导，人们在观察同一现象时往往会得出不同的认知。为此，波普尔又提出了科学发展中的猜想—反驳机制：理论是大胆猜测而不是论证出来的，科学不是认识过程而是一个猜测过程。波普尔写道："我们不是被动地等待重复把规则性印在或强加在我们头脑里，而是主动地企图把规则性强加给世界。我们企图在世界中发现相似性，并用我们发明的规律来解释世界。我们不等待前提调到结论。这个结论如果被观察证明是错的，以后就得放弃。这就是试探错误的方法——猜想与反驳的学说。"[②] 问题是，猜测如何可信呢？这就依赖于经验事实的反驳。相应地，科学的知识仅仅是证伪的尝试失败后的残余物，是一些可能被证伪的、但尚未被抛弃的、猜测性的理论的集合体。进而波普尔提出，科学的进展就依赖于对理论的持续证伪，而剩下的理论将是那些没有被证伪而对经验观察做出最宽范围解释的理论。由此，波普尔强调，科学的方法应该是一种尽力避免逃避证伪的方法，而不是企图去证实永远无法穷尽的证据，只有那些在逻辑上具有被经验证伪可能性的理论才是科学。进而，这也意味着，科学的发展历史不能被视为经证实的理论的积累，而是由于错误的理论不断被经验所抛弃而造成的理论的进化和变迁过程。

[①] 波普尔：《猜想与反驳：科学知识的增长》，傅季重、纪树立、周昌忠、蒋弋译，中国美术学院出版社 2003 年版，第 47 页。

[②] 波普尔：《猜想与反驳：科学知识的增长》，傅季重、纪树立、周昌忠、蒋弋译，中国美术学院出版社 2003 年版，第 59 页。

波普尔写道："科学必然开始于神话和对神话的批判；既不是开始于观察的集合，也不是开始于发明实验，而是开始于对神话、对巫术技巧和实践的批判讨论。"[1]

在经济学界，英国经济史学家哈奇森在 1938 年的《经济理论的意义及基本假定》一书中的"经济理论的意义和基本前提"一文首次系统地将逻辑实证主义的科学哲学方法论引入经济学研究之中。哈奇森强调，经济学命题必须接受一种以经验为依据的检验，以经验检验的陈述来表达，而不能接受检验的陈述则是同义反复；但是，先验主义方法论却使得经济学基本上是一个从内在经验所产生的一系列先决条件推断出来的纯演绎体系，而那些先决条件本身并不容易接受外界检验。哈奇森的工作对 20 世纪蓬勃发展的以逻辑实证主义为基础的经济学研究方法产生了深远影响。同时，随着科学方法论上证伪主义的兴起，尤其是波普尔的《猜想与反驳》于 1963 年问世之后，哈奇森开始对逻辑实证主义的方法论展开深刻的反思和批判。哈奇森的批判首先是从逻辑实证主义的评估标准着手，并将波普尔的证伪主义思想引入经济学中，从而对经济命题提出可验证性要求。

同时，1953 年弗里德曼发表了《实证经济学方法论》一文，萨缪尔森和弗里德曼等围绕该文展开了激烈的争论，由此进一步极大地促进了证伪主义方法论在经济学界的使用。究其原因，弗里德曼的方法论与波普尔的观点十分相近，《实证经济学方法论》也深深地烙有证伪主义的印记。[2] 例如，弗里德曼就写道，"对某一假说的有效性的惟一合意的检验，就是将其推测与经验相对照。如果其推测与经验相矛盾（'频繁地'，或者说比某个替代性假说更为经常地经验相矛盾），那么这个假说就被拒绝；如果不发生矛盾，那它就被接受；如果经过多次都不发生矛盾，那么该假说就得到了更大的可信度。事实证据永远都不能证实假说；它只是未能证伪该假说"；[3] 因此，"作为一门实证科学，经济学是一种被尝试接受的、关于经济现象的概括体系"，"实证经济学的进步，

---

[1] 波普尔：《猜想与反驳：科学知识的增长》，傅季重、纪树立、周昌忠、蒋弋译，中国美术学院出版社 2003 年版，第 65 页。

[2] 事实上，波普尔在 1934 年就相继撰写并发表了《科学方法》《否真主义和约定主义》《经济基础》等文章，初步提出了证伪主义思想。

[3] 弗里德曼："实证经济学方法论"，载豪斯曼编：《经济学的哲学》，丁建峰译，世纪出版集团、上海人民出版社 2007 年版，第 152 页。

不仅要求检验和完善现有假说，而且还要求创立新的假说"。①1980 年，英国经济学家马克·布劳格在《经济学方法论》中把证伪主义的划界标准引入经济学方法论，以此来甄别经济理论的真伪，希望能够进一步提升经济学的科学地位，由此推动并确立了证伪主义在西方经济学方法论中的主流地位。

问题是，正如波普尔指出的，像马克思的历史学说、弗洛伊德的心理分析以及阿德勒的个体心理学等学说，尽管都具有很强的解释力，却难以被证伪，从而更像是占星术那样的原始神话而非像天文学那样的科学。②那么，我们也可以反思：以理性经济人为基础的新古典经济学就是科学的吗？它能够被证伪吗？难道它不也只是作事后的解释吗？譬如，按照新古典经济学的逻辑，无论你是损害他人还是与他人合作，无论你是见义勇为还是明哲保身，无论你是利己主义者还是利他主义者，都可以纳入（扩大的）理性分析框架，都符合经济人的行为。进一步地，我们可以说，几乎所有的社会科学理论都是不可证实的，也是不可证伪的；进而，也就几乎没有任何社会科学理论是通过证伪途径而传播、发展、进步并被广泛接受的。之所以如此，一个根本性原因就在于，社会科学理论的逻辑推演中隐藏着一个至关重要的假设：其他条件均保持不变。很大意义上，这在理论与现实之间就塞进了一个假象的中介实验场，阻塞了理论通往实际观察与经验检验的道路。试想，如果现实情形与理论设定的条件并不相符，新出现的现象又如何证伪原来的理论呢？

正因如此，无论是证实主义（Verificationism）还是证伪主义（Falsificationism），应用于经济学的理论研究时都潜藏着严重缺陷。相应地，证伪主义在经济学研究中的应用性一直遭到绝大多数方法论专家反对。例如，考德威尔认为波普尔的证伪主义对经济学而言是一剂太强的药，它们的结构要求是如此之严，以至于一旦把它严格地应用于经济学方法论之中，经济学就很少有生存的空间。再如，汉兹强调，经济学的特殊性决定了运用证伪主义存在不可逾越的困难：例如，因为人类行为的复杂性要求大量的初始条件和极其简化的假设，逻辑上是可以的，但事实却是不可能做到的；还有一些辅助性假设，是以未得到一致公认的经验作为基础的，这些假设不满足波普尔所要求一般可接受的经验基础的条件，所以在经济学中能够满足波普尔所要求的条件并不总是存

---

① 弗里德曼："实证经济学方法论"，载豪斯曼编：《经济学的哲学》，丁建峰译，世纪出版集团、上海人民出版社 2007 年版，第 174、176 页。

② 波普尔：《猜想与反驳：科学知识的增长》，傅季重、纪树立、周昌忠、蒋弋译，中国美术学院出版社 2003 年版，第 45 页。

在的。①

事实上，尽管证伪主义在一定程度上避免了由于无法做到归纳的完全性所导致的后向逻辑缺陷的尴尬处境，但它也并没有真正完全地解决这一困境。关于这一点，我们从如下几个方面加以说明。①实证主义与证伪主义的这种前后转向在逻辑上是一脉相承的，都是强调经验证据在理论前提与结论之间所发挥的作用，只不过前者对其进行了高估，而后者对其进行了弱化。因此，严格说来，证伪主义实质上是实证主义在逻辑上的延续和补充，为理论在未来的进一步确证或否证提供了后路；②相应地，弗里德曼引入现代经济学中的逻辑实证主义实际上就承袭了波普尔的证伪主义思维，是两者的结合。②尽管按照证伪主义标准，任何理论要被认为是科学的，就必须能够被经验所证伪；但显然，几乎所有的观察尤其是实验结果都会涉及一些辅助性的假定和一些初始条件，因而仅限于理论方面的证伪主义对科学的解释就存在局限性。③对作为社会科学的经济学来说，它更是无法满足这种可证伪性的要求：不仅所有的经济学理论都是在特定假设下得出的，而这种假设根本无法在实践或现实中得到满足；而且，为了避免遭到这种否证，经济学家们在提出它的理论时都设计了种种防止遭到反驳的"免疫策略"，而这正是波普尔大力攻击的。例如，假设了凸向原点的需求曲线和向上的供给曲线，那么，建模者就可以得到市场均衡的结果。

就现代经济学理论而言，每一个"免疫策略"的存在，都使模型能够得出建模者所希望出现的结果，这反过来又使模型具有不可证伪性。一般认为，证伪主义存在这样的问题：①一些理论的经验预言并不能得到检验，因为还不存在对它们进行检验的方法；②难以决定理论被证伪或者没有被证伪，因为总存在一些检验程序或其他外在因素的干扰；③一些研究者在未能检验已确立理论的含义之前就假定它是正确的，这种心态往往会影响对新理论的认同。③试想，当检验系统（理论加上辅助假说）中至少有一个与证据相冲突时，这能够证明理论就是错误的吗？相应地，即使经济学理论遭到了否证，但其理论也没有像波普尔所说的那样立刻被放弃。兰德雷斯和柯南德尔就写道："很多经济学领域难以运用经验进行检验，所以，很难设计出导致主流观点被放弃的经验方

---

① 参见杨渝玲："情境分析：经济学假说检验的可能路径"，《江汉论坛》2009年第4期。

② 杜金沛、邢祖礼："实证经济学与规范经济学：科学标准的辨析"，《财经研究》2005年第12期。

③ 兰德雷斯、柯南德尔：《经济思想史》，周文译，人民邮电出版社2011年版，第19-20页。

法。人们会出于多种原因而选择理论。"[1] 从现实看，也几乎没有任何科学理论曾经单独得到检验。相应地，尽管经济学家对证伪主义方法论津津乐道，但却很少有人把证伪主义付诸实践。例如，有统计资料显示，1973~1978 年发表在《美国经济评论》上的 542 篇经验研究论文中仅有 3 篇试图证伪受检验的假说，其余依然是试图证实假说。

　　既然如此，我们又如何划定经济学理论的科学性？熊彼特认为，"如果我们规定使用与数理物理学相类似的方法是科学的特点的话，那么，整个经济学就不是一门科学。在这种情况下，经济学中只有一小部分是'科学的'。再说，如果我们按照'科学就是计量'这句话给科学下定义，那么经济学中有些部分是科学的。其余部分就不是了"。即使如此，熊彼特还是强调，"这里不应该有'等级'之分或'尊严'等感情方面的因素：一门学问被称为科学并不意味着抬高它或者相反"。[2] 其实，即使是自然科学的理论，它往往也不是通过证伪的方式得以推进的，相反，往往是源于整个知识观念的改变；究其原因，很多自然科学理论本身也是不精确的，甚至是猜测性的（如广义相对论）或者依旧处于变动之中（如粒子物理学）的。

　　同时，正是坚持共同的理念而形成了科学共同体，从这个科学共同体的信念出发又派生出了众多的"科学"知识。为此，波普尔认为，在认识过程中存在着某种循环：所有知识都只能是在现有知识基础上建立起来的，任何新事实也都是通过已经存在的知识才能认识到的。正因为"先前的知识"决定了它描述的事实，因而不存在什么"纯粹的"事实。这也意味着，波普尔的证伪工具是不可操作的，因为这些作为潜在证伪工具的事实并不独立于它们要检验的假说。[3] 知识的这种特征在社会科学中尤其明显。例如，罗尔斯的差别原理、诺奇克的自由所有权、德沃金的资源平等、森的能力平等、桑代尔的内在善、麦金太尔的德性以及 D. 米勒的社会正义，都存在明显不同的乃至截然相反的思想基础，它们并不能被证伪。同样，在经济学中，不同的社会福利函数——如边沁的加总式、纳什的乘积式或罗尔斯的最大最小式，也因存在不同的价值基础而不能通过实验来证伪。

　　可见，证伪主义方法论在实践上的行动远远较之在理论上的雄辩要来得薄

---

①　兰德雷斯、柯南德尔：《经济思想史》，周文译，人民邮电出版社 2011 年版，第 6~7 页。

②　熊彼特：《经济分析史》（第 1 卷），朱泱等译，商务印书馆 1991 年版，第 21 页。

③　参见布罗西耶："经济学作为一门具有实证性和规范性的科学"，载多迪默、卡尔特里耶编：《经济学正在成为硬科学吗》，张增一译，经济科学出版社 2002 年版，第 64 页。

弱。即使曾在经济学领域大肆引进和鼓吹证伪主义方法论的布劳格也承认，绝大多数现代经济学家往往不是尝试去反驳可检验的预测，而是满足于证明现实世界符合他们的预测，从而用容易进行的证实取代难以进行的证伪。当然，正如前面所述，基于归纳的实证主义作为科学划界的标准都存在严重缺陷，缺乏逻辑的一致性；于是，后来西方学术界就通过引入数理逻辑而将之严密化，从而导致了逻辑实证主义的出现，并逐渐主导了当前经济学的基本研究风格。问题在于：①逻辑实证主义本身也是存在问题的，它的任何结论都源于某种约定；②将之用于经济学的理论研究，更是犯了工具主义和逻辑谬误。事实上，逻辑实证主义首先是在一些检验性观察的基础上提出一定的命题，而对其接受与否却取决于进一步的证据以及渗透在观察中的理论预设；但显然，证实或确证标准作为经验科学的合理构想本身也难免成为"约定"和"建议"而无法证实或确证自身，因而任何真理都存在一定的约定性，可以说就是按"我们"的标准可合理地接受的。这也意味着，尽管逻辑实证主义内含的分析哲学因在对意义的可证实原则的深入探讨进程中而成为现代经验科学的理性构架的"科学的"哲学代言人，但显然，这是一种"科学主义"的意识形态，是一种科学沙文主义。正是基于这一特点，后来的劳丹和费耶阿本德等就试图通过对引导假定的反思来打破逻辑经验主义支配下科学知识增长模式，并摧毁了分析科学哲学关于"理性""科学""客观性"的神话。

四 客观主义科学的几大哲学反思

尽管逻辑实证主义试图通过引入数理的形式将归纳问题严密化，但是，任何逻辑实证分析都是建立在特定的引导假定之上，而引导假定本身往往体现为经验和直觉知识。这就对知识的"客观性"带来了挑战：各个解释共同体往往基于不同的引导假定，那么，相互竞争的引导假定之间是否存在可通约性？如果是不可通约的，我们又如何认为这些知识是客观的？同时，这些不同的引导假定之间可以作优劣比较吗？如果是不可比较的，自然也就无法体现出知识的科学和进步。由此带来的另一个问题是，赞成不同的引导假定的科学家之间是否可以或如何进行对话、交流的？

迄今为止，绝大多数科学哲学家和方法论专家都认为，不同的引导假定之间存在不可通约性（Icommensurable）。这就表明，相互异质的研究传统使人们之间的争执和讨论达到理性的一致是不可能的，人们说着不同的事情，即使使用相同的语词实际上也是在表达不同的意思。例如，费耶阿本德就指出，"这些派别中的一些专业群体、哲学家和科学家研究相冲突的价值，并把它们安置在一个体系中，为这些冲突的解决提供指导方案——以处理这个问题。理论方式是自以为是、无知、浅薄、不完全和虚伪的"。[①]基于这一视角，我们说，与其说科学是从事实中推导出来的，不如说"事实"是依赖于理论的。在这里，不仅对"事实"的解读依赖于特定理论，甚至"事实"本身就是理论"创造"的。而且，由于我们往往很难找出科学错误预见的原因，因而证伪主义也像证实主义一样往往难以捉摸。问题是，既然不同的引导假定之间存在不可通约性，那么，又是什么导致引导假定的修饰和嬗变呢？而且，我们又应该如何对不同引导假定下的理论作科学和非科学的辨别和区分呢？针对上述问题，后来一些学者从不同角度作了解答，这里介绍以下四种主要的理解途径。

（一）库恩倡导的相对主义的科学范式理论

为解决波普尔的证伪主义困境，库恩提出了具有革命性的科学范式（Science Paradigm）理论。所谓范式，是由一些具有普遍性的理论假设和定律以及它们的应用方式所构成，它遵循着任何既定时期所公认的对主流科学思想的教科书的陈述。一般地，当科学家遵循同一个范式时，他们就在从事所谓的常规科学；而当解决过程中范式遇到危机时就会被另一个新的范式所取代，从而促使科学的不断进步。库恩认为，理论不可能在相同的思维框架内连续地发展，而只能在不断改变思维框架的前提下向前发展；为此，他将科学发展的过程概括为一个模式：前科学（原始时期）→常规科学→危机→科学革命（范式转换）→新常规科学……首先，科学时期一门科学尚未形成范式，此时研究者对所从事的学科的基本理论没有达到共识，各种学说争论不休；其次，范式的形成标志着该门学科已形成了系统、完整的学说体系，标志着科学发展进入了常规科学时期，此时研究者基于基本范式对所面临的问题进行分析，并通过难题的解决进一步补充和完善范式；再次，常规科学发展阶段的后期，随着实践与范式不一致的反常现象不断增加，原有范式未被利用的逻辑空间越来越小，人们开始对原有范式丧失信心，于是便出现了范式危机；最后，少数人提出了新范式与旧范式展开竞争，这导致对立阵营的研究者之间的交流变得困难，直到革命成功而形成新的分析范式。显然，在新的范式确立之后，研究的主题就会发生实质性的转化，甚至原来曾经一度适宜的概念也将遭到抛弃或

[①]　费耶阿本德：《告别理性》，陈健等译，江苏人民出版社2002年版，第25页。

修改。[①]

　　因此，不同于波普尔"不断革命"的科学观，库恩将科学视为例外，甚至是科学之外的东西；相反，他主张，人们通常都是在常规科学范式下展开研究的，只有在"危机"关头才会允许并出现对主导理论的反思和批判。问题是库恩并没有给出范式的精确定义，如玛斯特曼指出《科学革命的结构》中对"范式"一词有 21 种不同的用法；[②]进而，库恩也就无法对不同范式提出比较标准以阐明范式转换的合理性，反而提出了不可通约性。在库恩看来，在革命和范式的转换中，新的思想和主张无法与旧的做严格的比较；进而，一个新理论之所以被选用来取代旧理论，与其说是因为其真，不如说是因为一种世界观的转变。在这个意义上，库恩就把科学革命比作格式塔转换，比作宗教上的改宗和政治革命，科学进步也就体现为追求一个更为恰当的世界观。为此，库恩强调，我们发现科学本质的方式"实质上是社会学的"，而且是基于"通过考察科学团体的本质，弄清楚它重视什么、容忍什么和蔑视什么"来实现的，但如何发现不同群体所重视、容忍和蔑视的东西往往有所不同。显然，库恩将科学革命视为仅仅是一种信念的非理性变化，从而科学与伪科学之间就没有明确的分界，科学进步与知识退化就没有区别；因此，库恩的理论就导向了科学理解的相对主义，有人指责库恩提倡一种"相对主义的"科学进步观。[③]显然，按照库恩的范式理论，占优势地位的理论不一定就是最好的理论，因为可能存在与现有范式相冲突而没有被采用的更好理论。也正因如此，库恩范式也为众多不赞同主流理论的学者多接受，因为它暗示了他们所偏好的范式有可能被证明是出众的，有可能取代主流观点。

（二）拉卡托斯"合理重建"的科学纲领

　　拉卡托斯是波普尔科学观的热心支持者，但他也认识到波普尔证伪主义所遇到的问题。拉卡托斯写道："在科学中我们并不仅仅从猜想与反驳中学习。成熟的科学不是试错法的程序，它不是由孤立的假说以及它们的确认和反驳所组成。"[④]不过，拉卡托斯并不是完全否定波普尔学说，而是试图修改证伪主义

　　① 库恩：《科学革命的结构》，金吾伦、胡新和译，北京大学出版社 2003 年版。

　　② 玛斯特曼："范式的本质"，载拉卡托斯、马斯格雷夫：《批判与知识的增长》，周寄中译，华夏出版社 1987 年版，第 77 页。

　　③ 查尔默斯：《科学究竟是什么》，鲁旭东译，商务印书馆 2007 年版，第 150 页。

　　④ 拉卡托斯：《数学、科学和认识论》，林夏水等译，商务印书馆 2010 年版，第 333 页。

以便摆脱其困境，希望在关于科学的合理性的传统框架内做某种细微的、尚未为我们所知的潜在的改变来解决上述问题。那么，为了使波普尔派对科学的分析能解决合理性问题，他们所需要做的最小的变化是什么？在这里，拉卡托斯吸收了库恩的部分思想，同时又拒绝了库恩范式中的相对主义倾向。布劳格认为，拉卡托斯有 80% 的波普尔成分和 20% 的库恩成分。相反，基于波普尔和库恩的结合，拉卡托斯用研究纲领（Research Program）的概念取代库恩范式：重大科学成就的单位不是孤立的假说，而是一个研究纲领，科学革命的过程就是一个进步的研究纲领取代一个退步的研究纲领。拉卡托斯写道："伟大的成果和伟大的'理论'不是孤立的假说或事实的发现，而是研究纲领。伟大的科学史是研究纲领史，而不是试错法的历史，也不是'朴素的猜想'史。"[①]一般地，一个研究纲领由硬核（Hard Core）和保护带（Protective Belt）构成。其中，硬核是纲领中不可触动的深层核心假说和根本信念，具有一般性，它们构成了一个研究纲领的基础；保护带则是补充硬核的附加假说的总体，它可以通过调整辅助性假设来消解反常，从而起到保护硬核免遭否证的作用，并促进纲领通过内部的理论交替而取得进步。事实上，牛顿的万有引力理论、爱因斯坦的相对论、量子力学、马克思主义、弗洛伊德主义都是研究纲领，它们各有一个受到顽强保护的独特的硬核，各有自己较为灵活的保护带，并且各有自己精心考虑的解题手段。[②]

拉卡托斯强调，对理论的外围假设的证伪并不要求放弃理论，而仅仅是引起对逻辑结构的创新考虑，或者引起一种特别的调整；而只有当"足够多"的外围假设被证伪时，硬核假设才会被重新考虑。这意味着，这些研究纲领在自己发展的任何阶段上，都有未解决的问题和未消化的反常。那么，所有这些研究纲领都是同样好的吗？为了避免库恩理论中的相对主义结论，拉卡托斯寻找一种存在于纲领之外的标准，以便确定非相对主义意义的科学进步。为此，他把研究纲领分为进步的（Progressive）和退步的（Degenerative）：一个研究纲

---

① 拉卡托斯：《数学、科学和认识论》，林夏水等译，商务印书馆 2010 年版，第 334 页。

② 力学三定律和万有引力定律的组合构成了牛顿纲领的"硬核"，而一个巨大的辅助假说"保护带"顽强地保护这一硬核使之不致遭到反驳；而且，牛顿研究纲领还有一个"启发法"，即一种有力的解题手段，借助于复杂的数学技术以消化反常，甚至把反常变成肯定的证据。譬如，一颗行星的运行出现了反常，牛顿派科学家就会检查关于大气折射的猜测，关于光线在磁暴中传播的猜测以及成百上千的其他猜测，这些猜测都是牛顿纲领的组成部分，甚至可以发明一颗迄今不为人知的行星并计算出它的位置、质量和速度以说明行星运行的反常。

领如果前后一致并且至少间歇地被确证的新颖预见，就是进步的，否则就是退步的；相应地，科学革命观就体现为：一个进步的研究纲领取代一个退步的研究纲领。显然，与波普尔的观点有所不同，拉卡托斯认为，进步的纲领不在于它尚未遭到反驳，而在于其他的纲领已经遭到反驳。问题是，拉卡托斯这种研究纲领的优劣标准也存在问题，因为即使一个退步的纲领也能够怀有它能够恢复生机的希望，从而坚持该纲领是合理的；社会科学尤其如此，因为社会科学本身是与具体的社会环境相适应的，而社会环境又存在否定之否定的发展轨迹。试问：如果哥白尼理论需要花一个世纪才能获得重要的成果，因而在一个世纪中坚持该理论是科学的，我们又凭什么认为当代弗洛伊德学派和马克思主义者（拉卡托斯的靶子之一）所努力发展的就不是科学呢？[1]事实上，拉卡托斯的研究纲领关于表征科学的标准如此空泛，几乎不能把任何智力活动排除在外，因而也遇到了库恩范式类似的问题。拉卡托斯自己也写道："要断定一个研究纲领什么时候便无可挽救的退化了，或什么时候两个竞争纲领中的一个对另一个取得了决定的优势，是非常困难的，这尤其是因为不应要求纲领步步都是进行的……不论逻辑学家证明有矛盾，还是实验科学家对反常的判决，都不能一举打败一个研究纲领。人只能事后'聪明'。"[2]

（三）费耶阿本德反对方法论的社会修辞学

费耶阿本德在《反对方法：无政府主义认识论纲要》中进一步远离了先前的方法论，提出了非理性主义或无政府主义的方法学说。在书中，费耶阿本德强调科学是无政府主义的事业，他写道："无政府主义虽然或许不是最吸引人的政治哲学，却无疑是认识论的、科学哲学的灵丹妙药。"[3]由此，费耶阿本德反对理性分析以及以简单图式来重建科学史，认为库恩范式和拉卡托斯纲领的失败就在于，它们试图赋予科学一种优越于其他知识形式的至高无上。进而，费耶阿本德强调，对任何方法的认同都限制了解决问题的创造力，因而最好的科学就应该没有方法的限制。相应地，费耶阿本德主张一切方法都可以成为科学的手段和来源，从而推崇多元主义的方法论。相应地，如果存在一种单一的

[1]　查尔默斯：《科学究竟是什么》，鲁旭东译，商务印书馆 2007 年版，第 174-176 页。

[2]　拉卡托斯：《科学研究纲领方法论》，兰争译，上海译文出版社 2005 年版，第 143-144 页。

[3]　费耶阿本德（本书译为法伊尔阿本德）：《反对方法：无政府主义认识论纲要》，周昌忠译，上海译文出版社 2007 年版，第 1 页。

永远不变的科学方法原则，那么，这一原则就是"怎么都行"。[1] 由此，费耶阿本德还提出了"反归纳法"，这包括这样两条"反规则"：①应当提出同公认的和得到高度确证的理论不相一致的假说；②应当提出同牢固确立的事实不相一致的假说。[2] 进而，费耶阿本德还对那些使科学合理化的尝试表示怀疑：科学并不是因为比其他知识活动更加合理才受推崇，而是因为我们的文化充满了关于科学的伟大神话；科学本身就是完全非理性的，对科学高度尊重看起来像一种现代宗教，就像基督教在欧洲古代时期所起的作用一样。相应地，费耶阿本德强调，高度尊重科学是一种危险的教条，他写道："（那种）认为科学能够且应该依据一些固定的、普适的法则进行的思想，既不切实际，又是有害的。它之所以不切实际，是因为它把人的才智和鼓励或引起才智发展的环境看得太简单。它之所以有害，是因为强加这些法则的努力必定以牺牲我们的人性为代价来提高职业的条件。"[3] 事实上，我们每获得一点知识都伴随着相应的损失，因而就不可能断定什么时候我们进步了以及我们是否在进步。

为此，费耶阿本德反对那种普遍的非历史的科学方法，这种方法所包含的那些标准是所有科学若想与"科学"这一名称相称都应当达到的。相反，费耶阿本德把科学理论置身于一种高度评价个人自由的伦理学框架内，从而提出了一种无政府主义科学观；这种无政府主义科学观是人道主义的，它可以使科学家摆脱方法论的束缚而增加他们的自由，从而可以根据个人的主观价值和意愿自由地在科学与其他形式的知识之间进行选择。显然，费耶阿本德对终极真理的拒绝导向了社会修辞方法。其中，修辞方法强调语言的说服力，它主张，一种理论之所以被接受，不是因为它本来就是正确的，而是因为理论的提倡者借助他们初衷的修辞而成功地使他人相信理论的价值；社会方法则考察社会制度的约束，它认为正是这些约束影响着对每一种理论的认同。例如，费耶阿本德认为，"伽利略所以占上风，是由于这样三个原因：他的风采和机智的说服技巧；他用意大利文而不是拉丁文写作；以及他向之求助的人在气质上都反对就

①　费耶阿本德（本书译为法伊尔阿本德）：《反对方法：无政府主义认识论纲要》，周昌忠译，上海译文出版社 2007 年版，第 1 页。

②　费耶阿本德（本书译为法伊尔阿本德）：《反对方法：无政府主义认识论纲要》，周昌忠译，上海译文出版社 2007 年版，第 7、9 页。

③　费耶阿本德（本书译为法伊尔阿本德）：《反对方法：无政府主义认识论纲要》，周昌忠译，上海译文出版社 2007 年版，第 271 页。

思想和与之相联系的学术准则。"① 兰德雷斯和柯南德尔则指出，资金、职业以及对出版物的控制都可能与理论准确解释现象的能力具有同样强大的解释力，因此，大多数研究者更关心理论能否发表，而不是理论是否正确。② 当然，正如查尔默斯指出的，"费耶阿本德对反对方法的各论点的回答是假设不存在任何方法，科学家应当遵循他们自己的主观愿望而且怎么都行。然而，普遍的方法和没有任何方法根本并未排除诸多可能性。应该坚持一种中庸之道，即认为在科学中存在着一些方法和标准，但它们有可能因科学不同而相异，而且在某一门科学中它们是可变化的，而且会越变越好。"③

（四）劳丹重视研究传统的科学增长理论

劳丹不赞同以往的经验主义科学图式和理性构架，而是认为，如果科学进步在于得到一系列声称越来越接近真理的理论，那么科学就不可能被证明是进步的。为此，他强调按照丰富多彩的科学史的本来面目去认识科学理性，在更广泛的文化过程背景下思考科学理性，并希望通过对导致传统模式失败的关键预设进行反思来重新分析科学的合理性。在劳丹看来，不是科学的合理性应该作为科学哲学的中心问题，相反，科学是解决问题的活动，科学是一个寻求解决问题的体系，解决问题的能力与"真实性"没有任何直接的联系，从而要由问题产生理论。为此，劳丹提出，如果不以波普尔那种含糊的逼真性标准界定科学进步，而以"进步"来构设合理性模式，情况就成为，合理性在于选择能最大限度地增进知识进步的研究传统，而知识的进步在于解决越来越多的重要问题。当然，劳丹提出的"重要问题"本身是个相对概念，它意指一个研究传统能够解决的一个问题不仅其他与之竞争的研究传统没法解决，而且解决起来势必与其基本预设相冲突；或者，其他研究传统根本看不到这个问题，以至于由此牵涉更多的从属问题，它们更是谈不上解决。劳丹认为，科学正是通过解决问题而进步。

事实上，任何一个学术体系都面临着现实意识和理论意识这两大问题，前者反映了理论与实践间的一致性问题，后者则体现了理论的形式逻辑一致性问题。为此，劳丹也把科学所要解决的问题分为两类：经验问题和概念问题。其

---

① 费耶阿本德（本书译为法伊尔阿本德）：《反对方法：无政府主义认识论纲要》，周昌忠译，上海译文出版社 2007 年版，第 120 页。

② 兰德雷斯、柯南德尔：《经济思想史》，周文译，人民邮电出版社 2011 年版，第 22 页。

③ 查尔默斯：《科学究竟是什么》，鲁旭东译，商务印书馆 2007 年版，第 194 页。

中，经验问题又可分为三类：未解决的问题、已解决的问题和反常问题。劳丹认为，所谓科学进步就是把未解决的问题和反常问题变为已解决的问题，评估一个科学理论的优劣也就是看它已经解决了多少问题以及还有多少反常问题要解决。与此同时，劳丹还非常重视概念问题所起的作用，认为非经验的问题在科学的发展过程中有时比经验问题更为重要，理论的发展往往起因于对概念的非难，而逻辑实证主义正是没有给概念问题留下地盘而显得很不完全。正是从问题的分析入手，劳丹把理论分成两类：具体理论和总体理论；总体理论也就是研究传统（引导假定），它是指一系列关于"做什么"和"不做什么"的本体论和方法论规则，也就是一系列关于研究领域内的实体和过程的一般假设，以及在该领域内所使用的研究问题和构造理论的适当方法。劳丹认为，科学的合理性在于接受最有效的研究传统，也即对一个理论和研究传统的合理评价必须涉及对该理论或研究传统所解决的经验问题的分析和对它产生的概念问题和反常问题的分析。因此，任何对理论或研究传统的合理性评价都有三重相关性：①与它同时代的竞争对手相关；②与流行的理论评价学说相关；③与该研究传统内先前的理论相关。①

（五）科学哲学和方法论四大思潮的启示

下面阐述 20 世纪下半叶科学哲学和方法论上的几个理论发展。在某种程度上，劳丹注重"研究传统"的见解与库恩的"科学范式"以及拉卡托斯的"研究纲领"之间都具有相通性：它们都认为，科学变化的最主要单元是一些大的、生存期相对长的概念结构或"引导假定"，而一旦这些引导假定被接受后，它们就不会轻易地遭到放弃，即使在面临反常的经验事实时也是如此。而且，这些见解与波普尔的思想也不是截然对立的。

事实上，拉卡托斯就从波普尔的论述中区分了"朴素证伪主义"和"精致证伪主义"。其中，"朴素证伪主义"认为，任何能被解释为实验上可证伪的理论都是"可接受的"或"科学的"，相应地，当一个"观察"陈述与理论相冲突时，该理论也就被证伪了；"精致证伪主义"却指出，仅当一个理论比其先行理论（或与其竞争的理论）具有超余的、业经证认的经验内容，也即仅当该理论能够导致发现新颖的事实时，它才是"可接受的"或"科学的"，相应地，只有当出现更为成功的另一理论时，原先理论才被证伪。进而，判断一个理论是否进步就可以基于这样的标准："如果每一个新理论与其先行理论相比，

---

① 劳丹：《进步及其问题：科学增长理论刍议》，方在庆译，上海译文出版社 1991 年版。

有着超余的经验内容，也就是说，如果它预见了某个新颖的、迄今未曾料到的事实，那就让我们把这个理论系列说成是理论上进步的。如果这一超余的经验内容中有一些还得到了证认，也就是说，如果每一个新理论都引导我们真的发现了某个新事实，那就让我们再把这个理论上进步的理论系列说成是经验上的进步。最后，如果一个问题转换在理论上和经验上都是进步的，我们便称它为进步的，否则我们便称它退化的。只有当问题转换至少在理论上是进步的，我们在'接受'他们作为'科学的'，否则，我们便'拒斥'它们作为'伪科学的'。"①

同样，博兰也区分了两种证伪主义：①流行的证伪主义，它注重通过消除错误而学习，注重通过对贯彻结果的批判而推动理论的进步，从而又被称为批判的理性主义，这是一种由布劳格等强加经济学中的较为通俗的波普尔观点；②苏格拉底式的波普尔主义，它注重通过排除错误来学习，这种批判性对话和辩论具有强烈的辩证成分，这是更为重要但不太为人所知的波普尔观点。苏格拉底式的波普尔主义强调理性的批判作用而不是将科学等同于理性以及理性选择，注重理论的思辨性，把批判视为批判性的辩论；也即这种观点强调问题的中心性，为了理解任何一个经济学家的思想，我们必须知道他所关心的问题，每一种思想的出现可以被视为对问题的解决或对提问的回答的事后结果。事实上，根据苏格拉底式的波普尔主义观点，科学本身就应该被视为一个过程，一个从本质上来说是处于经常变化的过程，而不是一个建立在不可动摇的稳定真理的过程；因此，非但科学本身就是天然不稳定的，而且，科学就是没有科学方法的科学的思考。

其实，波普尔后期转而开始注重对社会科学方法论的思考，试图在自然科学与社会科学之间架构一条贯通的桥梁。波普尔认为，社会科学理论必须要从每个人具体的见解，即要从每个人的态度、期待和各种关系的观点进行分析；而人类虽然并非总是很理性地行事，但仍然多少是理性的，因而可以把人们的行为和相互作用建立一些比较简单的模式，并把这些模式作为近似值来使用。为此，波普尔提出了适用于社会科学的"情境分析"和"环境逻辑"方法：当一个行为者没有按预期的那样表现时，经济学家往往会改变对环境的描述，直至他们看到了通常作为理性的当事人对一系列目标与限制的预期反应行为的出现。尽管情境分析在将人类行为和社会情境结合起来时坚持了经济学长期以来饱受争议的理性原则，但是，它并不是依据某种理论先行设定答案，再到历史

---

① 拉卡托斯：《科学研究纲领方法论》，兰争译，上海译文出版社 2005 年版，第 34、37 页。

事实中寻找证据，相反，它是一种从具体材料的调查分析中构建起假说并在不断扩大的材料分析中检验假说的活动。显然，这种诉求较好地契合了经济学走向科学性的方法进路，布劳格就是因对波普尔的这一诉求产生共鸣而成为坚定的证伪主义者的，即使对证伪主义在经济学应用中持批判态度的考德威尔、博兰和汉兹等也都对波普尔的社会科学方法论情有独钟。在汉兹看来，这种情境的解释至少抓住了微观经济学的重点，如果使用这种基本方法来解释，关于微观经济学中的最大化等争论也就可以偃旗息鼓了，因为只要归结为对当事人面对（在这里是确定的）情境时的经验利害关系的详细分析，就可以解决问题。考德威尔则认为，情境分析可以为经济学的实践服务，但是它只是一个"起点"；究其原因，情境分析在指导经济学实践方面还存在缺点与不足：情境分析具体的内容过于抽象和笼统，经济学中的某些方面不适合做情境分析的重建，某些计量经济学家对社会现象所做的研究与微观经济学理论之间的联系是微弱的，等等。① 不管如何，情景分析的引入，弱化了传统证伪主义的"硬"度，从而带上了主观色彩。

因此，尽管现代经济学为一种客观主义思潮所统治，但这种客观主义却存在明显的缺陷。一般地，经济学界盛行的客观主义思潮有两大哲学方法论基础：一是证伪主义，二是逻辑实证主义。首先，逻辑实证主义起源于早期的维也纳学派，波普尔在批判的基础上发展了证伪主义。正是由于波普尔的贡献，从20世纪70年代中期到整个80年代，有关经济学方法论的讨论都被证伪主义所支配，最经常被提及的哲学家就是波普尔、拉卡托斯和库恩。其次，随着1953年弗里德曼的《实证经济学方法论》的发表，逻辑实证主义重新成为支配主流经济学的研究思维。尽管弗里德曼此后不再撰写方法论文章，但由于他在经济学界的影响力和地位，20世纪70年代以降的计量经济学兴起以及计量实证研究取向的膨胀都受之影响。同时，尽管波普尔的证伪主义对工具主义和逻辑实证主义展开了猛烈的批判，② 但两者在很大程度上又存在显著的相通性：①都将科学视为客观的，都沿袭了19世纪的自然科学和理性思维对科学的定义；②都以一定的约定主义为基础，从而又具有相对主义的特点。汉兹就认为，证伪主义本身就是一种约定主义的哲学：通过约定而认为背景知识不成问题；相应地，当证伪被应用于特定的反驳时，豪斯曼称之为"约定的证伪"，

---

① 参见杨渝玲："情境分析：经济学假说检验的可能路径"，《江汉论坛》2009年第4期。

② Popper K.R., 1965, *Conjectures and Refutations*, In:*The Growth of Scientific Knowledge*, 2d ed. New York : Harper & Row.

拉卡托斯则称之为"革命的约定主义"。[①] 为此，弗里德曼就说，其有关经济哲学和方法的观点可以与波普尔哲学结盟。[②]

总之，上述种种科学哲学观点都表明，科学本身不是绝对客观的，尤其是研究具有很大不确定的社会现象的经济学，其理论更加具有强烈的主观性。大逻辑学家奎因就认为，只要对系统的其他部分作充分的修改，任何命题都可以为真。[③] 波普尔则强调，"我们的知识有各种各样的源泉；但是，没有一种源泉有权威性"，"没有什么规则能够保证从真实观察推出的概括是真实的，虽然常常重复。科学的成功不是基于归纳规则，而是取决于运气、独创性和纯演绎的批判论证规则"。[④] 费耶阿本德甚至认为，"在卡尔纳普、亨普尔、内格尔、波普尔甚至拉卡托斯想要用来使科学变迁合理化的方法中，没有一种是适用的，而那种可以运用的方法即反驳法，其力量大大减少了。剩下的就是审美判断，对鉴赏力、形而上学偏见和宗教欲望的判断，简而言之，所剩下的就是我们的主观愿望"。[⑤] 在汪丁丁看来，科学是知识的一种，而知识则存在这样三种理解：①知识是主观观念与客观事实的符合；②知识是逻辑自洽的观念体系；③知识是有根据的确信。[⑥] 也即，知识根本上体现了主体对客体的认知，而科学则是具有相对自洽逻辑的知识体系；由此我们也就可以明白，科学必然潜藏着特定个体的认知、信念以及价值判断。事实上，科学知识社会学（SSK）的多数著作都认为，科学知识不是被自然证明或遵从科学哲学家们设立的规则的特定命题或陈述，而只是某一特定科学共同体成员所持有的信念，是他们获得共同体成员资格的产物。

正因如此，20 世纪中叶以后，人们就开始对技术—理性的实证主义霸权地位提出了批判，并走向所谓的"后实证主义"的研究范式。一般地，后实证主义抛弃了实证主义的四个基本假定：①经验观察与非经验陈述之间有根本的认识论上的分野；②普遍性或抽象性的东西对经验趋向的学科没有重要意义；③一般性和理论性问题只能通过经验观察加以评价；④科学的发展是"渐进

① 汉兹：《开放的经济学方法论》，段文辉译，武汉大学出版社 2009 年版，第 302 页。

② Friedman M. , 1979, *Taped Discussion with Milton Friedman*, Stanford University, February 6.

③ Quine W.V.O., 1953, *From a Logical Point of View*, New York：Harper and Rowe, P.43.

④ 波普尔：《猜想与反驳：科学知识的增长》，傅季重、纪树立、周昌忠、蒋弋译，中国美术学院出版社 2003 年版，第 31、69 页。

⑤ 转引自查尔默斯：《科学究竟是什么》，鲁旭东译，商务印书馆 2007 年版，第 188 页。

⑥ 汪丁丁：《经济学思想史讲义》，世纪出版集团、上海人民出版社 2008 年版，自序。

性的"，即直线和累计性的。进而，后实证主义提出了相对应的四个基本假定：①所有科学资料都要有理论的指导；②科学成果并不仅仅依赖于经验的证明；③一般性理论的形成是武断的和平行的而不是怀疑性和垂直的；④只有当经验事实的变化为新的理论所认识后才会出现科学观念的根本变化。同时，后实证主义认识到，科学家的思维方式和工作方式与人们的日常生活方式没有本质的区别，科学家的推理与常识性的推理实际上是同样的过程，它们不存在类型的区别而只是程度的区别。在后实证主义看来，所有的观察都难免不犯错误，所有的理论都是可修改的，科学的目的是坚持逼近现实的目标，但永远也不能实现这一目标，因为所有的测量和观察都是有错误的。[①]显然，随着认知的提高和逻辑的发展，科学本身也在不断地演变。尤其是 20 世纪 80 年代后，越来越多的学者开始反思证伪主义的适用性尤其是在经济学中的适用性，其中的主要代表有博兰、豪斯曼、巴克豪斯、考德威尔、劳森，等等。

五　结语

一般地，由观察到的事实上升到科学知识往往经历了人的思考和判断，必然渗透了特定个体的认知、信念以及价值判断。查尔默斯就写道："当观察者注视某一物体或统一景象时，他们所看到的东西，他们所经历的主观体现，并非仅由他们视网膜上的映像决定，而且也依赖观察者的经验、知识和期望。"[②]从这个意义上说，科学本身就体现为主体对客体的认知，从而必然具有一定的主观性。迈克尔·波兰尼指出："严格来说，所有的自然科学都是不精确的。它们可能都是错的。"[③]麦克洛斯基甚至强调，任何科学都是人文主义的。正是由于科学本身内在的这种主观性，克洛尔和豪伊特还将科学家和小说家相提并论，他们写道，尽管人们往往以为两者是不一样的，"因为科学家不能凭空捏造事实，而小说家则不受这样的限制，但是，从更深的层次上来反思，人们并不能发现这两种情况有明确的区分。尽管一个科学家不能杜撰所他所使用的经验资料，但是，严格地说，他是从无限多个可能的数据资料中选取了一些材料来声称通过它们可以认识到某些有趣的模型。采用完全同样的方式，小说家是

---

① 沈振东、张高荣："后实证主义与经济学方法论"，《理论界》2008 年第 1 期。

② 查尔默斯：《科学究竟是什么》，鲁旭东译，商务印书馆 2007 年版，第 20 页。

③ 波兰尼：《社会、经济和哲学：波兰尼文选》，彭锋等译，商务印书馆 2006 年版，第 301 页。

从无数多个可能的人物和情景中选取某些人物和情景，并将它们联系起来写出他所认为的'好故事'。在两种情况下，科学家与小说家都是艺术家，实际上他们都在'构思'他们自己的故事。因此，我们认识到，科学著作中关于物理现象或社会现象的'规律'并不比发现文学作品中情节的发展'顺序'更令人吃惊。……在每一种情况下，这些'艺术家'都是某种观念出发，通过一系列具体的观察结果和实践构成一个值得向人们讲述的故事"。[①] 当然，科学和小说还是有所不同的，它的价值不像小说那样仅仅体现为主观感受，而在于向人们提供认知和实践的能力，科学发展的核心在于能够解决越来越多的自然的或社会的问题。正是从这个意义上讲，科学本身是具有客观性的，是客观和主观的统一。

事实上，迈克尔·波兰尼在长期从事物理化学的教学后就经历了从世界级科学家向大师级哲学家的转变：他批判了实证主义的科学观，提出了以人性为基础的科学信念、科学直觉和内在创造作为科学研究之基础的观点，强调科学家的个人判断和寄托是科学进化的重要动因。正因为科学与个人价值和认知结合在一起，科学体系根本上就难以离开叙事，相反，往往需要借助叙事来获得其合法性。利奥塔尔写道："科学在起源时就与叙事发生冲突。用科学自身的标准衡量，大部分叙事其实只是寓言。然而，只要科学不想沦落到仅仅陈述实用规律的地步，只要它还寻求真理，它就必须使自己的游戏规则合法化。于是它制造出关于自身地位的合法化话语，这种话语就被叫作哲学。"[②] 当然，在利奥塔尔看来，科学所依据的叙事模式有别于前现代的"大叙事或元叙事"，而是强调综合性的故事，强调其能够赋予较小的或"地方性的"故意和实践以内在联系和意义；为此，他特别强调科学的多元性和相对性。同样，福柯也反对建立放之四海皆准的科学观，而是致力于分析权力机制的特殊性以及确立联系和范围的谱系学；进而，福柯还把谱系学称为反科学的，因为它放弃了对客观知识的追求，放弃了对意义之可靠的知识基础、本质及内在统一模式的追求。[③]

① 克洛尔、豪伊特："经济学的基础"，载多迪默、卡尔特里耶编：《经济学正在成为硬科学吗》，张增一译，经济科学出版社 2002 年版，第 27 页。

② 利奥塔尔：《后现代状态：关于知识的报告》，车槿山译，生活·读书·新知三联书店 1997 年版，引言。

③ 参见塞德曼：《有争议的知识：后现代时代的社会理论》，刘北成等译，中国人民大学出版社2003年版，第 151 页。

　　然而，流行的"科学"概念却试图抛弃叙事来宣扬其客观性，并基于形式逻辑来设定科学的划界标准，这反而在理论上和实践中造成了诸多问题。在经济学界，自古典经济学后期开始，特别是新古典经济学建立之后，由于受自然科学的影响，西方主流经济学就开始以理论物理学与现代生物学为榜样，试图通过经济思想的数理模型化以及实证分析的客观化来发展成一门硬科学；结果，实证主义在经济学中获得了特别的重视，以致定性探究也快速转向了定量研究。不过，不管经济学在数理和计量方面取得了怎样的进步，现代主流经济学在实现其解释和预测的有效性这一目标方面却似乎不尽如人意，以致经济学理论在"客观性"与"现实性"之间产生了强烈的冲突。在很大程度上，现代主流经济学对科学过于狭隘的理解，严重限制了它观察问题的视野。卡特赖特就指出，"正是对科学主张必须精确和不模糊的十分合理的要求，限定了科学所能衍生的范围，因为这个世界并没有很多事物可以如此表述"。[①] 当然，尽管现代经济学的形式化和主流化趋势日益明显，但即使同一思想流派内部的经济学家，在面对同样的材料并使用同样的方法时，他们仍然得不出自然科学那样共同一致的结论。在很大程度上，这也就体现了迈克尔·波兰尼指出的，所有知识都是与人有关的，都是由认识者根据其承诺的标准而与个人有关地、默识地和充满激情地认可为真的和有效的，从而由一个默识的和个人的共同作用所塑造和支撑。显然，这些都提醒我们应该审视科学的含义，从而反思现代主流经济学的发展取向。

　　[①]　卡特赖特："因果次序的局限性：从经济学到物理学"，载迈凯编：《经济学中的事实与虚构》，李井奎等译，上海人民出版社2006年版，第43页。

再论经济学是一门科学吗？
——基于科学的内涵及其研究目的的视角

导 读

　　以科学的客观性为标准来看，现代主流经济学努力推动经济学的数理化发展；但实际上，科学体现了主体对客体的认知，是"实现我们为此研究所追求的目的"的理论体系，从而必然带有某种主观性。进而，从科学的主观性及其追求认知和解决问题的目的这一角度上讲，经济学科是一门科学；因为它有助于提高人们对经济现象的认知和预测能力，乃至指导人们的经济实践。但同时，由于经济学与自然科学的研究目的和研究方法存在明显不同，从而就呈现出不同的科学特性。不幸的是，现代经济学却极力模仿物理学等自然科学，甚至在明知经济学无法达到这种科学要求的情形下，一些经济学人也依然极力宣传它的"科学"性并刻意掩盖其缺陷，由此就使之蜕化为一种"伪科学"。

一 引言

　　前文指出，流行的"科学"一词源于自然科学，并以实证论和还原论为两大基石。其中，实证论是指理论必须可以经受得起经验事实的实证检验，还原论则意味着理论所依赖的条件可以控制和复原以进行重复检验。问题是，物理学以及其他相近的自然科学可以在严格控制各种条件的前提下进行重复性实验，实验者也可以通过只改变一个或多个参数来详细研究它们对实验结果的影响；但是，经济学要想在明确的客观条件下进行经济实验简直就是不可能的。[①] 这意味着，如果严格按照实证论和还原论这两大基本条件，经济学科并不满足西方主流社会所理解的科学含义。由此，如果简单地依据自然科学的标准，片面地强调经济学的客观和中立，反而会强化它的"伪科学"特征。既然经济学不能满足自然科学所体现的那种科学性的要求，那么，它是否在任何意义上都不能称为一门科学呢？一般地，对第一个问题的否定回答并不意味着对第二个问题的答案也是否定的：经济学过去不是、现在不是而且也许将来永远都不可能成为自然科学那种意义上的科学，但这并不意味着经济学不可以成为具有独特特征的科学。

事实上，有关经济学是否属于科学之类的争论，在很大程度上就体现了一种乞题谬误（The Fallacy of Begging the Question）：利用争论中的断言而将其作为理由来支持该论证的前提。例如，如果以可检验性和可重复性作为界定科学的基本标准，那么，经济学就不是科学；相反，如果认定可检验性和可重复性并不是科学的核心特征，那么，我们就不能以此来将经济学排除出科学的范畴。对此，德国法哲学家考夫曼就指出，"哪里有明文记载只有自然科学是真正的科学的？科学的概念并不是信条，对于个别的认识领域，这个概念不需要完全相同，对于'说明的'自然科学而言，科学的概念就与'理解的'人文科学不同。当然，对于每个科学我们必须要求以一些最低条件：它必须与借由一个合理的方法可被获得的认识有关；而且，这些认识必须是与事物相联结的；这些认识必须处于一种论证理由的关联；而且这些认识必须是可验证的"。[②] 查尔默斯在通过对"科学是什么"这一问题做了系统的考察之后也指出：不存在这样一种关于科学和科学方法的普遍主张，它可以适用于所有科学和科学发展的所有历史阶段。[③]

由此，我们又要思考这样一个问题：从什么意义上可以把经济学科视为一门科学呢？显然，这就涉及对科学的理解，特别是需要寻求科学划界的标准。一般地，科学根本上体现出主体对客体的认知，是"实现我们为此研究所追求的目的"的理论体系，从而具有强烈的主观性。因此，尽管传统观点往往将客观和精确视为科学的基本特性，但实际上，不精确性和模糊的印象本身并不构成致命的缺陷，最多预示着还有待进一步的发展成熟。迈克尔·波兰尼就

---

① 哈肯："协同学：从物理学到经济学"，载多普弗主编：《经济学的演化基础》，锁凌燕译，北京大学出版社 2011 年版，第 62 页。

② 考夫曼：《法律哲学》，刘幸义等译，法律出版社 2004 年版，第 88 页。

③ 查尔默斯：《科学究竟是什么》，鲁旭东译，商务印书馆 2007 年版，第 287 页。

指出，我们所有的知识，即使是最精确的科学中的知识，从来都不是完全准确的。[1] 显然，从科学的本质内涵上讲，经济学科也是一门科学，因为它有助于提高人们对经济现象的认知和预测能力，乃至指导人们的经济实践。同时，按照冯友兰的看法，（自然）科学的目的在求"真"，发现内在结构和规律；哲学的目的在求"好"，确立人生和社会理想。[2] 进而，包括经济学在内的社会科学则兼具（自然）科学和哲学的特性：不仅要求"真"，要发现规律；而且还要求"好"，要引导社会发展。究其原因，社会经济现象不同于自然现象，它本身就是人们互动的社会产物，受到人们心理和认知的影响。因此，本章试图对科学划界的合理标准做一探究，并由此来评估经济学科的科学属性问题。

二 经济学对自然科学的模仿及其问题

流行的科学概念注重客观性和稳定性而排除主体性和变动性，其中的典范就是牛顿力学规律。一般地，牛顿力学规律有两大特点：①在逻辑上是决定论的：从初始条件就可以确定未来，也可以推定过去；②在时间上是可逆的：过去和未来所起的作用相同。这种流行的科学观源于启蒙运动以后壮大的理性主义思潮：理性主义发展使科学最终取代神学。此时，人们普遍相信，如果科学是合理的，那么它就是稳定的。其逻辑在于：理性产生了普遍性，而普遍性又产生了稳定性。正因如此，在 18 世纪以后的两个世纪里，人们更多地认为科学史学家或科学哲学家的任务在于解释科学的成功，以致人们很少看到科学的不稳定性。尤其是，自然科学的大步前进使人们普遍产生了这样一种信念：随着科学的进步，一切都将纳入科学的范围之内，一切问题都可以因科学的进步迎刃而解。显然，按照这一标准，包括经济学在内的社会科学就不是真正意义的科学，因为它们所研究的往往是具有可能性而非必然性的事件。

然而，在（自然）科学哲学的影响下，确定和普遍的科学思潮却深深地渗透在经济学科中；相应地，一大批经济学家都试图在芜杂的经济现象背后发现类似物理学的万有引力，从而日益走上了抽象化的研究道路。正是在理性思维的支配下，边际效用学派逐渐开创出均衡分析法，从而为现代主流经济学的一般均衡理论奠定了基础。同时，科学主义还导致实证主义思潮的兴起和壮大，

① Polanyi M., 1936, The Value of the Inexact, (Letter) *Philosophy of Science*, 3 (April): 233–234.

② 冯友兰：《冯友兰集》，群言出版社 1993 年版，第 116 页。

因为既然科学是稳定的，从而也就可以被验证；相应地，就形成了"假说—观察—分析—验证"的一整套研究方法。由此，现代科学观就有两大基石：①还原主义，它把任何现象的复杂结构简化为可以实证的要素；②客观主义，它把可证实的经验事实视为科学的标准。

当然，按照客观检验标准，包括经济学在内的社会科学也不是这一意义上的科学，因为它们所研究的对象根本上是无法重复和还原的。尽管如此，科学主义还是深深地影响了经济学：一方面，边际革命以降的主流经济学积极模仿理论物理学与现代生物学等自然科学的研究思维和方法，试图通过数理模型化以及计量实证化而将经济逻辑和论断严密化以发展为一门硬科学；另一方面，弗里德曼等在逻辑实证主义思维的支配下将一整套实证方法引入经济学中，并努力将经济学打造成像物理学一样的实证科学，从而使经济学从定性探究快速转向了定量研究。例如，美国经济科学协会（The Economic Science Association）的主刊《实验经济学》（*Experimental Economics*），在办刊单位和刊物名字之间就存在这样的联系：在主办者看来，只有可以进行实验的学科才是一门科学，因而经济学必须走实验化的道路；进而，因为目前经济学已经在做大量实验了，所以也自然就成了一门真正意义上的科学。问题是，主流经济学的这种科学化努力又取得了多大成功？现代经济学是否变得更加科学？

哈耶克在《科学的反革命》中就写道："在大约一百二十年的时间里，模仿科学的方法而不是其精神实质的抱负虽然一直主宰着社会研究，它对我们理解社会现象却贡献甚微。它不断给社会科学的工作造成混乱，使其失去信誉，而朝着这个方向进一步努力的要求，仍然被当作最新的革命性创举向我们炫耀。如果采用这些创举，进步的梦想必然迅速破灭。"[1] 在《科学的反革命》出版60多年的今天，尽管数理模型和计量分析工具取得了巨大的发展，经济学界的"科学至上主义"倾向日益膨胀，但经济学现状却几乎完全证实了哈耶克的预测：经济学理论越来越与现实相脱节，无论在解释还是预测上似乎都远不如人意，以致经济学理论在"客观性"与"现实性"之间产生了强烈的冲突。同样，尽管现代主流经济学如此信奉逻辑实证主义，如此崇尚计量实证，但是，无论是基于证实还是证伪的角度，实证作为科学划界的标准都存在深刻缺陷，这对包括经济学在内的社会科学就更是如此。

因此，尽管当前数理模型和计量实证的分析逻辑似乎越来越严密了，得出的论断似乎显得越来越"言之有据"了；但是，一旦落实在现实中又似乎"差

---

① 哈耶克：《科学的反革命：理性滥用之研究》，冯克利译，译林出版社2003年版，第4页。

之千里"，乃至经济理论也很少有实质性的进步。相反，基于对自然科学的拙劣模仿，经济学家们往往就会从不同视角来设定不同的引导假定并由此逻辑地推演出不同理论和学说，乃至形成了各种的经济学流派和解释共同体，甚至通过一系列保护带的设立来抵御各种经验和实验的挑战。由此，即使是同一学说流派内部的经济学家，在面对同样的材料并使用同样的方法时，他们仍然得不出自然科学那样的共同一致的结论。既然如此，经济学又如何能够成为自然科学那种意义上的科学呢？

其实，"科学"本身是一个历史的概念，它的内容随着社会发展的演化；尤其是它在早期与道德哲学等结合在一起，是一个具有更广含义的概念，从而不能等同于现代物理学和以现代物理学为蓝本的科学。相应地，时下流行的科学概念也只是体现了特定历史时期的理解，体现了 19 世纪上半叶的一种新态度，此时自然科学和生物科学取得了相当的成功，从而确立了有别于其他学科的严密性和确定性。然而，"它们的成功（却）使另一些领域的工作者大为着迷，马上便着手模仿它们的教义和术语。由此便出现了狭义的科学方法和技术对其他学科的专制。这些学科为证明自身有平等的地位，日益急切地想表明自己的方法跟它们那个成就辉煌的表亲相同，而不是更多地把自己的方法用在自己的特殊问题上。"① 那么，经济学又为何试图成为自然科学意义上的那种科学呢？根本上，就在于误导性的现代科学观，它把科学理论视为单向演化的，并把当前所认知的科学视为正确的。

从科学历史长河的角度看，为当前人们所承认的那种科学并没有特殊性：既然过去那些曾经被视为极佳的许多理论都已经被摒弃了，那么，我们也没有任何理由坚持相信目前的理论不会遭受同样的命运。例如，尽管达尔文主义曾被广泛地认为是比拉马克主义更为合理的进化论，但 19 世纪 90 年代生物学家魏斯曼（A. Weismann）却有力地论证了（后天）获得性状的可遗传性，结果，目前的进化论领域依旧存在达尔文学派和拉马克学派之间的争论。显然，这些理论表明，科学也是可试错的，科学的正确性并不必然是一个不可错的科学方法的结果；同时，科学发展也不是走一元单线的道路，而更可能出现越来越多的基于不同视角的乃至相互对抗的理论。譬如，20 世纪初爱因斯坦相对论的崛起以及"不确定原理"的出现，就对牛顿理论以及归纳法优越论者的科学方法之充分性提出了挑战；甚至牛顿也不是牛顿主义者，因为它相信世界处于演化之中。为此，普利高津指出，"近几十年来我们却看到了相反的趋势。古典

---

① 哈耶克：《科学的反革命：理性滥用之研究》，冯克利译，译林出版社 2003 年版，第 4 页。

科学强调稳定和均衡；现在，我们看到的却是从宇宙天体学到化学和生物学等各个学科以及科学的各个层面上的不稳定性、波动和演化趋势。"[1] 在很大程度上，目前过于重视客观和稳定的科学观以及由此发展出的实证主义实质上窒息了科学的发展。卡特赖特就认为，物理学为至今所取得的有限的一致性付出了极高的代价，基础物理学上达到一致性的方式竟然使它的基本定律变成了错误的。[2]

 ## 三　科学的主观性与基于研究目的的科学划界

上面的分析表明，经济学科并不能满足流行科学观的界定标准，但这并不意味着经济学就不是一门科学。约翰·穆勒就说："（关于人性的）科学远远不符合如今已经在天文学中已经实现的精确性标准；但是，这并不意味着它不应该是和潮汐或者天文学一样的科学。"[3] 究其原因，科学本身就具有主观性，而不同性质的学科所对应的主观性又具有不同的程度。克洛尔和豪伊特写道："对不同的学者来说'科学性'意味着不同的含义。对数学家（或追求那种标准的人们）来说，'科学性'不但通常与偶然性相联系而且还与必然性的真理有关。也就是说，这种必然的真理，是从形式上有效的逻辑前提出发，通过分析而不是通过综合或经验描述得到具有同义反复形式的真理。与此相对应，对归纳或经验科学家——实际工作中涉及主客关系学科的学者——来说，'科学性'涉及那些既不是真也不是假的命题。在一些学者看来，观察事实的陈述可能被认为是'经验有效的'；在另一些学者看来，却是'无效的'，或'不能被证实的'。这是因为不同学者考虑问题的角度不同，从而导致人们对于'事实'判断的估价不同。经验科学在很大程度上依赖于思辨性的推理而不是证明性的推理。"[4]

---

① 普利高津："价值观的重新发现和经济学的开放"，载多普弗主编：《经济学的演化基础》，锁凌燕译，北京大学出版社 2011 年版，第 54 页。

② 参见博伊兰、奥戈尔曼：《经济学方法论新论》，夏业良主译，经济科学出版社 2002 年版，第 214 页。

③ 普利高津："价值观的重新发现和经济学的开放"，载多普弗主编：《经济学的演化基础》，锁凌燕译，北京大学出版社 2011 年版，第 54 页。

④ 克洛尔、豪伊特："经济学的基础"，载多迪默、卡尔特里耶编：《经济学正在成为硬科学吗》，张增一译，经济科学出版社 2002 年版，第 27-28 页。

在很大程度上，作为现代科学观的两大基石，还原主义和客观主义恰恰消灭了作为科学主体的"人"本身，从而使科学成为一个毫无激情的非主体性的物的机械处理过程。因此，这种科学观也越来越受到现代科学哲学家如迈克尔·波兰尼等的质疑。①就还原主义而言，它起源于传统的原子主义分析法。尽管这是拉普拉斯时代机械决定论的主要方法，但由于它用失去整体机制的构件来说明系统的性质，从而在根本上扭曲了科学研究的真实性。而且，"人"的因素被科学认知过程拒之门外，科学中没有人作为主体应当承担的责任，作为主体的人从科学中消失之后，在这种机械化的过程中被化简为一台没有知觉、没有性情的机器。②就客观主义而言，它源于对非位置依赖性的强调。尽管这针对外生的位置是非常有效的，但对由个人信念、出生、思维角度等产生的内生位置却很难有效。事实上，如果过分强调事实的普适性，而根本上消除了人在科学活动中的参与，排除了科学中人的价值和评价性认知的可能性，那么就会造成事实与价值、知识与人的真正存在的主观分裂。在迈克尔·波兰尼看来，科学本身是科学家主体性的创造活动，而任何科学家主体都是个人；因此，科学的绝对客观标准从一开始就是虚假的，科学和艺术是异曲同工的，都是人类主体的能动活动。为此，迈克尔·波兰尼提出了一个人本主义的个人科学知识论框架，极力主张科学与人是合一的，科学本身就充满了人性的温暖的东西。①

那么，现代学术界为何如此崇尚实证分析，甚至将实证科学视为唯一真正的科学呢？在很大程度上，这与特定的历史背景有关：近代实证科学在自然科学中不断取得成功，形而上学则一再遭到失败。问题是，一个以理性的方式认识全部存有的普遍的科学的观点，并不因为形而上学迄今没有获得成功而表明是错误的；相反，基于实证的狭隘科学观，反而使科学丧失了其活生生的人的意义。事实上，正是由于庸俗的实证撇开了一切主观的东西和价值的观点，撇开了任何关于意义、人的生存价值的判断，从而也就导致了胡塞尔所谓的"现代科学的危机"。胡塞尔写道："到了19世纪后半叶，现代人（才）让自己的整个世界观受实证科学支配，并迷惑于实证科学所造就的'繁荣'。这种独特现象意味着，现代人漫不经心地抹去了那些对于真正的人来说至关重要的问题。只见事实的科学造成了只见事实的人。这种的价值判断的转变，特别是在

---

① 参见张一兵："代译序：科学、个人知识与意会知识"，载波兰尼：《科学、信仰与社会》，王靖华译，南京大学出版社2004年版，代序第9—10页。

（第一次世界大）战后，已是不可避免的了。"[1]而且，正是基于这种狭隘的科学观，进一步导致了学科之间的隔离，导致了专业之间的分裂，由此也导致了社会大众与专家学者之间的隔阂。康芒斯就曾写道，"在我们的时代，各种科学尤其是天文学，已经承认相对论；纯粹科学变成了一组仅仅可由少数的数学家来证明的一组数学方程式。世上其他无数的门外汉只有接受数学家证明出来的观点。因为这种证明是超过这些人的理解范围的。这样，科学成为一个垄断的世界，高级数学家的权威说法是那些并非专家的大众所必须承认的，这有点类似于中世纪的圣职者"，"19世纪末，经济学政治哲学领域脱颖而出，达到了这种数学的相对性时代，此时，有资格的经济学者，对于无法理解其方程式的大众而言，也达到了同样的垄断程度。"[2]

科学的主观性则表明，科学并非是自然学科的专有名词，那些以科学化为目标的学科也并不一定要以自然科学为模具。显然，这就为现代经济学的反思提供了基础，也为经济学的科学化发展开拓了新的思路。问题是，如果科学是主观的，那么我们又该如何定义一个理论的科学性？如何判断一种科学的进步性？或者说，科学的划界标准又如何确定呢？

由于基于还原和实证来界定科学这一路向存在严重缺陷，现代学术界转而采用逻辑的一致性标准来评判科学性的程度。例如，熊彼特就提出了一个很宽泛的定义："一门科学就是任何一门知识，是人们努力加以完善的对象，这种努力产生了思维的习惯——方法或'技巧'——以及掌握由这种技巧发掘出来的事实，而这些事实都超越了日常生活中思维习惯与实际知识的范围"，换句话说，"一门科学是任何一种知识，它发展了寻找事实和解释或者推理（分析）的专门技巧"。[3]问题是，根据这一定义来判断一个知识的科学性也存在严重缺陷：它所界定的科学太宽泛了。劳丹就指出，基于这种概念的理解，研究传统既不可证明也不可预测，更不可作为直接经验，一个研究传统的成功与否也与其真假无关。事实上，任何学科以及学派都建立在一定逻辑体系之上，那么，所有的学科和流派都是科学的吗？如果是这样，我们又如何比较和评估科学的进步呢？正是基于这种科学标准，一些现代经济学的辩护者甚至宣称："既然经济学不存在逻辑上或概念上的不一致，那它就是一门关于人类行为和/或其

---

[1]　胡塞尔：《欧洲科学危机和超验现象学》，张庆熊译，上海译文出版社1988年版，第5页。

[2]　康芒斯：《集体行动的经济学》，朱飞等译，中国劳动社会保障出版社2010年版，第115页。

[3]　熊彼特：《经济分析史》（第1卷），朱泱等译，商务印书馆1991年版，第21、22页。

总和效果的值得尊重的科学。"[①] 显然，熊彼特这个具有很大包容性的科学定义是如此宽泛，连熊彼特本人也承认，这个科学概念甚至可以将巫术、占星术等也包含在内。

当然，如果沿着熊彼特的思路做一些变通，将科学的研究目的及其实现程度"引进来"，那么我们就可以对不同知识的科学性进行比较，进而获得更为合理的科学界定标准。事实上，科学的划界依赖于对"科学"内涵和外延的正确认识，而这又依赖于对科学研究目的的理解。正是由于从研究目的的角度来进行科学划界，一个理论的科学性程度也就可以从其研究目的的实现程度来判断。进而，这就涉及这样的问题：科学理论的研究究竟有何目的呢？

一般地，对科学的研究目的存在两种不同的传统理解：为了发现有用的原则，抑或只是为了寻求解释和真理？一方面，"科学实在论者"认为，科学不但描述了可观察的世界，而且还描述了隐藏在现象背后的世界；因此，科学不仅使我们能够做出准确可信的预测，还能使我们发现关于这个世界的新真理。另一方面，"工具主义者"或"反实在论者"则怀疑发现真理和做出理论解释的可能性，认为人们无法借助直觉或任何途径接近实在，而以观察为基础来证实的东西必然是假设性的；因此，科学也就只是一组可被观察和实验证实的主张，相应地，理论只不过是一些有用的工具，它有助于我们把观察和实验的结果联系起来而对这些结果做出预见，其目标就是要发展一套工具以使人们借此做出可靠而有用的预测。[②] 显然，这两大流派对不可观察的事物所做出的论断在解释上存在明显差异。不过它们一致认为，科学家应当发展出能够清晰地描述不可观察的事实理论，使陌生的现象变得令人熟悉，通过发现某一现象背后更基础的规律来解释现象。正因如此，从广义上理解，人们努力加以完善并提高自身认知的任何一个知识体系都可以被看成科学。

同时，基于目的性的科学划界标准尤其适合社会科学。韦伯就指出，社会科学的可能性在于我们能够发展起一种关于特定的行为动机和手段之间"逻辑"关系的考察技术：在被情境激发的有限问题的前提下，社会科学家必须先固定目的的一端，然后考察一切合乎这个目的的备选手段，在它们之间建立起联系，形成关于事件之间作用机理的认识。显然，只要设定了特定的目标，我们就可以对不同的手段进行比较；相应地，如果设定了科学研究的目标，那么

---

① 罗森伯格："经济学是什么：如果它不是科学"，载豪斯曼编：《经济学的哲学》，丁建峰译，世纪出版集团、上海人民出版社 2007 年版，第 335 页。

② 查尔默斯：《科学究竟是什么》，鲁旭东译，商务印书馆 2007 年版，第 270 页。

就可以对不同的理论体系进行比较。正是从这个角度上讲，如果我们设立预测这一目标，那么，将理论的预测结果与现实相比较就可以检验和比较理论的合理性，这也是逻辑实证主义的基本思想。然而，由于社会现象的复杂多变性，迄今为止的计量工具还无法成功地预测社会现象，这导致了实证主义的衰落。因此，哲学家转而在这一点上已经达成了共识，即我们没有一个好的标准来衡量某个理论是否科学。不过，既然迄今还没有确立一个普适性标准，这也正好为科学划界标准的探索和发展提供了空间：我们可以撇开理论逻辑上的框架，而直接用实践目的的实现程度来探究理论的科学性。因此，所谓科学就是"能够实现我们为此研究所追求的目的"的理论体系。相应地，社会科学就是"提高人们对社会现象的认知并引导社会朝符合人类理想的方向前行"的理论体系。马克思就曾指出，凡是与历史理解和行动的目的无关的，就是历史上毫无意义的。

四　经济学的科学性及其基本内涵

一般来说，科学研究的目的是多重的和多层次的：可以是人们努力改变现状以求得知识的指导，也可以仅仅是为了认知而对现象的解释；相应地，根据目的不同，对科学的理解也存在外延上的层次问题。即存在认识自然和改造自然的两个目的层次：①科学的思考是要提高人们对自然或社会的认知。例如，波普尔就认为，"科学的目的是：为所有那些给我们印象深刻而又需要解释的东西找到令人满意的解释。所谓的一种解释（或是一种因果性的解释），就是指一组用来描述有待解释的事态的陈述，而其他的解释性的陈述，则构成有关'解释'这个词的更狭义的'解释'。"[①] 同样，韦伯也强调，"任何一门关于人类文化生活的科学，其最根本的任务之一就是使人们对这些部分现实地、部分自以为是地追求着的'观念'达到精神上的理解"。[②] ②科学的探究最终要解决人们在实践中所遇到的问题。例如，劳丹就强调科学与非科学之间并没有绝对的界限，而仅仅是从问题的解决能力来看待科学性的程度；而且，尽管研究传统具有不可证实或证伪性，但构成研究传统的理论却可以进行检验，人们往

① 米勒编：《开放的思想和社会：波普尔思想精粹》，张之沧译，江苏人民出版社 2000 年版，第 164 页。

② 韦伯：《社会科学方法论》，李秋零等译，中国人民大学出版社 1999 年版，第 3 页。

往选择那种具有较高解决问题效能的有效性理论。当然，科学的两个层次本身总体上是相通的：只有真正能够提供认知的科学，才可以成为指导实践和改造现实的有效工具。

从某种意义上讲，解决问题是科学研究的根本性目的，解释则是为预测和指导实践服务的。譬如，人们看到鸟会飞，就希望探究它会飞的原因；进而，探究了这个原因之后，就可以实现人类飞翔的理想。再如，在经济学中，我们可以探究人们在市场上进行交换的原因，进而，基于交易发生原因以及内在问题的认知又可以通过设立一系列的制度以实现私人利益和社会利益之间和谐一致的目的。事实上，库恩就指出，如何区分出过去的观察和信念中的"科学"成分与那些已经被标注为"错误"和"迷信"的东西就成为当前科学史学家所面临的棘手问题，"例如，他们越仔细地研究亚里士多德的动力学、燃素化学或燃质说，就越确凿地感觉到，那些曾一度流行的自然观，作为一个整体并不比今天流行的观点缺乏科学性，也不更是人类偏见的产物。如果把那些过时的信念称作神话，那么，神话也可以通过导致现有科学知识的同类方法产生，也同样有理由成立。另一方面，如果可以把它们称作科学，那么科学就包含了与我们今日的信念完全不相容的一套信念"。[1] 显然，如果从有用性看，我们就可清晰地看到科学的时代性和发展性。

从有用性这个科学含义的角度上讲，占星术、炼丹术、巫术以及宗教仪式等都体现了一定的科学性。基本理由是：①它们体现了当时人们对星象的认知水平；②它们在一定时期以及一定范围内也能够解决一些问题。但同时，相对于现代科学，占星术等的科学性程度明显又比较低：①理论体系因缺乏内在一致逻辑而显得极端不成熟；②所能提供的认知和解决问题的效能都非常有限。事实上，尽管占星术等在早期社会确实占有了科学在当今社会中所处于的那种地位，但发展到今天，它们所提供的认知已经显得非常原始并已经为更完善的知识或学说所发展或证伪了。相应地，这个证伪过程本身也就体现了科学的发展性：占星术是天文学的初级阶段，目前已经为科学性程度更高的天文学所取代了；同样，炼丹术是化学的初级阶段，目前已经为科学性更高的各类化学所取代了。

相应地，经济学科本身也可以被视为一门科学，因为经济学研究的基本目的是提高我们对现实中生活经济现象（乃至其他非经济的社会现象）的理解；同时，由于人类的理解力和认知力提高了，人类更好地实现他们在生活中所企

---

① 库恩：《科学革命的结构》，金吾伦、胡新和译，北京大学出版社 2003 年版，第 2 页。

盼的目标，如增进我们自身或者社会的福利等。事实上，即使现代经济学在深化人们的认知以及对社会现象的预测或解决现实问题上还存在很多不足，但只要研究者本着求知的态度，它终究还是在朝更加科学化的方向迈进。从这个角度上讲，目前经济学理论存在的错误仅仅是特定时代条件下的认知不足，而不能构成主观上的欺骗，而且，这是任何学科的发展必然经历的；因此，即使经济理论具有明显的局限性，但这也不能构成"伪科学"的条件。

但同时，基于发展的视角来理解经济学作为一门科学的特质，我们也必须清晰地意识到，经济学本身应该归属于科学范畴是一回事，而现代经济学的科学化程度又是另一回事。迄今为止，经济学像它的前辈一样依旧是不成熟的，依旧存在逻辑的或现实的诸多问题，这也正是现代经济学需要不断发展和完善的原因。同时，我们还必须清晰地认识到经济学与自然科学在科学性上的差异，从而不能简单地模仿自然科学的特征。从两方面理解：①社会现象本身是错综复杂地联系在一起的，因而迄今为止还没有任何已知的方法来优先地衡量社会现象的度，从而社会科学的研究凸显出更为强烈的定性特点；②社会科学领域的研究本身是以研究者对社会现象的亲身理解为基础的，对社会事物内在本质的认知也是以对目的和意义的理解为目标的，因而经济学理论往往呈现出明显的规范性和主观性特点。

正因如此，我们必须对现代主流经济学的科学性进行重新审视。事实上，尽管现代主流经济学强调它的客观性和科学性，但它果真符合科学的内涵和理论的目的吗？显然，无论在理论上还是实践中，主流经济学研究都没有实现它所号称的那种能够进行解释、预测和指导实践的目的。基恩认为，当前的"经济学是一门前科学，非常类似于哥白尼、布拉赫和伽利略之前的天文学"。[①] 杨小凯则将现代经济学比喻为化学上的炼丹术。不幸的是，尽管很多经济学家都已经看到了现代经济学理论存在严重缺陷，甚至很多研究者也根本不相信自己所得出的结论；但与此同时，他们却试图通过各种形式包装来使人相信其理论的客观性、科学性，并由此牟取大量私利。这也正是笔者将现代主流经济学特别是时下流行于国内的那种"主流经济学"称作"伪科学"的根本原因。

其实，正如前面指出的，科学研究的根本目的是解决问题或改造社会，因而尽管对一个事物可以有多种角度的解释，但这种解释却绝不是任意的，相反，它必须最终能够指导实践。就像地心说最终被日心说取代一样，地心说

---

① 基恩：《经济学的真相》，霍彦立等译，电子工业出版社 2015 年版，第 191 页。

虽然以地球为参照系对日起日落做了解释，却无法对人类探索宇宙的奥秘提供理论指导，相应地，地心说所提供的解释就处于科学的较低阶段，最终也就必然会被日心说所取代。波普尔指出，一项科学为了使解释令人满意需要满足这样的条件："首先，必须在逻辑上承担待解释项。其次，解释应该是真的，尽管一般来说，都不知道它是真的；但无论如何，必须不知道它是假的，即使在经过最具批判性的考验之后。如果不知道它是真的，就必须有赞成它的独立证据。"①

显然，现代主流经济学的很多结论都已经被现实和逻辑所证伪，从而现代主流经济学的科学性也就很值得怀疑。这也意味着，经济学的理论研究不能照搬自然科学的研究模式，更加不能不加节制地放纵数理模型的泛滥，而是要对引导假定和实质逻辑进行系统的思辨。阿莱曾指出，"每一个科学的模型都有三个截然不同的阶段：先是作明确的假设；然后从这些假设推论出它们的全部含义，而且仅仅推论出这些含义；最后将这些含义与观察到的数据进行对照比较。在这三个阶段中，只有第一和第三阶段——作假设和用现实验证结果——是经济学家感兴趣的。第二阶段是纯粹的逻辑和数学阶段，是同义反复，只有数学意义"；而且，"一个模型和它代表的理论被接受，至少是暂时接受，或是被拒绝，取决于观察到的数据与模型的假设和含义是否相符。若一种理论的假设或含义与现实世界相冲突，这种理论就毫无科学意义。纯粹的逻辑或数学推理，若与现实没有明显的联系，对于理解现实世界来说，就没有价值"。②

一般地，根据波普尔的看法，要理解一个社会现象必须基于这样三大认知层次。首先，要探究促使社会事件产生的各种力量，弄清有关的个人或集体、他们的目标或利益以及他们所能掌握的势力。当然，对利益的理解往往是主观性的。也就是说，社会科学的研究往往被设想为是朝着某些鹄的的理性或非理性的行为定向的一种想象性的重建。其次，除了单纯从目的论上了解事件如何发生以及为何发生之外，还必须了解事件出现的意义和重要性，以及了解它是如何影响其他事件的。也就是说，为了理解社会现象，我们必须超出单纯分析事实的因果（分析动机、利益关系以及由行动所造成的反应），而是必须

① 米勒编：《开放的思想和社会：波普尔思想精粹》，张之沧译，江苏人民出版社2000年版，第165页。

② 阿莱："我对研究工作的热忱"，载曾伯格编：《经济学大师的人生哲学》，侯玲等译，商务印书馆2001年版，第43-44页。

把每一事件理解为是在整体之中扮演某种特殊性的角色。最后，要理解一个社会事件的意义和重要性，还必须在分析它的起源、结果和局势价值之外，进一步分析支配着所论述的时代的客观的、基本的历史趋势和倾向，分析所论述的事件对历史进程的贡献等。其实，波普尔提出的这三大层次与布罗代尔所揭示的影响社会现象的三大基本因素是实质相通的：即期的事件、中期的局势和长期的结构，这是分析社会现象成因的基本视角。例如，要理解当前中国社会收入分配的现状，就必须从中国当前的社会文化、权力结构以及特定的时代背景中去探求，而不能仅仅依靠几个统计数据就得出那些自以为是的"洞见"。实际上，无论是衡量收入增长的 GDP 指标还是衡量收入分配状况的基尼系数等都不具有普遍性的意义，因而单纯借助这些指标是无法进行合理决策的。

可见，从科学的内涵及其研究目的来看，经济学本身是一门科学，它有助于提高人们对经济现象的认知和预测，乃至指导人们的经济实践。但是，由于每门科学的研究目的是不同的，因而经济学所表现出的科学特性并不同于物理学等自然科学。①自然世界往往具有非常强的客观性和稳定性，从而便于科学化的抽象分析。胡塞尔就指出，"单纯的关于物体的科学对此显然是无话可说，它们完全舍弃主观方面的问题"。① 正因如此，自然科学往往以揭示事物之间内在的因果机理为鹄的，并充分利用数学公式进行严格且定量的分析，体现为"硬"科学的特性。②生活世界中的社会经济现象要复杂多变得多，并且往往不是外在于主体的。正因如此，社会科学理论如果过分抽象化反而会导致科学性的下降或丧失，从而不宜过分强调数理模型的应用。同时，与自然科学理论所具有的可实证和可还原相比，包括经济学在内的社会科学的理论进行实证要困难得多，因而过分强调实证分析并不能强化或提升经济学理论的客观性和科学性。事实上，正是由于缺少与经济知识状况有关的足够数据，我们对于哪些理论将得到更好的证实几乎一无所知；同时，考虑到经济学基本的行为假定的初始可信性，即使面对的是明显的否定，也要保持对这些假定的认可。正是这种保护现有理论的明智做法，导致了经济学并不能从典型的经济数据中学到什么真正的东西。

① 胡塞尔：《欧洲科学危机和超验现象学》，张庆熊译，上海译文出版社 1988 年版，第 6 页。

五 主流经济学的"伪科学"化

从本体论上来说，科学根本上体现了主体对客体的认知，是为实现特定目的的理论体系。基于这一角度，科学就可定义为"提高人类认知而逻辑自洽的知识体系"。科学哲学家尼格尔就指出，"一旦出现解释必须系统化和由事实证据来支配，科学就产生了；在解释性原理的基础上对知识进行组织和分类正是各门科学的有区别的目标"。[1] 从这个意义上说，科学并不等同于自然科学，也不等同于自然科学的任何一个同构。在某种程度上讲，只要一门学科的研究对象不是事物的表面现象，而是其表面现象背后的规律性，并且该学科的研究方法符合一定的逻辑基础，那么该学科就应当称为科学。[2]

同时，科学内涵的主观性，也就意味着科学外延的可塑性。相应地，经济学作为一门认知社会经济现象和指导社会经济实践的一种探索学科，本意上也是一门科学。事实上，经济学本身就提供了很多"解释必须系统化和由事实证据来支配"的例子，以致布劳格认为，"（根本）用不着浪费时间为经济学是一门科学的断言辩解"。[3] 当然，尽管任何科学理论都存在一定的自洽性逻辑，但是，不同学科的内在逻辑的自洽性是不同的：自然科学注重的是物理或数理的逻辑，而社会科学注重的是人的心理或行为逻辑。为此，我们在承认经济学是一门科学的同时，还必须真切地认识到科学本身的含义：经济学作为一门科学的客观性是不能被过分强调，也不等同于自然科学意义上所理解的科学。

其实，科学知识总与人的认知联系在一起，从而必然具有强烈的主观性：人类只有通过意识，通过主体的知性思维，才能认识世界，对人有意义的世界也只是在意识中，而外在世界只有通过人对它的意识才有意义。查尔默斯写道："科学知识的生产总是在一定的社会环境中进行，在这一环境中，科学生产的目的是与具有不同目的的其他实践相互关联的，例如，科学家的个人目的

---

① Nagel E., 1961, *The Structure of Science：Problems in the Logic of Scientific Explanation*, London：Routledge，P.4.

② 余斌："马克思主义政治经济学与西方经济学在科学逻辑上的区别"，《马克思主义研究》2007 年第 6 期。

③ 布劳格：《经济学方法论》，黎明星等译，北京大学出版社 1990 年版，前言。

或专业目的，提供基金的机构的经济目的，各种宗教或政治团体的意识形态利益，等等。"① 因此，试图为自然世界或生活世界提供一幅纯粹的、形式的和无人类意识的想象实在是虚妄的，也是根本不可能实现的。更不要说，经济学的研究对象——经济现象——本身就不同于自然现象：它不是外在于认知主体的，相应地，经济现象内在的规律也因时、因地而异，甚至也是主观的和不确定的。

一般地，经济学的研究对象涵盖了人与自然以及人与社会这两个关系层面，涉及自然世界和生活世界两大领域；因此，经济学的学科性质也介于社会科学和自然科学之间，从而是一门独特的科学。具体表现为：①它研究的是人的活动，进而要用人的行为的原因和动机来解释"事情的原由"，这和物理学不同；②它致力于提供关于人的活动的严格的、演绎的理论，这和社会学、政治学这样的科学不同，因为后者缺少严格的、演绎的理论。正是基于研究对象上的差异，经济学作为科学的特性也不同于自然科学，它具有更强的主观性和规范性，也不存在普遍适用的原理。

进而，基于研究对象与研究方法一致性的角度看，经济理论的研究方法与自然科学也应该存在很大差异。穆勒在写于1830~1831年的论文《论政治经济学的定义》中就强调，经济学应该并且是一门科学，但是，它的方法并不等同于物理科学的方法。② 譬如，经济学对人类行为的分析就不能简单地将人还原为原子个体，而是要充分认识到人的意向性；再如，经济学对社会现象的认识也不能简单地基于社会达尔文主义而将之合理化，而是要对这些现象存在现实条件进行剖析，并基于人类社会的价值观和未来追求进行比较，并最终促使人类社会朝理想状态演化和发展。

然而，由于迷信于科学的客观性和普遍性，当前一群主流经济学人就沉迷于一种"既虚幻又偏狭的创造一种关于社会的自然科学的方案。他们的目标是解释宇宙的社会法则或者将社会还原成一套普遍原理，就像物理学可以格式化成一组数学方程式和公式一样。具有讽刺意味的是，虽然这些科学的理论家们反对哲学理论家的含混晦涩，他们自己的工作最终往往也同样是天马行空、不切实际。他们要么阐发一些大而无当、空乏陈旧的普遍原理，要么提议用复杂的解释模型来解释厚重的社会变迁过程。在这些模式中，无数变量以难以置信的方式建立起因果联系，致使理论含混晦涩，不仅对研究者毫无用处，而且对

---

① 查尔默斯：《科学究竟是什么》，鲁旭东译，商务印书馆2007年版，第289页。

② 汉兹：《开放的经济学方法论》，段文辉译，武汉大学出版社2009年版，第16页。

多数理论家来说也无法理解"。① 相应地，米洛斯基也指出，"西方世界的经济学，总是被同时代西方对自然界的理解所奴役，在价值概念上尤其如此。即便到了不久以前（比方说从 19 世纪初以来），自然科学方法的理想形象在塑造经济理论中的经济行为人的形象中，仍然发挥着支配性的作用"。②

尤其是在弗里德曼的逻辑实证主义引导下，现代主流经济学人一方面热衷于各种政策建议，但另一方面又宣称他们仅仅是对经济现象进行客观描述。事实上，正如施蒂格勒承认的，经济学家往往"对人类或人类社会的政策或行为方式提出明晰而又理智的建议（或者更经常是谴责）"，③ 因而经济学家本身往往又是说教者。在施蒂格勒看来，经济思想史发展主流中的大师如斯密、李嘉图、马尔萨斯、穆勒、杰文斯、米歇尔等的著作中都试图劝导人类和社会采取适宜的行为方式，从而都具有一定的说教性。一般地，经济学家要进行说教，就必须持有一定的价值判断；同时，只要是提出了政策建议，那么其中必然隐藏了特定的伦理观。但显然，这与现代主流经济学所宣扬的客观性和"价值无涉"又存在明显的背离。那么，如何解决这一矛盾呢？现代主流经济学简单地将它在还原论基础上使用数学逻辑的分析视为人的理性行动，它将会导向个人和社会利益的最大化，从而也就将它所持有的伦理观被视为理所当然的，这就是伦理自然主义和伦理实证主义。

正是由于现代主流经济学将其价值取向视为理所当然的，从而忽视了这种价值观的存在。譬如，施蒂格勒就想当然地认为，经济学家"批判错误不需要任何伦理体系，因为他仅仅是训练有素的政治算术家……他只是向社会指出其所追寻的目标，以及它的追求是怎样地缺乏效率，因此无需与社会追寻的目标发生争执"；但事实上，效率本身就是以一定的目标为前提，而西方社会的效率往往先验地与财富最大化等同起来，而且，"几乎一切事情所涉及的范围都远不止是狭义的效率问题，也就是说，这些政策为很多含糊不清或者难以解释的目标服务"。④ 尤其是现代主流经济学往往还借助自然科学的概念来推崇数量化发展，刻意地用自然科学中的数理逻辑和统计数据来装扮其理论，不仅将

① 塞德曼：《有争议的知识：后现代时代的社会理论》，刘北成等译，中国人民大学出版社2003年版，导言第3-4页。

② 米洛斯基（此书译为米洛夫斯基）："制度主义经济学的哲学基础"，载图尔主编：《进化经济学（第1卷）：制度思想的基础》，杨怡爽译，商务印书馆2011年版，第67页。

③ 勒布、穆尔：《施蒂格勒论文精粹》，吴珠华译，商务印书馆1999年版，第391页。

④ 勒布、穆尔：《施蒂格勒论文精粹》，吴珠华译，商务印书馆1999年版，第396-397页。

数量经济学的偏盛视为科学的表现，并且依靠对学术资源的垄断地位而宣称自身比其他非主流学派更为科学。

然而，现代主流经济学如此热衷于照搬一个流行但非常含混的概念，却不愿花少许的精力对经济学作为一门科学所应有的特性作认真的辨析。不仅如此，在大多数经济学人的眼里，"科学"仅仅是推销其学说或者实现其他特定目的的一种口号，乃至在不同时空下往往使用不同内涵的"科学"概念。尤其是，基于科学主义的"口号"，现代经济学还产生出日益严重的数理拜物教，它一方面不断地将简单的常识复杂化，另一方面又在层层假设下进行数学推理而使理论与现实越来越远。与此同时，大多数经济学人清楚地知道经济学科根本无法达到他们所称的那种科学要求，却依然宣称他们所持守的现代经济学是客观和科学的。正是这些不一致的行为使现代主流经济学蜕化成了一门骗术，具有"伪科学"的明显特征。笔者一直强调，"伪科学"具有两大背反的基本特征：①研究者明白它达不到其宣称的那种科学要求却极力宣传它的"科学"性；②研究者有意地回避其学说中缺陷或者用各种方式来掩盖它以阻止人们对这种缺陷的理解。显然，这两大特征显著地嵌入在现代主流经济学人身上。

 结语

从经济学说史上看，经济学原初是与社会哲学联系在一起的，经济学科的先驱们如柏拉图、亚里士多德、洛克、休谟、斯密、穆勒、马克思、门格尔、韦伯直到马歇尔、凡勃伦、米塞斯、哈耶克、凯恩斯等，都出身于哲学领域并同时在经济学和哲学界产生了巨大影响。但是，边际革命以降尤其是20世纪下半叶以降，主流经济学人却开始否定经济学和哲学之间有任何必然的或密切的联系，认为与哲学的混杂是经济学不成熟的表现；与此同时，现代主流经济学则致力于并已经成功地吸纳了自然科学的特征和属性，并由此来平息有关价值的所有争论。果真如此吗？米洛斯基就写道："这不过是一个徒劳的企盼而已。在方法、认识论和本体论上的争论，并没有因为一个只不过把争议划归在'科学的哲学'类目下、却没有真正回答任何棘手问题的科学符咒而被消除……实际上，只要我们超越了初级物理学中的说教秘方，对科学史进行一定的了解就能够证明，单独的'科学方法'这种东西压根就不存在……经济学家使用的这个纯粹的科学符咒，并不能实质性地

说明任何问题，尽管过去已经证明这种方法在恐吓某些批评者的时候非常有用。"[1]

现代经济学人往往将"科学"一词挂在嘴里，并致力于使用数学逻辑和经验数据为之提供支持。但实际上，无论是在使用态度还是使用方式上，"科学"一词迄今并没有得到适当定义，依旧停留在大而化之的宽泛意义上，而没有剖析不同学科的具体特性。在很大程度上，"科学"面临的情形与当前学术界广泛使用的产权、市场、交易、法律、国家、企业、自由、民主等概念一样，它们的内涵和外延迄今都没有形成一个相对清楚的共识，而主要是每个学者在使用时才加以自我界定。尤其是，中国学术界更是缺乏理论的审视，而刻意地承袭西方流行的用语和说辞；结果，这些概念的理解和使用往往具有强烈的实用性和政治性，而缺乏应有的学术性的和哲理性，从而也就经不起思辨逻辑的爬梳。因此，尽管"科学"一词被学术界任意使用和到处宣传，乃至成了当前社会最引人注目的学术词藻之一，但实际上，众多经济学人在使用这一概念的同时，并没有对其内涵进行缜密的审视和真正的梳理，这也导致现代经济学的混乱和浮躁。

根本上，现代主流经济学之所以偏重于使用数学和数据，目的只是在于增加其理论的说服力，这些措辞的作用就类似于讲故事以及比喻等。进而，现代主流经济学之所以偏重于使用数学工具，根本上又在于时下流行的科学主义意识形态。有鉴于此，要真正理解现代主流经济学的"科学性"，就需要系统剖析它使用的这种措辞。麦克洛斯基等就指出，"看穿方法论面具的一个途径是探究学者之间实际上是如何对话交流的"，"强调学者的措辞是富有洞察力地探究他们的理据，而不是简单地接受他们的汇报……实用方面，强调措辞就是否定测量是中性的主张。仔细审查措辞，可以揭示出底蕴的问题，以及明智地审视它们的更好方法。理论方面，认真地看待措辞，就是对研究探索即是做旁观者的想法提出反驳"。[2] 从这个意义上说，现代经济学完全以自然科学的属性、概念和方式来理解和塑造经济学，反而有可能会背离经济学的科学要求。就此而言，我们可以再次回味考夫曼的话："一个认识论具有何种科学的性格，本质上取决于它的形式客体（不必是实体），取决于该认识论所研究之客体的现

① 米洛斯基："制度主义经济学的哲学基础"，载图尔主编：《进化经济学（第1卷）：制度思想的基础》，杨怡爽译，商务印书馆 2011 年版，第 63~64 页。

② 尼尔逊、梅基尔、麦克洛斯基："学问寻绎的措辞学"，载麦克洛斯基等著：《社会科学的措辞》，许宝强等译，生活·读书·新知三联书店 2000 年版，第 9 页。

实部分具有何种性质……形式客体的内容愈广泛而'多层面'、愈无法精确地掌握它的整体性。有关精神、文化、社会内容的科学，无法像有关物质或物的形式的科学那样。"[1]

---

① 考夫曼：《法律哲学》，刘幸义等译，法律出版社2004年版，第90页。

经济学的科学性意味着什么？

——经济学的双重属性及其研究思维

导 读

经济学的研究对象涵盖了人与自然以及人与社会这两大关系层面，涉及自然世界和生活世界这两大领域；因此，经济学本身具有人文性和科学性的双重特性，它们也典型地体现在经济学理论研究的两个相应阶段上。但是，不管在对经济学性质的认知上存在何等的不同，经济学都不能直接归入自然科学的范畴。究其原因，无论是在科学的内涵、研究的目的还是研究的方法上，经济学与自然科学都存在很大差异：经济学注重思辨性，其理论也带有强烈的主观性和规范性。因此，尽管我们强调经济学要朝科学化的方向发展，但其科学性的麦加并非就是以物理学为代表的自然科学。

 一 引言

一般地，从科学的内涵以及科学研究的目的来看，经济学科本身可以被视为一门科学，因为经济学本身也是有助于认识、预测经济现象乃至指导经济活动的理论体系。问题是，经济学的科学性与自然科学所推崇的科学性是否一致呢？经济学的科学性是否就是体现在其数理程度上或定量化这一"客观性"上呢？经济学的科学性程度与所谓的"硬"度呈正相关吗？进而，现代主流经济学极力崇尚数理模型和计量分析，但经济学果真变得更加客观和科学了吗？事实上，自孔德开始，社会科学家们就试图在社会发展中找出类似于物理学中运动规律那种的社会运动规律，相应地，正是对于自然哲学的狂热造成了主流经济学对"客观性"的追求，进而将对人类社会所出现的一种透视的客观性导向了机械论的客观性，由此就扭曲了对客观性的理解。

从学说史看，正是由于受到牛顿革命和物理学发展的影响，经济学科就从古典的"政治经济学"（Political Economy）话语体系转向了"经济学"（Economics）的话语体系，带有"ics"后缀的经济学开始把自己与物理学（Physics）、数学（Mathematics）等学科放在一起，从而使自己具有与自然科学平等的地位。为此，大多数经济学家一方面试图通过将经济思想的数理模型化以及实证分析的客观化来将经济学打造成一门硬科学，另一方面则尽量避开伦理判断而公开声言要"价值中立"。例如，代表芝加哥学派的弗里德曼就公开表明，要把经济学构建成一门实证科学，其最终目标是建立一套理论或假说，来对尚未观察到的事物做出有效且有意义的推测；同样，奥地利学派领袖米塞斯也公开声言："经济学作为一门科学对价值判断是中性的。"[1] 正是由于极端地强调客观和中立，现代经济学逐渐撤去了社会经济现象中"人"的因素，不再对人性及其相关的行为机理进行探究和思辨，由此就退化成一门基于理性选择的算术或技术学。

面对这一情形，我们就需要思考：如果经济学的理论研究中已经没有了"人"的因素，那么，它还能够称得上是一门经济学吗？尽管主流取向努力追求客观精确性，但这种"客观性"真的存在吗？显然，这些都引发我们重新审视主流经济学所宣称的这种客观性。米洛斯基就指出，"现在是放弃'科学'以解决客观性问题这一思想的时候了，这主要是因为不存在单独的这样的问题要去解决"。[2] 特别是在社会科学领域，任何社会现象都不是孤立存在的，都存在与其他现象之间的千丝万缕的联系。既然如此，如果把经济学视为实现其特定目的的一门科学的话，那么又该如何理解这门科学的特性呢？因此，本章就经济学的学科特性及其他相关特征作一剖析。

二　经济学的双重属性及其研究思维

由于科学体现为主体基于特定视角对客体所形成的一套认知体系，因而科学必然具有主观性；而且，由于不同科学所面临的对象和目的是不同的，因而不同科学所体现的主观性又存在某种差异。特别是生活世界和自然世界这两大

---

[1]　米塞斯：《经济学的认识论问题》，梁小民译，经济科学出版社2001年版，第36页。

[2]　米洛斯基："问题是什么"，载巴克豪斯编：《经济学方法论的新趋势》，张大宝等译，经济科学出版社2000年版，第81页。

研究客体存在明显不同的特点，有关它们的研究目的也不尽相同；为此，学术界又进一步把科学分为两大类：社会科学和自然科学。一方面，社会科学关注由人与人之间互动产生的社会现象。这种社会现象是内在于人之认知的，其背后的规律也主要体现人类的理想及由此产生的互动行为；相应地，人们之所以研究它，主要是希望理顺或改进社会现实关系以更好地实现人类的期望和理想。正是在这个意义上，社会科学往往被视为带有人文性的学科。另一方面，自然科学所研究的则是自然现象及其背后的规律。这种自然现象是相对外在于人类活动的，自然规律也具有独立性；相应地，人们之所以研究它，主要是为了更好地利用自然或适应自然而不是改造自然规律。正是在这个意义上，自然科学往往被视为更具客观性的学科。

（一）经济学的研究领域及其学科地位

一般地，经济学科的研究对象涵盖了人与自然以及人与社会这两大关系层面，涉及自然世界和生活世界这两大领域。因此，经济学科本身就具有自然科学和社会科学的双重特性，这也是经济学科的性质定位以及经济理论所具有的科学性和客观性程度常常会引起争论的重要原因。一方面，尽管经济学科涵盖广泛，但不同学者所关注的重点领域和观察视角往往是不同的，因而不同学者对经济学科的性质认知就会产生差异。例如，有的学者关注物质资源配置等私人领域的问题，进而倾向于把经济学科视为自然科学；另一些学者则关注社会制度等公共领域的问题，进而也必然更倾向于把它看作社会科学。另一方面，不同历史时期所面临的主要现实问题往往是不同的，因而不同时期的经济学科所呈现出来的特性也就会存在很大差异。例如，古典经济学时期所面临的主要是社会制度等公共领域的建设，因而古典经济学呈现出浓厚的社会科学特性；而新古典经济学时期面临的则是如何有效利用既定资本的问题，因而新古典经济学表现出强烈的自然科学特性。

当然，尽管对经济学科的科学性和客观性特质的认知往往随不同主体以及不同时代而有所差异，但是，无论在对经济学科的性质认知上存在何等的不同，经济学科都不能直接归入自然科学的范畴。这可以从三个方面加以说明：①无论是人与自然之间还是人与人之间的关系都涉及"人"，因而经济学科的研究对象归根结底是人的行为及其产生的社会现象。显然，这与自然科学的研究对象存在着根本性的区别，而与其他社会科学具有相通性。正因如此，米塞斯就认为，科学认识有两个不同领域：自然科学和人类行动的（社会）科学，经济学科显然应该归属后者。②现代主流经济学极力鼓吹把自然科学所走的道路视为经济学的未来之路。显然，这也从反面说明了经济学科本质上不是自然科学，否则就用不着模仿了；更不要说在西方，自然科学也是其他社会科学仿效的对象。实际上，长期以来学术界就一直存在着能否将社会科学在某种意义上看成介于科学与文学之间的第三种学科的争论。[①]③一些主流经济学人又经常把经济学称为介于社会科学和自然科学之间的学科，这里也是强调经济学研究对象的独特性，以及基于经济学科学化发展的需要。之所以有此强调，根本原因在于，尽管经济学科的研究内容涉及人与物以及人与人这两大关系层面，但基于新古典经济学范式的主流经济学主要关注人与物这一方面的内容。

相应地，对经济学科的定位根本上就要从社会科学来考虑。其原因是：①经济学属于研究人类行动的学科，研究的是由人类行为所产生的经济现象；②经济现象本身又是与认知主体分不开的：不仅主体的行为构成了经济现象的一部分，而且主体的认知也会构成经济现象的一部分。进一步地，正是由于作为一门社会科学，经济学的理论研究往往就潜藏着改造社会和指导实践的目的。进而，经济学的理论研究也就存在两大显著阶段：一是有关理想目标和假设前提的预设，这体现了不同认知主体对社会事物的本质认知、社会理念和观察视角，因而带有浓郁的主观性；二是在既定预设前提下的分析结论和政策建议，这体现了认知主体的逻辑推理、检验论证和材料收集，因而具有很强的规范性。

（二）经济学的研究视角及其方法选择

基于不同个体在认知视角和研究思维上存在差异，对经济现象背后之规律的探索途径也就会存在差异。特别是不同个体着重研究的问题也存在差异：有的人关注目的和预设的合理性，有的人则热衷于逻辑推理的严密性。结果，在不同认知主体眼里，经济学这门学科也就呈现出了相差极大的两个基本特性。因此，即使撇开自然科学的考虑，那么对经济学科的理解也会存在这样两个研究视角：人文（科学）和（社会）科学。[②]

首先，"人文科学"强调的是人文性。就经济学科而言，它侧重于对理想目标和假设前提的合理性进行广泛而深入的思辨和探讨。显然，它把人作为思维的主体，存在终极的价值判断，因而带有某种感观性和情感的色彩，注重的

---

①　华勒斯坦等：《开放社会科学》，刘锋译，生活·读书·新知三联书店1997年版，第15页。

②　内维尔·凯恩斯把经济学分别区分为实证的科学、规范的科学和人文的科学，其中，实证科学的目的是要确立统一性，规范科学的目的是树立典范，而人文科学的目的则是阐明信条。

是思辨和溯源。例如，韦伯就指出，"任何一门关于人类文化生活的科学，其最根本的任务之一就是使人们对这些部分现实地、部分自以为是地追求着的'观念'达到精神上的理解"，这就要求"通过揭示并在逻辑上相互关联地阐明构成或者能够构成具体目的之基础的'观念'，能够使他根据联系和意义认识到他所希求并在此之间做出选择的各种目的"。①

其次，"社会科学"更为凸显的是科学性。就经济学科而言，它关注的是在既定预设前提下如何严密而合理地得出更为广泛的结论。显然，它仅仅把人视为一个经验客体，是自然的一部分，终极价值判断是给定的，因而具有强烈的先验理性和经验实证的色彩，基本路径就是向自然（科学）靠近。例如，韦伯也指出，在目的设定以后的价值判断和批判也具有科学的性质，因为"这种批判只能具有辩争的特性，即它只能是对在历史给定的价值判断和观念中出现的材料做出的一种形式逻辑上的判断，是根据所希求者的内在无矛盾性的公设对理想所做出的一种检验。由于它为自己设定了这一目的，它能够帮助希求者对作为其希求之内容的基础的那些终极公理、对他不自觉地由以出发或者必须由以出发的终极价值标准做出自我思索。当然，使人意识到这些彰显在具体的价值判断之中的终极价值标准，是它不用涉足思辨的领域就能够提供的最后的东西。至于判断主体是否应当遵循这些终极标准，是他个人的事情，涉及到他的希求和良知，而与经验知识无关"。②

正是基于对经济学科两大阶段的研究以及对经济学特性的不同理解，不同学者所采用的研究方法也存在很大差异。一般地，根据人文（科学）的特征，思想和理论主要源于研究主体的整合、判断，往往萌发于书房、图书馆等读书的地方，因而注重对前人文献的梳理；同时，它认为，对经济学理论的理解是因人而异的，每个人根据自身的理解而行为，经济学学习和研究的目的是提高个人的认知，因而强调经济学的主观性和规范性，寻找对既有事实和材料的重新理解。相反，根据（社会）科学的特征，思想和理论主要来源于数据的处理和客观的实验，往往萌发于实验室、实践调查等能够收集和处理数据的地方，因而更注重数据的收集和处理方式；同时，它把经济学理论视为具有普遍意义，可以指导一切人的行为，经济学的学习是为了且可以获得一种一般性的技能，因而强调经济学的客观性和实证性，试图通过新的事实和材料来发现理论。

---

① 韦伯：《社会科学方法论》，李秋零等译，中国人民大学出版社 1999 年版，第 3 页。
② 韦伯：《社会科学方法论》，李秋零等译，中国人民大学出版社 1999 年版，第 4 页。

进一步地，对应于这两大基本的分析视角，我们就可以归纳出经济学领域从事理论研究的两种方法：厚积薄发和成规定制。①基于人文的视角而言，由于它注重知识的继承和积累，并试图通过旁征博引而从更全面视角来分析问题和解释现象，因而强调厚积薄发的研究态度；而且，由于这种思路试图凭借主体的知性来剖析社会现象的本来面目以及现状产生的内在机理，而对本质的认知本身就体现了观察主体的主观目的性，因而其基本思路就是把经济学视为规范性的学科。②基于科学的视角而言，它试图从某些定理或模型出发，通过对所收集的数据进行处理和分析来发现规律，这往往被称为成规定制式的研究方法；而且，这种分析方法往往要遵循一定的研究套路和规范，并相对集中于某些特定对象的研究，因而其基本思路就是把经济学视为实证性质的科学甚至蜕变为应用数学的分支。

（三）不同历史阶段的经济学研究特征

针对经济学科的这两个认知视角或认知阶段及其认知差异，我们可以从经济学说史中窥见一斑。古典主义时期，由于社会制度和市场机制还很不健全，人类的最大化行为主要与社会制度有关；相应地，以斯密、穆勒和马克思等为代表的古典经济学家主要探究公共领域的问题，关注人与人之间的互动关系。在这种社会情势下，经济学科就被当作一门具有强烈人文性的社会科学。同时，古典经济学着力探究事物表象背后所隐藏的本质以及事物之间的相互作用机理，并以此为参照系来考察现状以及剖析现象对本质的背离及其原因。显然，由于本质本身体现了观察主体自己的认知和观察视角，本质也提供了已经被异化的事物回归的基点，因此，古典经济学特别是仍然流传至今的马克思主义经济学，基本上还是把经济学科视为一门规范性的科学。

但是，随着西方社会制度和市场机制在资本主义框架下的相对完善，西方主流学者逐渐接受既定制度下的分配格局，并在此制度下寻求个人资源的最大化配置；相应地，后来兴起的新古典经济学就逐渐把研究视角转向了个人领域，关注个体如何理性地处理物的问题。在这种社会情势下，经济学科就当作一门具有强烈客观性的自然科学。也正是由于着眼于个体行为的分析，新古典经济学开始把现存制度当成合理的存在，依靠直接的供求关系或者双方的力量博弈来分析现状的成因，并主要分析现存事物之间的功能联系；并且，新古典经济学侧重于价格、货币等数字之间的逻辑分析，从而日益偏重于第二种路径的研究，强烈主张经济学的科学化之路。显然，因为古典经济学具有强烈的人文性特点，这种研究需要非常广播的知识，需要知识的沉淀和积累，因而古典经济学家基本都是整个社会科学领域的大家；相反，由于新古典经济学具有强烈的科学性特点，这种研究需要的是严格的逻辑训练和扎实的数理功底，因而新古典经济学家基本都出身于自然科学领域。

当然，需要指出，即使这里把经济学科归属为社会科学，也主要是强调理论发展过程中的科学化努力以及人们在社会认知过程中的演进性特征。但是，这并不否认，经济科学作为社会科学的科学特性与自然科学之间所存在的明显差异，因为任何社会科学都有一个预设的目的，这个目的具有很强的主观性。米塞斯就写道："当我们从外部接近自然科学的主题，我们观察的结果是确立功能性的依附关系。关于这些关系的命题构成我们用以解释自然现象的一般原理。一旦我们构建了这些原理的体系，我们作了我们能做的所有的事。另一方面，在人类行动的科学中，我们从内心理解现象。由于我们是人类，所以，我们能理解人类行动的含义，即行动者赋予他行动的含义。是我们能形成用以解释性的现象的一般原理的正是对含义的这种理解。"①

同时，需要指出的是，上述对经济学科中"人文性"和"科学性"的认知也体现在经济学理论研究的两个相应阶段："人文性"主要体现在第一阶段，它需要以广泛的知识为基础对前定的目的首先进行判断，并选取自身的研究目的和分析理念；"科学性"则主要体现在第二阶段，它需要采取一定研究方法和分析工具对达到前定目的的手段进行分析。而且，这两个阶段所表现出来的特征和要求与自然科学都是不同的，因而我们在从事经济学理论研究时就必须加以注意：①要明白每一个理论所设定的目的，并对这种设定目的进行判断，这就需要非常广泛的知识，显然，这与自然科学很不相同；②在目的既定前提下借助一定的工具和逻辑进行推理分析，即使如此，我们也要时刻提防把人的行为逻辑等同于物和数的逻辑，这也是与自然科学极不相同的。

可见，尽管从认识自然和改造自然这两个目的上看，经济学也是一门科学，成熟的经济学可以为认知和改造社会提供一个相对系统的认知体系；但是，由于经济学科所研究对象的独特性，其理论研究的程序和特点都不同于自然科学，因而就不能像自然科学那样来限定经济学的发展。一方面，经济学需要对理想目的以及假设前提进行确认，而这体现了主体的认知和理想。所以，笔者强调，经济学的理论研究首先是要形成对社会的认知，即思辨性的思想，其关键在于对理论目的和理论前提的研究。另一方面，目的和预设确定之后，经济学的理论研究还需要进行严密的逻辑分析以获得更为广泛的结论和认知。

---

① 米塞斯：《经济学的认识论问题》，梁小民译，经济科学出版社 2001 年版，第 129 页。

显然，此时就需要借助各种分析和表达工具，但其表达中也往往使用了各种具有人文性的修辞。

这意味着，即使我们把经济学科视为科学，它总体上也是一门社会科学。爱德华兹就指出，"经济学一直想把它自己归入自然科学领域之中，并不情愿被人们视为一门说服力不强的社会科学。经济学试图运用自然科学的研究方法，把经济拆分为若干部分，然后独立地去研究每个部分"，"但是，在研究经济时，生活科学的所有问题我们都无法回避。在经济运行中，社会事件会产生各种影响"。[①] 正因为是社会科学，因而经济学就具有强烈人文特性。当然，这种人文特性不仅体现在经济学科中，也普遍体现在其他社会科学中。例如，塞德曼就指出，不应"侧重将社会学解释为旨在揭示社会行为的基本意义和法则的科学，而是更多地将社会学定位为一种批判性和解释性的事业……社会学应更靠迫人文学科而不是科学"。[②]

因此，尽管现代经济学试图以数学符号的形式隐藏起内含的意识形态，但这根本上是无法做到的。麦克洛斯基就指出了潜藏在经济分析过程中的三个命题：①"经济学中的数学理论似乎具有暗喻的性质，而且是用文字表达出来的"；②"经济学推理中的每一个步骤都是包含暗喻的"；③"甚至连正统的修辞的推理都是暗喻的"。实际上，在麦克洛斯基看来，"经济学不是通过求助于现代主义的科学方法论或是任何其他科学哲学发展出来的优先方法论来实现其合法化的。相反同其他无数的学科一样，经济学被合法化的过程就是检验其参与开放的进行中的对话或语言的程度，而每一个参与者都被置于哈贝马斯所说的对话氛围中。在这样的氛围中，经济学家们的任务就是说服观众，这其中包括同行的经济学家和其他人接受自己的观点"。[③] 为此，爱德华兹写道："当学术权威们作为真理和光明（至少是国民福利）来热情地拥抱经济学时，他们便暂时地离开了客观、科学的世界而踏进了意识形态领域。他们自己给自己定制了一个世界观，开始相信经济学关于世界如何运行和应当如何运行的观点。从此，他们在观察世界时总是使用一个具有过滤功能的透镜，看待经济学分析时

---

① 爱德华兹：《如何与经济学家争辩》，黄胜强、许铭原译，中国社会科学出版社2006年版，第41页。

② 塞德曼：《有争议的知识：后现代时代的社会理论》，刘北成等译，中国人民大学出版社2003年版，导言第4页。

③ 转引自博伊兰、奥戈尔曼：《经济学方法论新论》，夏业良主译，经济科学出版社2002年版，第50页。

也不再那么客观了。"[1]

 三 经济学的学科特性及其研究特色

上面的分析表明，经济学理论研究的两个阶段都充满了主体的认知，而要能够形成自己的思想并在理论上有所创见，那么，就需要具备丰富的知识素养。基本知识大致包括这样两方面：①要对人类思想的发展过程作系统的梳理以能够真正领悟人类所积累的思想；②要对其他学科的知识作充分契合以对客体有更为全面而系统的认知。事实上，经济学说史就已表明，像斯密、穆勒、马克思以及马歇尔等大师们所提出的那些看似浅显的理论和学说，都是建立在庞杂的知识基础上的。例如，正是在承袭前人知识的基础上，斯密做了系统化的简单表述，从而写出了被视为具有划时代意义的《国富论》。相反，如果没有对理论的正确认识，没有广博的知识，即使能够建立比较优美而复杂的数理模型，它们也是流传不远的。实际上，这样的研究也必然是盲人摸象，即使知其然也必不知其所以然，即使发表了众多的文章也仍然没有自信，就像当前的那些学者一样。

（一）经济学研究的应然方法及其要求

基于认知的主体性以及相应的个人知识的要求，厚积薄发应该成为经济学理论研究的基本要求和路径。一般地，只有通过积累深厚的科学知识和个人知识，才可能形成真正的认知，从而使理论更具说服力；由此，才能形成合理的假定条件，进而在此基础上建立合理的数理模型或者进行有的放矢的实证分析，否则，后续的一切行为都将没有任何意义，至多成为一种"我向思考"的逻辑游戏或者材料堆积的数字游戏。

这可从两方面加以解释。一方面，影响社会经济现象的因素本身就是复杂多样的，甚至经济现象本身也是人类主观认识的反射，同一事实投射在不同人的意识中往往形成不同的认知。正因如此，社会科学的"科学"并非确定不变的；相反，必须将理论与主体的认知视角和认知目的结合起来。另一方面，经济学研究的根本问题毕竟是需求、偏好、行为等由"人"引起的问题，这些东

---

① 爱德华兹：《如何与经济学家争辩》，黄胜强、许铭原译，中国社会科学出版社 2006 年版，第42 页。

西都是经验性而非先验性的，从而也只有在基于人类实践的经验分析的科学中才可以真正实现理论与实践的统一。正因如此，经济学理论也必须具有经验性的内容，经济学科的科学化必须建立在社会经验的基础上。詹姆士就指出，"唯有直接与生活发生关系的科学，才是真正的科学"。①

正是由于人们对社会现象的认知往往体现为一种主观的理解，而不同的认知又会导向不同的行为，从而就产生了多样化的人类行为方式和多样化的社会经济现象。对此，哈耶克就指出："遵循规则或信奉共同价值，可以确保某种具有某些抽象特性的行动模式或行动秩序得到型构；但是，遵循规则或信奉共同价值却并不足以决定这种行动模式的具体形式。"② 相应地，针对这种多样化的行为和现象，我们无法简单地套用一种单一的理性选择范式，不能简单地构建统一的数理模型，而是应该拓展多样化的研究视角和分析手段。事实上，哈耶克就把经济理论研究与法学、政治哲学、社会哲学、伦理学、道德科学等联系起来而强烈反对经济理论数学化，其他经济思想大师凡勃伦、加尔布雷思、科斯乃至张五常等都反对经济学过分数理化。事实上，这些多样化和主观性都决定了经济学科的科学性不同于自然科学，当然也就不能简单地照搬自然科学的研究方法。麦克洛斯基强调："如果经济学希望模仿其他科学，即便模仿的是数学或物理学这样伟大的科学，它也应当更加开放，以容纳更多的谈话方式。"③

同时，正是由于经济学的这种主观性和人文性，就产生了认知迥异的经济学流派。一方面，这些流派往往基于截然不同的引导假定，以致迄今为止经济学各流派之间都无法形成一个"能够结束所有争论的最终标准或裁决者"；另一方面，由于引导假定本身是难以被证伪的，尽管经济学的理论不断变化以及每种思想也都在经历重复的兴衰轮回，但却很少会完全消逝。事实上，不仅"弗里德曼的信念——经济学中的一般性争论和宏观经济学中的特定争论都将通过实证检验而解决——尚未得到证实。同样，熊彼特观点——经济学中的意识形态部分大都会被系统性抛弃——也没有成为现实"；因此，经济学中，"在对经验证据、伦理因素、硬核命题、意识形态戒律的程度和形式等许多类似问

---

① 转引自阿德勒：《阿德勒人格哲学》，罗玉林等译，九州出版社2004年版，第1页。

② 哈耶克：《法律、立法与自由》（第2、3卷），邓正来等译，中国大百科全书出版社2000年版，第19页。

③ 麦克洛斯基："经济学的修辞"，载豪斯曼编：《经济学的哲学》，丁建峰译，世纪出版集团、上海人民出版社2007年版，第370页。

题的解释方面，依然存在巨大的差别。当然，并非只在经济学中有分歧，在其他社会科学门类中分歧至少同样广泛、深刻和显著。甚至连物理学也有着这种冲突，而且实际上，物理学比其通常看来的要'软'得多"。[1]

（二）现代经济学的实然方法及其问题

从广义上讲，具有知识体系的探究学问的经济学本身是一门科学，并且，这种科学本身就具有强烈人文性；但是，"科学"一词首先出现在自然科学领域，且由此形成了自然主义思维，并拓展到社会科学领域。结果，时下流行的主流经济学完全忽视了经济学内在的这种学科特性：它不但舍弃了经验性的内容，而且也因执着于数字的游戏而把理论与生活分裂开来，甚至连经济学研究本身的基本目标也搞颠倒了。相应地，厚积薄发式的学习和研究路线往往只是为非主流经济学人所遵循，而主流经济学则逐步走上了严密的专业分工道路，把经济学仅仅视为对手段的实证或者手段与目的之间的功能联系，从而日益偏重于成规定制式的研究路径。

正是基于成规定制式的研究线路，主流经济学试图运用一些一般工具和原理来演绎分析绝大部分的经济学问题。其结果正如布劳格指出的，"瓦尔拉斯崇拜的英雄是牛顿和拉普拉斯，而不是焦耳和赫姆霍茨。从早期到现代不断激发一般均衡理论的提倡者的灵感不是'科学至上主义'，而是完全数学化的目标。"[2]究其原因，西方社会中占支配地位的是自然主义思维，并在追求客观主义的抽象化科学思维的指导下，这种自然主义思维进一步扩展到人类精神方面的领域。因此，西方主流的观点往往认为，即使在生活世界"严格的科学性要求研究者必须小心排除一切做出价值判断的立场，排除一切作为研究对象的人及其文化构造是理性还是非理性的探问。科学的、客观的真理只是确证：物理和精神世界到底是怎样的"。[3]

事实上，就当前西方社会而言，"对科学至上主义的不加思考的引入，（已经）成为自 20 世纪 20 年代以来的大多数美国社会科学的特征"；并且，由于"在学术上对大陆哲学的摒弃，连同二战以后统计学技术与自然科学实践之间

---

① 斯诺登等：《现代宏观经济学指南：各思想流派比较研究引论》，苏剑等译，商务印书馆1998年，第 496 页。

② 布劳格："为何我不是一个建构主义者"，载巴克豪斯：《经济学方法论的新趋势》，张大宝等译，经济科学出版社 2000 年版，第 167 页。

③ 胡塞尔：《欧洲科学危机和超验现象学》，张庆熊译，上海译文出版社 1988 年版，第 6 页。

的混淆，（已经）造成了这样一种印象，即由于自然和社会的内在统一性，'科学'本身成为了一种适用于任何社会研究（无论是经济学、文学批评或是人力资源管理）的普通程序"；特别是"'二战以后'，美国社会科学的霸权将任何有关自然科学和社会科学之间的区别的痕迹统统勾销了"。① 正因如此，西方主流经济学极力模仿自然科学而加速走上了数量化的道路，中国社会那些唯西化是瞻的"主流"经济学人也极力强调经济学的数理化，认为只有这种经济学才是科学和客观的。问题是，正如胡塞尔曾指出："如果科学只承认以这一方式客观地可确证的东西为真的，如果历史只教给我们精神的一切形态，人所依赖的一切生活条件、理想和规范，……它过去是如此，并将永远如此的话，那么世界以及在其中的人的存在在真理上还能有什么意义呢？我们对此能平心静气吗？我们能在一个其历史无非为虚幻的繁荣和苦涩的失望的不尽锁链的世界中生活吗？"②

殊不知，现代主流经济学大肆鼓吹其科学性而不敢承认自身的内在缺陷，并为了维护其主流的话语权而刻意地用数学符号来掩盖其内含的价值观和主观性，因而这些主流经济学人的所作所为实际上恰恰使经济学退化为一门"伪科学"，使经济学陷入更大的困境。这样，随着主流经济学的困境逐渐暴露，一些有识之士就开始重新探究经济学作为社会科学的性质；但是，此时的经济学人大多已经不知道"争论的问题是什么"，"社会"是指什么？究其原因，理性和科学在西方社会的发展已经导致了如此严重的演化谬误：它把人类世界也视为一种静止的状态，而科学研究仅仅探询将这种静态世界摆弄得更有序的途径；因此，不仅是经济学，甚至社会学等其他社会科学，也都在努力发挥理性的能量来设计和改造社会制度。

更进一步地，出于对科学的误解以及理性的强调，整个社会科学界也掀起了求新求变的氛围：每个人都试图在常规范式下做出自己的"研究"，却很少有人愿意去认真梳理和吸收人类积累的知识。显然，这种风气在经济学界尤其明显。但是，正如杨小凯等指出的，"如果以化学的发展来比喻，整个经济学的现状应该相当于过去的炼金术的阶段。经济学离现实还很远，离真正能解释现实还很远……经济现象比物理现象复杂得多。现在的数学工具，要将其加

---

① 米洛斯基："问题是什么"，载巴克豪斯：《经济学方法论的新趋势》，张大宝等译，经济科学出版社2000年版，第73页。

② 胡塞尔：《欧洲科学危机和超验现象学》，张庆熊译，上海译文出版社1988年版，第6-7页。

以描述是很不够的"。[①] 事实上，如果谁还在宣扬炼金术的话，它肯定会被斥为"伪科学"，但是，当今甚嚣尘上的主流经济学却根本不愿以此来反思自身，从而看不到至于不愿看到的一面。从这个意义上说，经济学科也就越来越符合"伪科学"的两大基本特征：一是研究者明白它达不到其宣称的那种科学要求却极力宣传它的"科学"性；二是研究者有意地回避其学说中缺陷或者用各种方式来掩盖。

（三）再论数学在经济学研究中的应用

基于经济学的主观性、规范性，笔者推崇厚积薄发的思辨路径，强调经济学的研究需要注重经典文献的梳理和推敲。当然，这并不是要像阿莱所批判的那种仅仅停留在"纸上谈兵"层次上的诡辩游戏，"不断使用误操作性的概念、含糊不清和未经定义的语词，那些词的意思在分析中不断变换，在不同作者那里也各不相同；分析中缺乏严格性；大量使用多少带有比喻的表达方式，没有精确的含义，谁想怎么用就怎么用，因此无人能提出异议；使用的表达方式伴有感情色彩"；[②] 相反，它要求理论研究必须具有非常严密的逻辑一致性，同时要求与经验事实相一致。

事实上，尽管经济学的理论研究依赖于思辨逻辑以及相应的社会科学知识，但这也并不意味着就不需要使用数学逻辑和工具，不需要进行专业知识和方法的训练。至少经济学也涵盖了工程学的内容，在这方面数学显然是提供了最佳的方法；即使在伦理学内容方面，数学训练也有助于严密化思辨逻辑，有助于将经济直觉上升到理论层面。更重要的是，数学作为工具在现代经济学的重要性日益凸显：一方面，数学在表达、交流和传播上具有显著的精确性；另一方面，数学语言的运用也是经济学中一场重大的"修辞学革命"。这样，数学在某种程度上就成为联结全世界经济学者的一种共同话语标准。事实上，近期的文献大多是主流经济学提供的，他们掌握了经济学的话语权，其中思想的递进也大多以主流经济学的研究范式表现出来。

尽管如此，我们还是要清楚地认识到数学使用的限度，要防止经济学从传统的文字描述走向数理化过程中的另一种极端倾向。事实上，正如杜兰特指出的，每一真理都有可能发展成为谬误；而每一美德都会因过分而成为邪恶，没

---

① 杨小凯：《杨小凯谈经济》，中国社会科学出版社 2004 年版，第 2 页。

② 阿莱："我对研究工作的热忱"，载曾伯格：《经济学大师的人生哲学》，侯玲等译，商务印书馆 2001 年版，第 46 页。

有什么比过分易于走到反面了。[①] 也就是说，我们对数学在经济学理论研究中的作用必须有个明确的认识，即使通过使用数学来精练理论，也必须注意到条件的成熟性问题，否则必然会"欲速则不达"。这正如科斯指出的，"我对建立模型的问题知之甚少，并且我提出的观点可能也不是真正重要的，但我认为，当你的知识特别贫乏时，你不可能很准确、很迅速地估计所发生的情况……要是将你知道（或者你认为知道）的早期阶段的变量简单地纳入你的模型中，事实上，这可能产生更多的误导，将会阻止更有成效的研究成果的出现"。[②]

不幸的是，流行的观点却认为，"把一种理论建立在公理化的论述上就足以说明它在科学上是有效的"。[③] 显然，这意味，数学在当前经济学科中已经被严重滥用了。哈耶克写道："20 世纪肯定是一个十足的迷信时代，其原因就在于人们高估了科学业已取得的成就；所谓人们高估了科学业已取得的成就，并不是说人们高估了科学在相对简单现象的领域中所取得的成就，而是意指人们高估了科学在复杂现象的领域中所取得的成就，因为事实业已表明，把那些在相对简单现象的领域中被证明为大有助益的技术也同样适用于复杂现象领域的做法，是极具误导性的。"[④] 也正是由于对数学的高估，现代主流经济学的"伪科学性"也就日益凸显。相应地，为了促使经济学朝真正科学化的方向发展，一方面，经济学人应该参与越来越多的不同形式的经验性工作，应该努力从"典型的经济数据"中学到更多的东西；另一方面，在理论框架的选择上，经济学科应该更加开放，不应坚持认为它是一个"独立的科学"的现状。

总之，经济学的性质介于自然科学和人文科学之间，其研究方法也应该兼顾数学逻辑和思辨逻辑。哈耶克指出，"政治经济学的研究者，既可把这门学问称为科学的一支，亦可把它称为道德哲学或社会哲学的一支，从不介意自己的题目属于科学还是哲学"；而且，由于经济学研究的根本对象在于人及其社会现象，因而"投身于这些领域的人，在研究自己的问题中较具一般性的方面时，他们很乐于选择哲学这个名称，我们甚至不时可以看到'自然哲学与道德

---

① 转引自曾伯格：《经济学大师的人生哲学》，侯玲等译，商务印书馆 2001 年版，导言。

② 科斯："'专题讨论'的评论"，载沃因、韦坎德编：《契约经济学》李风圣主译，经济科学出版社 1999 年版，第 410 页。

③ 转引自阿莱："我对研究工作的热忱"，载曾伯格编：《经济学大师的人生哲学》，侯玲等译，商务印书馆 2001 年版，第 47 页。

④ 哈耶克：《法律、立法与自由》（第 2、3 卷），邓正来等译，中国大百科全书出版社 2000 年版，第 530 页。

科学'的对比"。① 也就是说，尽管经济学往往被视为一门科学，但它对"科学"一词的理解与自然科学却存在很大差异。布劳格就指出，"经济学又是一门独特的科学，不用说由于它研究的是人的活动、从而要用人的行为的原因和动机来解释'事情的原由'，这和物理学不同，而且也由于它致力于提供关于人的活动的严格的、演绎的理论而和社会学、政治学这样的科学不同，因为在其他的人类活动学里而是缺少严格的、演绎的理论的。简而言之，经济学家的解释是科学解释大类里的一个特别的种，因此这种解释也就呈现出某些疑难的特征"。② 相应地，经济学的研究方法也与自然科学存在很大差异，不应该过分强调其客观性而抹煞其思辨性。例如，麦克洛斯基就特别强调无论是数学还是物理学都不是经济学可借鉴模式，为此，他还对大行其道的现代主义科学哲学持深深的怀疑态度，因为这些哲学往往以物理学的方法论作为模式。

 # 四 结语

　　无论是在科学的内涵、研究的目的还是研究的方法上，经济学都与自然科学存在很大差异：经济学注重思辨性，其理论也带有强烈的主观性和规范性，研究方法更注重厚积薄发，注重知识的积累和契合。因此，尽管我们强调经济学要朝科学化的方向发展，但其科学性的麦加并非就是以物理学为代表的自然科学。这正如韦森指出的，按照最新版《新牛津英语大词典》对"science"所作的定义，社会科学并不是真正的"科学"，而只是在一种在对"科学"一词的"转借"和"隐喻"（Metaphor）意义上来说的；不过，那些想把经济学科变成一门实证科学的经济学家们，却试图通过对人类社会中经济现象的"观察""实验"以及与之相关联的"（自然）科学（式）地""推理"和"证明"，来把经济学做得一种像物理学、化学那样一种实证的"分科的知识体系"。③

　　恩格斯 1883 年的《在马克思墓前的讲话》中说："正像达尔文发现有机界的发展规律一样，马克思发现了人类历史的发展规律"，"马克思还发现了现

　　① 哈耶克：《致命的自负》，冯克利等译，中国社会科学出版社 2000 年版，第 3 页。

　　② 布劳格：《经济学方法论》，黎明星等译，北京大学出版社 1990 年版，前言。

　　③ 韦森："经济学的性质与哲学视角审视下的经济学：一个基于经济思想史的理论回顾与展望"，《经济学季刊》2007 年第 4 期。

代资本主义生产方式和它所产生的资产阶级社会的特殊的运动规律"。① 不过，马克思主义学说却遭到西方主流学者的极力批判：波普尔把马克思的理论体系称为贫困而封闭的历史主义，哈耶克将马克思的社会预想称为理性的自负。但与此同时，现代主流经济学却试图以物理学等自然科学的理论特征来要求经济学，显然也犯了相同的错误：这不但严重误解了经济学的"科学"内涵，而且也窒息了经济学的理论发展。不幸的是，绝大多数经济学家对这种认识偏误却采取了完全不同于对待马克思学说的态度。布坎南就说："正因为我深信社会科学不同于自然科学，我发觉自己更赞同解释学家的批评，而不赞同我的大多数经济学家同事的意见，少数几位属于现代奥地利人学派的经济学家除外。"②

正是由于流行的观点往往把社会科学和自然科学等同起来，把自然科学视为社会科学发展的方向或模仿的对象，从而就造成了整个社会科学的危机。其中，经济学因其作为自然科学化先锋的角色而使其理论危机更为严重。例如，塞德曼就指出，"社会学理论处于危机之中，一个主要原因就是社会学的科学化。至少自战后以来，理论家就不间断地寻找关于历史和社会的普遍客观的理论。许多理论家认为，只有保证他们社会思想的真正的客观性，社会学才能维护其公众权威性并履行它的社会启蒙的承诺。不幸的事，核心前提、概念、结实模型提供了社会科学的基础，而社会学家们无法在对这些东西达成共识方面取得任何进展。社会学宣称自己是一门科学，而这种宣称不断遭到大众和社会应用者的质疑"；而且，正是由于这种科学化的努力，"社会学理论的文化越来越远离普通的大众文化。社会学不断地产生具有解除天赋并富有想象力的理论家，但他们通常只是与这个专家群体内部成员交流"。③

事实上，正如本书前文一直强调的，科学本身就具有主观性，只不过，社会科学由于其研究对象的原因而比自然科学具有更强的主观性，这是两者的共性也是差异。所以，布莱克则强调，从认识论的角度看，人文科学特别是文学批评所使用的中心修辞手段比如暗喻要优于自然科学，因而经济学的科学化发展不能抹煞其人文性。相应地，布坎南也对此做了比较说明。一方面，他重新解释了科学家和艺术家的行为方式：科学家的行为是发现，其找出存在的事

---

① 《马克思恩格斯全集》(第3卷)，人民出版社1995年版，第776页。

② 布坎南："由内观外"，载曾伯格编：《经济学大师的人生哲学》，侯玲等译，商务印书馆2001年版，第144页。

③ 塞德曼：《有争议的知识：后现代时代的社会理论》，刘北成等译，中国人民大学出版社2003年版，前言。

物，将想象力运用在探索过程中，其不宣称也不应宣称创造了某种新的东西；相反，艺术家尽管要用一定的材料，但其创造某种原来并不存在的东西，并且一旦艺术创造完成，每个人都对创作出的作品可以有不同的私人解释方式。另一方面，他把社会科学的研究视为介于两者之间：社会科学家的活动更加类似于艺术家而不是科学家，但是，其动机与科学家而不是与艺术家相一致，其希望社会互动的改进最终将使人们在诊断结论和有效改革上取得一致的看法。显然，这些认知都可以给予我们很大启示。

理论研究的四大层次及其内在关系
——现代经济学在研究方法上的断裂

导读

　　经济学根本上属于社会科学范畴，社会科学的理论研究主要体现为对事物内在作用机理的揭示，而这需要建立在知识和理论契合的基础之上。相应地，完整的经济学理论研究就包含了四个基本层次：首先是方法论层次，这是研究者观察和思考社会现象的哲学理念和基本视角；其次是理论构建层次，这要求研究者在通晓前人理论基础上提出自己更为完善的理论；再次是工具表达层次，是将自己的思想和观点表达出来以与他人交流和传播；最后是实证检验层次，是对自身或者他人理论的检验。显然，目前主流经济学普遍重视数学建模仅仅是训练一种表达或分析工具，而计量经济学也仅仅是一种检验方法，属于理论研究的最低层次。事实上，基于归纳的计量分析仅仅可以得出一些具有严格适用条件的规律，而永远无法得出一般性的命题，甚至也无法证实或证伪一个基本理论。

 一 引言

　　前文分析了经济学作为一门科学的特性，接下来就要关心这种具有独特性的科学的研究方法。其实，任何经济学大师都有其有效的研究方法。凯恩斯甚至说，经济学与其说是一种学说，不如说是一种方法、一种思维工具、一种构思技术。不幸的是，自新古典经济学确立了占统治地位的研究范式以来，急功近利的经济学人越来越不去审视方法论问题，而是机械地使用流行的数理模型和计量分析。博兰不无遗憾地说，当人们建立经济学模型时，他们必须做出方法论决策，每一位模型建立者都必须思考他们将如何把经济理论模型化；然而，现实的情况却是这样的一个困境：当他们开始从事模型建立时，他们必须是有关建立模型的方法论方面的专家，但他们在上岗前，却又必须从未讨论过方法论问题。[1] 既然如此，我们该如何展开经济学的理论研究？本文就经济学的方法论问题作一剖析，并提出应有的四个层次。

 ## 二 经济学的现状审视

在现代经济学的教育和研究中，技巧和工具层次的数理模型和计量分析占据了支配性地位。博兰写道："一些主要的杂志不愿接受不涉及模型建立的任何论文，今天出版物已等同于使用数字描绘的研究。其原因是明显的。无论是对研究人员或审稿人来说，用数字描绘来得安全，不会出问题。"问题是，这种研究取向是否合理？事实上，科学的根本特点在于批判，在于发现流行理论的问题。但是，流行的梳理模型就是建立在所谓的"理性"分析之上，这是一种建构而非批判。所以，博兰继续写道："今天，倘若批判是针对建立模型的方法，则批判就成为一项不可能的任务。倘若你想讨论人们在开始建立模型前肯定要提出的该方法论思想（比如人们假定决策者会采用何种学说理论？），你将会面对这样的审稿人，他将要求你提供一个模型以讨论模型的建立！这种老一套的做法充斥于经济学的方法中，但不允许任何人对此加以批评。"在很大程度上，正是由于"杂志编辑也不愿意拓宽经济学问题的思路"，因而涉足经济学方法论领域的人就越来越少；相反，"倘如聪明而有学识的研究生为了能成功地做一名学院的经济学家而不得不面对什么主题的话，我敢肯定许多人都将选择（方法论）另外的课题"。[2]

面对流行的经济研究取向，我们就需要思考：经济学的理论研究究竟应该遵循何种方法论？一般地，一个学科采用何种研究方法，主要与其研究对象的特性有关；否则，就会与现实相脱节，乃至退化为一种纯粹逻辑游戏。康德就指出，知识可以很好地符合逻辑形式，例如，自身不存在矛盾，但是仍有可能不符合研究对象。在很大程度上，现代经济学的研究方式正犯了与其研究对象相脱节的错误：自古典经济学以降，西方主流经济学就刻意模仿物理学等自然

① 博兰：《批判的经济学方法论》，王铁生等译，经济科学出版社 2000 年版，第 1 页。

② 博兰：《批判的经济学方法论》，王铁生等译，经济科学出版社 2000 年版，第 2–3 页。

科学，现代主流经济学甚至已经把经济学当作一门自然科学来研究，极力强调其研究的客观性和科学性。事实上，经济学的研究对象是人的行为及其互动产生的社会经济现象，这根本上不同于机械运动的物理世界：一方面，经济学的理论研究的目的是对现实世界进行改造，从而具有强烈的主观性和规范性；另一方面，经济学理论需要以坚实的人类行为逻辑为依据，而不能蜕化为物或数的逻辑。

同时，现代主流经济学之所以热衷于数理模型和计量分析，一个重要原因就在于，它将研究对象局限于私人领域。但是，任何社会经济现象都必然具有公共性质，都涉及人与人之间的社会关系；相应地，经济理论也必然会涉及对社会正义和伦理道德的关注，必须考虑人类社会发展的合理性问题。显然，关涉公共领域问题的经济学，在理论研究上也就根本无法照搬嵌于自然科学之中的自然主义思维，而是要致力于挖掘事物的内在本质以及事物间相互作用的因果机理。也正是集中于关注公共领域问题，古典经济学在对社会经济现象的分析中就自发地发展出一条从本质到现象的基本路线：事物的本质应该怎样，事物的现状实存如何，从本质到现状的异化是因何形成，异化了的事物现状导致了何种危害，采取什么途径可以防止这种异化。其中，研究的首要阶段就是挖掘本质，而这恰恰是现代主流经济学所忽视的。

当然，要遵循古典经济学的研究路线，首先就需要解决这样一个问题：如何挖掘事物的本质？实证难道不是一个有力的途径吗？不可否认，实证对理论的发展当然有其作用，因为它对预设前提以及由此而获得的推理结论都可以提供检验。但问题是，实证根本上面对的是经验现象，而本质往往潜藏在现象背后。由此，纯粹的实证对新知识的发现以及理论的构建并没有多大的实际意义。一方面，理论体系根本上是形而上的，这种形而上体系是基于对既有理论的思辨和综合，是建立对人类积累的知识和思维进行契合的基础之上。博兰就写道："50 年前（这句话写于 1980 年——笔者注），形而上学被认为是一贬义词，然而在今天，大多数人均认为，每种解释都有其形而上学的含义。每一个模型或理论，只不过是另一次想要对一项已有的形而上学之'健全性'的检验。"[①] 另一方面，目前流行的经济研究中几乎也没有纯粹的实证分析，问题只是在于，那些自称从事纯粹实证研究的经济学人往往不愿稍作停顿以对自己深受影响的意识形态取向作一反思。

事实上，社会科学与自然科学存在一个明显的不同：社会领域中的事物走

---

① 博兰：《批判的经济学方法论》，王铁生等译，经济科学出版社 2000 年版，第 109–110 页。

向和目标设定往往会受人类行动的影响，而行动又受理论的支配。相应地，如果受一个具有明显缺陷的理论所支配，那么整个社会就很可能会偏离合理轨道而逐渐滑向失范之境。从这个意义上说，对事物本质的理解和理想目标的认知在社会科学中就显得非常重要，这也是笔者强调要把规范和实证结合起来的原因。问题在于，我们如何更为全面地认识事物的本质和人类的理想状态？一般地，基于从本质到现象的这条研究路线，一个完全的理论研究就包括以下四个轻重不同的层次：首先是方法论层次；其次是理论素养层次；再次是表达工具层次；最后是实证检验层次。其中，前两个层次是根本性的基本范畴，而后两个方面则是辅助性的。笔者认为，现代主流经济学的问题恰恰在于，它有意无意地抛开了前两个层次而仅仅涉及后两个层次。因此，接下来就这四大层次作一逐层简述。

方法论层次

方法论是研究者观察和思考社会现象的哲学基础和基本视角，只有形成一个较为明确的方法论，才可以有条不紊地着手研究。当然，方法论本身也存在层次性。一方面，它可以是基本的研究思路，譬如，是演绎主义还是归纳主义，是因果探究还是功能分析，是演化的思路还是均衡的分析，是整体主义还是原子主义，是规范分析还是实证分析，是工具性实证主义还是检验性证伪主义，等等。另一方面，它也可以是具体的研究手段，譬如，权力分析、结构分析或者直接就是应用奥卡姆剃刀（Occam's Razor）拓宽假设的分析。其中，最高层次的方法论就是哲学思维，它既可以为经济学理论范式的转换提供逻辑框架，也可以为理论前提提供批判视角，更可以为解析经济活动的根本规律提供广阔的思维空间和逻辑文本。

在某种意义上讲，经济学各派的理论出发点、经济学中的前提假设、经济学的推演结果都会受到哲学思维的某种影响，都折射出嵌在经济学家们身上的某种哲学观。也正是由于任何经济分析根本上都以一定的哲学观为基础，而哲学观本身就体现了不同人看待世界的视角和观点，因此，作为社会科学的经济学必然具有规范性质。相应地，任何经济学理论根本上都体现了主体的认知，其中也必然嵌入了提出者和应用者的意识形态。斯皮格尔就指出，"在较宽泛的意义上，意识形态是一种哲学体系；在这里使用的特定的意义上，它可以被界定为某人对某些命题的科学性的判断，这些判断事实上是来自其哲学偏向、主观判断或物质利益的"。① 正因如此，方法论的形成也就是开启真正研究的基础。布劳格指出，方法论的作用就在于，它为我们接受还是拒绝一个研究纲领提供了标准，也帮助我们在区分精华和糟粕时有章可循。②

当然，研究思路层次的方法论主要基于特定的认知视角着手，而不仅仅作抽象的模型构建。进而，这种认知视角是长期提炼的结果。因此，对一个研究者来说，要形成有效的方法论往往要经历非常漫长的过程，而绝不是简单地接受课堂上或书本上的宣扬和训练。与此同时，方法论对理论探究和学术发展的影响却是巨大的，每一次理论的大发展都是方法论革命的结果。正如沃特金斯所说："（方法论）是要帮助科学发挥最好的效力，或者说是要引导如何从事科学研究，而不是去指导平庸的科学如何工作。"③ 为此，本书也就集中于经济学研究的方法论层次，希望通过对经济学发展沿革及其争论的梳理，厘清对主流经济学的认识，同时也提出笔者个人的经济学方法论主张。

从学说史看，几乎所有的伟大经济学家都非常关注方法论问题，并且在其研究方法上渗入了浓厚的哲学思维，斯密、李嘉图、穆勒、施穆勒、古诺、杰文斯、门格尔、瓦尔拉斯、马歇尔、凯恩斯、琼·罗宾逊、哈耶克、弗里德曼、萨缪尔森、森、卢卡斯等，都是如此。例如，斯密经济学是建立在个人利益与集体利益天然和谐一致的乐观主义基础之上，马克思经济学是建立在个体利益之间及个体利益与集体利益之间相冲突的悲观主义基础之上，凯恩斯经济学则是建立在个人利益与集体利益人为和谐一致的务实主义基础之上。为此，熊彼特就指出，"（如果我们）抬起头来看一看整个人类知识领域的景色，略为留心记载一下同时期其他科学的某些发展，这些发展与我们自己这门科学（经济学）的发展有关……（那么，就会发现）与'哲学'的关系可说是占压倒一切的地位"。④

再来看中国老一辈经济学家，他们大多承袭了马克思经济学以及前古典经济学的研究取向而非常注重方法论的研究，如陈岱逊、孟氧、宋承宪、高鸿业以及吴易风等。当然，由于受制于"主义"之争，传统马克思经济学人往往对方法论的争论过于执着，特别是纠缠于如何继承马克思主义经济学方法论的正

①　斯皮格尔：《经济思想的成长》（上、下），晏智杰等译，中国社会科学出版社1999年版，导言。

②　布劳格：《经济学方法论》，黎明星等译，北京大学出版社1990年版，第264页。

③　沃特金斯："反对'常规科学'"，载拉卡托斯、马斯格雷夫编：《批判与知识的增长》，周寄中译，华夏出版社1987年版，第32页。

④　熊彼特：《经济分析史》（第1卷），朱泱等译，商务印书馆1991年版，第47页。

当性上，集中在如何理解唯物论、辩证法等上，集中在阶级分析是否还有必要等问题上；结果，这种研究取向往往就缺少基于某个特定视角展开深入分析，甚至缺少一个针对具体现实问题的简明而有效的分析框架。而且，由于对方法论问题争执不休，传统马克思经济学人对经济学理论研究后面几个层次的关注也就相对不足，缺乏对微观行为和具体现象的深入分析；相应地，不仅理论没有取得多大进展，而且也没有开发出能够提高分析能力的具体工具和技术。

由此，我们也就可以反思当前经济学界无视方法论的倾向。事实上，长期以来哲学都一直被视为科学中的科学，是用以指导具体学科的理论研究的基础。例如，哈耶克就强调，"我们不仅应当是合格的科学家和学者，而且应当是个很有阅历的人，从一定意义上说，应当是个哲学家"。[1] 但是，随着实用主义和功利主义的盛行，"现代社会（却）已经把哲学贬黜到完全无关紧要的地位"，[2] 以致当前的中国经济学界似乎很少有人关心经济学的方法问题，而热衷于如何套用西方最新出现的模型化工具或计量手段，或者拿一些陈腐观点到处宣扬。特别是在主流经济学界，广泛盛行的实证取向宁愿着眼于琐碎的材料堆砌，也不愿对极为重要的思维本身进行审视；相反，如果谁要是探讨哲学的视角，就往往被视为迂腐的象征。

 理论构建层次

在确立有效的分析方法之后，就可以沿着一定的观察视角对某些具体问题展开针对性的研究，由此就可以形成自己的现实观察和理论认知。当然，太阳底下没有新鲜事物，新思想和新理论也不是突然冒出来的；相反，人类思想根本上是连续演进的。相应地，理论发展也是建立在人类积累的知识之上的，理论研究也依赖于对前人思想的梳理和发展。尤其是，科学知识只是对真理的不断逼近，而迄今还没有绝对真理；在社会科学领域尤其如此，任何理论和观点都是并且只能是基于某种特殊视角的观察。这就对理论研究者提出了知识要求：需要拥有足够的理论知识，拥有较高的理论素养。尤其是，在基于特定方法论对某具体问题展开研究时，必须首先了解前人对该问题的相关研究，关注相关思想和观点发展逻辑，尤其是探悉每个观点的研究视角和历史背景。

---

① 哈耶克：《经济、科学与政治：哈耶克思想精粹》，江苏人民出版社 2000 年版，第 455 页。
② 巴雷特：《非理性的人：存在主义哲学研究》，武汉大学高级研究中心 1991 年版，第 3 页。

　　事实上，只有在熟悉其他人的观点和理论的基础之上，才可以进行真正的"批判"，并把基于不同视角的观点和理论统一起来形成自己更为全面的理论观点。也即只有以"为往圣继绝学"为信念和基础，才能"究诸子百家之学而成一家之言"；进而，才可以把库恩注重知识积累的常规范式和波普尔注重"革新"的证伪范式结合起来，由此推动理论的实质发展。譬如，在自然科学，牛顿用逻辑上更严密、检验性更强的理论统一和取代了开普勒和伽利略的理论，麦克斯韦也用自己的理论统一和取代了菲涅耳和法拉第的理论，而牛顿和麦克斯韦的理论又被爱因斯坦的理论所统一和取代。同样，在经济学领域，马歇尔用新古典分析框架统一了古典主义经济学和边际效用学派的思想，萨缪尔森等又进一步用现在的经济学分析框架统一了马歇尔和凯恩斯的思想。

　　一般地，由于所处的地位、观察角度以及哲学理念上的差异，不同学者对同一社会现象所做的研究往往会得出具有差异性甚至截然相反的结论。从这个意义上说，几乎所有理论尤其是社会科学理论都具有片面性。但同时，每个学者的研究以及每个理论又呈现了某个侧面的知识，从而又都提供了有意义和启发的认知；相应地，理论的良性发展应该能够将不同视角和维度的认知和理论契合起来，由此才能构建出一个能够解释更多事实的日趋完善的理论。显然，所有这些都对理论研究的知识结构提出了要求。尤其是，一个学者的知识面越窄，他所得出的见解和理论往往也就越片面，从而也就越容易被逻辑和经验所证伪；相反，一个学者的知识面越宽，他在提出理论时也就会纳入其他的思维和知识，从而也就越容易为其他人所接受和认同。在很大程度上，这就是理论权威的形成逻辑和基础。

　　同时，科学理论要迈入良性发展的轨道，关键还需要存在一个有助于思想交流和讨论的环境。究其原因，只有在自由交流、讨论和碰撞的过程中，不同维度的见解才能得到真正的比较，各自的优劣才得以充分的呈现；进而，不同视角才有共容和契合的机会，在此基础上也才会形成更全面的认知和理论。从学说史上看，理论进步主要也就是建立在对过往大师思想进行挖掘和推进的基础之上。事实上，像哲学、社会学、伦理学、法学、政治学等领域内的学术大家几乎都是思想史专家，罗素、韦伯、福柯、麦金太尔、罗尔斯、博顿海默以及哈耶克等就是代表。由此，这就导向了社会科学理论研究的基本方法：对大师的思想展开系统的耙梳，在深入理解的基础上挖掘其中的精髓，进而认识其中的不足及其原因。

　　最后，由于理论根本上体现为主体对客体的认识，任何理论又具有主观性和片面性，因此，经济学研究就不能教条地接受主流观点或传统智慧，不能先验地将这些理论、定律和原理视为客观和不言自明的。胡塞尔就指出，"如果我们的直观的生活世界完全是主观的，那么整个前科学的和科学之外的涉及日常存有的真理的意义就被贬低了"。[1] 不幸的是，目前却流行着这样一种观点：现代主流经济学从抽象世界中所得出的一些结论已经穷尽了经济学的真理，因而接下来的工作仅仅是在主流经济学的理论框架下寻些数据作一些程式化的实证分析，至多只要对主流经济学的理论作一些细枝末节的修正。在这种观点的指引下，有些经济学人居然对新古典经济学以前的大师们的思想视而不见，而专注于在主流杂志中寻找几篇所谓"前沿性"文章作些一知半解的分解。这显然就本末倒置了。

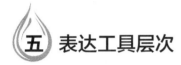

五 表达工具层次

一般地，新知识的出现主要源于两大基本途径：一是基于前人文献的梳理和各种知识的契合，二是基于特定方法论视角的观察和慎思。无论基于哪种途径，一旦就某一现象或问题形成了自身看法乃至系统理论，接着就需要借助某种方式有效地表达出来，由此才便于与他人进行交流，也便于新知识和理论的传播。事实上，思想要比语言复杂得多，只有借助恰当的表达工具才更容易为他人所知。那么，如何才能灵活运用工具来恰当地表达和传播思想呢？显然，对表达工具的选择和运用往往也需要经过专门的训练。在很大程度上，表达工具就是一个理论的修辞问题，其目的是使他人接受和认同自己的学说。专门研究社会科学尤其是经济学中措辞学的麦克洛斯基就认为，修辞就是使人接受的主要方式，它是"一门探索的艺术，使人们相信他们应当相信的东西，而不是用抽象的方法证明真理"，是"一门发现适宜理由的技术，发现能够保证赢得他人同意的方法，因为任何讲道理的人都应当被说服"，是"一门发现有根据的信念，并且在对话和讨论中发展这些信念的艺术"。[2]

那么，经济学理论应该如何选择表达工具呢？一般而言，没有任何理论的陈述符号具有唯一形式，而是有多种多样的修辞方式可资利用：文字逻辑的、图表矩阵的、数学符号的。事实上，即使物理学家在叙述理论时也可以用一般

---

① 胡塞尔：《欧洲科学危机和超验现象学》，张庆熊译，上海译文出版社 1988 年版，第 64 页。

② 麦克洛斯基："经济学的修辞"，载豪斯曼：《经济学的哲学》，丁建峰译，世纪出版集团、上海人民出版社 2007 年版，第 355 页。

的语言陈述，而不是非要用数学形式不可；相应地，历史学家表述其理论时也可以用数学形式，而并不是全用文字逻辑。迪梅尼和莱维就指出，"建立模型不是一种最好的分析形式，它只是所有可能的解释模式中的一种。所有的形式化的东西都是为了某种特定的目标而设计的，而且它们也不比文字类的分析更重要"。① 当然，任何一门学科在论述其理论时，对表达工具也是有所选择的。其一般原则是简单易懂，这样才便于交流和传播。尼采很早就发现，"知道自己渊博的人会努力求其学问的清晰明白，而想在大众目前表现自己很博学的人则会将学问弄得晦涩难懂"。②

在很大程度上，正是由于数学拥有表达、交流和传播上的精确性，从而在科学研究上的重要性日益凸显；进而，主流经济学由于偏重逻辑的演进和表达的精确性，也日益采用数学形式而非一般的文字语言。但与此同时，我们也需要清楚地认识到，简洁也只是表达工具的一个要求，更为基本的要求是不能"以辞害意"。也即要防止为追求表达方式的简洁而舍弃思想的丰富性。事实上，表达形式毕竟是第二位的，尤其不能由此抹煞或者抑制对社会问题的深入探讨，不能失去理论的推进。然而，现代经济学界有些人更热衷于选择通用性的表达工具，并试图通过玄而又玄的数学符号来装扮那空洞的思想；相应地，目前经济学界教学过程中也存在过度重视数学建模和计量实证的现象，这些都导致数学在经济分析中变得泛滥。

其实，数学建模只是一种表达或分析工具的训练，特别是在教学上有所裨益；但是，它基本上不属于方法论的范畴。相应地，目前中国经济学刊物上发表一些此类文章（甚至所谓的"一流"杂志）充其量是一种模仿练习，这些文章有些甚至是那些对经济学常识还知之甚少的学生的习作。要知道，致用性越高的学科，其理论推导就依赖越多的知识。但是，如果经济学界却把这种习作上升为最高端的理论研究，岂不可笑！当然，真正的数理经济学所使用的推理从某种意义上来说也是一种重要的研究方法，但是，这绝不是当下流行的这种形式。熊彼特就曾指出，使用数字或公式甚至以代数形式重新表述某些非数学性的推理结果，并不就是数理经济学；相反，只有当产生结果的推理本身具有明显的数学性质时，才会显现出数理经济学的特征。③ 事实上，从事真正的数

---

① 迪梅尼、莱维："经济学应该是一门硬科学吗"，载多迪默、卡尔特里耶编：《经济学正在成为硬科学吗》，张增一译，经济科学出版社2002年版，第389页。

② 尼采：《快乐的科学》，余鸿荣译，中国和平出版社1986年版，第159页。

③ 熊彼特：《经济分析史》（第3卷），朱泱等译，商务印书馆1994年版，第300页。

理分析的人往往需要具有非常精深的数理功底：不仅数理经济学的开创者几乎都是工程师、数学家或物理学家，而且当前那些在数理经济学领域做出贡献的人大多也是出身于自然科学领域。

同时，我们还应该明白，数理经济学实质上是应用数学的一个分支，它试图发现数量之间的确定关系。例如，古诺就用简单的公式表达需求和价格、生产成本和价格之间的关系，并假设这些关系符合特定的条件，通过数学处理演绎出某些因此产生的结果。因此，数理经济学的分析结论都依赖于非常强的条件假设，从而在一定意义上可以被看作象牙塔里脱离经验事实的抽象思维，是在象牙塔里推演各种条件改变的情况下可能出现的各种结果。正因如此，由象牙塔里构建的数理模型所推演出的结论尽管具有启发性，但基本上不能直接加以应用，更不能直接为政府政策"开处方"。究其原因，不现实的假设可以被看作从一组不同的假设中推导出的不现实的或错误的预测。这已经为许多经济学家所认知。例如，内维尔·凯恩斯就指出，"经济理论不仅涉及自身的正确与错误问题，也涉及它们赖以产生的事实以及它们自身所导出的结论问题"。[①]同样，哈恩也承认，"数学经济学家假设……不是在研究任何实际经济问题……（而）是为了能使某种结果出现，而不是为了描述性地看待它们"。[②]

最后，正因为数理经济学已经把经济学当成一门自然科学来研究，所以数理经济学的研究者往往需要非常强的抽象逻辑思维能力，如李嘉图、杰文斯、诺伊曼、里昂惕夫、萨缪尔森等在抽象逻辑思维上都具有一定的天才性。然而，当前中国学术界的现实却是，有些人不管是什么专业出身的，也不管数理功底如何，都热衷于数理分析，似乎没有模型或计量的文章就不是经济学研究；相应地，这些文章丝毫不会从研究中发现什么新的思想，而是试图利用非常烦琐的符号来重新表述他们早已观察到的"程式化事实"（stylised fact）。而且，尽管经济学在应用数理经济学或其他学科得出的结论之时，必须具有非常广泛的社会科学领域的知识；但是，当前那些热衷于数理分析的人往往对经济学的理论思维乃至基本常识都一知半解，却基于数理模型的模仿练习就要提出各种政策建议，而很少考虑真实世界中的种种社会因素。更甚者，有些地方政府也大量外包这样的课题，如果没有大量的数据那么论文或报告非常难以通过结项，为了获得这样的课题，那些"学者"们也倾力投其所好。显然，这不

① 内维尔·凯恩斯：《政治经济学的范围与方法》，党国英、刘惠译，华夏出版社2001年版，第187页。

② 转引自劳森：《经济学与实在》，龚威译，高等教育出版社2014年版，第102页。

仅体现了当前一些政府官员对数理经济学的误解，更体现了学术界对这种行为的默认。然而，竟然还有如此多人为这种现状进行辩护，要知道，文以载道，作为致用之学的经济学文章更应如此。

 ## （六）实证检验层次

　　新的观点和理论要得以传播，要为他人接受，还必须经受检验。一般地，如果检验结果与理论不符，就会激发我们去重新检查或审视自己的理论，看看是否存在某些逻辑缺陷，是否在理论中忽略了某些重要因素，并由此对理论进行完善。也就是说，检验有助于发现理论缺陷，也有助于提炼和完善理论，进而有助于促进理论的发展和进步。显然，这就是科学方法（观察→归纳→分析→批判→预测）的思路，同时也是工具主义者强调理论"好用性"的证明过程。如何进行检验呢？一般地，检验有多种手段：案例调查或者统计分析、实验室试验或者历史验证。不过，现代经济学流行的检验手段就是计量分析，但这种检验手段也存在不少缺陷。

　　第一，即使检验结果没有证实理论，也并不能简单地否定该理论。事实上，更多时候主要是检验本身存在问题，这就要求我们系统检查整个检验过程，包括数据是否可靠，变量选择是否合适，计量模型是否合理，等等。同时，这些检验工作往往需要由专业人士实施。从这个角度上说，检验工作并不必须由理论提出者亲自展开，因为理论提出者往往擅长逻辑思维，但检验方面却并非其所长。事实上，笔者在几乎所有的理论分析中，都不会媚俗于时人所热衷的基于原始资料的实证分析，相反大量的数据证据主要来源于其他专业学者的分析和实证；其原因也就在于，计量实证并非笔者的强项，从而笔者更愿意通过广泛引用其他学者的分析以及充足的间接统计数据来为自己的理论提供佐证。

　　第二，受限于特定的分析工具以及环境的不确定性，理论在提出之初往往也难以得到全面的检验。从学术史看，众多理论都是后来随着经验材料的丰富以及检验手段的进步才得到印证的。这里尤其要注意的是，理论检验要避免依据局部的数据资料，而是应该尽可能广泛地收集其他人提供的实证资料；尤其是，任何理论不能凭借个人或少数人的一次性或少数次检验就给出了证伪或证实，因为个人在特定时间、特定地点、特定资料以及特定方法下的检验结果也同样受制于特殊条件而变得不可靠。例如，斯皮格尔就指出，"谈及消费者收入与支出之间关系的恩格尔定律和关于收入分配的帕累托定律，与厂商的增长有关的吉布拉特比例效应定律也是经验的。经验法则的特性使它们只能具有或然性的有效性"。①

第三，我们还要明白，目前经济学界趋之若鹜的计量经济学本质上只是一种检验方法，可以对在一些理论探讨中所揭示的因果关系作进一步的相关性验证，或者对一些影响因素的重要性大小进行（摸底性）度量；但是，计量分析基本上属于理论研究过程的最后阶段，甚至根本不属于理论层次的研究。究其原因，如果没有先前的理论逻辑基础，单纯的计量检验根本说明不了什么问题。事实上，针对任何理论，计量结果要么证实了它，要么就证伪了它；同时，几乎所有理论都有与之相对立的理论，因而，一个计量结果证伪了 A 理论，也就证实了与之相对立的 B 理论。试问：如果没有逻辑上的推理，没有内在因果机理的剖析，这些所谓的计量检验又能说明什么呢？更不用说，基于单纯归纳的计量实证根本上既不能简单地证实理论，也不能简单地证伪理论。

第四，基于计量实证根本上无法解释经济规律，因为它只能获得统计规律而不能发现因果规律。事实上，一个具有普遍性的原则不能有任何可能的例外，但归纳本身必然是不完整的，因而基于计量得出的经济学规律是缺乏普遍性的。从这个角度上说，基于计量分析得出的仅仅是具有严格条件的统计规律或某种相关联系，这个规律无法上升为一般性的命题，更不要说是理论了。根据这一逻辑也能明白，主流经济学中无论是供求"定律"还是个体理性原则，实际上都不能满足普遍性的标准。所以，波普尔说，统计学家计算出的有关社会变化的"趋向不是规律。断定存在一种趋向的陈述是存在判断，而不是全称判断。而且断言某种时空中存在着一种趋向的陈述将是一个独一无二的历史陈述，不是普遍规律"。②

最后需要指出，尽管我们说仅仅从数据资料的处理中得不出一般理论，但这并不意味着理论研究就不要数据资料。恰恰相反，数据资料不仅可以启发人的思维，可以为人的思考提供经验基础，而且也可有助于思维过程严密化，从而可以成为我们探究事物之间因果关系的逻辑基础。米塞斯就指出，"历史研究的好处并不在于得出规律。……它仅仅是论述过去；它不能转向未来。历史

① 斯皮格尔：《经济思想的成长》（上、下），晏智杰等译，中国社会科学出版社1999年版，导言。
② 米勒编：《开放的思想和社会：波普尔思想精粹》，张之沧译，江苏人民出版社2000年版，第329页。

使人聪明，但不能解决具体问题"；[1] 相反，"'历史的理论'所能提供的一切只不过是历史——肯定极为贫乏的历史，但是从逻辑的角度上考虑仍然是历史，而绝不是理论"。[2]

问题在于，时下流行的经济计量分析恰恰偏离了这一要求，其基本方式是，努力地寻找那些能够掩人耳目的数据，并依靠各种软件工具进行机械化的模型分析；相应地，基于这些持续结论的功能性解说，往往就被称为新发现的规律或理论的发展。在很大程度上，这种标准化的分析程序会窒息研究者的思维，产生"一叶障目，不见泰山"的效果。为此，古尔德就说："人类既不善于思考概率，又容易把模式看成是事件的序列，所以人类常常的错误，就是自认发现了趋势，还进一步推究它的原因。其实这时我们所见的只是事件系列而已。"[3] 不幸的是，有些主流经济学家较少顾及理论研究的实质，也不探察计量经济学所应有的真正功效，反而公开地用实证分析代替理论研究，会把一些从事计量研究的学者视为理论界的学术权威。

七 四个层次的相互关系

基于上述四个层次，我们就可以更清楚地认识理论研究的基本结构和基本要求。从研究的基本范式来看，理论发展很大程度上可以看成如亨德里强调的"理论、工具和经验证据之间的三维的相互作用"。[4] 其中，任何科学的研究首先都要形成一定的研究方法。那么，科学方法的规则又是什么呢？波普尔在《科学方法》中指出："一个人回答这些问题的方式，主要取决于他对科学的态度。比如那些实证主义者，他们把经验科学看作是满足诸如有意义性和可证实性等一类逻辑标准的陈述系统，因此他们会做出一种回答。而另一些人则会给予完全不同的答案，他们（包括我在内）在易于做出修正的敏感性中，倾向于看到经验陈述的突出特征——事实上，人们可以批判它们，也可以用更好的陈

---

① 米塞斯：《经济学的认识论问题》，梁小民译，经济科学出版社 2001 年版，德文版序言。

② 米塞斯：《经济学的认识论问题》，梁小民译，经济科学出版社 2001 年版，第 26 页。

③ 古尔德：《自达尔文以来：自然史沉思录》，田洺译，生活·读书·新知三联书店 1997 年版，第 30 页。

④ 亨德里："经济计量学在科学经济学中的角色"，载多迪默、卡尔特耶编：《经济学正在成为硬科学吗》，张增一译，经济科学出版社 2002 年版，第 236 页。

述取而代之。"①

当然，任何学科的研究方法与其研究对象都具有极强的相关性。一方面，这体现在一个学科的演化过程中。譬如，随着经济学从古典主义向新古典主义的演化，由于研究对象从资源创造转向了资源配置，经济学的研究方法就出现了革命性的变化。另一方面，这更明显地体现在不同学科上。譬如，自然科学和社会科学的研究方法本来就存在很大的不同：社会科学中很难将那些影响社会现象却又不包含在理论中的因素隔离出来，因而波普尔的证伪主义方法的适用性就受到很大的限制。正是基于这一认知，笔者以为，社会科学的研究更加注重思辨。

相应地，上述理论研究的四个层次也可以进一步划分两大范畴：其中，前两个层次是根本性的，是理论的基本范畴，是理论的探索和形成过程；后两个方面则是辅助性的，是理论的次要范畴，是理论的表达和检验过程。事实上，正如霍奇逊指出的，"随着实证主义的衰落，哲学家们才认识到所有对事实的描述都是充满理论的，所有的描述都依赖于先前的理论和概念框架"，"如果没有先前存在的概念框架，就不能确定任何事实，也不能赋予它任何意义"。②同时，基本范畴往往必须由理论研究者亲自着手和完成，次要范畴却并无此必要。从经济学说史上看，先驱者往往只是提出一些具有启发性的思想和理论，而精致化和检验的工作则一般都留待了后人。

那么，究竟何为理论呢？理论的关键就在于对事物的内在机理以及事物之间的因果关系的揭示，而不是局限于事物表象之间的形式化逻辑或者基于数据计量的功能性分析。这意味着，尽管表达和检验也是一个理论逐渐成熟以及最终为人所知或认可的必要阶段，但是，如果过分强调这两个层次而忽视了理论的基本范畴，那么，理论研究就必然成了舍本逐末，自然也就不可能有实质性的理论发展。显然，基于这一基本路线，我们就可以对时下学术的流行趋势加以分析性判断。

一方面，就时下所追求的注重逻辑推理的数理化经济学取向而言，数学的大量应用并不是经济学科学化的标准。正如有的学者指出的，"坏的物理学并不会因为使用数学而变成好的物理学，好的物理学并不会因为它们的思想是通

---

① 米勒编：《开放的思想和社会：波普尔思想精粹》，张之沧译，江苏人民出版社 2000 年版，第 135 页。

② 霍奇逊：《经济学是如何忘记历史的：社会科学中的历史特性问题》，高伟等译，中国人民大学出版社 2008 年版，第 87、88 页。

过数学方程表达出来而变成坏的物理学。同样，一个经济学理论是否是一个好理论或坏理论，也与它是否通过数学表达出来没有关系"。[①]事实上，经济学科本身就不同于自然科学，它具有强烈的人文性、主观性和规范性。因此，哈耶克就批评，当前注重形式的主流经济学"尚未被推进到足以把这门逻辑学分支完全分离出来的程度，而且也不足以把探究因果关系的工作恢复到确当的地位"。[②]

另一方面，就时下所盛行的强调实证分析的计量化经济学取向而言，计量模型也不是用来检视经济问题的内容与结构的唯一方法；相反，从最细节的角度来看抽象简化的结果，所有的模型全是错的。正因为不可能找到"正确"的模型，从而也不应该企图找到代表真理的模型。而且，如果仅仅停留在"实证"层面上，那么对理论发展也没有什么帮助，甚至提高不了我们对社会的真正认知。米塞斯就强调，"任何一种类型的描述性经济学和经济统计都可以归入历史研究的名下。它们最多只能告诉我们过去，尽管是最近的过去。从经验科学的角度看，现在马上就会变为过去。这些研究的认识价值并不在于从其中得出一些可以形成理论观点的学说的可能性"。[③]

总之，系统的学术研究应该遵循上述四层次框架，这四层次方法论大体上也对应了杜威所提出的思想五步说：发现疑难，产生问题，提出假说，推理演绎，证实假说。显然，正是基于这个四层次框架，我们可以清楚地认识理论研究中的分工，由此避免以次要工作来替代或排斥主要工作。事实上，科斯就曾指出，经济学家对某个待验经济理论必须持有小心翼翼的态度。究其原因，一方面，迄今为止的理论检验方法本身就存在很多问题，它无法保证客观性，因而经济学的合理性也不完全取决于客观证据；另一方面，如果一开始就采用严格的检验标准，那么就根本不会有新兴理论的出现，相反，一个理论往往只有已经取得了众多人的信任之后才需要进行检验。当然，也正如科斯发现的，幸运的是，"经济学家不等到一个理论的预言被证实，就迫不及待下决心能接受它"，如果像实证主义所要求的那样，等到预测被证实才接受理论，"那就会导致科学活动的停顿"，因为没有人有兴趣从无数待验假说中挑出一个进行检验，

---

①　克洛尔、豪伊特："经济学的基础"，载多迪默、卡尔特里耶编：《经济学正在成为硬科学吗》，张增一译，经济科学出版社 2002 年版，第 24 页。

②　哈耶克：《个人主义与经济秩序》，邓正来译，生活·读书·新知三联书店 2003 年版，第 55 页。

③　米塞斯：《经济学的认识论问题》，梁小民译，经济科学出版社 2001 年版，德文版序言。

而且，"即使是定量研究，也严重依赖于各种基于信念的前量化的论点"。[①]

 ## 八 主流经济分析方法的不足

根据上述理论研究的四层次框架，我们就清楚地看到纯粹的数理建模或实证检验所内含的缺陷：①纯粹的数理建模无法真实地反映经济关系，因为数理往往是极度抽象的；②纯粹的计量检验也不能简单地证伪一个理论，因为社会科学领域的理论本身就存在很多限制性条件。实际上，早期的波普尔就对逻辑实证主义隐含的归纳逻辑提出质疑和反思，并用证伪的观点建立了其对科学与非科学的划界标准；晚期的波普尔则对证伪主义在包括经济学在内的社会科学领域的使用性又作了进一步的发展，提出了更为适合的"情境分析"主张。其要点是：①经济行为仅仅是受约束条件制约的个体最大化行为；②情境分析将成为社会科学的合法的分析方式；③情境分析应该作为一个不被检验的"形而上学"的原则被保留下来。在很大程度上，情境分析是整体性和问题导向的，从而与这种四层次的分析框架更为接近。

不幸的是，现代主流经济学却热衷于搞实证分析，认为在经济学中除了"实证研究"之外其他一切研究都毫无意义，没有一种研究依靠思辨和文字描述能够解决现实问题，甚至经济学中也不应该有什么知识论、认识论以及方法论的争论。但显然，这并不符合科学的本意。正如波普尔指出的，"如果你承认除了自然科学的问题之外，没有什么问题拥有意义，那么任何关于'意义'概念的争论也就会变得没有意义"，而且，"关于意义的教条，一旦得以确立，就会被抬高成为永远超出争论的东西，再也不可能受到攻击。用维特根斯坦的话说，它已经变得'不可攻击和确定无疑'"。[②]

这可以从两方面加以说明。一方面，一些"主流"经济学人极力把自己所研究的东西视为地地道道的"科学"，是客观的，甚至否定经济学属于经验科学的范畴这一事实；但是，正如波普尔指出的，这本身潜藏了其个人的认知状

[①] 参见麦克洛斯基："经济学的修辞"，载豪斯曼编：《经济学的哲学》，丁建峰译，世纪出版集团、上海人民出版社 2007 年版，第 365 页。

[②] 米勒编：《开放的思想和社会：波普尔思想精粹》，张之沧译，江苏人民出版社 2000 年版，第 137、138 页。

态，因为"对他来说，'经验'是一种纲领，而不是一个问题"。①另一方面，一些"主流"经济学人往往将实证分析等同于理论研究，认为只有一步一个脚印地进行实证分析才可以促进经济学的科学化和理论的发展；但是，正如利奥塔尔指出的，"科学并不是通过效率的实证主义而得到扩张的。相反，提出证据，就是寻找并'发明'反例，即难以理解的事物；进行论证，就是寻找'悖论'并通过推理游戏的新规则使其合法化。在这两种情形中，效率都不是为了自身而被追求，它是多余的，而且当出资者终于对此感兴趣时，它往往是迟到的。"②

当然，经济学的理论研究要真正贯彻这种四层次的整体框架，不仅要求研究者有深厚的理论素养，而且要求他对相关的知识融会贯通。其实，任何一个真正科学性知识的提出都建立在深厚的方法论和理论素养的基础之上，都需要非常广博的知识和敏锐的思想。正如迈克尔·波兰尼指出的，"科学方法不能被还原为明晰而精确的决疑法或运算法则，而是本质上取决于科学家训练有序的判断力和鉴定力，这些能力是科学家作为学徒从公认的教师那里学习得来的。"③

然而，自20世纪50年代起，认识论乃至一般性的哲学就出现了一种重要转向——自然主义转向（Naturalistic Turn）。显然，这种转向带来了自然主义认识论，它认为，知识论应该使用研究自然的任何其他方面相同的科学工具；同时，这种自然化又产生了"方法论的一元化"，它强调，社会科学能够且应该使用与自然科学相同的科学方法。究其原因，这种认识论认为，只有一个自然界，它包括了人类和非人物体，从而也就只有一种研究它的合适方法。正是科学哲学发生了自然主义转向，在根本上改变了具体科学（包括经济学）和科学哲学之间的关系，自然科学成了其他社会科学发展的指南。

事实上，正是深受这种自然主义思维的影响，现代主流经济学极力模仿物理科学的研究路线来探究经济现象，试图在人类世界中发现像自然世界那样不变的规律。同时，正是由于简单地承袭了西方社会的自然主义思维，现代主流经济学陷入了方法论的误区。一方面，自然主义认为，描述科学最好地得到以科学实践为基础的是物理主义语言的支持，而不是传统经验主义和现象主义语言的支持。显然，这导致经济学开始大量使用数学工具，并热衷于数理建模。另一方面，自然主义认为，科学仅仅是描述自然，从而应该对"是"和"应该"作严格的区分，不能从"是"推出"应该"。显然，这导致描述主义在经济学界的盛行，并使经济学人热衷于计量实证。

当然，任何社会科学都不可能离开价值判断，西方社会赋予了自然主义以一定的价值信念，从而就形成了伦理自然主义。显然，这种伦理自然主义把存在的当成合理的，而对存在的认知又衍生出了实证主义，因而现代主流经济学开始热衷于以计量实证来为现实辩护。正因如此，现代主流经济学极力主张，应该根据供求力量决定的均衡来设立社会规则和制度安排；同时，基于这种以力量决定的不变社会规律，主流学者极力为现有制度进行辩解，甚至为社会上出现的一些丑陋现象进行辩护。结果，在这种教条主义的认知束缚下，主流经济学人就主张对自身所采取的认知取向"不争论"，并极力否定对流行的实证结论进行批判性分析的意义。正因如此，现代主流经济学日益丧失了批判性，并一往直前地行进在数理建模和计量实证的道路上，以至于经济学也变得越来越封闭化，最终造成了当前经济学发展中的这种困境。

九 结语

谢拉·道曾指出，"方法论涉及的是经济学中的基础性问题，是经济学原理的'平台'。它对于探讨这个'平台'的作用、意义及构成要素，它提供了一个范式，我们可以运用这个范式探讨现代经济学中一系列重要的论题，诸如，经济学何去何从，经济学的局限性，经济学阐释的可能性，经济学可否呈现多样性，经济学是否正朝着结构主义的方向演变，等等"。[①] 因此，要进行经济学研究，首先要形成一个合理的研究方法。那么，经济学研究方法有何特点呢？一般地，社会经济现象之间存在千丝万缕的联系，因此，对社会经济现象的认识，需要采取整体主义和因果主义的分析路径。

事实上，无论是基于逻辑主义的数理建模还是基于实证主义的计量分析，都必须在一个整体性框架下才有意义；否则，即使经过逻辑实证主义的装扮，依然存在明显的逻辑问题。也就是说，经济学的研究不能停留在华丽数学符号

---

① 谢拉·C.道：《经济学方法论》，杨培雷译，上海财经大学出版社 2005 年版，第 1 页。

的逻辑表达上，不能建立一个个割裂的数理模型，这种模型往往会脱离现实；同时，也不能简单地通过某些局部数据的处理就指出存在某种因果联系，尤其是不能据此而得出一般性的理论。这也就是波普尔证伪理论的基本含义。相反，理论研究需要遵循这样四个基本层次：方法论层次、理论素养层次、工具表达层次和实证检验层次。只有这样，理论研究才可能深入下去，得出的结论才会具有较高的可信度，我们对真实世界的认知才会真正深化。

第2篇

现代经济学中纯粹
数理建模批判

第1篇指出，作为一门社会科学，经济学的理论研究路线应该包括四个基本层次，但现代主流经济学显然舍弃了方法论和知识契合这两个基本范畴而日益偏重于工具表达以及实证检验这两个辅助性范畴，从而导致了数量化的偏盛。同时，正是数学工具的大规模应用，导致了数理经济学和计量经济学的快速发展，以致数理建模和计量检验成为现代经济学的基本特色。因此，本书也主要从这两个视角对现代经济学展开审视，而本篇首先对现代经济学热衷于理性建模的倾向进行方法论反思。

事实上，尽管现代主流经济学宣称，经济现象可以且应该用数学语言写成，但是，经济现象果真可以像自然现象一样被精确界定吗？现代主流经济学强调，只有使用数学符号的经济学才是客观和科学的，但是，局限于工程学内容的数理模型果真推动了经济学的科学化发展进步吗？它促进了人们对经济现象认知的实质性提高吗？从哲学上说，对数理逻辑的推崇本质上具有强烈的唯名论倾向，它依赖于一整套哲学教条（如科学主义、行为主义、实用主义等）和相关仪式，强调对社会的自我理解，乃至将学说的主旨视为说服的艺术。本篇就此进行解析。

经济现象的复杂性及数学应用的局限

——经济学数量化历程中的认识论审视

导 读

　　科学根本上具有主观性和不确定性，因而数学在科学研究中本身就存在明显限度；同时，由于社会科学所面对的对象更不确定以及所获的认知更为主观，因而数学在经济学的应用就存在更大限度。一方面，经济学的预设前提不同于自然科学，它存在是否合理或者存在抽象的限度问题，并体现了主体的认知和理想；另一方面，经济学使用的逻辑推理不同于自然科学，它不是局限于严格的数理关系上，而是关涉人的行为逻辑。但是，现代主流经济学却主要集中于第二阶段的演绎分析，并把经济学的逻辑等同于数理逻辑，从而导致了经济学中的数学泛滥。正因如此，我们必须重新审视经济学的研究方法，审视数学在经济学科中的应用限度。

一 引言

　　一般认为，对任何企图精确化的学科来说，数学都是一种必不可少的工具，因为数学可以提醒人们注意那些在具有说服力的文字讨论中漏掉的逻辑联系，在经济学中也不例外。例如，钱颖一就指出，借助数学模型进行经济研究有这样几方面的好处：①可以将假定前提表述得简洁明了和清楚无误；②逻辑推理严密精确而防止漏洞和谬误，减少无用的争论而有利于后续研究的开拓；③通过数学推理的方式可以发现那些表面无关但在深层次上有关的、具有潜在的相关性的那些直觉无法获得的结论；④证据的数量化可以使实证研究具有一般性和系统性；⑤可以从数据中最大限度地吸取有用信息而减少分析中的表面化和偶然性。[①] 从经济学科发展来看，作为对经验进行抽象的有效工具以及对理论进行表达的严谨语言，数学在促进现代经济学发展中在过去已经起到并将在未来继续起到重要的作用，数学向经济学科的渗透已经是不可避免和无法挽回的事实。例如，现代主流经济学中的新进展如乘数原理、加速原理、动态与振荡模型、经济周期模型、一般均衡理论、均衡增长模型、最优化理论、激励机制以及动态博弈等，都有赖于数学方法和工具的应用。

然而，现代经济学对数学的强调和使用显然已经超出了必要的限度，似乎只有用数学逻辑获得的结论才是正确而合理的；相应地，数学训练在现代经济学教育中获得了无上地位，乃至经济学已经俨然成了应用数学的一个分支。不可否认，夯实数学这一根底，对现代经济学人来说确实很重要：一方面，它有助于直接阅读最新以及最高层次的文章，从而可以与当代经济学大师进行对话；另一方面，它有助于思维逻辑的严密化，从而可以提出有坚实逻辑基础的经济理论。问题是，仅仅掌握数学工具对经济学理论研究来说是否已经足够？现代经济学大肆应用数学果真推动理论的实质发展了吗？这就要探究经济学研究对象的特点，因为研究方法往往要与其研究对象相适应。显然，经济学具有不同于自然科学的学科特性：①经济学理论源于具体经验而具有较强的主观性；②经济学研究是为改造现实而具有强烈的规范性。因此，在对待经济学中的数学使用时，我们应持有马歇尔般的谨慎态度。有鉴于此，本文集中对经济学研究对象作一剖析，由此也就可以更清楚地认识数学在经济学中的适用性及其限度。

经济现象的复杂性及其理论特性

一般来说，任何科学的理论都体现了观察主体与观察客体之间的互动，因而理论都是人类知性思维的产物，都带有主观性和不完全性。自然科学中的理论是如此，社会科学理论更不例外，因为社会科学的研究对象更加不确定。正因如此，任何时代的人们都无法穷尽真理，这为后人留下了发展的空间。在很大程度上，后人看我们现在就像我们现在看古人一样：这在自然科学中表现为科学的"进步"，而在社会科学中直接体现为学派的林立。一个明显的事实是，尽管现代主义主张从理性的科学、内在的科学史或者知识的本质出发建立一套

① 钱颖一："理解现代经济学"，《经济社会体制比较》2002 年第 2 期。

科学论证的法则，但显然，几乎没有什么科学的发展是遵循这种科学方法的。例如，麦克洛斯基就认为，即使"看上去仿佛是满足客观性、明晰性和可证明性的典范"的"数学科学也是修辞学"。[①]同样，戴维斯（P. Davis）和赫斯（R. Hersh）在《数学的历程》中也指出，在那些"最理想的数学家"的工作之中，"那条把完善的证明与不完善的证明分离开来的界线总是有些模糊"。[②]

（一）自然科学理论的相对性

数学成为自然科学的基本语言主要建立在还原主义思维之上，它认为可以将物理现象化约为普遍性的终极原理或有限数目的基本方程式。但是，近几十年来科学理论的发展已经表明，任何理论的"科学"性都是相对的。关于这一点，我们可以从两个方面加以说明。

一方面，就物理学定理的新近发展而言，数学的应用已经逐渐显露出其局限性。①海森伯的测不准定理表明，我们认知和预测事物物理状况的能力存在本质性的局限，从而促使为纯粹理性偏见所激发的物理学古老梦想破灭了。②玻尔提出的并协原理认为，电子既是波动的又是微粒的，随着它的关联域不同而不同，这使得物理学科学化逻辑更加矛盾。③泡利不相容原理揭示出了这样的悖论：我可以选择去观察实验装置 A 而毁掉 B，或者选择去观察实验装置 B 而毁掉 A，但是，我不能够选择不去毁掉它们中的任何一个的做法。正是基于物理学最近发展对传统科学观所提出的强烈挑战，胡塞尔指出，"人们曾坚定不移地相信，一切自然科学最终将成为物理学，生物学和一切具体的自然科学必须随着研究的进步日益融合到物理学中，但是，最近人们已经发现，即使就自然而言，它的实现可能性是微乎其微的"。[③]而且，尽管被誉为"数学界无冕之王"的希尔伯特（D. Hilbert）在 20 世纪初提出了将数学表达为一种公理系统的希尔伯特纲领，它把公理系统视为完备的，并且所有的数学定理均可从中推出；但很快，哥德尔（K. Godel）提出的"不完备定理"就指出，在数学的所有领域中都存在不可证明的定理，这意味着，任何终极理论与不确定性之间的差距只有一步之遥，因而构建的每一个学术体系都是不完全的。

---

① 麦克洛斯基："经济学的修辞"，载豪斯曼编：《经济学的哲学》，丁建峰译，世纪出版集团、上海人民出版社 2007 年版，第 368 页。

② 麦克洛斯基："经济学的修辞"，载豪斯曼编：《经济学的哲学》，丁建峰译，世纪出版集团、上海人民出版社 2007 年版，第 369 页。

③ 胡塞尔：《欧洲科学危机和超验现象学》，张庆熊译，上海译文出版社 1988 年版，第 79 页。

另一方面，就现代自然科学的新发现而言，它为反还原方法论和认识论提供了大量的科学证据。①非线性动力系统的研究否定了人们所持的线性化的思维方式，"反馈"（正反馈、负反馈）的提出模糊了因果之间的绝对的单向作用关系，"阈值"则表明临界值两端的系统会表现出完全不同的性质；②传统的决定论认为，一个决定论系统表现出的规律、稳定和秩序只有受到外界高自由度的噪声的干扰时才会出现脱序现象，现代的混沌理论则证明，决定性的非线性系统即使在低维的情况下也会出现来自内部周期性的、不可预测的现象（混沌）；③在复杂系统中，一个非线性参数的微小改变会使系统产生完全不同的性质——稳定、周期、混沌等，一个混沌的系统最简单的模型就是它自身，预测在本质上是不可能的；④系统内部元素相互作用会产生突现性质，这种性质是单独元素所不具有的，并且，底层结构也可能在上层结构中逐渐丧失重要性。正因如此，20世纪中叶出现的后现代主义就强调碎片化、差异化的方法论原则，主张后结构主义和话语分析，坚持从变量独立的决定论思维走向整体决定的超决定论思维，反对把"他者"还原为"同一"的工作，主张哲学走向他律，进而研究在我与他者的关系中所表现出来的存在意义。①

自然科学领域为何会出现这种不确定性呢？波普尔认为，关键在于"被观察的客体与观察者的主体之间有相互作用的缘故，因为两者都属于同一个作用与相互作用的物理世界"。由此，波普尔指出，"人们通常所称之为'科学客观性'的那种东西，在某种程度上乃是建立在社会制度的基础之上的"，而且，"科学家永远不可能是客观的"。②尤其是，"科学家和他的客体都属于同一世界的这一事实，其意义之重大莫过于表现在社会科学中了"，因为"在社会科学中，我们面临着观察者与被鼓吹者的对象、主体与客体之间的充分复杂的相互作用。觉察到存在着可能产生一种未来事件的趋势、以及更进一步觉察到预测本身就可能影响到被预告的事件，这就很可以对于预告的内容产生反冲击力量；而这种反冲击力量可以是一种严重得足以损害社会科学中所预告的，以及其他研究成果的客观性的程度的力量"。③

（二）社会科学理论的相对性

自然科学理论具有相对性，社会科学理论更是如此，因为社会科学研究过

① 参见肖磊："经济学'还原主义'方法论：批评与反思"，《经济评论》2008年第1期。
② 波普尔：《历史主义贫困论》，何林等译，中国社会科学出版社1998年版，第136页。
③ 波普尔：《历史主义贫困论》，何林等译，中国社会科学出版社1998年版，第16页。

程中往往会牵涉社会偏见、阶级偏见和个人的利害关系。因此，尽管主流经济学口口声声要促使经济学科学化，但问题是，"科学化"果真如此唾手可得吗？显然，这就需要对科学知识本身作一探究。

按照威尔逊的看法，科学的知识具有这样几个特征：①可重复性，同一现象可以重复研究，通过新颖的分析和实验，这一研究就可以得到证实或否定；②经济性，将信息抽象为既简单又优美的形式，通过最少的努力来获取最多的信息；③可测量性，可以用人们普遍接受的尺度予以精确的测量；④启发性，可以激发进一步的发现，向着未预见到的方向发展；⑤契合性，对不同现象所作的诸多解释中只有那些可以相互联系并被证明彼此一致的解释可以存在下去。[①]正是由于自然科学具有这样几个特征，因而可以有效地使用数学表达工具。但是，经济学科的研究对象与自然科学却存在巨大差异，相应地，经济学理论能否符合这种"科学"特性就很值得反思；特别是，尽管现代主流经济学大肆应用数学工具，但当前的数量经济学是否实现了这一要求是很值得怀疑的。这此而言，我们可以一一检视上述特征。

首先，就性质①而言，它要求理论能够在可控条件下通过经验事实或实验数据的检验，可重复性为检验的客观性和现实可行性提供保证。但是，包括经济学在内的社会科学中所考察的人类行为以及由此产生的社会现象，由于所处的社会环境往往存在很大差异，往往难以做到精确的重复性研究。其实，如果像现代经济学那样试图用可控的实验技术将人的行为条件设计等同的话，得出的理论也就仅仅是符合这种特殊条件的行为理论，而不再是真实社会中具体社会人的行为；更不要说，人的行为前后之间及其与思想理论之间往往存在复杂多样的交互影响效应，前面的行为结果或由此产生的理论观点已经改变了下次行为的条件。所以，正如波普尔指出的，"（社会现象）并不是在一个与外部世界相隔绝的实验室里完成的；倒不如说，正是它们的完成才改变了社会的条件。它们也绝不能在完全相同的条件之下重复进行，因为条件已经被它们第一次的完成所改变了"。[②]

其次，就性质②而言，它要求理论必须建立在抽象分析的基础之上，要像自然科学一样可以统一在特定的"实在"之上。但是，包括经济学在内的社会科学经济学理论必定与具体的社会环境相联系，从而难以找到或正确抽象出经济现象背后的"实在"。正因如此，经济学的理论抽象必然是基于现实的抽象，

[①]　威尔逊：《论契合：知识的统合》，田洺译，生活·读书·新知三联书店2002年版，第75页。

[②]　波普尔：《历史主义贫困论》，何林等译，中国社会科学出版社1998年版，第11页。

基于各种人文伦理的抽象，即社会科学的抽象是有"度"的限制的。不幸的是，现代经济学却试图像自然科学那样，借助还原而将人的行为建立在特定的数理模型上，并以此发现像自然科学中那种"普遍"性规律结果，这反而扭曲了经济学理论。例如，像经济人或理性这样的假设远远不能与自然科学中的万有引力等相比，这种同质化的抽象不但无法理解不同文化下人的行为方式，甚至也无法理解个体在不同场合的行为不一致性。

再次，就性质③而言，它要求理论必须是精确的，必须通过方程、图形以及数据等量化方式来表示；同时，能够对经济现象进行预测，对不同背景下的行为提供预测性。但是，复杂多变的社会因素根本上无法用单纯的数量来表示，因而经济学理论的抽象性必然会受到一定程度的限制；而且，迄今为止的实践表明，经济学理论的预测力几乎没有什么提高，还是停留在对常识性问题的一般解释上，它对实践的指导和运用效果更差。究其原因，影响经济现象的因素根本不同于自然现象，它们无法被真实地区隔开来进行单独的度量，从而任何要素之影响力的衡量都存在内在的不足。例如，主流经济学经过抽象而获得的经济人就是一个原子的平面人，它不可能是任何可能环境下的真实人。正因如此，抽象的主流经济学无法预测一个人对其亲人或陌生人所采取不同的行为，或者说没有区别我们处于不同环境下的效用特征。相应地，作为考察人之行为的社会科学分支的经济学，理应结合具体的行为环境展开分析，也就是要纳入伦理道德和文化心理等的考虑。

又次，就性质④而言，它要求理论不仅仅局限于就事论事的现象分析上，而是要把经验性感觉上升为一般性认知，能够发现一般事物的共性。但是，作为社会科学的经济学很难发现像自然科学那样的一般规律；相反，它需要从经济现象的历时性演化中发现某种应然的东西。实际上，经济理论的根本目的在于发现事物的本质，揭示事物的本来面目，从而按照事物的本来面目——既不是它们的可能面目，也不是大家所认为的那种样子——来认识它们。也就是说，经济理论不能仅仅是停留在事物的现象层次上，而是要深入本质和因果机理的分析，要对事物的现状表现及其成因进行剖析，从而能够对事物的未来发展进行预测。但显然，现代主流经济学往往基于休谟困境或波普尔化解标准，认为从经验事实中得不出一般性的理论，从而往往抛开对事物本质的揭示而局限于这样两个方面：①数理经济学往往局限于数字的逻辑推理；②计量经济学往往局限于数字之间的功能分析以及具体事物的描述。正因如此，主流经济学在预测和指导实践方面往往就很不成功，甚至出现逐渐放弃预测和指导实践的功能这一趋势。

最后，就性质⑤而言，它要求理论能够建立在一些不言自明的假设前提或一个一般性的分析框架下，要形成特定的能够自圆其说的解释共同体。例如，数学就是从形式有效的逻辑前提出发，通过分析而不是通过综合或经验描述得到的具有同义反复形式的真理。问题是，经济理论根本上应该来自对经验材料的归纳、总结和提升，在对本质的挖掘时必然也会涉及特定的价值判断，因而它在很大程度上依赖于思辨性的推理而不是证明性的推理。显然，为了使对本质的认知更为全面，探究经济现象时不能简单地依靠特定的预设前提进行逻辑推理，而是要充分结合不同的研究视角，这就要求积极吸收其他社会科学的研究成果。然而，当前经济学的研究仅仅是照搬一些数学分析工具和自然科学中的研究思维，而基本上与其他社会科学割裂了。譬如，在分析经济行为和非经济行为的时候，就需要不同学科的分析思路相互融合，而不能把社会学等其他领域的行为视为非理性的。显然，如果能够结合社会学的角色分析，那么，就可以更有效地区别不同背景下的经济行为，更好地理解人的行为的差异性和变动性。

（三）经济理论的双重特性

一般地，任何学科的理论研究都有这样两个阶段：第一，认知目的和预设前提的设定阶段，这体现了主体的认知和理想，从而具有浓郁的人文性；第二，在既定目的和预设前提下获致广泛结论的演绎阶段，这需要依赖严格的逻辑推理，从而具有强烈的科学性。显然，在这两个阶段，作为社会科学的经济学都与自然科学存在很大的特性差异：①自然科学的预设前提往往是抽象的，甚至是不现实的，而社会科学的前提预设却存在是否合理的评判或者存在抽象的限度问题；②自然科学的逻辑结论往往是基于严格的数理关系，而社会科学的逻辑却需要关涉人的行为机理。事实上，自然科学的研究对象提供了一个可以用来轻易地判断它们是否成功的标准，而社会科学却不能提供同样的护身符；因此，自然科学会有目的地从具体的特殊事例进行抽象以期达到揭示其一般规律的目的，而社会科学却更喜欢历史和现实的细节。

同时，基于这两个阶段的侧重点不同，经济学的发展也呈现出两大基本趋势。①数量化的道路。它注重从预设前提到分析结论之间的逻辑推理和结论验证，关注的是对经济现象的刻画而非对本质的探讨；相应地，它强调整个推理过程的科学性，强调对事物认知的客观性，强调经济政策的价值中立，把理论建立在数理逻辑或实证研究的基础之上。②综合化的道路。它注重对理想目标的合理性和预设前提的现实性探讨，关注的是对经济内在本质的思辨而非现象的描述和解释；相应地，它强调思辨过程的人文性，强调对事物认知的主观性，强调经济政策的利益导向，把理论建立在各社会科学分支之知识契合的基础之上。其实，早期经济学走的主要就是综合化道路，其研究内容也包括两方面：①人与自然的关系方面，主要研究稀缺性资源的配置问题；②人与人的关系方面，偏重关注具体社会关系中的行为选择问题。然而，自古典经济学末期以降，这两方面内容却日益分裂了：主流经济学逐渐将伦理因素从经济分析中排除出去，并抛弃了对制度反思和改进的思路而将研究对象逐步限定在物质财富上，进而演变为研究稀缺资源如何配置的学问；后来，经过几代人为建立"纯"经济学的不断努力，经济学最终"蜕变"成为专注于"个人致富发财"的微观技术。

显然，现代主流经济学基本上已经转向了经济学理论研究的第二阶段：它撇开了有关理想目标和事物本质的探讨而热衷于数字之间联系的功能主义分析，撇开了具有的社会关系因素而局限于既定制度下人之理性行为的逻辑推理和计量实证，并由此日益偏重于数理化和计量化的研究路径。显然，近半个世纪以来主流经济学的这种数理化取向也就是向自然科学的靠拢，试图运用一些一般性工具和原理来演绎分析绝大部分的经济学问题；正是由于经济学日益技术化，现代经济学的结构也变得越来越像数学和其他自然科学。在这种情况下，对新古典经济学进行"实质性"推进的学者也往往越来越年轻化，如古诺、杰文斯、瓦尔拉斯、门格尔、张伯伦、斯拉法以及琼·罗宾逊等。特别是，自从诺贝尔经济学奖以及美国克拉克奖设立以来，经济学就越来越趋近于自然科学了：①克拉克奖几乎全为数理经济学家所获得，如萨缪尔森、弗里德曼、托宾、阿罗、克莱因、索洛、乔根森、费希尔、费尔德斯坦、斯蒂格利茨、斯彭斯、赫克曼、格罗斯曼、克雷普斯、卢卡斯、墨菲、施莱弗以及阿曼等，其原因就在于数理经济学更容易早出成果；②诺贝尔经济学奖的获得者也大有年轻化的趋势，至少其成果大多是获奖者青年时期所做出的，并主要为那些数理经济学家所获得。

特别是进入 21 世纪后，大量海归经济学人在经济学的教学和科研中占有重要地位，使源于美国的这种倾向深深地影响了中国的经济学研究。事实上，经济学界那些所谓的"主流"学术刊物多数已经被数学化了，这些刊物上发表的文章也几乎被数理出身的学人以及研究生所主导。甚至中国学术界出现一个奇怪的现象：那些在学生阶段"精心炮制"的博士学位论文竟成为从经济学理论研究的"最高点"，那些"一流"学术刊物上发表的文章基本上也都是从博士论文中抽出来的。问题是，这些仅仅初步掌握了书本上的几个原理以及一些数理模型的学生或年轻学子果真对经济现象有真实而独到的认识吗？现代主流经济学不断地求新求变，并将原本非常易懂的经济学理论通过数学模型复杂化，这种方式果真提高我们的社会认知了吗？借助数学而看似客观的现代经济学果真是在向科学迈进吗？在阿莱看来，部分主流经济学不应该被"数学骗术"所主导，而这种"骗术"更不应该被"海归派"刻意宣扬，从而也就不会在中国学术界进一步畸形化并使经济学蜕化为某种意义上的"伪科学"。

　　总之，以客观和严谨著称的数学逻辑往往被视为科学的标志，物理学则被视为典型的科学学科；相应地，现代主流经济学就努力模仿物理学的研究取向，并使用大量的数学符号。但是，这种认知却存在两方面深刻的误区：①作为数学中形式主义两大特征的精确性和一致性并没有引导数学的进步，反而往往产生明显的无意义，数学中大量有创造性的发展都可以被看作经验的或者至少是准经验的。[①] 冯·诺伊曼就写到，数学思想起源于经验，尽管这种渊源是长远且模糊的。[②] ②经济学的研究对象与自然科学也存在明显的性质差异，从而在研究方法上也不能简单地模仿物理学等自然科学，追求所谓的客观和科学往往会限制经济学的多视角思维。事实上，尽管现代经济学仿效自然科学来构建经济学理论，但数学并没有在多大程度上推动经济学理论的实质发展；相反，正是基于客观化、科学化的努力，人们试图像运用自然科学知识那样来使用社会科学知识，反而对人类社会的发展造成了巨大危害。究其原因，就学科属性而言，经济学与社会科学之间的联系应该更为紧密，因为它们研究的对象是相近的，都是人类行为产生的社会现象；相反，经济学与自然科学之间却存在很大差异，因为自然科学研究的对象是自然世界。因此，经济学应该更多地借鉴社会科学的研究方法，而社会科学与自然科学之间在方法论上存在根本性的区别：社会科学的研究对象本质上不具有自然界中的普遍一致性，其探索手段也缺乏自然科学那样的可控制性和可重复性，因为自然科学可以引用人工控制与人工隔离的方式来保证同样条件的再现和随之而产生的某些效应。正因如此，我们在模仿物理学并应用数学来分析经济现象，特别在提出政策建议时，就必须持非常谨慎的态度。

---

① Backhouse. , 1998, If Mathematics is Informal, Perhaps We should Accept that Economics must be Informal too, Economic Journal,（108）：1848–1858.

② von Neumann J., 1947, The Mathematician. In：Heywood R. B.（Eds.）, The Works of the Mind Chicago：University of Chicago Press，PP.180–196.

三 经济学数理化发展的认识论反思

由于经济学具有明显不同于自然科学的学科特性，这限制了数学在经济学研究中所起到的作用。米塞斯写道："数学在自然科学中的重要性完全不同于在社会学和经济学中的重要性。这是因为物理学能发现在经验上不变关系，这种关系可以用方程式来表示。从而以物理学为基础的科学的工艺学就能用定量的确定性解决一些既定的问题。……（但是）在经济学中不能证明这些不变的关系……认为从有关某些商品供求关系的统计研究中可以得出使用于这种关系未来状况的定量结论是错误的。无论可以用这种方式确认什么，它只具有历史意义，而像确定不同物体的特殊重力这种事情才有普遍准确性。"[①]

然而，由于混杂着根深蒂固的"被殖民"心态和市侩心态，现代经济学极力仿效物理学等自然科学，而刻意地与其他社会科学保持距离，以致经济学逐渐成为一种封闭的自我生产体系。而且，在这些数理经济学人眼里，人类社会的发展应该且必然会朝他们模型设计的方向发展，因为只有这样才能实现一个稳定的均衡。例如，如剑桥学派的伊特韦尔就指出，新古典经济学家往往坚持，"如果这个世界与他的模型不相像，那这个世界就太糟了"。[②] 显然，正是这种方法导向而不是问题导向把经济学引入了一个致命的误区，数学无处不在的泛滥形成了目前经济学界以数学公式推演替代经济理论演绎的倾向。那么，为什么现代经济学极力捍卫数学在经济学应用呢？

（一）经济学捍卫数学的认识论批判

一般地，从认识论方面看，这主要基于这样两个理由：①过程捍卫。这一观点认为，数学语言是一种通过将人人都明白易懂的含义转化为符号的方式来消除所有错误的有趣的语言，因而数学可以促使推理和分析过程具有严格性，而严格性不依赖于数学在其中得以体现的用途和目的。②自然书籍的捍卫。这一观点回应了伽利略的惊奇：大自然本身是一部百科全书，而这部书是用三角形、圆形和方形的文字（数学语言）写成的，这突出地表现为物理学，物理学

---

① 米塞斯：《经济学的认识论问题》，梁小民译，经济科学出版社 2001 年版，第 114 页。

② 转引自繁人都重：《制度经济学回顾与反思》，张敬惠等译，西南财经大学出版社 2004 年版，第 79 页。

基本上能够以数学术语来表达，并减少到少数几个方程，当前几乎所有的物理学原理也都被浓缩在这些方程中。作为启蒙时期的主要科学代表，伽利略提出了著名的第一性和第二性的区分，其中，只有第一性的东西才是可以用数学表达出来的，而只有数学表达的才是真实的、客观的。那么，在这个以物理世界为对象的"科学宇宙观"中，如何理解由人所构成的生活世界呢？一般地，这又有两种解决途径：①把人视为自然的一个组成，自然由第一性的东西组成，人也可以通过"化约"（Reduce）到第一性的东西上去，因而生活世界的事物没有什么不可能通过科学来进行解释的；②强调人不能化约为第一性的东西，人类特殊的内在经验是无法数学化的，从而也就不可能有"人的科学"。

那么，数学语言能否担负起经济学语言的全部责任？经济学使用何种形式的语言与公众交流，是一个方法论问题还是一个修辞问题？显然，这些问题的背后实际上关系着经济学的学科性质、任务以及未来发展走向等一系列问题。①事实上，长期以来社会学界一直存在"诠释学之挑战"的问题，即研究人类行动的学科是否可以成为像自然科学一样科学？但是，西方主流的社会科学却从根本上漠视或否认"诠释学之挑战"，而是根据自然主义思维强调人类社会和自然世界一样都是符合自然规律。其理由是：①意愿、动机或类似的"内在"经验等物是无法观察的，因而是不应该理会的，因为科学的研究对象必须是"可观察对象"；②主观性的因素也并不构成科学方法上的困难，因为它们是完全简约为外在性的现象的，从而可以作为科学的处理资料。正因如此，西方主流社会科学一直在努力追求人和人类社会中的第一性的东西，并且由于人类社会中第一性的东西具有不可捉摸性，其努力将之还原为一组本能性结构，将那些不可观察的"主观"行为忽略掉；这样，主流经济学就专门研究人对物质或货币追求的那些行为，从而把这些行为转化为最大化动机，以这种动机来探究人类社会中的均衡问题。特别是为了使对经济现象和规律的描述更为客观，主流经济学极力强化数学在经济学中的应用。

然而，现代主流经济学捍卫数学在经济学使用的两方面理由也同时遭到米洛斯基等的系统批判。①就前者而言，20世纪物理学和数学的发展已经促使所有形式主义目标的幻想破灭了，数学家们不断遇到单靠逻辑不能解决的境况；相反，在面对复杂的形式时，非形式化的表达往往是更加有用的。正因如此，我们说，经济学对数学家平静地、线性地接近真理的进步的嫉妒完全是误置的对过去的怀念，而没有能够正确地看待数学本身的发展。②就后者而言，

① 张卫国："经济理论、数学运用与经济学语言"，《经济评论》2008年第2期。

尽管在当今的数学物理中逻辑一致性还是首要考虑的标准，而物理预言的真实性已经放在了次要地位，但这种理论的应用性已经大为降低。譬如，依据逻辑一致性标准，欧几里得几何体现出了一种数学理论所具有的优点，但在实际的大规模航海中最有用的则是黎曼几何。正因如此，斯温格（Schwinger）在其《能量、粒子与场》中就抱怨："量子场论由于过多地强调数学化和使用更具有猜测性的物理 S 矩阵理论的推测性方法以及把现代代数当作对基本现象的描述，使得它既在数学表达上模糊不清又远离物理实在。"[1]

（二）经济学捍卫数学的特殊性批判

如果说数学在自然科学中已经存在如此局限的话，那么它应用于社会科学的局限就会更严重。这里从两方面加以说明。

首先，从社会现象特性来看。社会现象更加复杂多变，更难以像自然科学那样将某特定经济现象从其他社会现象的联系中隔离出来，而这种分离是"客观"的"科学"研究的基础。事实上，主流经济学家通过计量等对社会现象进行实证或描述，而这对社会现象提出了这样两个基本要求：①独立于观察者之外而只能用经验的调查（相对于先验的论证或知觉）才能加以确定；②独立于个人意志之外而只能通过"外在"的观察（如范式、统计等指标）加以研究。也就是说，这种研究的基础是，社会规律是客观存在的，是不以人的意志为转移的，掌握这个规律后人们就可以借助它来操纵和控制人类行为和改造人类社会。但显然，经济学的研究对象并不满足这两个要求：①经济现象本身是人类行动的产物，与主体之间也存在互动关系；②经济现象的发展本身就具有俄狄浦斯效应，它的演化本身就深受人类社会的认识及其行为的影响。例如，金耀基就指出，"人是一'自我解释'的动物，以此，当我们建构衡度各种现象时，必须知道普通常人（被研究的人）是如何解释、如何理解社会现象的"。[2]

事实上，我们知道，在自然界存在某种最大化原则。例如，莫泊丢（Maupertuis）的最小作用原理表明，如果大自然发生某种变化，这种变化所需要的作用数量必须尽可能地少。进而，这一思想不仅表现在费马（Fermat）提出的光学中的最小时间原理中，而且也体现在爱因斯坦的相对论提出的最短路线假设中，甚至可以追溯到古希腊数学家所研究的几何学中的"最短弧线"

---

① 转引自克洛尔、豪伊特："经济学的基础"，载多迪默、卡尔特里耶编：《经济学正在成为硬科学吗》，张增一译，经济科学出版社 2002 年版，第 24 页。

② 金耀基：《金耀基自选集》，上海教育出版社 2002 年版，第 182 页。

中。正是这种最大化原则导致了极值和微分的出现，以致现代经济学也将人们的最大化行为与物理学中的最大化模型相提并论，并试图通过极值的形式来分析人类的理性行为。但是，正如森指出的，人类的"最大化行为与非意志的最大化有着根本的区别，因为分析最大化行为时必须将选择行动的根本意义置于研究的中心位置。在选择行动中，个人对综合结果（包括选择过程）的偏好并不等同于他对定点结果的条件偏好"。①

其次，从经济规律特性来看。人类社会是不断演变的，经济学规律不像自然规律那样具有稳定性和普适性，而是具有历史性和演化性。例如，马歇尔就强调，经济学的麦加在生物学而不是力学。然而，尽管主流经济学也在尝试使用时间变量等将经济分析动态化，进行所谓的时间序列分析；不过，主流经济学理论根本上建立在一般均衡（或者局部均衡）理论之上，而均衡分析本质上是静态的，引入时间序列仅仅把静态分析拓展到比较静态。例如，演变博弈根本上无法揭示变异和进化的轨迹。我们也知道，数学的大量应用始于边际革命的兴起，正是边际概念使微积分可以在经济学中大显身手。但是，正如凡勃伦指出的，"在这个有限的范围内，边际效用理论完全表现出一种静态特征。它没有任何形式的动态理论，全部都是在给定状态下研究价格调整问题"，"它们无一能在理论上处理'变迁'现象，至多只能处理一些对变迁的理性调整，而此类调整据只是附带的而已"。②

事实上，即使是边际效用的先驱之一，克拉克在其名著《财富的分配》中也强调静态和动态的分析：静态分析是演绎分析，最适合于作为一种纯粹的分析工具；而动态分析是历史和归纳的分析，必须经过历史、经济学家和科学劳动才能形成。但是，正如克拉克承认的，自己的分析以静态分析为主，而动态分析并没有深入发展。正因如此，他的理论遭到学生凡勃伦的大肆抨击："无论是克拉克先生还是任何它的盟友，在使用'动态'一词之时，都没有对经济生活的起源、发展、序列、变迁、过程极其类似事物作过那个为人所知的贡献。他们谈到了某些特定的经济变迁，这是因为它们是以估价、因而也是以分批为前提的；但是，就经济变迁的原因以及经济现象作为一个序列不断演变而言，他们至今只字未提；他们也不可能谈论这些，因为其理论不是从因果关系

---

① 森：《理性与自由》，李凤华译，中国人民大学出版社 2006 年版，第 152 页。

② 凡勃伦："边际效用的局限性"，载豪斯曼编：《经济学的哲学》，丁建峰译，世纪出版集团、上海人民出版社 2007 年版，第 114 页。

得出的，而是以目的论方式建立的。"①

总之，从认识论的角度来看，相较于物理学等自然科学，经济学的研究对象是否"天生"可以广泛使用数量表示是很值得怀疑的，主流经济学仿效自然科学来构建经济学理论也必然是很有问题的。例如，德布鲁认为，商品和价格都是定量化的，因而微分计算和线性代数被运用于商品—价格空间，但显然，"商品空间"的公制结构同假设的物理空间的公制结构根本就不是同构的，假设的价格代数结构在实际的实践中也是行不通的。为此，迪梅尼和莱维就指出以下几点：①不能把物理学"运行机制"中的内在逻辑引入经济学，经济学中没有与物理学中的基本原理相对应的东西，即那些适合用方程组形式表达的东西；②形式化在经济学中发挥着重要作用，但不是最重要的作用，相反，经济学中语言多元性暗示了方法的多元性；③经济学的科学性质是建立在研究方法之间的特定联系和研究领域之间的特定联系基础上的，这是一种既非独特的也非包罗万象的"非结构式的"方法论；④把经济学发展史解释为一个不断成熟的过程，即从前科学和教条阶段到形式化了的当代科学的正统理论阶段，是不正确的。② 事实上，正是由于现代经济学滥用数学，数学表达式在经济学中明显呈现出软弱无力、耗时费力并且充满了疑问和幻觉的特点。然而，由于混淆了经济学与自然科学之间的特性差异，并且，在被殖民心态和市侩心态的支配下，过度的数理化取向还在进一步发展，而主流经济学人却不愿稍作停留以审视他们已经取得的"成就"。

 # 四 尾论：数学应用于经济学的限度

现代主流经济学极力排斥社会学这样的"软科学"而攀附物理学这样的"硬科学"，并以此来提高自身的地位；结果，早期经济学家在发现模型与常识发生明显背离时努力修正模型的能力也就丧失了，经济学界培养了一群"受过良好教育而对现实一无所知的白痴"，导致了凡勃伦所判定的那种本能污染：

---

① 凡勃伦："边际效用的局限性"，载豪斯曼编：《经济学的哲学》，丁建峰译，世纪出版集团、上海人民出版社 2007 年版，第 114 页。

② 迪梅尼、莱维："经济学应该是一门硬科学吗"，载多迪默、卡尔特里耶编：《经济学正在成为硬科学吗》，张增一译，经济科学出版社 2002 年版，第 375-376 页。

一种毫不相关的教育导致人们无法与那些注重实际的人进行"常识"交流。①
但实际上，现代经济学所模仿的主要是物理学家们在 20 世纪 30 年代就已经开始遗弃的分析思维，究其原因，科学本身具有强烈的主观性和不确定性，这使数学在科学研究中存在明显的限度。同时，社会科学的对象更不确定、所获的认知更为主观，因而数学在经济学的应用应有更大的局限。

韦伯1904 年在《社会科学认识和社会政策认识中的"客观性"》一文中就表达了这样三层观点：①"社会实在"是文化的或者说是历史的，因为社会实在是由形形色色的社会事件构成，而社会事件既是某种价值观的产物，也导致了某种价值观的巩固或者解体；②"社会实在"是混沌的，具有极大的复杂性和多样性，我们根本无法清楚地判断和断定所谓的"社会实在"是否有一个稳定的总体结构，即使有些学者宣称把握了这个结构，那也只是一家之言，表明某种智力上的高度；③"社会实在"是不确定的，社会实在中任何两个事件或者因素之间的关系都不是决定性的、单向的因果联系，它们总是镶嵌在其他要素构成的系统之中，因而我们不能断言自己能够彻底把握全部因果联系的链条。正因为社会实在所具有的这样一些性质，人类就难以达到关于社会实在的总体性的认识，或者基于某种确定和普适性的前提去推演关于整个社会实在的一般知识。②

既然社会实在如此难以把握，那么，又如何展开社会科学的研究呢？一般地，有意义的命题往往受特定的情境所激发，因而社会科学的主要任务也就在于探究特定时空下的问题，而不在于构建一般的普适性理论。相应地，作为社会科学的经济学，它的研究则主要围绕这样两大问题：①当前社会经济的主要问题是什么？②这些问题是如何产生的？显然，就前者而言，它要探究社会经济的发展目的，要分析人的需要发展；就后者而言，它要剖析社会制度的成因，要关注人类的行为机理。这意味着，经济学本质上就是一门有关"人"的学科，要探究"人"这一对象；相应地，这就需要非常丰富社会科学知识，而不能仅仅停留在基于数学逻辑的推理分析。正因如此，在经济学数理化泛滥的今天，我们必须重新审视经济学的研究方法，审视数学在经济学中的应用限度。

一般来说，物理学理论本身以数字式的方程来表示，而基于经验产生的另

---

① 赖纳特：《富国为什么富穷国为什么穷》，杨虎涛、陈国涛等译，中国人民大学出版社2010年版，第 95 页。

② 罗卫东："社会科学从业人员的理性自觉：回到韦伯"，《浙江社会科学》2006 年第 5 期。

一组数字则可以对之进行检验；因此，物理学的任何理论都可以通过还原而得到严格的检验或证伪，研究者也不需要为理论模型的严格性所困扰。即使如此，一个好的物理学家与其说是建立了极为严格的论证或者证明了最普遍定理的人，毋宁说是提出最富有成效的、简单的假设或者提出新的计算方法的人。波普尔认为，科学家的工作包括提出理论和检验理论两个阶段，但在最初的提出理论阶段，似乎不需要进行逻辑分析，也不容易进行这种分析。从这个意义上说，物理学以及其他自然科学的研究往往是一个想象力的过程，而这种假想的理论是否能广为人所接受则依赖于以后新的证据所证明的事实；而且，只有当这个理论已经广为接受之后，人们才会开始从理论上作严格的逻辑证明。

然而，经济学的理论研究却具有完全不同于物理学的特点：经济条件是无法还原的，一项经济理论的预测总是与特定的形式化内容有关。正因如此，经济学理论也往往无法被简单地证实或检验，而且，一个理论预测的结果即使得不到证实也仍然能够继续存在下去。事实上，经济学往往也不存在某种类似物理学内核那样的本质内容，从而不能从一组基本方程中推导出来。为此，经济学也无法像物理学那样先提出假说再进行检验，而是要注重理论的逻辑一致性，需要对经济学理论的预设前提、逻辑分析和逻辑结论作严格的说明。当然，一个好的经济学理论也不是建立在纯粹数理逻辑之基础上的，而是体现在它解释经验事实的广泛性；因此，经济学理论往往不能脱离经验，而是对经验事实的抽象和一般化。繁人都重就强调，"如果理论和现实有矛盾之处，这对理论来说就太糟糕了"，而不是如新古典经济学家所说的，"这个世界就太糟了"。[①] 因此，经济学中建立模型并不是一种最好的分析形式，而只是所有可能的解释模式的一种，这种形式化的模型也都是基于某种特定的目的而设计的。事实上，数理模型并不比文字分析更为重要，当代著名哲学家布莱克甚至认为人文科学中所使用的中心修辞手段如暗喻要优于自然科学。

---

① 繁人都重：《制度经济学回顾与反思》，张敬惠等译，西南财经大学出版社2004年版，第120页。

现代经济学在深化思想还是套用工具?

——经济学数量化历程中的思想性审视

导读

　　尽管数学越来越成为经济学理论研究中必不可少的一个分析和表达工具，但它毕竟属于工具性层次，是为更好地阐述思想提供服务的，从而是第二位的。相应地，如果过分拔高工具的地位，就会遮蔽我们对社会经济现象的理解，并使经济学偏离其原初的研究目的。然而，基于根深蒂固的被殖民心态和市侩心态，现代主流经济学极力移植自然科学的研究思维和方法论，由此过度注重了工具的建设和使用，进而也就导致了思想的缺失。实际上，当前那些数学模型所能揭示的往往只是一般性常识或者是过时乃至错误的观点。

一　引言

　　作为一门科学，经济学理论研究的根本目的在于增进人们对社会经济现象的认知并以此提高人们的社会实践能力，因而特别注重社会认知上的洞见，即要有思想；同时，由于社会经济现象本身的复杂性和多变性，单纯的数量关系并不能解释社会经济现象之间的互动，因而数学逻辑在经济学的理论研究中就存在严重的局限。事实上，由于数学逻辑往往比较明确和严格，数学在经济学的逻辑推理过程中往往是一个非常基础和重要的工具；但是，我们必须清楚地认识数学在经济学中的使用限度而防止泛滥：学好数学并不是经济学理论研究的全部，甚至也不是主要内容。这有两点需要注意：①在任何社会科学的理论研究中，思想永远都是第一位的，而工具则是第二要义，工具只是为更好地阐述思想提供服务的；②没有思想的东西不叫研究，缺乏思想的纯数学模型必然是空洞的和形式的，最多是逻辑的运算，不但无法推动经济学理论的真正发展，而且即使在应用层面上也缺乏合理性基础。显然，数学只不过是一种分析工具，它本身不能产生任何能够揭示事物之间因果关系的思想，而这些思想只能来自平时对经验事实的观察以及对传统理论的内省。

然而，不知从何时起，在"数理"经济学和"文字"经济学之间就似乎出现了一条分界线，由此把新古典经济学与古典经济学、主流经济学与非主流经济学分割开来；并且，由于数学表达的严密性已经成为当前学术中衡量一个理论科学化程度的根本性尺度，主流经济学在形式化的道路上已然越走越远。问题是，尽管现代经济学在数量化的道路上迅猛前行，但试问：它促使我们对社会经济现象的认知更为精确和深入了吗？答案显然是否定的，这可以从社会经济政策的越来越无力中得以窥见一斑。事实上，正是把精力都局限在数理逻辑上，反而使我们对常识性现象都熟视无睹了，以致那些研究者越来越无知了、视野也越来越狭隘。同时，尽管我们的青年学子反对传统经济学中的随意性和教条性，但殊不知，自己却正陷入一种新的不精确性和教条性，特别是盲从既定规范的媚俗主义使绝大多数学者或学子撇开甚至完全无视对经济学研究目的的探讨。显然，这对一个真正的学者或者希望提高自己认知的学子来说，更是致命的，因此，本章从思想进步的角度对数学在经济学中的应用限度作一解析。

 经济思想与技术工具之关系

当前，越来越多的经济学人和经济学子倾向于把经济学的理论研究仅仅当作一个数理模型的逻辑推导，将经济学的应用研究看成基于计量模型的数据分析。例如，田国强就写道："许多人不懂数学，掌握不了现代经济学的基本理论和分析工具，看不懂较为高深的经济学教科书或文章，因而就否定数学在经济学研究中的作用，用产生经济思想的重要性或数学就是远离现实经济问题等由头来作为遮掩。谁也不否认经济思想的重要性，它是研究的产出。但为什么不能兼顾有学术的思想和有思想的学术呢？……没有数学作为工具，怎么会知道经济思想或结论成立的那些边界条件或使用范围呢？如不知道这些条件和范围，又怎能保证其经济思想或结论没有滥用或误用了？"[1] 问题是，掌握了这

---

① 田国强：《高级微观经济学》，中国人民大学出版社 2016 年版，第 48 页。

些数理的技术工具，就能够获得经济思想的洞见了吗？明确了数理模型的条件和范围，就能够清楚地辨识现实应用中的边界了吗？

（一）研究方法的层次性及其关系

任何学科的理论研究都有其独特的方法论，经济学也不例外。同时，方法论又存在层次性，大致划分如下：最高层次是社会哲学思维，如肯定性理性和否定性理性、自然主义思维和反自然主义思维、唯物主义和唯心主义、静态均衡主义和动态演化主义、经验主义和理性主义、本体主义和现象主义、功能主义和因果主义、整体主义和个体主义、证实主义和证伪主义，等等；第二层次是分析方法思维，如分析逻辑或综合逻辑、形式逻辑或辩证逻辑、抽象还原法和权力结构法、演绎分析和归纳分析、实证分析和规范分析、边际分析和平均分析、变量分析和存量分析，等等；第三层次是一般分析框架，如理性—均衡框架、历史—演化框架、从现象到本质框架，等等；第四层次是具体技术路线，如供求均衡分析、边际最优分析、博弈策略分析、委托—代理分析、成本—收益分析、较比较分析、交易成本分析，等等；最低端层次则是问题分析工具，如数理模型、计量方程、相关性检验、图形以及定理、术语，等等。

显然，在这些多层次的方法论中，哲学思维是最为重要的，哲学思维的改变往往会导致研究范式的转换。从某种意义上讲，只有形成了基于哲学理念的研究方法后，才具备了真正研究的基本前提；否则，必然无法形成真正的"观念"，而仅仅是作些数学符号上的逻辑游戏。在很大程度上，即使数学严密了论断之间的逻辑关系，它也不能提供新的思想。鲍莫尔甚至指出，"在某种意义上说，数学操作法所得到的东西不会多于有待于验证的前提本身所包含的那些东西"。[①] 因此，在经济学的模型化推导中，尽管"公理化的论述可能是必要的，但相对于把这种理论的含义同实验数据联系起来进行验证而言，它是第二位的"。[②]

当然，社会哲学思维往往具有某种不确定性和含混性，从而并不容易为一般人所把握；相反，分析框架或技术路线却往往有相当的明确性，从而更容易为初学者所关注和重视。譬如，现代主流经济学所依赖的肯定性理性和自然主义思维等就充满了不确定性，但是，它提供的理性选择分析框架却是相当明确

---

① 鲍莫尔：《福利经济学及国家理论》，郭家麟、郑孝齐译，商务印书馆 2013 年版，第 17 页。

② 阿莱："我对研究工作的热忱"，载曾伯格编：《经济学大师的人生哲学》，侯玲等译，商务印书馆 2001 年版，第 47 页。

的，几乎所有的分析都可纳入理性选择框架下；因此，青年学子就比较容易接受现代主流经济学传授的理性选择框架以及相应的研究方法和分析工具，乃至不再关注哲学思维中存在的问题。相应地，现代主流经济学的训练主要集中在数理建模和计量实证等技术性的工具层次，以致所运用的分析工具变得越来越复杂；但同时，哲学思维层次的方法论却很少涉及，甚至已经成为学术讨论的一个禁区。结果，数学的泛滥导致现代主流经济学中的思想日益浅薄化和形式化，数学语言在赋予经济学思想以某种"科学外表"的同时，抽象掉了经济学重要的"知识社会学"特征。

（二）技术工具与思想创造的关系

一般地，如果一个学者只是掌握了各种复杂的技术工具而本身的思想却非常贫乏，那么，他最多只能干一些必然会趋向标准化的体力工作，诸如审计员、统计员之类的工作；而且，这类工作最终都可以为机器所取代，就如很多计量工具目前已经软件化一样。也正因如此，一个没有深厚经济学理论功底而只掌握数学工具的人根本上不可能成为一个好的经济学家，甚至不配作为一个经济学家，这也正是哈耶克所阐明的。阿莱也指出，"尽管数学是一种工具，掌握它是很难的，它却是也只能是一种工具。一个人只有数学方面的能力和技巧是不能成为一个好的物理学家或是经济学家的"。[1] 根据这一看法，即使在诺贝尔经济学奖得主中也有相当一部分人并不是合格的经济学家。例如，尽管纳什为个体间的互动提供了一般分析框架，并因此而获得了诺贝尔经济学奖，但实际上，他根本就不是一个经济学家，也没有提出经济学的研究问题和一般理论。同样，康托罗维奇、史密斯、夏皮罗等诺贝尔经济学奖得主也不是地地道道的经济学家。纵观当今经济学界，尽管懂数学而不知历史何物的经济学人所在皆是，但张五常认为，这些人即使获得了诺贝尔经济学奖，其思维的传世机会看来还是零。

相反，如果一个学者缺乏娴熟地使用数学工具的能力却具有高超的创造力，那么，他仍然可以为后人提供一些具有启发性的东西，这正是早期学者的著作所展示的。事实上，数学水平不高甚至根本不懂数学的学者照样可以搞经济学研究，甚至可以成为经济学大师；究其原因，他们同样具有严密的逻辑推理能力，并且还具有异常的观察问题和提出问题的能力。譬如，历史上特别是

---

① 阿莱："我对研究工作的热忱"，载曾伯格编：《经济学大师的人生哲学》，侯玲等译，商务印书馆2001年版，第46页。

古典主义时期出现的一大批经济学大师基本上都出身于社会科学领域，但他们的思想见解以及对经济学的影响源远流长，如斯密、马克思、韦伯、凡勃伦，等等。张五常也曾说，当年他在面临数学或历史二择一的选修抉择时之所以选修了历史，就是因为其老师艾伦（W. R. Allen）说："有经济大师没有学过数学，但没有经济大师没有读过历史。不知历史的经济学家是人类奇迹吧。"一个明显例子就是科斯，他没有受过数学甚至经济学的系统训练，却仅仅基于日常生活中层出不穷的企业合并事例而敏锐地从交易费用分析视角提出了企业的边界问题，并基于养牛者和农夫之间有关赔偿的争论而从产权界定分析视角提出了外部性的一般问题；同时，随着科斯的分析开启了一系列新学科，后来的一些学者也试图把科斯的理论数学化、模型化，但科斯却认为他们的努力反而窒息了他的思想。

因此，正如爱因斯坦曾指出的，纯粹的"数学技巧"在理论发展中并不是关键的，在经济学中尤其如此。关于这一点，我们可以举经济学中有关一般均衡理论发展的例子来说明。我们知道，受道德哲学熏陶的斯密在探究当时手工作坊的效率时就敏锐地发现了分工扩展的一般性机理，并把分工和市场以及价格机制联系了起来；在分工互补的基础之上，他还先驱性地阐述了私利引导公益的自由市场原理，从而成为经济学之父。也正是在斯密定理的基础之上，瓦尔拉斯开始建立一般均衡的早期数学结构，而帕累托则进一步论证了自由市场活动引导的帕累托改进。当然，瓦尔拉斯和帕累托并没有得出确切的解，后来经过帕廷金（D. Patinkin）、沃尔德（A. Wald）以及诺伊曼（Neuman）的复兴，并经过兰格、希克斯以及萨缪尔森的探索，直到阿罗和德布鲁才最终运用拓扑定理在数学上做了论证，并因此获得了诺贝尔经济学奖。然而，毕竟阿罗和德布鲁的贡献仅仅属于爱因斯坦所说的"数学上或实验上的技巧"，因此，他们在经济学上的地位远不能与斯密和瓦尔拉斯相比。事实上，经济学迄今还是没有超出当年斯密和瓦尔拉斯所设定的框架。

（三）模型的假设前提对思想的制约

一般地，任何数理模型都存在一个引导假定，相应地，逻辑结论也必然要以大量的假设前提为条件。因此，在使用数理模型时，我们就必须充分意识到它的局限性和非现实性。这包括以下几个方面：①数学推理仅仅是一个数的逻辑游戏，正是这种假设前提决定了数理模型分析得出的最终结论，除非运算出了问题。英国地质学家海克斯就形象地指出，"数学像磨盘一样，把撒在它下面的东西磨碎，撒下蒺藜，就不能得到面粉，同样地，写下整页整页的公式，也不能从错误前提中得到真理"。①②尽管数理推理增强了结论的严格性，但是这仅仅是数的逻辑，而不是人的行为逻辑。因此，如果简单地依据这种数的逻辑来推断人的行为，必然会带来诸多的困惑：如为什么现实中的人更倾向于合作而不是实行机会主义，尽管后者可能带来更大利益。③数学中的等号是没有方向性的，但在经济学中由于因果关系的存在而具有方向性。然而，现代经济学却利用数学的这一特性将等号两边的变量随意变换，结果就抹杀了社会现象的发生次序以及相互作用的因果关系，从而往往会混淆而不是厘清人们的理解思路。譬如，在价格与供求量关系上，经济学往往习惯于把供求量放在横坐标上而将价格置于纵坐标上，但由此我们却可以得到完全有悖常识的结论：价格随需求量的增加而下降，随供给量的增加而升高。再如，西方经济学在给定工资的情况下得出，资本家会雇用工人直到最后一名工人所创造的边际产品价值等于工资为止；但是，它的解释却是颠倒的：工人的工资等于工人所创造的边际产品价值，也即贡献的大小决定报酬的高低，从而不存在剥削。

即使从纯粹数理经济学上而言，每多一层假设，就会少一份思想，从而也就少了一分适用性。相应地，每一个假设就像一道锁链，限制了人的思维，也就窒息了人的思想。例如，李卫华就写道："在由层层假设条件推演而成的理论中，如果有一个假设条件不真实，推演的路径和结论就将偏离事实。而如果一个理论是基于诸多假设条件之上，并且其中的主要假设条件与现实的差异巨大，结果则是：在第一个假设条件的推理偏离现实的基础上，第二个假设条件会将第一个假设条件偏离现实的程度放大，而第三个假设条件又会将第二个假设条件偏离现实的程度再进一步放大，等等。理论与现实的差距被放大到何种程度，一是取决于每个假设条件与现实情况差异的程度，二是取决于形成理论时所依赖的这类假设条件的数量。……而且它依赖的假设条件很多，从理论的起点、推演和扩展、直至理论的局部完成、整体完成，这其中依赖的层层假设会使理论与现实的差异在推演过程中被无限放大。"②显然，经济学所面对的是人类社会这个五彩缤纷的万花筒中最为复杂的问题，这绝不是一个数学模型、两个数学模型，甚至若干个数学模型所能解决的。因此，我们说，人类的思想本身要比数学模型丰富得多，在经济学的研究中也绝不可能用数学的经济学代替理论的经济学。

---

① 程恩富、胡乐明等：《经济学方法论：马克思、西方主流与多学科视角》，上海财经大学出版社2002年版，第298页。

② 李卫华："从假设条件和思维逻辑看现代经济学存在的问题"，《江苏社会科学》2009年第2期。

（四）从实证分析中发掘思想的要求

现代主流经济高度推崇实证分析，尽管实证研究强调"是什么"，但也不是没有思想；相反，实证分析的前提设定和方法取舍中充满了思想，从来就没有纯粹的实证分析。这就如历史学家考证历史时必须充满思想，否则就会成为图书资料整理员一样；经济学家在进行实证分析时也必须受一定的思想或理论的指导，否则就可能退化成为一个统计员。事实上，存在主义就认为，科学研究的基本目的就在于：第一，用纯观测性语言描述客观世界里所观测到的现象；第二，用正确的理论去挖掘引起这些现象隐藏的本质机制。在这里，所谓的理论性术语，显然就是观测不到的实际存在。即使是弗里德曼，他也强调，科学的目的不仅仅是描述客观世界和发现的事实真相，而是应当将这些事实组成一个有条不紊的系统。① 其中，理论就是一个省略或扼要地描述所观测到的现象的方法，是简洁而系统地组织这些事实的方法。按照这一思路，要从实证分析中发现思想，关键就在于，不能局限于数据之间的功能联系，更不能随便找几个数据就来分析它们的相关性；相反，首先必须对要实证的对象之间的作用机理进行分析，从而需要非常深厚的理论功底。

北大的计量经济学教授朱家祥就强调，经济实证做不好的人，并不是因为他的计量没学好，而是经济学没学好；数据不会因为先进的计量方法而合作，但会因为严谨的经济思维而呈现其中的奥秘。事实上，经济学的训练首先在于能够提出正确的问题，只有当这个问题被思考透彻后，选择合适的计量方法自然是水到渠成；或者，即使在没有适当的计量方法可用时，有思考的经济学家也不会迷失到乱用计量方法，而是坚定地在计量方法上寻求创新。显然，这种由经济学思维推动计量发展的情形在过去是很普遍的现象，如联立方程式计量模型也是因为经济学而开发出来的计量方法；但是，反过来说，由计量方法创新导致经济学思维进步的情况比较少见。正因如此，西方学术界对计量分析的文章非常严格，必须具有一定的思想；同时，也非常注重理论的训练和思想的积累，任何一个博士学位论文在开题之前都必须阅读完几乎所有的相关文献。

然而，随着逻辑实证主义和计量方法被引入中国经济学界，经济学与计量方法携手共生的局面却逐渐消逝了。甚嚣尘上的功利主义学风导致的后果是，思想和工具这两者间的关系完全颠倒了：即使不懂任何经济学理论，即使只了

---

① 参见博伊兰、奥戈尔曼：《经济学方法论新论》，夏业良主译，经济科学出版社2002年版，第76-79页。

解教材上的一些"死"理论，但是不可不懂数学或计量；只要懂数学或计量，其他的即使一窍不通，也照样可以成为"知名"经济学家。究其原因，人们误认为经济学研究论文只是找两个数据来处理一下，即使实在是一个经济学"理论盲"，也可以与那些对经济学理论也是一知半解或者仅仅了解教材上理论的经济学家进行合作，甚至可以与国际知名经济学家进行合作。

事实上，阿莱就写道："奇怪的是，从科学的角度看，对详述数学模型的关注要比从事实分析的角度对这些模型的结构、假设和结果进行的讨论受到的关注大得多，两者完全不可比。"[1] 也正因如此，现在流行的经济学教育就变为，要求的是越来越严格的数学训练，而不是充分开启学生活跃的、还没有成见的思维；而且，在经济学领域，数学水平不高但具有丰富思想的学者越来越难以立足，甚至被"排斥"出教学的领域，那些对社会科学知识甚少只懂数学符号的人却往往被誉为"经济学大师"，靠黑板上让人搞不懂的数学符号而受到热烈追捧。显然，当前中国经济学界的流行取向与西方学术界迥然不同，它实际上根本不是西方学界的"主流"；而这里之所以称它为"主流"，因为这种学术倾向在中国的主要刊物占有一席之地，并且有一些效仿者。

可见，在经济学的思想和工具之间，思想是第一要义的，工具是表达思想的手段；而数学本身在经济学研究中仅仅是一个工具，因而必须对数学排挤思想的现状进行反思。事实上，经济学包含着比数学符号和数理推算更为丰富和有意义的历史、制度、文化内涵，而这些特征是不可以经由数理形式而简化和通约的。也正是基于经济思想的重要性，经济学的学习和研究应该充分重视思想的思辨性，并由此关注理论的现实性问题。不幸的是，由于对客观化的强调以及对"科学化"的认知扭曲，主流经济学开始过分注重工具的建设和使用，而思想却被抛弃在了一边；即使从事实证分析，也倾向于把实证分析与对现实描述等同起来，似乎将现象描述得越真实的研究就越有价值。结果，数量经济学就取得了畸形发展，而经济学理论在长期内却几乎没有取得任何实质性的进展。究其原因，正如宾默尔所说，"数学定理不过是同义反复，它们由于不涉及任何实质内容，因此不可能是错误的，它们只不过给出了如何定义事物的含义"。[2]

---

① 阿莱："我对研究工作的热忱"，载曾伯格编：《经济学大师的人生哲学》，侯玲等译，商务印书馆2001年版，第47页。

② 宾默尔：《博弈论与社会契约（第1卷）：公平博弈》，王小卫等译，上海财经大学出版社2003年版，第116页。

三 数量经济模型为何缺乏思想

数学根本上是一种分析工具，它作为分析工具的有效性又取决于谁来使用以及应用于何处。一般地，社会经济现象具有不同于自然现象的不确定性和人文社会性，这也就严重限制了数学在经济学中的应用。就此而言，杜金沛列举了几方面理由：①经济学是一门问题导向的学科，问题的唯一来源只能是现实的经济运行，新的经济理论的产生往往是由一场经济危机催生的，而不是一场数学革命催生的；②经济学往往是先形成对某类经济现象较全面的认识并形成初步结论后才进行模型化，其目的在于使理论更加符合精致化的要求，计量分析则是对这种精致化的进一步确证，而不像自然科学（特别是数学以及理论物理学）那样可以完全抛开经验世界而仅从数理模型中推演出一个庞大的理论系统；③经济学研究不可能寻觅到像自然科学那样容易受控制的实验对象，因而在经济学中数学方法的使用往往是"现象后"，而不可能像自然科学实验中可以实现控制的"现象前"；④最为重要的是在于经济学无法做到价值判断上的超然。更重要的是在于使用者所持的目的和态度。下面接着分析。

（一）现代经济学对经济思想的忽视

经济学的研究对象与自然科学存在明显的差异，但是，基于根深蒂固的"被殖民"心态，现代经济学人却不能正视这种差异，反而极力移植自然科学的研究思维和方法论。一方面，被殖民心态使经济学不能建立起内发式的方法论思维，而是极力引进自然科学的思维并逐步走上形式化的数理道路，此后，古典主义时期具有丰富人文精神的理性就逐步蜕化为一种机械的工具理性；另一方面，市侩心态必然会阻碍现代主流经济学正确面对其他流派和学科的批判，必然会阻碍经济学与其他学科的科际沟通以及与公众的交流，从而也必然会导致经济思想的窒息和僵化。

事实上，有些自称"主流"的国内经济学人往往不管这种数理经济学在预设假设上的不现实性，也不理会现代主流经济学本身因过度抽象化而存在的问题，只是毫不犹豫地追逐着西方经济学中的那些形式和规范。其原因主要在于，有些出身于理工科的学者，他们不但不清楚西方经济学本身的演化过程，更对经济行为和经济现象内在的作用机理不感兴趣，而是热衷于将主要精力用在对某些数学模型的改造和搬用上。事实上，从事数理模型分析本身就是他们的强项，同时，这不仅是来自西方主流的传统智慧，而且追随此方面的研究可以获得各种的收益，又何乐而不为呢？

而且，那些不是理工科出身的人，由于原本对西方经济学的含义就了解不多，出国后更是因为数学基础不好而跟不上授课步伐，因而也会集中精力于数学基础的修补上，从而会对那些拥有深厚数理的经济学家推崇备至。其原因在于，自己缺少独到思想，而别人研究的东西自己又不懂，那么，一个"诚实"的学子又如何不对西方主流学说心悦诚服呢？尤其是正如邹恒甫指出的，当前掌握话语权和学术资源的一代（1977~1979级）搞学术先天根基不足，不可能在思想上有成就，因而还不如脚踏实地地搞些模型工作。在很大程度上，正是由于中国经济学人的所作所为往往就是亦步亦趋地跟随，而根本无法对主流经济学的思维和理论进行真正反思，从而也就不可能对经济理论的发展所有创新。

其实，尽管一代人因思想领域的先天不足而不得不照搬主流模式（思想比常规模型需要更多的天分，也需要更大的努力），但问题是，中国学人就应该一直在思想上听人指挥吗？同时，经过某些"海归"们二三十年对西方经济学的引入和宣传，西方经济学那一套范式和体系已经为大多数国内经济学人所掌握和熟悉，因而也就有了在此基础上结合国情进行创新的基础。既然如此，缺乏思想的这一代学人在掌握学术权力之后为何又不是致力引导青年学子正确地思维，反而刻意地引导青年学子照搬自己那一套抄袭逻辑的老路呢？试问：如果说那些不学无术而掌握权力和资源的"国产学霸"是当前学术界的地主和土豪，那么，那些整日以炒作国外前沿为能事的海归经济学人又何尝不是典型的学术买办呢？

当然，我们也承认，在中国理论积累如此匮乏的情况下，学术买办通过引入较为"进步"的西方研究确实有助于促进中国学术的变革和发展，从而可以加速中国知识的积累和理论的形成，这正如19世纪下半叶的商业买办成为沟通中西方社会、经济和文化的桥梁一样。但是，毕竟中国人不能一直只做买办，就像当年的大买办郑观应主张"初则学商战于外人，继则与外人商战"（《盛世危言后编·复考商务大臣张弼士侍郎》）一样，学习西方经济学本身也不是目的，而是为了提高对社会现象的认知，有助于理论研究水平的提高。更为甚者，买办本身也是要分类的：有的是间接地寻找富民强国之路，而更多的则成为帝国主义的帮凶，他们往往片面地宣扬列强的文化和主张以牟取个人的私利。显然，在当前的学术买办中也是如此，像邹恒甫这样的学者固然是希望中国最终会有真正的学术，但更多的买办仅仅是在热烈地推销西方经济学帝国主义，试图依靠外来的"权威"占据一定的学术地位，并借助"买办"角色和作用而积累起大量的物质财富。

其实，我们扪心自问：当前如此多的经济学人在卖力地进行经济学的模型化，但其中有几个模型能够获得思想的洞见？同时，当前如此多的数理经济学家大肆鼓吹要将斯密、马克思、哈耶克乃至科斯的思想数学模型化，但又多少人真正理解他们的思想了呢？多少人知道这些思想中哪些是有价值的，而哪些又是偏见或过时的？针对现代主流经济学滥用数学而忽视思想以及无助于对实际问题的解决这一现象，里昂剔夫在写给《科学》杂志的一封公开信就指出，"专业经济刊物每页充满了数学公式，这些公式将读者看似合理却无端的假设，带领到陈述精确却武断的理论结论……计量经济学者将代数函数的种种可能形状，用同一组资料去配适这些做法，完全无法增进我们对真实经济活动的理解"。[①] 对一个严谨的学者而言，我们在构建思想模型之前，首先要对思想进行甄别，要从那些理论的假设中区分出麦粒和麦糠；而对经济学思想进行甄别本身就是一个艰苦的探索过程，这需要非常渊博的知识。相反，如果不对这些大师的思想进行认真的梳理和探讨，那么，这些思想对他们而言仅仅是一种符号；我们也许认识其中的每一个字符，却不明白它整体上的真正含义，就像我们认识数学的符号而看不懂一个基本的公式一样。

（二）数理经济学模型中的思想来源

就当前数量经济学的现状而言，那些数理经济学者在模型中表达的思想主要有两个来源：一是自身"直觉"型启示的数理表达，二是前人思想的数理模型化。正是基于这两种源泉，当前那些数学模型所能揭示的东西往往要么是一般性常识，要么是错误的东西。这实际上已经是一个基本共识了。例如，杨小凯就写道，"不管数学形式化的潜在好处是什么，它并不意味着凡是用复杂数学包装起来的经济思想就一定是深刻的。的确，我们也看到，很多建立在复杂数学之上的经济模型，其实思想非常肤浅。原因在于，即使是目前最高深的数学技术，也不能刻画纷繁复杂经济现象的丰富实质"，"迄今为止，经济学家还只能操作最简单的能同时演进策略和信息的博弈论模型，现有的博弈论模型还不能够解释游戏规则和社会活动的有关这些游戏规则的信息的同时演进"。[②]

---

① 转引自何宗武："经济理论的人文反思"，载黄瑞祺、罗晓南主编：《人文社会科学的逻辑》，松慧文化（台北）2005年版，第427页。

② 杨小凯：《杨小凯谈经济》，中国社会科学出版社2004年版，第68页。

首先，当前数理模型所揭示的思想大多是常识。这可以从以下两方面加以说明：一方面，在当今经济学界中能够直接运用数学进行思考的人实在很罕见，绝大多数学人都是先有某种思想再将之模型化。就此而言，如果要有真正的洞见，就首先需要对人类积累的思想进行系统的梳理。但试想，当前那些从事数理建模的学人拥有的知识是如此的匮乏，自身根本就不可能有多少真正的洞见，甚至根本不能识别前人所积累的思想中哪些是精微的和真正有价值的，此时，被他们模型化的东西又有多少意义呢？另一方面，即使他们能够识别前人思想的价值和好坏，善于把握其中的思想精髓，但凭借他们所掌握的那些数学工具果真能够将这种精微思想模型化吗？要知道，即使当前的数学已经达到了一定的高度，但理论工具与实践可行性之间还是存在几十年的差距？正因如此，科斯就大声疾呼，一些学人将他的思想模型化的做法实际上阉割了他的思想。至于杨小凯，他虽然强调，"我不能苟同科斯贬低和否定数学模型的态度，我也不同意盲目崇拜数学而贬低科斯、诺思、张五常等高深思想的意义的一些学者"，但还是承认，"目前最好的经济数学模型所表达的思想比哈耶克、科斯、诺思、张五常等的思想要浅薄得多。新古典经济学派为了用数学框架来阻止思想试验，的确抛弃了他们不能用数学来描述的很多古典经济学的精华"。①

正是基于上述两大原因，当前经济学领域的数理模型往往只是将一些基本常识进行复杂化和形式化，而不可能带来真正的思想进步。在很大程度上，经济学的思想主要来源于模型之外。譬如，在制度经济学中，威廉姆森一派的很多猜想都已经在威廉姆森的鼓励下被一些青年人变成了数理模型，从而逐渐成为制度经济学中的主流；但显然，这种思想并不高深，正如杨小凯承认的，威廉姆森的东西要比科斯和张五常的思想浅薄，因而更容易被数理模型化。相应地，并不是像杨小凯认为的那样，是由于科斯不鼓励将他的思想模型化而导致了科斯流派发展缓慢，也不是那些接受数理训练的年轻经济学家并非不想将科斯的精微思想数理化；相反，问题恰恰在于，他们根本没有模型化科斯流派思想的这个能力，因为思想远比数学模型要超前得多，科斯的思想也比威廉姆森一派的要高深得多。试想：不断地将常识数学化、复杂化，难道这就是现代经济学的理论研究吗？谢拉·道就举例说，当经济学模型中用"L"来代表劳动时，它主要是用劳动时间来衡量的，而这就导致劳动的丰富内涵被隐藏；为了克服这种"隐藏"问题，现代经济学又开始用"劳动效能"来代替"劳动时

① 杨小凯：《当代经济学与中国经济》，中国社会科学出版社1997年版，第125页。

间"。尽管如此，谢拉·道强调，"符号主义一旦具有了权威性，建立起来的含义就会形成对思想的束缚。符号是支撑思想的强有力的工具；但是，如果它们的作用在于引导思想发展，那么，对于如何使用它们，就需要置于公开的讨论之下"。[①] 显然，当前的经济模型以及相应的理论恰恰缺乏对符号本身的探讨。

其次，当前经济学所模型化的思想大多已过时。这可以从以下两方面加以说明：一方面，这与模型能够解释思想的能力有关。尤其是在社会科学中，精微的思想体现在对社会现象的微量变化的揭示，而它所涉及的众多因素根本不能全部纳入数理模型中；相应地，数理模型所选择的对象往往会是那些较为粗略的一般性思想。郎达内就写道："科学的发展史似乎证明，在所有的领域中，思考问题甚至思考同一个问题的方法可以是不同的。在科学发展的不同阶段，所有学科都企图把'坏的思想'客体模型化。"而且，在社会科学以及经济学界，由于思想本身缺乏证实和证伪的有效标尺，这种坏思想更是根深蒂固。郎达内指出，"在物理学和生物学中，不论是立即发生的还是很久以后才发生的，也不论是关于理论本身还是它的推论，观察和实验允许人们采用不断修正那些不符合实际的理想客体的方法；这时通过模型来解释的那些思想客体的本质、机制和运行方式会越来越可靠，越来越'客观'和'真实'；并且，也使人们发现了隐藏在可观察的复杂现象背后的简单现象"；但是，在经济学中，却很难对一个"坏的思想"客体进行反驳，因为"我们至少在某些方面缺乏由观察与实验（确保真实性）所提供的这类逻辑推理方法和模型化方法（确保内在的一致性）的大力支持"。[②]

另一方面，这与人类思想的演进有关。事实上，很少有人能够借助数理模型而发现新思想，被模型化的那些思想往往都是前人留下的。例如，现代主流经济学的模型化对象基本上是前人的思想和理论。杨小凯就宣称，"我们现在的工作就是把古典的思想变成数学模型，试图用角点解和非线性规划等数学工具，将古典经济学中的精髓表述出来"。[③] 但问题是，经济学理论本身往往具有非常强的时空性，那些适合以前社会环境的思想到了现代社会就会变得过时，这些与特定历史社会环境相脱节思想也就成为"死"的东西。因此，数理

① 谢拉·C.道：《经济学方法论》，杨培雷译，上海财经大学出版社 2005 年版，第 134 页。

② 郎达内："科学的多元化：经济学与理论物理学比较"，载多迪默、卡尔特里耶编：《经济学正在成为硬科学吗》，张增一译，经济科学出版社 2002 年版，第 74 页。

③ 杨小凯：《杨小凯谈经济》，中国社会科学出版社 2004 年版，第 2 页。

模型中隐藏的很可能就是"坏"的思想客体。譬如，有人将李嘉图的分工思想模型化，但李嘉图强调外生优势的相对优势说仅仅适合于生产要素是自然给定的情况，而当可以人为创造的人力资本成为主要生产要素时，这种相对优势的适用性就大为降低了。试想：不断地将一些错误的或过时的"坏的思想"模型化，这种工作果真有多大意义呢？

事实上，现代主流经济学注重经济学的数量化发展，甚至将理论探究等同于模型构造；但是，模型所依赖的数理逻辑只是同义反复，它产生不出真正的思想，从而也就根本无法促使理论的进步。博兰就写道："在确定陈述的真实性方面，逻辑学基本上无能为力。逻辑学的用处只在于'传递'已知的真理。"[①] 既然模型产生不出新的思想，那么，它就只能将一些已有的思想乃至一些已经常识化的思想用数学语言表达出来，从而便于这些常识性思想的扩散和流传。问题是，固然需要一部分学人从事把人类思想编码化的工作，以便可以向社会大众进行传播；但是，这绝对不是研究的全部，甚至也不是主要部分。事实上，首先要发掘出思想，才会有继而的编码化工作；只有辨析思想的优劣，继而的编码化工作才会有意义。相应地，发现新的思想和洞见才是经济学理论研究的核心，也是科学进步的基石。拉尔森就写道："在科学和研究之间没有清楚的界线。很多研究本身就具有巨大的价值，但在科学一词的严格意义上说不能称为科学，其目的是对具体问题做出的回答，而不是使一般理论无效或建立一般理论。但所做出的观察可以成为经验概括的基础，这是千真万确的。此外，没有理论的研究都开始于或多或少清晰的理论基点。所以，没有理论的研究是难以想象的，正如没有经验确认观点的科学是失败的一样。"[②]

（三）现代分工模型中的思想辨析

关于数理模型中思想的贫乏，我们可以审视一下杨小凯等致力发展的分工模型。这些数理模型试图复活斯密的分工思想，但这种努力果真带来思想认知上的深化了吗？斯密把分工效率归结为以下三方面：①导致劳动者技巧和灵敏的增加；②节约不同工种之间转移的时间；③有助于知识的积累而产生机器的发明。显然，当前的分工模型也就是要将这些思想模型化。但试问：斯密分工理论所内含的思想在现代社会还有多大意义吗？

首先，就第一点而言，通过重复性劳动增加技巧和灵敏性的内生优势主要

---

① 博兰：《批判的经济学方法论》，王铁生等译，经济科学出版社 2000 年版，第 18 页。

② 拉尔森：《社会科学理论与方法》，任晓等译，上海人民出版社 2002 年版，第 294 页。

体现在家庭手工作坊中，此时生产的质量和效率往往依赖于个体性经验，因而老师傅对那些手工产品的生产是非常重要的。在很大程度上，这也是与斯密所处的手工作坊时代相适应的：当时典型的水力驱动工厂也只拥有 300~400 名工人，而整个大不列颠岛只有 20~30 家这样的企业。事实上，尽管汤因比将1760 年定为"工业革命"的开端，但标志英国工业"起飞"的决定性转折点是在 18 世纪最后 20 年中来临的，这是《国富论》出版之后。但是，这种状况已经远远不能反映完全流水线化作业的当前社会现实：绝大多数企业里的工序已经分得如此细微，以致每道工序都简单得可以在数天或数周内学会，否则就只能打道回乡。试想：在当前社会中，还有哪个行业、多少工厂的生产效率依赖于从"干中学"中提高技能的老师傅？

其次，就第二点而言，尽管重复而机械地从事特定的工种可以节约时间，但显然也会造成人体特定机能的损耗和心灵的疲惫，从而不见得会提高长期效率；相反，适当的工种转换反而有利于交叉地使用人体的多个功能，使部分机能得以休养和恢复，最终反而在生产中会更有效率。穆勒就认为，一些重要的东西被斯密以及前人所忽略了。他说："如果某种体力或脑力劳动同另一种劳动不一样，那么正是因为这一点，后一种劳动可以在某种程度上得到休息。如果说干第二种工作时不能一下子获得最大的活力，那么第一种工作也不能在略微放松一下的情况下无期限地干下去。根据一般经验，工作的变换常常能提供换一口气的机会，否则就得完全休息。一个人在不断更换工作时，要比在全部时间内只干一种工作可以不疲惫地多干很多小时。不同的工作使用不同的肌肉或不同的脑力，某些肌肉或脑力在其他肌肉或脑力工作时可以得到休息和恢复。干脑力劳动时体力可以得到休息，反之亦然。"[①]事实上，现代生产工序已经简单到了使人非常厌烦的程度，以致工人一有机会就会另择职业，美国的企业往往存在高达 50% 左右的补缺率。

最后，就第三点而言，斯密把技术创新看作主要是由已成为专家的工人做出的，他们专注于某个狭窄领域里的操作，这也引起了争议，并与技术史的事实不符。例如，根据林毅夫的假说，在前现代时期，大多数技术发明基本上源自工匠和农夫的经验，科学发现则是由少数天生敏锐的天才在观察自然时自发做出的；而到了现代，技术发明主要是在知识的指导下通过实验获得的，科学发现则主要通过以数学化的假设来描述自然现象以及可控实验方法而得到的，

---

① 穆勒：《政治经济学原理及其在社会哲学上的若干应用》（上卷），赵荣潜等译，商务印书馆1991年版，第 151 页。

这样的工作只有受过特殊训练的科学家才能完成。[①] 事实上，《国富论》最后修订本是在 1784 年，但斯密从来没有提到凯的飞梭、哈格里夫斯的珍妮纺织机、康普顿的骡机和阿克莱特的水力架。更重要的是，斯密本人就与苏格兰人詹姆斯·瓦特熟识，瓦特的蒸汽机实验室就在格拉斯哥大学校园，但他却从来没有提到 18 世纪 80 年代蒸汽机在煤矿业的成功运用，从而忽视了这个时代的技术革命及其对经济发展的影响。[②]

显然，斯密的分工理论根植于特定的历史背景，不仅不符合现代社会的实际，而且也不符合技术史的发展实际。穆勒就曾系统地梳理了斯密提出三种效率来源：就第一种而言，穆勒认为"每个工人灵巧性的提高是最明显和最普遍的。并非是因干熟了就干好了，而是取决于工人的才智，取决于专心的程度……分工愈细，获得这种技能所需的时间愈短"；就第二种而言，穆勒认为斯密和别人都强调得过分了，"一个男人若是已养成了做多种工作的习惯，则他非但不会成为亚当·斯密所描述的那种懒散怠惰的人，反而常常是精力非常充沛的，充满活力的"；就第三种而言，穆勒认为，这技术发明"更多地取决于全面的智力和动脑筋的习惯，而不是工作的专门化。如果这种专门化达到不利于培养智力的程度，则将失大于得"。[③] 而且，正如罗斯巴德指出的，"就国内而言，斯密对一个工厂或产业内部的分工赋予了更大的重要性，而忽视了产业之间分工的更重大意义"。[④] 也就是说，斯密对分工的研究还非常初步，甚至斯密的认识也远不如穆勒全面和深刻。既然如此，现代经济学人刻意模型化的为何是斯密思想而非穆勒思想呢？很大程度上在于两方面：①斯密的名声更大；②斯密的思想更容易模型化。同时，既然斯密的分工思想已经相当程度过时了，那么，将斯密理论模型化又有何意义呢？布劳格就指出，"经济学永远在采纳昨天的偏见。"[⑤]

事实上，杨小凯也承认，"对于真实世界而言，现在很多运用了高深数学

① 林毅夫："李约瑟之谜：工业革命为什么没有发源于中国"，上海三联书店、上海人民出版社，1994 年版，第 271 页。

② 布劳格：《经济理论的回顾》，姚开建译校，中国人民大学出版社 2009 年版，第 22 页。

③ 穆勒：《政治经济学原理及其在社会哲学上的若干应用》（上卷），赵荣潜等译，商务印书馆1991年版，第 148-151 页。

④ 罗斯巴德：《亚当·斯密以前的经济思想：奥地利学派视角下的经济思想史（第一卷）》，张凤林译，商务印书馆 2012 年版，第 690 页。

⑤ 布劳格：《经济理论的回顾》，姚开建译校，中国人民大学出版社 2009 年版，绪论。

技术的经济模型，仍然显得过于简单，从而也就不能用于政策制定或商业问题之上。与此同时，还有很多重要的经济思想，则由于太复杂而不能用数学语言形式化"。①问题是，既然经济学的数理基础和条件还是如此薄弱，为什么现代主流经济学还如此致力于经济学的数理化呢？按照杨小凯的观点，数学形式化具有加速知识积累的优点：①数学的语言可以使争辩双方清楚地知道他们的分歧所在，从而可以大大提高关于经济问题的争论效率；②数学往往赋予理论和观点以共同的语言，并形成一个便于共同传授和流传的统一知识体系，从而不仅可以促进该学科内部不同专业领域之间的分工，而且可以促进不同代际的经济学家之间的分工。在杨小凯看来，经济学主流学派是经济学老师在课堂上向一代又一代学生教授的共同的东西，因而马歇尔、萨缪尔森以及德布鲁的经济学体系会逐渐成为主流；相反，马克思经济学没有很好地用数学来定义它的概念，从而导致很多马克思主义者之间的解释相互矛盾。此外，杨小凯还认为，尽管诸如斯密、哈耶克、科斯等的思想还不能被模型化，但数学的发展将最终能够将这种思想形式化，从而会使经济学中应用的数学越来越高深和复杂。然而，杨小凯严重误解了经济学的学科特性和研究目的：经济学本质上是为现实服务的，而不是一门局限于逻辑体系不断完善的公理体系。

同时，杨小凯认为，"马歇尔虽受过数学专门训练，但为了迎合当时经济系学对数学的反感，总是强调数学并不是必须的，而且把效率高的数学分析简化为局限极大的图形，养成了后亟待经济学家喜欢用一些低效的几何图解方法的坏习惯。萨缪尔森却持相反观点，他认为数学是种高效的语言，如果你能逐渐训练你自己完全用数学语言思考经济问题，则完全没有必要再把数学亦称低效的日常用语"。②但显然，如果马歇尔仅仅是因为迎合学生的需要才用图形或文字分析，那么他就不必反复地告诫学生要警惕数学在经济学中的滥用。其实，马歇尔之所以强调这一点，正是由于他具有渊博的知识，并且其理论根本上是使用的目的，从而能够深深地认识到数学的局限；③相反，马歇尔以后的经济学家的知识则要狭窄得多，并且主要偏好逻辑的严谨性，从而开始强调数学的优点。例如，萨缪尔森就承认，他仅仅是因为不具备足够的智力把经济学用文字写出来才转而用数学模型。

①　杨小凯：《杨小凯谈经济》，中国社会科学出版社 2004 年版，第 8 页。

②　杨小凯：《当代经济学与中国经济》，中国社会科学出版社 1997 年版，第 122 页。

③　参见霍奇逊：《经济学是如何忘记历史的：社会科学中的历史特性问题》，高伟等译，中国人民大学出版社 2008 年版。

特别是经济学的研究对象不同于自然科学，它关注的对象是人的行为，从而具有很大的不确定性。因此，我们无法像支配自然物那样来控制人的行为，经济学领域中解决任何一个细小问题都需要用到非常多的共同的和个人的知识。也就是说，经济学的理论研究要获得真正的认知，就必须全方位地梳理人类在各领域、各学科中所积累的知识。其中，首先需要运用人类社会沉淀下来的隐性的社会资本的知识，而不仅是那些经过编码的所谓的"科学知识"。正因如此，杨小凯为经济学数学化、形式化辩护的两点理由都存在明显的缺陷：①他把经济学的思想和观点视为确定的，但殊不知，经济学理论本身具有非常强的主观性和规范性，它的发展本身就是建立在不断争论的基础之上的，相反，如果试图用数学符号来排斥这种争论实际上窒息了思想的发展；②他认为深刻的经济思想不用数学进行形式化就可能被遗忘，但问题是，迄今我们还无法将深刻的思想模型化，而一些非常肤浅的经济思想则可能仅仅因为被形式化而成为主流经济学的一部分，从而过分强调经济学的数学化则只会加剧庸俗化经济思想的泛滥。

 ## 四 尾论：现代经济学的思想式微

数学对任何一门学科的成熟都是必要的：①只有建立抽象的数理模型分析，我们才能以严谨的措辞揭示经济变量之间的互动关系；②只有广泛运用不断成熟的统计技术，我们才能对两组或更多待验联合命题作相互比较和分析以确定哪一组在某一方面更符合事实。但同时，我们也必须清楚地认识到数学本身在经济学研究中的真实作用及其局限。阿莱就指出，"数学是且只能是一个工具，我在科学研究中使用数学时的所有有意义的工作都确定地只是依赖于这样两个阶段：首先是对原始假设的完全检查，其次是对所获得结论的意义和经验相关性进行讨论"。[①]尤其是，我们必须清楚地认识数学在自然科学和社会科学中的应用差异：包括经济学在内的社会科学毕竟是有关人之行为的科学，而不是有关无能动性的物之间的相互作用，其研究毕竟需要直接预测和解释社会经济现象，从而更需要关注前提假设的社会现实性和研究结论的社会合理性。

一般地，经济学的理论研究有两大基本目的：①在继承前人思想的基础上不断发展和完善经济学理论，提供更为全面的认知；②在"极高明而道中庸"

---

① Allais M. 1990, My Conception of Economic Science, *Methodus*, 2（1）: 5–7.

的理论指导下，回到现实社会而进行社会改造。因此，经济学理论研究的第一要义就是要有思想，而数学等工具往往是传播、交流思想的手段，因而是第二位的。事实上，没有思想的创新，经济学模型永远只是个模型而已。例如，艾伦就指出，"数学本身不能证明任何经济理论，不能创造任何经济范畴和经济规律"。^① 再如，维纳（N. Weiner）把经济问题数学化比作给原始人穿上现代衣服一样：原始人并不会因此改变它的文化内涵和生活本质，同样，现代经济学将经济上不精确的概念强行套上微分学的数学语言模式的努力不但可笑而且浪费时间和精力。正因如此，我们说，仅仅掌握数学工具对经济现象的分析来说是远远不够的，经济学的理论研究不仅需要进行严格的逻辑推理，而且需要基本常识和个人知识；相反，如果盲目地使用数理分析，反而会遮蔽我们对经济现象的理解，并使经济学偏离其原初的研究目的。

然而，自从边际革命之后特别是 20 世纪 50 年代以来，纯粹的形式主义数学在经济学领域就逐渐占据了统治地位，以至于数学反过来影响和控制了它所支持和主张的社会理论的真正内容，以至于经济学的思想越来越贫乏了。米洛斯基就指出："从激发'物理学羡慕的对象'、鼓励输入一个关于秩序的极端决定论的概念，到挑选那些发现数学教育法有益的经济学家候选人的选择效应。毕竟，在西方，数学逐渐地代表了自我执行的规则结构的可能性：如此地安排教育法以至于学生渐渐地相信数学能够根据它本身得出正确或错误的答案。如果那此众多的有数学爱好的人进入经济学界，他们将倾向于用同样一种方式看待经济结构，这难道还令人惊奇吗？"^② 事实上，尽管经济学的数理化趋势甚嚣尘上，但它并没有给经济学带来多少实质性的内容。一些数理经济学家就坦言，他们搞的来来去去都是萨缪尔森《经济分析基础》的一点变化，可以说是为萨缪尔森的论文写些脚注。^③ 而且，数理模型和实证分析本身就是在特定引导假定下进行的，因而带有强烈的意识形态而根本不是客观的；西方主流经济学就是根植于自然主义的思维，并在伦理实证主义的价值观下为社会现实和既得利益服务。

正因如此，在经济学数学化如此甚嚣尘上的今天，我们就必须全面审视它

---

① 艾伦：《数理经济学》，吴易风、刘天芬译，商印书馆 1988 年版，第 9 页。

② 米洛斯基："问题是什么"，载巴克豪斯编：《经济学方法论的新趋势》，张大宝等译，经济科学出版社 2000 年版，第 86 页。

③ 张五常："从森穆逊（萨尔缪森）与他的中国观说起，http://zhangwuchang.blog.sohu.com/11960 2245.html。

的两面性：①主流的东西并不就是对的，更不一定是好的；②模型化的对象往往是那些过时或一般性常识的思想客体，经济学的数理化并不意味着科学化。实际上，笔者经常强调，教材上的东西基本上都是错的，因为每一个理论的提出都有其特定的与之相适应的社会环境和目的，如果撇开这些，理论就是死的；但教材在介绍理论时，正是将这种特定的背景、目的等撇开了，体现历时性演变的理论被共时性地并列在一起。那些主流经济学的观点尤其如此，因为这些以模型为传承的主流经济学注重那些技术性内容，从而将所有的理论都抽象为一个没有历史和文化的数理逻辑的推导的精密化过程。显然，这也是它为什么会遭到其他不同学派的非正统学者一致的持续不断的批判的重要原因。然而，由于便于传授和交流的特点，数理化依然占据主流地位。尽管如此，我们在传授教材上的这些理论时，就必须注意到其缺陷，特别是在将理论应用到具体的实践中时更应注意其适用性。事实上，当前的数理模型毕竟主要是将过去思想进行编码化、明示化，而思想永远应该领先于模型，并且有更多的思想是难以被编码的。试想，如果像主流经济学那样集中于模型而忽视甚至轻视思想，那么，后来模型化的思想客体来自何处？难道是一直将那些常识性的东西不断复杂化和精致化？其实，思想和理论的发展主要在于使它日趋精微和完善，而非在于如何使之形式精致化？请扪心自问：将一个过时的乃至错误的思想模型化果真有什么价值吗？

其实，数理经济学和计量经济学之所以出现，根本上也是为了提高我们对社会现象的认知以及实践的能力。为此，经济学的教学也理所当然应该以提高经济学的理论素养和训练经济学的逻辑思维为主，只有这样才可以真正培养出经济学的理论和实践人才。譬如，当年凡勃伦就经常把脑中灵光一现的思想告诉他的同事和学生以启发他们的思维，让他们用新的方法去思考社会事务；正是基于这种学术土壤，尽管凡勃伦本身备受主流学界的排斥，却有幸能够影响了一批有影响力的经济学家。不幸的是，在当前经济学界，随着科学至上主义的发展，数学逐渐被拔高到无上的高度，以至于理论研究的真正目的却被淡忘了，而工具和手段成了唯一；而且，乏味的数学符号和推导充斥了经济学课堂，原来大师的经济学思想讲座已经被助教的计量和数学课程所取代。

可见，现代经济学的问题明显体现为，主流经济学尤其是当前中国流行的那种数理经济学根本不关注假设的现实性以及结论的合理性，而一味地从事数学符号的运算，并把这种理论及其得出的结论视为科学而客观的；相应地，主流经济学的教学并不重视思想和思辨，而是强调扎实的数学等训练，强调只有经过一定的程式化建模等训练，才可以按照被当前学术界认可的规范写出"科学"的文章。因此，作为一个真正的理论探知者，我们不能为以"科学化"为口号的形式主义取向所迷惑，这往往会阻碍经济学的真正科学化进程。究其原因：①尽管数学分析往往被认可是严格、客观的，但数学在经济学中的应用却存在明显的逻辑问题，而这却被数理经济学家们过分地禁止和忽略了；②对于以经济学为核心的社会科学研究而言，其科学性不在于构建如何优美的模型，而在于是否真正增进了人们对社会现象的认识。相应地，我们在从事经济学的研究时必须防止数学被滥用，防止经济学的理论研究蜕变为纯粹的逻辑或数字的游戏；特别是不能简单地基于数理模型或计量实证的结论来制定经济决策以解决现实生活中的问题，否则必然会出现纸上谈兵的结果，浪费大量的人力、物力和财力。

经济学理论在进步、
停滞还是后退？

——经济学数量化历程中的科学性审视

导 读

　　现代主流经济学往往以自然科学为效仿对象，把形式逻辑越严谨、数学化程度越高的理论视为越"科学"的，从而导致数理经济学急速膨胀。但显然，这里存在两大问题：①科学理论本身仅仅体现为主体基于特定时代和特定视角对客体的认知，作为社会科学的经济学更是如此，因而经济学理论的科学化本身并不意味着客观化；②经济学本身就是一门经验科学而不是数学的分支学科，它的科学性主要体现在对现实的解释力和预测力上，因而经济学数量化也并不意味着科学化。事实上，由于主流经济学无视经济学的这种特性而片面向自然科学攀亲，试图借助数理逻辑来增强经济理论的客观性和科学性；结果，尽管主流经济学理论的科学性和客观性看似更"硬"了，但其理论离真实世界反而可能更远了。

 一 引言

　　一般认为，数学可以使得理论的形式逻辑更为严谨，而形式化程度越高的理论也往往被认为是"科学性"越高。正因如此，主流经济学极力崇尚数理模型和计量分析，其根本目的也是试图使经济学变得越来越客观而科学化。问题是，经济学果真变得更加客观和科学了吗？其实，关于客观性的理解本身就是多角度的：本体论的、机械论的或透视法的。显然，经济学中所谓客观性的含义就是基于透视法理解的，而透视法本身揭示了数量经济学中所潜含的修辞，从而具有主观性。更一般地，科学本身体现了主体对客体的认知，因而带有很强的主观性，社会科学尤其如此；特别是由于形式理性并非与实质理性能够保持一致，符合形式逻辑的经济学理论并非就能反映真实世界中的经济现象。但是，对自然哲学的狂热却造成了主流经济学对"客观性"的盲目追求，并逐渐把这种客观性导向了机械论的客观性，进而扭曲了对客观性的理解；相应地，主流经济学也就把自然科学视为经济学的发展之路。特别是自20世纪90年代西方主流经济学被引进中国以来，中国社会那些自称从事"主流"经济学研究的人士就把经济学的科学性和客观性奉若神旨，极力排斥经济学的思辨性和伦理学内容而强调实证分析，并大肆宣称他们所构建的数理模型和实证分析就是科学（Science），是客观的。

事实上，科学之所以在现代文明中得到如此崇高的地位，就在于"人们普遍持有这样一种信念，即科学及其方法具有某种特殊的东西。说某种主张或某个推理方法或某项研究是'科学的'就是想暗示它们具有某种价值或某种特别的可靠性"。[①] 问题是，当前主流经济学基于逻辑实证主义的数理化努力使经济学更科学了吗？更客观了吗？经济学已经更为接近其研究目的了吗？罗森伯格认为，任何科学都应该在预测、解释和技术成功方面取得长期进步，预测正确与不正确的比率应该不断提高，预测的精确性也应该不断增强。[②] 问题是，经济学数理化的大肆推进提升经济预测的正确率了吗？增进经济预测的精确度了吗？显然，2008年的经济危机尤其是源于金融衍生品的金融风暴充分显示出，不管数理经济学的模型多么完美，或者它的推理逻辑多么严密，都不能证明它的解释和预测是可靠的。而且，正如罗森伯格指出的，不像其他不精确的学科，经济学像以前一样不精确；因为在他看来，经济学是很难做实验的，因而经济现象的原因就很难被识别并被隔离出来。[③] 为此，哈耶克就指出，"表面看像是最科学的方法，常常是最不科学的，在我的领域中肯定如此，但是我相信在人文科学中普遍存在，而且不仅如此，在这些领域中我们期望科学达到的水平有一定极限。这意味着信任科学——或者信任按照科学原理有意识的控

---

① 查尔默斯：《科学究竟是什么》，鲁旭东译，商务印书馆2007年版，第9页。

② Rosenberg A., 1992, *Economics : Mathematical Politics or Science of Diminishing Returns?*, Chicago & London : Chicago University Press, P.18, 56.

③ Rosenberg A., 1992, *Economics : Mathematical Politics or Science of Diminishing Returns?* Chicago & London : Chicago University Press, P.112.

制——而超过科学方法能达到的水平，可能有不良后果"。[①] 因此，本文就现代经济学发展中所面临的科学性问题作一探索。

 ## 二 经济学的科学化不等于客观化

一种广泛持有的观点认为，科学是以我们所能看到、听到和触摸到的东西为基础的，而不是以个人的观点或推测性的想象为基础的。因此，如果对世界的观察是仔细和无偏见的，那么以这种方式确定的事实将为科学构建一个可靠和客观的基础；同时，推理使我们从这些事实基础到达构成科学知识的定律和理论，而且这种推理是完备的，于是由此产生的知识本身就可以看作得到了可靠的证实和客观的。查尔默斯将这种认为科学知识是从事实中推导出来的观点称为常识科学观，它有两个思想流派：一是经验主义学派，二是实证主义学派。这种科学观源于两个基本观点：①视觉是观察世界时使用得最广的感觉，而大脑对观察获得信息的记录构成了人类观察物体的观看过程，从而使他或多或少会直接获得有关世界的某些事实的知识；②眼睛的功能与照相机相似，可以将来自观察物的光线转变成客体的一个映像，从而两个正常的观察者在同一时间、地点观看同一物体或同一景象时将看到相同的东西。[②] 正因如此，经验主义和实证主义都强调科学的客观性：科学知识是一种精确的、非个人的并通过遵循严格、明晰的规则来获取的知识体，它仅仅以观察数据为基础而不涉及观察数据之外的任何假定实在，认知主体也不对知识做出任何贡献而仅仅服从证据，这种证据也有能力促使任何一个有理性的人在同样程度上认同；相反，如果在科学的探究中渗入个人的想象、信念、判断或认知，那么就会因主观主义而损害知识。问题是，经济学的科学化程度果真可以用所谓的客观性来反映吗？

（一）科学本身的外生相对性

大量的证据表明，两个正常的观察者在同样的物理环境下并且从同一地点观看同一物体时，即使在他们各自视网膜上的映像可能实质上是相同的，但也

---

① 哈耶克："似乎有知识"，载王宏昌编译：《诺贝尔经济学奖金获得者演讲集》（上），中国社会科学出版社1997年版，第225页。

② 查尔默斯：《科学究竟是什么》，鲁旭东译，商务印书馆2007年版，第13–17页。

并非必然会获得同样的视觉经验。在某种意义上，观察者所看到之物会受到他过去经验的影响，也即人们在观察事物时所经历的主观体验不仅取决于视网膜上的映像，也依赖于观察者的经验、知识和期望。^①正因如此，观察命题往往就以适当的概念框架为先决条件。相应地，库恩强调，每一个认知主体都不知不觉地"参与"并"共有"一个集体的世界观，这也就是库恩的科学范式，这个范式决定他做什么和"看"什么。在很大程度上，正是由于人类经验的渗入，被"观察"的事物，被看作"证据"和不被作"证据"的事物，就成为一种社会性的产物。也即观察者本身参与了"世界"，因而"世界"就不是客观的，而是被认为社会化地构造起来的。同样，尽管常识科学观把由真实客观的自然"世界"（实在主义）或经验现象的"世界"（工具主义）所构成"彼岸"世界视为科学知识的决定性因素，但是，强纲领的观点强调，不是"彼岸"世界，而是一个特殊的社会背景——社会利益出现在这一背景之中——决定了科学家们持有什么样的信仰，并且这些信仰反过来决定什么将逐渐成为科学知识，而他们所持的信仰是由他们的生活背景、他们的生活和工作的社会环境决定的。^②

因此，尽管科学强调要以客观的事实为基础，但这本身就面临着严重挑战。这可以通过以下两方面作一说明：①学者所研究的对象往往并不是客观的，而是在特定范式下被塑造的，因而在这种"客观事实"的基础上对理论进行选择就不可能是真实的；②科学家的信仰往往会决定什么将成为科学知识，因而科学知识根本上具有社会性，是它的社会环境的产物。也就是说，科学体现为主体对（自然的或社会的）现象的认知，它本身包含了主体的经验和信念，从而也就必然会被打上深深的主观性。正因如此，即使面对同一"事实"，人们往往也会得出不同的理论，而这些不同的理论并没有截然的正误之分。正如霍金指出的，"如果假定量子力学可以继续用于进行一项观察，并且假定它既描述被观察的系统又描述观察者，那么，必须承认一项观察的所有可能的结果是共存的。"^③其实，迈克尔·波兰尼就认为，科学的整个目的和价值就在于它是关于实在的，所有的知识都依赖于个人的整合、判断和承诺行为，正是这

① 查尔默斯：《科学究竟是什么》，鲁旭东译，商务印书馆2007年版，第18-20页。

② 参见汉兹："科学知识社会学"，载巴克豪斯编：《经济学方法论的新趋势》，张大宝等译，经济科学出版社2000年版，第103-104页。

③ 转引自郎达内："科学的多元化：经济学与理论物理学比较"，载多迪默、卡尔特里耶编：《经济学正在成为硬科学吗》，张增一译，经济科学出版社2002年版，第81页。

些行为指向了真理以及我们所知东西的正确性；同时，由于知识中渗入了人的认知过程，是被个人所支持和认可的，因而必然是不精确的，科学只能部分地被系统阐述，根据研究者的个人判断而被运用、修整和补充。[①] 在迈克尔·波兰尼看来，基于数据的经验主义往往不能证实科学陈述的有效性，相反，科学的有效性往往以人们的感觉经验以及持有的某些信念为基础。这些信念包括：部分由一般的传统逐渐灌输给我们并被现代人深信不疑的；部分被科学家作为科学传统的要素而接受；部分作为个人预感而形成；或者，被认为是我们内心意识的指示。[②]

而且，尽管迈克尔·波兰尼、库恩、拉卡托斯、劳丹以及查尔默斯等对科学内含主观性的见解主要来源于对自然科学理论特征的思索，但实际上，这一见解也早已为绝大多数社会科学家如韦伯、凡勃伦、荣格、阿德勒、奈特、西蒙、森以及其他的科学哲学家如豪斯曼、罗森伯格、麦克洛斯基等所熟知和阐述。例如，荣格就指出，"绝大多数自然科学都在企图纯客观化地表述它们的研究成果，似乎这些成果的得出毫无人的参与和观察，似乎在这些成果的产生过程中，人的精神———一种为科学研究所须臾不可缺少的因素———的合作可以视而不见"。[③] 再如，阿德勒强调，"人类生活在'意义'的领域中，我们经历的事物，并不是抽象的，而是从人的角度来体验的。即便是最原始的经历，也受限于我们人类的看法。……无人能脱离意义。我们是通过我们赋予现实的意义来感受现实的。我们所感受到的，不是现实本身，而是经过阐释的现实"。[④] 正因如此，尽管现代主义方法论往往宣称它的研究是客观的，但实际上它并不能、也不应该带给我们它所承诺的那些东西，因为科学知识和其他个人知识没有太大的差异。相反，正如迈克尔·波兰尼所说，它只不过建立了"一种关于有效意义的堂·吉诃德式的标准，如果严格地执行这些标准，相当于我们自愿变成了低能儿"。[⑤]

关于科学的相对性问题，经济学大家阿马蒂亚·森也做了非常系统的阐述。森认为，人们通常认定的客观性实际上是位置相关的。森写道："我们所观

[①] 波兰尼：《社会、经济和哲学：波兰尼文选》，彭锋等译，商务印书馆 2006 年版，第 239 页。

[②] 波兰尼：《社会、经济和哲学：波兰尼文选》，彭锋等译，商务印书馆 2006 年版，第 248 页。

[③] 荣格：《未发现的自我》，张敦福译，国际文化出版公司 2001 年版，第 7 页。

[④] 阿德勒：《生命对你意味着什么》，周朗译，国际文化出版公司 2000 年版，第 1 页。

[⑤] 转引自麦克洛斯基："经济学的修辞"，载豪斯曼编：《经济学的哲学》，丁建峰译，世纪出版集团、上海人民出版社 2007 年版，第 363 页。

察的内容取决于我们相对于观察对象的位置。我们决定相信的内容受我们所观察到的内容的影响。我们决定的行动方式又与我们的信念有关。位置相关的观察、信念和行动对我们的知识和实践理性来说处于中心地位。认识论、决策论和伦理学中的客观性必须考虑到观察的参数相关性和基于观察者位置的推论。"显然，"强调位置的一个直接含义就是质疑将客观性视为个体观察者及其位置的不变性的传统观念"，因为位置相关的客观性在不同的语境中发挥着不同的重要性；这不仅体现在基于直接观察获得的科学知识中，而且，也体现在对信念的理解中，因为"推理的客观性体现在给定个人所拥有的信息下推导出一个特殊的信念的过程，但真理是一个完全不同的问题"。[①] 当然，尽管客观性是位置依赖的，但客观性往往要求人际不变性。即不同的人可以处在相同的位置做出相同的观察结论，而同一人处于不同位置上则会得出不同的结论。正因如此，我们称某一思想或观点更为客观时，往往只是表明它更少依赖于个人的气质。

（二）社会科学的内在相对性

一般地，客观性所强调的非位置依赖性主要针对的是外生的位置，如外在的场合或社会环境等，在这个维度上就可以对不同科学知识进行客观性比较。但是，如果位置是内生的，如包括个人的信念、出生、思维角度等，那么我们就很难对位置的异同进行比较。显然，如果说那种不以个人为转移的外在位置依赖的客观性适合于自然科学的话，那么对社会科学以及作为社会科学的经济学就可能显得并不完全相符，因为社会科学的观察位置更体现了内生性。一方面，正如熊彼特指出的，"很少有人会否认，在逻辑学、数学和物理学中意识形态偏见的影响仅限于对问题和方法的选择，即社会学的解释在过去至少两三个世纪里没有挑战科学发现的'客观真理性'。这种'客观真理性'也许可以、甚至正在受到挑战，但不能只是根据命题提出者的社会地位来判别它的真伪，而只能从其他方面提出质疑……即，逻辑性、数学和物理学等学科所研究的问题基本上和观察者的社会地位无关，实际上也与历史变化无关……但社会科学则不具有这种优势……对社会科学的发现不仅可以用质疑所有命题的基础的方法进行质疑，而且可以质疑它们仅仅反映了作者的阶级属性"。[②] 另一方面，正如奈特指出的，经济学主要不是由自然因果律而是由实际的欲望来解释实际

---

① 森：《理性与自由》，李凤华译，中国人民大学出版社 2006 年版，第 433、434 页。

② 熊彼特："科学与意识形态"，载豪斯曼编：《经济学的哲学》，丁建峰译，世纪出版集团、上海人民出版社 2007 年版，第 198 页。

问题，而"任何欲望的'绝对性'都值得怀疑，我们怀疑是否存在这样一种欲望，它的完成不需要改变意义和价值的系统"。[①] 实际上，熊彼特也认为，"（大多数经济学家）对自己的科学任务变化并不满意，而屈从于公共责任的要求和为国家、为时代服务的欲望，在这样做的过程中，他们把他们自己的价值观、个人的政见和政策主张——包括直至心灵追求的整个道德人格都带进了他们的工作"。[②]

因此，尽管流行的观点往往把意识形态视为偏见的根源，认为它会"导致某些不正当行为，研究者会为了使事实或来自事实的推论符合某种理想或利益而不惜对它们进行歪曲"，但正如熊彼特指出的，"这种不当行为和研究者展开论证的'价值前提'或辩护本身并没有必然联系"，而且，"辩护并不意味着欺骗"；即使研究者的思想中存在先入之见的意识形态，但这种"意识形态（也）并不就是谎言，它们是一个人对它所见的所有事物的真实陈述"，更不要说，"每个其他的社会群体都（会）发展出一套保护性的意识形态，假如这些意识形态不是真诚的，那就什么也不是"。[③] 事实上，任何经济学的政策含义都不像工程学结论的含义那样是客观的，相反，任何政策建议都是技术推演的结果与价值判断或偏好的结合；因此，经济学本身根本离不开价值观或意识形态的考虑，经济学家个人的价值立场和特定的价值信念都会在某种程度上影响经济学的研究。特别是尽管经济学是研究人的理性行为的，但是，一个具体社会关系的理性行为本身就受到其道德规范的限制，因而任何经济行为的有效性都不是孤立的，相反，它必然会涉及整个社会伦理的影响。例如，豪斯曼和麦克佛森就指出，"虽然多数经济学家认为经济学是研究某类社会现象的'实证'科学，经济学却是建立在理性的规范理论基础上的学问，且和政策制定有着特殊的关系"。[④]

究其原因，经济学本身具有这样的双重特征：①经济学的研究对象——经

---

① 奈特："经济学和人类行为"，载豪斯曼编：《经济学的哲学》，丁建峰译，世纪出版集团、上海人民出版社 2007 年版，第 10 页。

② 熊彼特："科学与意识形态"，载豪斯曼编：《经济学的哲学》，丁建峰译，世纪出版集团、上海人民出版社 2007 年版，第 196 页。

③ 熊彼特："科学与意识形态"，载豪斯曼编：《经济学的哲学》，丁建峰译，世纪出版集团、上海人民出版社 2007 年版，第 199 页。

④ 豪斯曼、麦克佛森："经济学、理性和伦理学"，载豪斯曼编：《经济学的哲学》，丁建峰译，世纪出版集团、上海人民出版社 2007 年版，第 222 页。

济现象——本身就是人类行为的产物，而不是外在于认知主体的，相应地，主体对经济现象的认知也不是脱离自身的经验和感觉的，因而经济学的研究本身就具有强烈的主观性；②人们对社会现象进行探究并不是像自然科学那样仅仅是应用不可变更的原理，而是试图对不合理的现状进行改造以促进人类社会更为良性地发展，因而经济学的研究本身又具有强烈的规范性。也就是说，社会科学以及作为社会科学的经济学之理论探索本身就充满了主观性和规范性：主观性体现了个体的私人知识和传承的社会习惯，规范性则体现了个体的社会关怀和立场视角。因此，经济学不但不能满足逻辑实证主义所要求的那种科学标准，也根本达不到自然科学的"科学"高度。相应地，尽管主流经济学强调实证，以为实证分析是客观和科学的，但果真如此吗？一般地，任何经济学人在致力于他的研究时，直接目的就是说服别人；为此，他就希望找出那些有助于支撑自己观点的证据，并且，在向他人解释自己的发现时也必然会使用各种具有高度感情色彩的措辞。这正如麦克洛斯基指出的，"经济学家很少遵循他们确立的方法论原则，很多冠冕堂皇的方法论并不是经济学家科学信念的基础"，相反，他们往往"是在更宽泛的基础上讨论问题的。他们的真正的、日常的修辞方法，他们在头脑里和研讨室里论辩的方式，与官方的修辞学大为不同"。①

　　事实上，人类的知识本身就是理论思维的产物，思维是通过范畴和概念完成的，而范畴和概念本身则受规范的影响；因此，从来没有绝对"客观"的知识，也就没有绝对的"客观的"科学。相反，如果过分强调经济学的客观性，反而会抹杀或窒息它的科学性，将科学变成一种教条。正如基尔曼指出的，把"数学化"和"科学的"这两者看成是可以相互替代的，那么就犯了逻辑上的错误。①即使关于科学理论的一个最宽泛的定义，这个定义也应该是指一个科学理论应该能够产生新的命题，这些命题可以从明确地表达的假设中逻辑地推导出来，而不一定暗示着我们讨论的这个学科非得进行数学化不可。尤其是在社会科学中，科学的"非客观性"表现得更为明显的情形下，科学性和数学化两者的关系更不对应。②科学的基本要求是能够反映现实，尽管主流经济学大肆使用数学，但它的科学性似乎并没有提高，甚至有悖于经济学的研究目的而离"科学"性越来越远。因此，基尔曼认为，"经济学家进行的许多研究似乎

---

　　①　麦克洛斯基："经济学的修辞"，载豪斯曼编：《经济学的哲学》，丁建峰译，世纪出版集团、上海人民出版社 2007 年版，第 354 页。

是错位、误传而且与这个领域的进步在很大程度上无关"。①

　　一个明显的事实是，在 18 世纪的古典经济学家就已经认识到了人类社会（包括人的行为以及社会制度）等都是演化的，经济现象镶嵌在社会关系之中，经济学的研究也应该遵循演化的路径，需要探寻内在的演化规律以及解释其可能的内卷化危险，从而为提高人类社会的整体福利服务；但是，自新古典经济学以降，主流经济学家却开始把人类社会当成一个静态均衡社会，把经济现象视为孤立而自我存在的，从而开始摒弃传统的演化分析思路而局限于形式逻辑和技术功能方面。显然，这就如郎达内写到的，"人们认为'进化'趋势是非正统思想这一事实，暗示着经济学界还没有达到 20 世纪 20 年代物理学的发展水平"，尽管"近年来，在一些方向上、一些领域中、特别是关于动态博弈理论的基础方面取得了相当大的进展……但是，在整体上，我们关于代理人之间相互作用方面的解释、关于历史地位的认知、关于组织机构在预期和协调方式上的描述以及关于发展、移民与内部变化的了解仍然相当缺乏。结果是，使这个学科自身在理论化方面的发展受到了相当程度上的限制"；相反，"正像自然界不容忍真空一样，科学没有征服的领域要由信仰来填充，因此，也就有了人们对自明性公理的忧虑。因为除了少数几个案例外，任何经济学家都不能认为他们或他们掌握了几乎'绝对的'、公认的、经得起检验的和得到证实的科学真理。我们所做的只是垒了几块砖，但是，我们要共同居住的房子还没有建起来"。②

　　可见，尽管经济学理论的发展以及经济学科的成熟往往体现为科学性的不断提高，但科学化本身并不意味着客观性越来越强。究其原因，经济学所研究的社会经济现象是复杂多变的，而科学理论本身也仅仅是基于特定时代和特定视角的认知。宋承宪就指出，"新古典经济学家想通过从经济学中排出价值判断，甚至排除对价值判断的研究来保证经济分析的客观性，有其实证哲学的原因。在这方面，一个最有影响的倡导者是罗宾斯，但是他们未能成功。海萨尼说过，'幸亏他们没有取得成功，如果他们当初成功的化，经济学会变的更佳苍白无力'，'价值判断经常在经济学中发挥重要作用，甚至当它们不是所研究

---

① 基尔曼："经济理论的演变"，载多迪默、卡尔特里耶编：《经济学正在成为硬科学吗》，张增一译，经济科学出版社 2002 年版，第 130 页。
② 郎达内："科学的多元化：经济学与理论物理学比较"，载多迪默、卡尔特里耶编：《经济学正在成为硬科学吗》，张增一译，经济科学出版社 2002 年版，第 97 页。

的主要问题时也是如此'"。^① 显然，就经济学的发展现状而言，尽管主流经济学试图借助数理逻辑来增强经济理论的客观性，但数理模型的膨胀并没有使经济学变得更加客观，也更不意味着经济理论已经越来越科学了。事实上，在麦克洛斯基看来，经济学的数理模型只不过是比喻的另一种形式，但这种形式往往反而偏离了认知的要求，使基本的思想被神秘化了。也即从某种角度上讲，当前过度的经济学数理化取向反而阻碍了经济理论的实质性进步。为此，贝内蒂和卡尔特里耶写道："尽管由于数学的普遍使用使得经济学理论取得了很大进展，但是还远没有证实经济学奠基者们的那些直觉性结论，这恰恰证明了在市场经济的理论方面还有多少最基本的问题至今没有令人满意的答案。现在经济学家在研究方法上已经变得越来越严格这一事实导致了这样的结论，即，与两个世纪以前相比，今天没有更多的理由认为我们的学科是一门硬科学。"^②

三　经济学的数量化更不等同科学化

经济学理论呈现出强有力的思辨特性，体现了主体自身的认知和理想；因此，经济学中的任何理论、观点乃至分析都必然带有浓厚的意识形态和主观色彩，经济学的科学化水平不是绝对体现在客观化程度上。郎达内写道："无论是实证经济学还是规范经济学'在意识形态上'都不是中立的。人们甚至可以比这种观点走得更远，认为经济理论是一个社会问题，把他当成是一种为现存的社会秩序和现有经济政策进行辩护或挑战的工具。"^③ 其实，尽管逻辑实证主义强调实证分析是客观的，但是，无论是数据资料的选择还是分析工具的选择，都充满了主观性。同样，逻辑实证主义的迷恋者们希望在经济学领域把科学理论和"无意义的"形而上学分离开来也是根本不可能取得成功的：①以实证主义方法来处理理论与观察之间的关系问题往往显得困难重重；②任何理论的发展首先需要经受得起逻辑一致性的检验。正因如此，长期以来科学哲学家以及其他方法论者对逻辑实证主义展开了深入的剖析和批判，相应地，一些主

---

① 宋承宪：《过渡经济学与中国经济》，上海财经大学出版社 1996 年版，第 368 页。

② 贝内蒂、卡尔特里耶："经济学作为一门精确的学科：对一种有害信念的坚持"，载多迪默、卡尔特里耶编：《经济学正在成为硬科学吗》，张增一译，经济科学出版社 2002 年版，第 286 页。

③ 郎达内："学的多元化：经济学与理论物理学比较"，载多迪默、卡尔特里耶编：《经济学正在成为硬科学吗》，张增一译，经济科学出版社 2002 年版，第 88 页。

流经济学就转而把萨缪尔森的观点作为实证主义的替代；特别是基于对数理逻辑客观性的信仰以及以物理学为代表的自然科学的诱惑，经济学甚至把萨缪尔森的数理经济学视为实证经济学的唯一可替代方案，从而开始强调数理经济学的理论科学性。正因如此，现代科学哲学家以及方法论专家往往热衷于对弗里德曼及其逻辑实证主义方法论的批判，却相对忽视了对萨缪尔森数理方法论的反思。显然，这里同样的问题是，数理模型的分析就是客观和科学的吗？

（一）现代数量经济学的科学性不足

一般地，判断经济学理论之科学性的根本标准是能够经得起经验事实的检验。乔治斯库 – 罗根（Georgescu-Roegen）就写道：科学的基本目的不在于预测而在于知识本身，不过，预测却是科学知识的试金石。[①] 那么，迄今为止，那些基于数理模型所得出的分析结论果真能够经得起经验事实的检验吗？显然，现代主流经济学的绝大多数理论或推断都是在特定引导假定下我向推理的结果，而很少能够满足可检验性标准。试想，作为主流经济学理论基础的一般均衡理论能够被任何可观察的事实支持吗？罗森伯格就指出，主流经济学之所以热衷于一般均衡理论的论证和构建，是与西方主流的社会契约论政治哲学相一致的。正是基于这种政治哲学，即使一般均衡理论根本得不到任何经验的论证，阿罗和哈恩也可以轻描淡写地说："受自利驱动和价格信号引导的分散经济将与经济资源的有效配置相容。"而且，正是基于这种政治哲学，布坎南将以一般均衡为理论核心的新古典经济学视为其所定义的制度经济学的一个分支，他指出，"制度经济分析试图说明法律的、制度的、政治的规则的另一选择性集合的起作用的性质，这些规则约束着经济人的选择和行为，这些规则规定了经济人和政治人所做的一般选择的框架"，"制度经济学为处于制度规则中的社会成员提供规范性的建议创造了一种可能……它考察了作为在约束范围内的选择之对照的对约束的选择"。[②]

由此，我们说，主流经济学的两大分支——崇尚形而上学的数理经济学和热衷实证检验的计量经济学——本身都存在内在的缺陷：它们的理论和结论不但经受不起真正的检验，甚至还无法自圆其说地进行一致性解释。这也意味

---

① Georgescu-Roegen N., 1971, *The Entropy Law and Economic Process*, Cambridge, MA : Harvard University Press, P.37.

② 转引自罗森伯格："经济学理论的认知地位如何"，载巴克豪斯：《经济学方法论的新趋势》，张大宝等译，经济科学出版社 2000 年版，第 291 页。

着，当前的主流经济学远没有达到科学的要求，它们的分析中充斥了个人或社会的价值判断，因而也远远不能称为客观的。一方面，尽管主流经济学强调实证的客观性，但根本上就没有什么"客观的"的数据收集和分析，也没有任何不涉及价值观的和不以政策建议为目的的"科学"的理论建构；相反，只有存在一定的理念和价值观，才可以提出相对应的政策主张，因为任何政策都涉及利益分配，都涉及人类的社会关系和价值理念。这也正如布劳格指出的，"正像如果没有一些先入之见，我们不能研究'数据'一样，如果没有一些关于在历史上什么是重要的，什么是不重要的观念的话，我们也不能研究历史。"另一方面，尽管主流经济学的数理模型越来越精致，但是其对现实的解释或预测则几乎没有任何实质性的提高。例如，布劳格就指出，"经过一个世纪对一般均衡理论的核心部分的多少是无休止的改进——一个吸收了 20 世纪的经济学中的最优秀的人才的运动之后，这个理论还是不能明确地告诉人们，即使是在一般均衡理论家深爱的玩偶世界的经济学中，而不是在现实世界的分散的市场经济中，多个市场均衡实际是如何实现的。因而，一般均衡理论在适当的时候必然会死亡：它没有并且永远也不会有经验性的内容；即使被宽容地看作'社会数学'中的一个研究纲领，它也注定会彻底失败"。[①]

当然，由于科学本身就是体现了认知主体与认知客体之间的互动关系，因而科学本身就不是绝对客观的。马兰沃甚至认为，"科学解释的成分越多，出现的分歧也越大"。[②] 正因如此，理论的发展往往都不是建立在结论被证实的精确度上。希克斯就坚持这样一种观点：经济学"是一种训练，而不是一门科学"。究其原因，经济理论既不能被证实也不能被证伪。自然科学如此，作为社会科学的经济学尤其如此，经济学的理论发展和学派演变显然就证明了这一点。例如，麦克洛斯基就写道，"如果按照现代主义科学方法论规定的那套原则，经济学中就根本不会有凯恩斯革命这回事。直到 20 世纪 50 年代早期，凯恩斯主义的洞见仍然不能转化为统计命题来表述，然而这时大批的年轻经济学家已经接受了凯恩斯主义。尽管在统计检验中屡战屡败，但流动性陷阱和投资的加速数模型仍然被当作科学的常规事实，进入了经济系一年级学生的必修课。现在主义的方法论可以在 1936 年就把这一切结束掉：在凯恩斯的理论中，

①　布劳格："为何我不是一个建构主义"，载巴克豪斯编：《经济学方法论的新趋势》，张大宝等译，经济科学出版社 2000 年版，第 166–167 页。

②　马兰沃："经济学与硬科学的攀亲：一种不可避免的、达到终点的尝试"，载多迪默、卡尔特里耶编：《经济学正在成为硬科学吗》，张增一译，经济科学出版社 2002 年版，第 13 页。

客观的、可检验的、可控制的证据在哪儿呢？"同样，"如果按照现代主义的方法论行事，那么货币主义的反革命也不可能取得成功，尽管到了 20 世纪 60 年代，现代主义方法论已经有力地影响了经济学家，特别是货币主义者，他们是最激烈地为现代主义辩护的。但是，实际上，货币主义的实验非常粗糙，著作又很冗长，但他们却因为这些取得了胜利……在这场（凯恩斯主义和货币主义的）争论中，货币主义真正说服人们的，完全在于他们书本的巨大篇幅——它包含了丰富而机智的论证，尽管多数论证都和主要论题无关"。①

（二）现代经济学科学化的失败原因

既然如此，是否就没有区分经济理论的好坏或判别其合理与否的标准吗？如果没有，经济学理论又是如何发生更替的呢？显然，经济学不是也不应该是一个自我封闭的公理体系，否则，它也就不会也不应有什么变化发展了；相反，作为一个致用之学，经济学理论根本上必须满足社会实践的目的。例如，希克斯就坚持认为，所有的理论都应该成为"应用经济学的奴仆"，经济理论必须有实际用途。不过，拒绝经济学理论的实际用途不是一次性的，而是普遍性的。究其原因，经济学所面对的研究对象不可能像自然科学面对的对象那样具有"可控性"以及结论的"可重复性"，而"例外"在经济学领域里是广泛存在的。事实上，在频度范围内的"例外"不仅不是颠覆该理论的理由，而且正是该理论发挥其解释功能的一个重要条件。正因如此，经济学理论并不在乎是否与具体的事件有所出入，但一个具有生命力的经济理论必须与普遍性的社会环境相适应。显然，经济学主流地位的更替也与社会环境的变化有关，这一点在经济学说演变史中也已经表现得非常明显了。而且，一个真正深刻的理论能够揭示现象背后的本质，能够发现隐藏在不断变动的社会环境背后的那个不变的奇怪吸引子，从而能够预测随环境变化带来的经济规律。因此，一个真正有生命力的理论，必须体现为认知主体对自然或社会事物的系统认知，不仅认识短期的外在现象，而且要深入事物的内在本质；只要深入本质以及挖掘事物发展的基本趋势，那么无论现象怎么波动，都可以对它的现实波动做出更好的解释和预测。

显然，现代主流经济学并没有做到这一点：在迄今为止的主流经济学更替中，其理论往往过分偏重于适应短期的具体环境，从而具有极强的短期应用

---

① 麦克洛斯基："经济学的修辞"，载豪斯曼编：《经济学的哲学》，丁建峰译，世纪出版集团、上海人民出版社 2007 年版，第 364 页。

性。正因如此，其理论往往不但缺乏逻辑一致性，也无法指导经济的长期发展，这就如凯恩斯经济学的特点和发展史所表明的。事实上，尽管20世纪的经济学因开辟了多种分析视角而取得了不少"启发式的进步"，但由于撇开了对事物本质的探究，在对经济现象的理解和控制方面并没有取得相应的稳定进步；这种状态导致西方经济学的主流地位不断更替，各个流派也层出不穷、争奇斗艳，但经济理论却依然没有取得实质性的进展。正因如此，人们对经济学"进步"的失望已经成为常态，于是就开始指望以变量的增加或理论模型的数学复杂化，或者是以经验分析的技术进步，而不是以对经济运行的更好理解为尺度来对"进步"进行衡量。特别是出于对经济学解释、预测力的失望，一些学者开始改变了对经济学学科特性的认识，把它视为一门具有自洽性的逻辑体系，从而加速了经济学朝数理方向的异化发展，进一步误导了经济学的这门学科。其实，尽管经济理论无法对一个个特殊现象进行预测，但是，任何学科的发展和理论的进步毕竟要取决于它是否能够对所研究现象作更好的理解，至少可以对整体现象提供越来越精确的预测。显然，尽管当前的各种数据已经日益丰富，分析技术也日益复杂，但目前经济学的数量化发展并没有带来人们所希望的那种进步，反而导致整个社会经济日益陷入一种经济学理论无法解释的混沌之中。

正是鉴于经济学的这种现状，经济学方法论的研究者中就出现了像豪斯曼、布劳格这样的认识论悲观主义者：长期以来，经济学自视科学的自大倾向以及对实证主义的乐观已经被彻底放大了，但当前日益"高深"的理论对于提高我们的理解力却并没有起到多大作用。特别是认识论的悲观主义者对经验工作的前景也表示深深的怀疑：无论计量经济学的技术多么先进，也不论数据群是多么复杂和详细，强相关的联系几乎不可能出现；一些不可测度的变量经常会出现，使我们可以理性地对一个发现表示怀疑，而在回归计量中所包括的变量发生改变时，研究就会得出不同的结论，由此导致对研究结果的解释总是充满分歧。[①] 当然，尽管当前的经济理论在解释和预测方面所取得的效果非常不能令人满意，但这并不意味着经济学理论是毫无用途的。事实上，主流经济学之所以失败是因为它太过抽象，太过于强调对自然科学的模仿了，而没有真正认识自己的学科特性，没有发展适合这种特性的理论。因此，我们必须辩证地看待理论问题：一方面，由于任何理论都是抽象的，从而必然无法与现实完全

---

① 参见考德威尔："关于复兴经济学实践的两个提议"，载巴克豪斯编：《经济学方法论的新趋势》，张大宝等译，经济科学出版社2000年版，第197页。

相一致，经济学理论也是如此；另一方面，任何作为科学的理论，又必须能够揭示事物的本质和内在规律，而主流经济学正是在事物本质和内在规律方面探究得不够。显然，由于经济领域的问题要比自然领域的问题更为具体，经济学理论也比自然科学理论具有更强的主观性；为此，在构建经济理论以解释和预测经济现象时就必须把握理论抽象的限度，只有建立在合理抽象之上的理论才更有解释力和预测力。

可见，尽管我们强调经济学要朝科学化的方向发展，但是，经济学的科学性并不等同于自然科学的科学性，它具有强烈的主观性和"软"科学的特性，这是经济学本身特性的内在规定。当然，这丝毫没有贬低经济学这门学科的意思，也绝不是把自然科学研究看作比经济学研究更高级的活动。克洛尔和豪伊特就强调，"衡量一门经验科学的硬度要看他在实际运用中发挥出的作用是大还是小，而不是看它的定理有多少或形式是否优美"。[1] 事实上，经济学本身就是一门经验科学而不是数学的分支学科，因而它的科学性主要体现在对现实的解释力和预测力上。正因如此，布罗西耶强调："规范性并不是一个低劣的标志。要明确地承认规范性理论是'我们人类社会历史活动中无所不在的规范性'的体现，而不是要去刻意地把它装扮成一门失败的实证科学。实际上，关于这种无所不在的规范性的研究，才是社会科学研究的真正对象。"[2] 相反，如果我们片面地按照自然科学的特性来发展经济学，过分夸大数学在经济学科学化发展中的作用，反而会窒息经济理论的发展。麦克洛斯基就写道："如果一丝不苟地按照它（现代主义方法论）要求的去做，那就会狭隘到荒谬的程度……如果经济学家（或物理学家）把它们局限在经济学（或物理学）的命题范围内，严格地按照现代主义的步骤行事，他们会发现自己没有什么可说的东西了……现代主义承诺，知识应当是确定无疑的，独立于形而上学、道德律和个人信念的；其实，它带给我们的是一套科学家们的形而上学、道德律和个人信念，只不过改了名字叫作'科学方法'而已。"[3]

---

① 克洛尔、豪伊特："经济学的基础"，载多迪默、卡尔特里耶编：《经济学正在成为硬科学吗》，张增一译，经济科学出版社 2002 年版，第 44 页。

② 布罗西耶："经济学作为一门具有实证性和规范性的科学"，载多迪默、卡尔特里耶编：《经济学正在成为硬科学吗》，张增一译，经济科学出版社 2002 年版，第 67 页。

③ 麦克洛斯基："经济学的修辞"，载豪斯曼编：《经济学的哲学》，丁建峰译，世纪出版集团、上海人民出版社 2007 年版，第 363 页。

（四）尾论：经济理论是否在进步

　　尽管经济学是一门科学，但它的研究对象具有不同于自然科学的特性：经济学的研究对象往往是具有特定时间性和空间性的；因此，经济学的研究方法也不同于自然科学：经济学的研究必须根植于历史和制度，根植于具体的社会关系。但不幸的是，现代主流经济学却往往无视经济学的这种特性而片面向自然科学"攀亲"，试图使经济学不断地"硬"起来，从而热衷于数理模型的构建。克鲁格曼就写道："经济理论基本上是一个模型的集合。深刻的见解如果不用模型的形式表述出来，也许暂时能够吸引人们的注意力，甚至吸引虔诚的信徒，但是除非以一种可重复和可传授的方式加以整理，否则它们长久不了。你也许并不喜欢这种潮流；当然，经济学家太轻易忽视没有模型化的思想。然而不管你喜欢也好，讨厌也好，一个思想如果没有套上模型的外套，它的影响很快就会消失。"①

　　问题是，尽管在数理逻辑的严密推理下，现代主流经济学理论的科学性和客观性看似更"硬"了，但是，这却如弗里德曼的"假设不相关"理论一语道破的，理论越精致反而越远离真实世界了。泡勒马尔凯科斯就指出，"硬科学的方法使定律和简单概括的形式化，它的目的是为了理解甚至预言经验或实验现象。当定律与观察结果相矛盾时，人们要对定律进行修改、甚至放弃它们。通过观察与实验不能证伪的定律，既不能解释也不能预言新现象"。②一个明显的例子是，现代主流经济学人不仅不能预测到经济危机的爆发，而且在爆发后还极力为这种破坏性的经济危机进行辩护。同时，针对不断高涨的房价，美联储主席格林斯潘在 2004 年声称：全国性的严重的价格扭曲是极端不可能的；美国总统经济顾问委员会主席伯南克在 2005 年则说，房产价格的上升在很大程度上反映了强劲的经济基本面。

　　因此，尽管现代主流经济学强调它的科学性，但根据泡勒马尔凯科斯的见解，当前理论与实践相脱节的状况就明显反映出，现代经济学还是不成熟的，

　　① 克鲁格曼：《发展、地理学与经济理论》，蔡荣译，北京大学出版社、中国人民大学出版社2000年版，第29-30 页。

　　② 泡勒马尔凯科斯："经济学中的个体理性与均衡"，载多迪默、卡尔特里耶编：《经济学正在成为硬科学吗》，张增一译，经济科学出版社 2002 年版，第 211 页。

至少还不是其宣称的那种真正的"硬"科学。在这种情况下，如果片面地强调主流经济学的客观性和科学性，反而会因忽视其内含的缺陷而带来严重的问题。为此，博兰写道："要向以数学为基础的实证经济学的信奉者提出的问题是，你们在最近50年中完成了什么呢？尽管这些信奉者会迅速拿出一张他们已准备好的清单，但一个更好的问题是，运用数学模型建立起来而完成的这些工作中，有哪些是没有数学模型的建立就不能完成的呢？对第二个问题的公正回答是，你们没有完成一项没有复杂数学就不能完成的工作。并且不论你们为第一个问题列举什么，那只不过是你们这些信奉者心目中的成就。"[1]

有鉴于此，笔者认为，现代经济学陷入了发展困境，而其中一个重要原因就在于，它想当然地将经济学的理论研究等同于数学建模。实际上，理论和模型存在根本性不同：理论要揭示事物的内在本质和经济发展的基本规律，而模型仅仅表明某些东西像什么以及变量之间呈现何种关系。尤其是，事物的内在本质和事物之间的因果关系是无法通过数学逻辑或模型加以揭示的。正因如此，现代经济学的数理化发展不仅没有促进理论的进步，反而有所退步。关于这一点，我们可以看两段评论。

其一，法夫罗写道："使得经济学与硬科学最相似的东西——即，数学模型——也是明显地妨碍它成为硬科学的因素：模型是实验的替代品的观点产生了这样的一种幻觉，即这是惟一的方式来理解经济现实。模型的这种性质来自模型技术上的二元论——最大化选择符合个体理性，市场均衡的固定点符合个体间的协调。如果人们承认个体理性问题已经得到解决，这种二元论才能得到理解，反之亦然。作为一种结果，通过把更多的优先权给予状态而不是导致这些状态的过程。换句话说，实质性优于程序性，这种二元论已经编织了当代经济学中保守的工具主义理论。面对它承认的现实与模型之间的差距，这门学科通过使得理想和均衡的概念越来越复杂，越来越远离经济代理人理解他们行为的方式。只要经济学拒绝弱化它的基本原理，拒绝向着导致与协调相关的决策过程发展，它将会继续陷入在它自己的模型陷阱中。"[2]

其二，克拉克在《告别施舍：世界经济简史》中则指出，"上帝创造经济世界的各种规律只是为了和经济学家们开个玩笑，让他们白费力气。在物理学等其他学科领域，知识积累在过去的400多年里稳步增加"，"然而，在经济学

---

[1] 博兰：《批判的经济学方法论》，王铁生等译，经济科学出版社2000年版，第150页。

[2] 法夫罗："经济学及其模型"，载多迪默、卡尔特里耶编：《经济学正在成为硬科学吗》，张增一译，经济科学出版社2002年版，第200页。

领域，人们描述和预测世界经济的能力只是在 1800 年前后达到顶峰"，"此后，经济学变得更加专业化了。不断深化的研究生教育培养了大批对复杂的经济模型和统计方法了如指掌的高水平经济学家。但是，自工业革命以来，我们陷入了一个陌生的新世界。在这个新世界里，华丽的经济学理论在回答普通人提出的经济学问题'为什么有些国家富有而另一些国家贫穷，将来世界各国的经济是否都能很好的增长'时几乎没有说服力"，结果，"我们的经济世界被各种经济学的论文和著作包围。这些论文和书籍不但没能让我们对事物有更清楚的了解，反而更糊涂了"，因而"具有讽刺意味的是，尽管经济学家的劳动并没怎么改善人类的物质生活，经济学家们的收入提高到了前所未有的高度"。[①]

不幸的是，由于在当今日益注重物质利益的社会中经济学的地位日益提高，现代主流经济学也就越来越把自己看成"科学"的代言者，经济学人也往往宣称自己的论断建立在"科学"分析基础之上。实际上，这恰恰体现了经济学科特性的认识扭曲，而这又与现代经济学人的学术态度有关：现代主流经济学深植于凌弱畏强的市侩心理和"被殖民"主义心态。一方面，现代主流经济学人想当然地把经济学看成"硬"知识，而将社会学等看成"软"知识，并产生了一种对社会学及其研究者的蔑视心态。例如，索洛就宣称，"'硬'当然比'软'要好一些。"[②]另一方面，基于自然科学的标准，物理学、生物学等显然又比经济学更"硬"一些，因而经济学家在物理学家、生物学家面前往往又觉得低一头。正因如此，现代主流经济学极力照搬自然科学的研究方法，将数学视为更加稳定、更加精确的学术语言而大肆应用，却不敢对数学语言本身以及它在经济学应用所暴露出来的缺陷进行批判和反思。

---

① 转引自张其仔："经济学不进反退？"，http://zhangqiziblog.blog.163.com/blog/static/1230961912 0099975329299/。

② 斯威德伯格：《经济学与社会学》，安佳译，商务印书馆 2003 年版，第 364 页。

经济学可否被打造成逻辑自洽的公理体系？

——兼论经济理论的基本诉求及其发展转向

> **导读**
>
> 　　由于盲目地照搬自然科学的研究方法导致理论与现实越来越相脱节，现代主流经济学索性抛弃预测和指导实践的功能而局限于解释这一层次上，由此就蜕变成了应用数学的一个分支或自洽性的公理体系。问题是，经济学本身是一门致用之学，理论研究的最终目的是改造世界；相应地，经济学的研究思维不能模仿物理学等自然科学，更不能被视为像几何学那样一套公理体系。正因如此，经济学要取得实质性发展，就面临着方法论的转变，在当前中国尤其如此。

 引言

　　自边际革命以降，现代经济学就日益走上了数理模型化和计量实证化的道路，但到了 20 世纪 80 年代后，计量经济学在预测和应用中却接连遭到重大挫折。为此，主流经济学出现了新的转向：热衷于在象牙塔里进行数理逻辑的推导和数理模型的构造，从而把经济学逐渐发展成一个自我思维的纯粹公理体系。例如，德布鲁在题为"数学模式中的经济理论"的诺贝尔经济学奖颁奖讲演中说："在过去几十年，范围广泛的问题成为一种公理分析的主题，选择原始概念，写出有关它们的假设，利用脱离任何意愿的对原始概念的解释的数学推理从那些假设推导结论。经济理论公理化好处很多。使一种理论的假设完全明确可以对它应用于一个具体情况的程度做出较健全的判断。在发现原始概念的一种新解释时，公理化也可对新问题易于给出答案……由于坚持数学严格性，公理化多次引导经济学家们更深刻理解他们在研究的问题，利用更适合那些问题的数学技术。它已建立稳固的基础，可以由此开始在新方向上探索。它使研究者不必详细询问他们前人的工作。严格性无疑满足许多当代经济理论家的一种智力需要，他们所以为严格而追求严格，但是它也是作为一件有效思考工具的一种理论的一个特点。一种有效理论的两个其他主要特点是简单性和一般性。对于一种理论的设计者而言，它们的美学吸引力又足以使它们本身成为好的目标。但是，它们对科学社会的价值远远超出美学的范围。简单性使一种理论可以被很多研究工作者使用。一般性使它可用于范围更广的一类问题"，"以又一种方式，经济理论的公理化帮助了它的实践者，使它们拥有效率极高的数学语言。它许可它们相互通信，思考，而极大地节约所用的手段。同时，经济学家们和数学家们之间的对话变得更加热烈。"①

德布鲁是布尔巴基主义的代表，他倾向于认为公理化的经济学仅仅是象牙塔里自我思维的形式或概念产物，就像几何学一样，从而并不需要经验材料为依托。基于这一思路，有学者就开始主张重新审视经济学科的性质：经济学本身可以被看成像几何学那样的公理体系，或者直接把经济学归属为应用数学的一个分支，从而并不要求它能够给予经济行为人的行为以及经济作为一个整体的运行以可靠的指导。问题是，经济学果真能够被视为一套公理体系吗？事实上，如果经济学理论不能对社会实践提供任何指导和建议，那么，这种理论又有什么实际意义？而且，人类社会为何要在此投入如此高昂的"稀缺性"智力的、物力的资本？事实上，德布鲁也曾指出："数学和物理学之间的特殊关系产生的利益对于两个领域都是巨大的，但物理学并没有完全皈依数学，也没有听任自身受数学内在的对于逻辑严格追求的支配。实验结果和事实观察是物理科学的基础，它们提供了对理论架构的持续检验，有时会产生明显违背数学演绎的大胆推理论证。在这些方面，经济理论不能以物理理论为榜样。"② 既然有关自然规律的物理学都不能演化为一门公理体系，那么，探究社会经济现象的经济学反而能够被打造成一门自洽性的公理体系吗？为此，本文就经济学这门学科的基本特性及其转变方向作一剖析。

---

① 德布鲁："数学模式中的经济理论"，载王宏昌编译：《诺贝尔经济学奖金获得者讲演集》（中），中国社会科学出版社1997年版。

② Debreu., 1991, The Mathematization of Economic Theory, *American Economic Review*, 81(1): 1–7.

二 有关经济学能否作为公理体系的争论

自 20 世纪中期萨缪尔森出版《经济分析的基础》以及弗里德曼发表《实证经济学方法论》以来，形式主义的数学逻辑和实证主义的科学哲学在经济学方法论中就逐渐占据了主导地位，以致现代主流经济学在很大程度上已经被改造成了一门无视经济现实的"数学科学"。例如，布劳格就指出，经济学家已经把经济学变为一门使用"价格""市场""商品"之类名词的社会数学。经济学之所以逐渐蜕化为一种公理体系，一个重要的哲学基础就是 20 世纪 30 年代后期出现的布尔巴基主义，它强调数学是一个独立的抽象学科，无须任何现实世界的材料输入，数学结构也无须与经验现实吻合，全部数学都应该建立在一套独立于现实的初始公理之上。相应地，布尔巴基主义引入经济学中就形成了这样的观点：经济学无法进行物理学那样精密的受控实验，从而无法通过构造现实的封闭系统为检验数学模型的演绎结果提供可靠的经验基础；因此，经济学就只能依靠理论的内部一致性（Internal Consistency）这一理论评价标准，甚至经济理论的任务就是提供一个逻辑框架，即一个内部一致的句法结构，以便保证当这种句法结构稍后被赋予意义时可以避免逻辑错误。显然，内部一致性只能通过数学形式化方法或公理化方法构建的封闭理论体系或封闭模型来提供，这样，布尔巴基主义就将数学学科的内部相容性标准引入了经济学中，本来作为数学严格标准的内部相容性标准就成了经济学中最重要的严格标准，进而也成了衡量经济理论正确与否的标准，甚至是最高标准。[1]问题是，这一标准是否合理？

（一）布尔巴基主义面临的挑战

尽管布尔巴基主义将内部一致性的数学标准上升为经济学的严格标准和正确标准，但是，这种标准涉及的只是封闭的公理化系统或形式化系统内部的逻辑关系，而避免逻辑错误并不能保证数学方法在分析、解释现实上的正确，也不能保证数学方法的现实相关性。正因如此，经济学的公理化发展尽管受到一些主流学者的欢迎，却遭到另一些非主流学者以及方法论专家的强烈反对。例

---

① 参见贾根良、徐尚："经济学数学形式主义的哲学基础及其缺陷"，《教学与研究》2008 年第 12 期。

如，罗森伯格就认为，经济学并不要求能够给予经济行为人的行为以及经济作为一个整体的运行以可靠的指导，更不应被视为一门经验的科学，相反，它的科学性主要体现在逻辑自洽性上；因此，现代经济学最好被看成数学的分支，是处于纯粹的和运用的公理体系相交的某个地方，"它所致力于研究的是关于抽象关系传递的一系列假定的形式方面的固有属性，如明确界定理性这种技术性观念的公理，就如同几何学致力于确定关于抽象的点和线的形式方面的固有属性一样"。①

罗森伯格之所以有此观点，也正是出于对主流经济学现状的反应，因为"多数的经济学家，像多数几何学家一样，继续进行他们的工作，证明定理，推断结果，根本就不过多地考虑经济学家理论的认知地位问题。对他们来说，真正重要的问题，与几何学关注平行线公设相似，是研究一般市场出清的均衡存在性、稳定性和惟一性的瓦尔拉斯定理是否遵循微观经济学理论的公理这一问题"。② 问题是，主流经济学的现实存在并不代表它的合理性，反而体现了经济学这门学科的异化，是一种扭曲形态。关于这一点，我们可以从以下两方面加以阐述。

一方面，尽管主流经济学常常用自然科学或数学来进行类比，但是，经济学根本就没有自然科学那种特性以及成功的纪录。譬如，就欧几里得几何学而言，它体现了这样两大特性：①关于抽象对象的公理体系，有明确的术语构成，从而是先验的和真实的；②一个关于世界上真实对象的实际空间的认知系统。事实上，在广义相对论被接受之前，欧几里得几何学能为解决地理、测量、工程、机械和天文方面的经验问题提供完全满意的解答；只是自从广义相对论出现以后，我们才开始知道欧几里得三角形存在缺陷，在当代的宇宙论中必须抛弃欧氏几何学而支持某种非欧几里德几何学。与此不同，经济学理论迄今为止都没有获得欧几里得几何学那样的成功。我们从两方面加以说明：①即使不存在具体的欧几里得三角形或欧几里得直线，但它的一些理论的明显适用性却可以通过同样的因素加以说明，如这些因素能说明我们为何使用毕达哥拉斯定理；与此不同，尽管即使不是理性经济人的人们也能运用供求定律，但是，供求定律毕竟不能以毕达哥拉斯定理那样的有用性和精确性来加以应用。②欧几里得几何学有一个理论，即物理学能帮助我们修正和改进它应用的适用性问题，如我们能够计算出任何物理的三角形和欧几里德关于三角形思

---

①② 罗森伯格："经济学理论的认知地位如何"，载巴克豪斯编：《经济学方法论的新趋势》，张大宝等译，经济科学出版社2000年版，第301页。

想之间的偏离量，从而以物理理论来保证他们的正确性；与此不同，我们缺乏这样的理论来帮助改善经济学理论的适用性。当然，从某种意义上讲，心理学（以及其他社会学等）本可提供给人们一个将偏好和预期等经济变量和独立的可识别的心理状态连接起来的桥梁，当我们的预测出错时，心理学能使我们纠正对他们的微观经济预测；但是，现代主流经济学的基本假设已经如此偏离心理学的认知和发展，人类行为的决定因素与经济学的基本假定是如此不同，以致如果要用心理学理论作对应的检验依据的话，那么整个微观经济学都将被放弃。

另一方面，从经验科学到数学的转化就会使经济学失去了科学的本性，因为任何一门科学都必然有其独特目的。一般认为，科学首先必须有认知的目的，是组织提高认知和付诸运用的知识体系；相反，那种纯粹凭借人们如何定义来界定一项为真实的陈述只是同义反复，而不是科学范畴。例如，如果我们定义天鹅是白色或者白色为天鹅的话，那么"所有天鹅都是白色"的陈述就是真实的，而诸如澳大利亚黑鸟等就必须使用其他名字，但这种定义本身不具有科学意义；相反，撇开颜色标准，从解剖学上看，黑天鹅和白天鹅都属于同一种属。为此，琼·罗宾逊说："我们必须用定义来明确我们所指的对象的含义。重要的是避免将逻辑定义混同于自然史的范畴。"[①] 相应地，波普尔强调，数学命题不是科学，因为它们与逻辑重言式一样均属于同义反复，且逻辑永真而不能被证伪，因而不属于科学命题的范畴。从这个意义上，即使像欧几里得几何学已经被标称为空间科学，但称它为科学并不意味着它就是科学，相反，人们往往将公理化方面的进步和几何学的拓展视为数学中而不是科学中的事件。当然，仅仅从是否可检验来确定一个陈述是否为同义反复也存在问题，因为检验往往依赖于陈述所依赖的一系列条件是否得到满足。譬如，经济理论所依赖的条件在根本上就不同于自然科学理论，它的条件往往更复杂，相应地，经济理论的检验方式也不同于自然科学。新康德主义者李凯尔特（H. Rickert）以及马克斯·韦伯等就指出，自然科学是有目的地从具体的特殊事例中进行抽象以期达到揭示其中规律的目的，而社会科学则喜欢历史的细节并使其工作具有意义和价值。正因如此，经济学要体现科学性，既不类似于自然科学，更不等同于数理逻辑。

事实上，尽管现代主流经济学模仿物理学和生物学而采用所谓最大化的极值策略，但正如罗森伯格指出的，"经济学家对极值理论的痴情，在经济学与

---

① 琼·罗宾逊：《经济哲学》，安佳译，商务印书馆 2011 年版，第 2 页。

物理学和进化论的反差面前显得苍白无力。只要极值策略研究纲领在经济学领域内取得哪怕是一丁点儿它在别的领域内取得的巨大成就，经济学家实际上就大有理由坚持这个研究纲领，但是，200年来在这个方向上的工作，既没有产生如物理学家发现新行星那样的新发现，也没有产生像牛顿力学指导下的控制机械运动的机器那样的新技术。经济学家在其领域内也并未取得可以匹敌生物学对'大进化'及其内在的适应和遗传机制的理解那样的深刻洞见。经济理论没有能够取得和其他领域内的极值理论的应用相媲美的成就"。① 相应地，主流经济学花了几代人的时间构建出了优美的一般均衡理论或以此为基础的最优理论，但这种均衡或最优的条件在现实生活中根本就不可能存在，从而也就无法进行验证。

因此，尽管经济学常被界定为关于稀缺资源配置的科学，但将它称为科学并不意味着它已经成为科学了。究其原因，这些学科的"进步"主要表现在推理上更为严密和表达上更为精练，表现在更为优美的公理化形式，也表现在对于一般结果的更多证实，但并没有更多地关心这些结果的有用性。尤其是，尽管经济学号称要向物理学等自然科学学习而建立起有关人类行为的科学理论，但实际上，它模仿的对象却是一种纯属先验认知系统的数学。究其原因，物理学必须有明确的研究对象，其理论研究也有其明确的认知目的，而数学则仅仅是一个逻辑体系。麦克洛斯基就指出，一般均衡理论家忍受的是对数学的妒忌而不是对物理学的妒忌：证实一般均衡理论化的物理学家，永远不会梦想花费一整代的时间对一个实际的经济体系的存在性、唯一性和稳定性进行纯粹的数学证明。

（二）经济学公理化取向的认识

在很大程度上，很多经济学家也已经看到了经济学的这一"变态"取向，因而他们对这种展示智力的纯粹理论研究进行了强烈的谴责和批判。例如，米洛斯基把这些经济学家称为蹩脚的应用数学家。即使推崇数理模型具有智力挑战性之审美价值的瓦里安也承认，"纯粹的审美考虑不能为经济理论提供一个完整的解释，因为理论在经济学中扮演着一个角色。它不只是一种为学术而学术的智力追求，而是在经济研究中扮演着一个重要的角色……经济学是一门政策科学，同样经济理论对经济学的贡献应该根据经济理论对经济政策的理解和

① 罗森伯格："经济学理论的认知地位如何"，载巴克豪斯编：《经济学方法论的新趋势》，张大宝等译，经济科学出版社2000年版，第301页。

指导的贡献来衡量"。[①]

　　既然如此，西方学术界又是如何理解数理经济模型的呢？一般地，流行的观点有两种：一方面，以瓦里安等为代表的主流经济学家基于把经济学视为数学分支的角度进行理解。在他们看来，当前"经济学理论化的许多工作不包括研究经济规律，不包括形成关于经济形势的明确假说以及对它们的检验，但是包括研究经济模型"。正因为经济学模型既不涉及可预测性，也不涉及规范性，因此，我们就不应该对建立在微观经济学理论基础上的预测持过分相信的态度，也不应该在预测失败时谴责它们。另一方面，以罗森伯格等为代表的非主流经济学家则强调理论模型必须要能够被应用，目前的数理模型之所以失败，原因就在于这些模型是不必要的、虚构的，一些假设也是荒谬的。罗森伯格就指出，瓦里安等的阐述只不过强化了"这个谜，即长期以来，即便是他们主张要进行理解现实世界的尝试，为什么经济学家继续坚持采用带有错误假设的模型，甚至带有完全相同错误假设的模型，而且不只是几十年而是一个多世纪以来"。[②] 法夫罗则认为，经济模型应该兼具上述两种特征：①在应用经济学中模型扮演的角色接近在应用性科学中实验所扮演的角色，在这方面更加强调理论内部的一致性标准，而不考虑计量实证的检验；②模型的反现实主义偏见是与主流经济学中（个体）理性模型化与（个体之间）协调模型化在历史上的分离紧密相连的。

　　而且，尽管瓦里安把现代主流经济学视为一种自洽性的公理体系，但并不认为这是合理的，相反却主张经济学研究的价值在于其应用性。相应地，瓦里安还强调，把经济学与物理学进行对比是一个错误，更好的对比应该是工程学科；同样，把经济学和生物学相比较也是一个错误，更好的比较应该是医学。究其原因，在瓦里安看来，工程学和医学的价值都在于其实际用途，而与方法论没有密切关系，因而经济学也与方法论没有太大关系。问题是，把经济学的理论研究等同于工程学或医学的研究也是有问题的：物理学和生物学为工程学和医学提供了理论基础，那么，什么学科能够为经济学提供理论基础呢？在理论缺乏可证实性和证伪性的经济学中，如果不能对它所研究对象的运行机制有个清楚的认知，我们能指望它会带来所期望的实际效果吗？譬如，正是由于凯

---

　　① 瓦里安："经济理论有什么用"，载多迪默、卡尔特里耶编：《经济学正在成为硬科学吗》，张增一译，经济科学出版社2002年版，第154页。

　　② 转引自法夫罗："经济学及其模型"，载多迪默、卡尔特里耶编：《经济学正在成为硬科学吗》，张增一译，经济科学出版社2002年版，第171页。

恩斯经济学缺乏合理的微观基础而停留在艺术性的操作层面上，当社会环境发生变动之后，它的政策缺陷就充分暴露出来了；相应地，经济学作为工程性的学科这种状况仅仅延续到 20 世纪六七十年代就发生了转变，经济学家又开始返回到新古典经济学的分析框架以探究经济的运行机制问题。

　　显然，这就涉及对经济学之学科性质的理解问题：经济学不能仅仅局限于应用政策经济学这一层次上，相反，必须依赖于理论经济学这一层次为其提供理论和思维指导。进一步地，要做到这一点，经济学的理论基础就不能是像几何数学那样的公理体系，而应是丰富的经验材料，其中包含了人类的主观认知和价值理想，经济学的理论特色在于将经验事实与超验理论结合起来。从西方经济学论文的表现来看也是如此：尽管现代主流经济学用到了越来越复杂的数学符号，但在世界上第一流的经济学期刊上，纯数理模型的文章往往是少数。以《美国经济评论》为例，在 2000 年共出 6 期，不计第 2 期年会文集以及各期中的短文，总共发表了 48 篇论文，一点数据分析都没有的纯数学模型的论文仅有 17 篇。所以，林毅夫指出："我国的年轻经济学者容易以为数学模型就是经济学理论，以追求数学模型的复杂和艰深而自得，忽视了理论是用来解释经验现象的。如果数学模型的推论和经验现象不一致，这样的模型充其量只是数学游戏，不能称为经济理论。"[①]

　　可见，经济学本身是一门理论性和应用性都很强的学科：①就其理论特色而言，这既不类似于物理学等自然学科，也不等同于几何学等之类的公理体系；②就其应用性而言，又不同于工程学，相反具有强烈的伦理学色彩。事实上，尽管当前数理经济学的气势如日中天，并日渐局限于展示其智力的逻辑游戏之中；但是，即使那些从事数理模型构建的学者，最初也是希望他们的推理结论能够对未来经济发展提供某种预测，只不过数理模型日益抽象化使这种预测一再碰壁，因而预测性也就逐渐不再成为模型构建者所关注的重点。与此同时，随着一般均衡模型的建立，主流经济学对纯粹模型构造的兴趣也开始减弱；在这种情况下，出于对理性自负的反动以及经济学在实践应用中的失败，主流经济学转而越来越推崇逻辑实证主义并导致计量经济学的兴起，它试图通过细枝末节的微观实证来为主流经济学的理论框架提供支持。同样，尽管如今的实证经济学也主要局限在解释这一层次上，但它兴起之初也是出于预测和指导社会实践的目的，只不过因其在应用中连连碰壁而逐渐退化为一门解释性的学问。特别是，虽然实证分析因提供了关于现实状况的知识而对一个社会的改

---

① 　林毅夫："经济学研究方法与中国经济学科发展"，《经济研究》2001 年第 4 期。

革实践非常重要，社会政策的制定也往往建立在一定的"客观"实证分析之上；但是，实证分析毕竟是一个手段，而不是目的，它需要为改造社会服务。因此，无论如何实证经济学都不能完全取代规范经济学的地位，因为作为一门本质上属于社会科学的经济学，纯粹的实证分析根本无法提供任何政策建议，从而也就不能提供社会实践的指导。

 # 三 中国经济学研究的基本诉求及其转向

经济学与自然科学存在根本性不同，这可从两方面加以说明：①从本体论上看，经济学理论研究的目的在于试图引导人们有目的的行为而使整个社会迈向更合理的发展道路，并最终提高全体社会成员的福利；②从概念问题上看，经济现象本身不是客观的，经济学理论中必然会包含着某种价值标准，必然包含了提出者的目标。事实上，爱因斯坦就曾指出，"科学不能创造目的，更不用说把目的灌输给人们；科学至多只能为达到某些目的提供手段。但目的本身却是由那些具有崇高伦理理想的人构想出来的，只要这些目的不是死胎，而是有生命的，并且是生命力充沛的，它们就会被许多人所采纳并且向前发展，这些人半不自觉地决定着社会缓慢的进化"；正是"由于这些理由，在涉及人类的问题时，我们就应当注意不要过高地估计科学和科学方法"。[①] 正因如此，我们在评估经济学理论的科学性时，也应该与自然科学有所区别：任何经济现象本身就是人类行为的产物，因而经济学根本就没有独立而客观的研究对象，根本不可能像自然科学那样用实验来积累事实以作为理论建立的材料；同时，经济学理论需要经受越来越多的经验事实之检验，更重要的是要经受当前事实的经验。

然而，现代西方主流经济学却似乎不愿正视这种差异，反而积极承袭自然主义的基本思维：不但把经济现象与自然现象混为一谈，而且也在错误的认识论基础上来理解和探究经济学理论。特别是当前经济学的数理化趋势是20世纪30~60年代计划经济盛行的产物，但在当前经济形势已经发生如此变化的情况下，主流经济学却依然坚持这种建构理性主义的研究方式，就导致学术中不可避免地流行着"理性自负"。正如米塞斯指出的，"我们时代普遍接受的认识论学说并不承认，自然科学研究的事件领域和作为经济学与历史学研究对象

---

① 爱因斯坦："为什么要社会主义"，载《爱因斯坦文集》（第3卷），许良英等译，商务印书馆1979年版。

的人类行动领域之间存在基本差别。人们充满了一些关于'统一科学'的混乱思想，这就是必须根据牛顿物理学研究质量与运动时所依据的方法来研究人类行为。根据这种所谓的研究人类问题的'实证'方法，他们计划建立'社会工程'，这种新技术可以使未来有计划社会的'经济沙皇'能以一种工程师利用技术处理无生命的物质的方式来处理活生生的人"。① 更让人不可思议的是，尽管中国"主流"经济学人对传统的计划经济和行政干预持如此强烈的否定态度，却又极端地拥抱带有深深建构理性主义特质的西方主流经济学。当然，鉴于20世纪下半叶以来建构理性所暴露出来的"致命的自负"，经济学开始将其理论与实践脱钩，并借助演化理性和社会达尔文主义的思维开始利用供求关系为现实进行解释，因而主流经济学成为一门解释性学科。

特别是在当前中国经济学界，那些很少关心和探究经济学性质的海归学人以及受他们引导的那些青年学子如此迷信于经济学的科学性、客观性以及数量化，以致任何基于经济学方法论的深入探究而对当前这种流行主义的研究方式进行反思的工作都会遭到否定和贬斥。正因如此，在当前中国经济学界，以下四个领域似乎成了明哲保身的经济学人之禁区：①对马克思经济学的梳理或正面解释，这会被视为迂腐教条的象征；②对经济学理论中潜含价值观的挖掘，这会被视为意识形态主义者；③对滥用数学和庸俗实证主义的批判，这会被视为分析能力低下者；④对主流经济学"前沿"理论的反思，这会被视为落后狂妄的标志。事实上，这些禁锢正体现了当前经济学研究教条性和僵化性，长期以往也必将会使经济学的理论危机越来越严重。正是由于不满于当前经济学的现状，长期以来，笔者一直致力于上述所有四个方面的思索。究其原因，学问本身乃是"为己之学"，是为了提高自己的认知，而不是向他人的智力显示；显然，如果具有"为己之学"的学术理念，那么，我们就不会人云亦云地被人牵着走，即使在很长时期不被理解也会坚持自己的学术之路。其实，那些热衷"前沿"或唯诺贝尔经济学奖"大师"是瞻的学子是否能够扪心自问：我真的相信"不言自明"的定理以及由此推出的结论吗？这些数理模型和实证分析果真提高我对社会的认知了吗？进而，模型构建或数据收集是提高认知的最有效方式吗？因为学问本身乃是"为己之学"，是为了提高自己的认知，而不是向他人的智力显示；否则，我们就会人云亦云地被人牵着走，而缺乏应有的学术反思。

其实，经济学研究根本上是要提高对社会的认知，从而为增进人类的福利服务，显然要做到这一点，经济学就要以具体的社会现实为导向，从而需要朝

---

① 米塞斯：《经济学的认识论问题》，梁小民译，经济科学出版社2001年版。

本土化方面发展；只有这样，才能够真正揭示我们日常经验背后的东西，并导向一个"极高明"的人生和社会理想，从而才可以更优推理地指导我们的实践。当然，经济学的本土化不仅仅是掌握西方主流经济学的理论，而是要有非常广博的知识：不仅要学习现代西方经济学及其各流派，还需要了解整个西方经济学学说发展史，全面地认识西方经济学理论的产生、发展以及相应的社会历史条件；而且，还要了解其他社会学科的发展史，更需要学习中国经济史及经济思想史，要了解中国人的基本思维方式和对社会认知的变化。正因如此，从某种意义上讲，中国经济学的形成和发展，首先是一个思维认知的问题，其次也是一个对中国现状认知的问题；相反，它不是一个普遍性的模型化过程，也不是照搬一些"不言自明"的定理的过程，更不是简单地使用主流经济学的理论和分析框架来解决中国社会的问题。

不幸的是，现代经济学教育几乎把所有实践都花费在主流经济学原理的证明推导以及数学工具的训练上，而经济史和经济学说史越来越受到排斥；与此同时，其他人文社科知识也往往被视若可能危害经济学客观性的玄学而被大加抛弃，更不要说有关中国文化之类的课程了。正因如此，当前的经济学文章充斥了各种数学符号和公式，却没有丝毫的人文性内容，没有社会关怀，更没有中国经济学的理论特色，这也正是当前中国经济学的危机所在。套用一个在日本很流行的术语，当前的经济学界正处于一种"剧场氛围"中：在那里，不善逻辑推理、不清楚经济学的特质以及不知道如何构建有说服力的理论都没有关系；相反，存在的是浅显易懂的意向和情绪，以致那些观看小聪明学术闹剧的观众竟以为他们理解了科学化的经济学而相互传染亢奋，浑然不觉被剥夺了独立思考。张建平则把当前的主要经济学研究视为一种传销，他写道："主流经济学自从瓦尔拉斯创立荒唐的均衡分析之后，到今天已经演变为一个传销骗局。那些被封为或自封为经济学家的人，也分为几种：有悖其诱惑而献身于事业的；有已经感觉到被欺骗但却找不出它的欺骗性根源的；还有已知其谬误所在而一直在继续传销谬误的。因此，主流经济学的传销屋中熙熙攘攘挤满了各色各样的人。传销主流经济学成为他们的生活方式和依靠，如果散去了，自己和大家就什么也没有了。"[1]

可见，正是由于混淆了经济学的性质，当前的经济学研究在某种程度上沦为一种闹剧，它虽然带来了暂时的狂欢，却并不能真正解决问题。正因如此，闹剧听多了也会审美疲劳，荒唐事传多了也会对现实造成冲击，特别是剧场总

---

① 张建平：《西方经济学的终结》，中国经济出版社 2007 年版，第 347 页。

有亮灯的时候，此时人们终究会醒悟：这令人如泣如醉的场景原来根本上就是一场虚幻闹剧，在剧终后，观众往往就会用"扔臭鸡蛋"的方式来发泄他们因受骗而萌生的气愤和不满，甚至还有可能会出现更为激烈的反应。正因为有感于当前这种如火如荼却没有任何实质性认知提高的数理化主流经济学之发展现状，痛惜于那些在其中如泣如醉却对社会毫无所知的学子热情，长期以来，笔者一直努力提防自己也被卷入这种剧场之中；并且，刻意地从局外的角度看待剧场中的种种表演，剖析剧场中那些表演者迎合观众的千奇百态，揭示他们之间相互强化的麻醉状态。尽管笔者清楚地认识到，自己没有能力将正处于亢奋状态中的观众从剧场中拉出来，但也希望闹剧一旦结束这些观众在短时期内就可以认识到现实的情形，而不致因为茫然无所措而寻找另一个剧场；也就是说，中国的学术终有一天要走上健康发展的轨道，而不总是从一个极端转到另一个极端地重复着恶性循环，就如整个社会的发展轨道一样。笔者的工作也是希望能够缩短观众从剧场的氛围中回归现实的时滞。

四　结语

阿莱在诺贝尔经济学奖颁奖演说中指出，任何科学存在的前提都是能够常规性地提供分析和预测，这不仅对社会科学如此，对自然科学也是如此。[1] 尤其是，经济学本身是一门致用之学，理论研究的最终目的是将现实世界改造成人类的理想世界，这不但与物理学等自然科学存在很大的差异，更不能被视为像几何学那样一套公理体系。然而，现代主流经济学却不愿意将经济学这门学科的性质以及经济学发展的来龙去脉了解得非常清楚，而是热衷于盲目地照搬自然科学的研究方法，热衷于探究经济科学的内在逻辑，只对所谓的客观和科学感兴趣，强调思想的模型化和定量化，而否弃其社会现实意义。例如，针对经济学应该做什么这一问题，萨缪尔森就说，什么都不要做，因为理论世界不同于真实世界，经济学应该待在孤独的学术象牙塔内，只为赢得自我肯定而努力。为此，在1961年的美国经济学会会长致辞中，萨缪尔森不厌其烦地称赞理论经济学而反对政治经济学。但是，正如塞利格曼指出的，萨缪尔森没有看到的一点是，经济学的智慧正体现在对政治现实的洞见之中。[2]

①　Allais M., 1990, My Conception of Economic Science, *Methodus*, 2（1）: 5-7.

②　本·塞利格曼：《现代经济学主要流派》，贾拥民译，华夏出版社2010年版，第441页。

事实上，正是基于逻辑与现实的分裂，现代经济学的理论与现实越来越远，并最终抛弃了预测和指导实践的功能而局限于解释这一层次上，甚至蜕变成为应用数学的一个分支或自洽性的公理体系。马克思曾指出，"哲学家们只是用不同的方式解释世界，问题在于改变世界"。[①] 显然，这句话同样适合当前主流经济学各流派的现实情形及其实质要求：经济学家们只是用不同的方式解释世界，而问题在于改变世界。事实上，认识和解释世界也是为改变世界以符合人类的需求服务的，任何改造世界的努力都首先必须对改革的方向、目标以及被改革的现状及相应环境有个清楚的认识。这有两点需要加以说明：①由于认知视角和改革目标不同，认识和改变世界必然都会打上个人的印记；②我们在改造世界时固然要提防理性的自负，但是，如果没有"改造"世界这一根本目标——不管是个体直接展开的改造行为还是通过知识的传播来间接促发他人展开的改造行为，那么，学术探究以及学者本身必将丧失其存在的意义和"合法"性。

同时，正是由于现代主流经济学日益流于形式而偏离了基本的研究目的，经济学理论研究的有用性在不断下降。森的早期论文《预测与经济理论》就从寻找经济学为什么总是预测失误的原因出发，对经济学的基础理论和方法论做出深刻的反省和批判。在森看来，预测经济现象具有两大难点：预测个人选择的复杂问题和预测无数人在社会中相互作用的复杂问题。但是，现代主流经济学却将人在社会中的相互作用抽象为"一般均衡"这一概念，而个人选择则被约化为以谋私利为目标的极大化原理，支撑对这两个复杂社会问题做如此高度抽象表述概括的便是"理性"行为假说。显然，正是由于"均衡"概念无法描述社会中的相互作用问题，以谋私利为目标的极大化原理根本不足以正确表述人的选择问题，因而经济学从理论上就注定要预测失误；特别是盲目崇拜抽象约化的方法论，追求建立在不合理假定条件下的逻辑精确，其实根本是不科学的学科研究方法论。[②] 事实上，尽管目前建立在一般均衡理论的经济学研究往往要运用到各种联立方程等模型，这比早期基于局部均衡的经济学要复杂得多；但迄今为止的经济计划实践中，所有那些投入到恒等方程和联立方程的判断技巧之中的巨大努力几乎都落空了，在很大程度上，同单一方程相比，这些复杂模型在真正的实践中似乎没有多少区别。

---

① 马克思："关于费尔巴哈的提纲"，载《马克思恩格斯全集》（第 1 卷），人民出版社 1995 年版，第 91 页。

② 参见秦朵："从人格失调想到经济学"，http://qinduo.blog.sohu.com/65701891.html。

第3篇 现代经济学中纯粹计量实证批判

第2篇对偏至的数量经济学进行了反思和批判，本篇进而对偏至的计量经济学展开反思和批判。其实，现代主流经济学之所以引入了大量的数学工具并鼓吹实证分析，其直接目的就是追求自然科学那样的科学和客观。问题是，目前的实证分析果真是客观的吗？这就有待于对流行的实证过程作一剖析。而且，主流经济学把实证分析视为价值中性的，从而把经验科学视为一门实证科学；但显然，实证分析过程往往充满了强烈的价值判断，主流经济学更是以一元化的意识形态为前提。

其实，经济学引入实证分析的基本目的是提高解释、预测和改造实践的能力，但是，无论是在现象解释还是实践指导上迄今为止都很不成功；为此，一些经济学家又试图把经济学限定在解释这单一层次上，并把实证经济学转化为一门解释性学说。但问题是，这种认知不仅与经济学的性质不符，而且基于实证分析的解释也不是客观的。从哲学上讲，计量实证本质上具有强烈的唯实论倾向，它反对科学相对主义，而是强调科学的目的在于解释不变的客体以及隐藏的本质。那么，计量实证果真能够实现这一目标吗？因此，本篇就实证经济学内在的问题作一剖析。

计量经济学是不是一门
客观性学科？
——实证分析中的主观性和规范性探微

导 读

　　基于逻辑实证主义，现代主流经济学强调实证经济学的科学性和客观性，进而综合逻辑实证主义、行为主义和假说—演绎科学模型而确立了现代主义的"科学方法"信条。但是，逻辑实证主义的分析基于特定引导假定这一事实本身就显露出它的主观性，更不要说经济学本身具有强烈的人文性和规范性；同时，也根本不存在什么价值中立的学者，也根本没人可以撇开先入之见的价值观而从事所谓的纯科学研究。因此，实证分析的客观性显然是一种虚构：无论是数据资料的选择还是从分析工具的选择都充满了主观性。而且，尽管主流的实证经济学打着客观和科学的旗号，但实际上，它是建立在一元论的原子个人主义意识形态之上，并在伦理实证主义的价值观下把规范归结为事实。为此，主流经济学根本上就是借对现状的分析和解释来为现存制度和既得利益辩护提供理论支持，这本身就嵌入了强烈的意识形态。

 引言

　　在经济学科诞生之初，经济学研究及其理论就是规范性和实证性的统一。相应地，经济学的研究内容就包含了两个基本方面，即阿马蒂亚·森归纳的伦理学内容和工程学内容；其中，工程学内容主要探讨有关人与自然之间关系的客观规律和自然制度，而伦理学内容则关乎人与人之间的互动关系及由此产生的社会规律和人为制度。然而，为了显示经济学科是一门科学，现代主流的新

179

古典主义经济学刻意地将工程学和伦理学这两方面内容分隔开来，把伦理学问题留给道德学家，而自己只从事工程学这一"客观"问题的研究；尤其是致力于既定制度下个体行为的研究，也即在抽象的条件下研究理性行为者的最大化选择。问题是，这种划分果真有效吗？经济学的分析中没有意识形态因素吗？

从根本上说，伦理学家和经济学家之间的这种分工是站不住脚的，现代主流经济学人之所以偏好于这种自以为是的领域划分，主要源于他们不能批判性地反思他们各自研究方法所隐含的前提。麦乐怡指出，同法律等一样，经济学也是具有意识形态倾向的学说；究其原因，每一种经济学说都包含了特定的价值观念和假定，因而使用任何经济模式所产生的结果和结论也毫无例外地带有其价值倾向。[①] 而且，与社会科学其他分支学科相比，经济学理论所嵌入的意识形态因素尤其明显。究其原因，它要研究"生产什么"和"为谁生产"，就必然涉及社会福利的分配问题，利益本身就是意识形态的范畴。譬如，西方产权理论将科斯中性定理视为纯粹没有意识形态的理想社会状态，但实际上，只要是人类的社会理想，本身就蕴含了人的意识和价值。

然而，在市场原教旨主义信条的支配下，现代主流经济学却想当然地把"生产什么"定位为那些能够获得最高市场利润的东西，而把"为谁生产"则定位为那些愿意出更高价格的人生产；进而，现代主流经济学还将这种生产方式视为普遍的，从而也就是客观的。正因如此，尽管现代主流经济学强调其理论的客观性和价值中立，但实际上，它所有的分析都是以一元论的原子个体主义意识形态为基础的；而且，正是在伦理实证主义的支配下，现代主流经济学利用供求决定的均衡分析来合理化现有社会制度，从而成为维护强势者利益的学说。同时，根本就不存在什么完全中立的学者，从而也就没有渗入意识形态的实证分析。究其原因，每一学者在分析问题时都必须根植于一个特定的背景之中，这就不可避免地会产生各种偏见。既然如此，为什么主流经济学家极力鼓吹经济学的客观性呢？在很大程度上，这与逻辑实证主义的思维有关。为此，本文就此作一深入分析。

 ## 二 现代主流经济学中的客观性内涵

由于不确定的研究对象以及改造世界的研究目的，经济学天然具有强烈的

---

① 麦乐怡：《法与经济学》，孙潮译，浙江人民出版社 1999 年版，第 44 页。

主观性和规范性。一方面，就经济学的主观性而言，任何科学理论都基于特定的引导假定，而引导假定之间是难以通约的，引导假定本身也无法做出优劣的绝对判断；相应地，任何科学理论都具有一定程度的软性特征，任何"客观"都是相对的。特别是这种软性特征明显地体现在经济学理论上，因为它的研究对象具有不同于自然科学的特性。事实上，也正是基于科学的"软性"特征，经济学才能被视为一门科学。另一方面，就经济学的规范性而言，所有的经济理论都侧重于经济关系的某些方面而忽视了其他方面，对于被忽视的方面往往不能做出必要的认识和评估；进而，从社会发展的历史进程或者社会的整体性看，这些被忽略的方面往往具有明显的道德意义，如经济学过分看重物质方面的诉求而没有充分重视其他方面。特别是，主流经济学往往体现为占社会主导地位的阶层的意志和诉求，而刻意地阻碍与其对立的利益集团所推崇的批评性思想观念的传播；因此，现代主流经济学本身总是倾向于维护既定的社会制度，从而带有深深的意识形态。

（一）现代经济学偏好的"价值中立"

现代主流经济学严重混淆了社会科学与自然科学之间的性质差异，而刻意地把自己"装扮"成自然科学那样"客观"和价值中立的科学；为此，它以自然科学为效仿对象，把形式逻辑越严谨、数学化程度越高的理论视为越"科学"的。正因如此，数理经济学急速膨胀。索洛就抱怨说："我的印象是，这个职业中最卓越的、最闪耀的进展似乎认为经济学就是社会的物理学。仅存在一个普遍意义上的关于世界的有效模型。仅仅需要对这一模型进行应用即可。你可以从时间机器中丢弃一个现代经济学家……在任何时候，任何地点，他使用个人电脑，就可以建立起经济理论，甚至不需要知道时间和地点。"[①] 一般地，经济学庸俗化的根本特质就体现在它的现实辩护性，为此，现代主流经济学进一步使用数学工具来构建一种逻辑化市场而为现实市场进行辩护。

同时，尽管热衷于实证分析和模型推导的现代主流经济学宣称自身是价值中立的，但实际上，它只不过是继承了马克思早已批判过的马尔萨斯、萨伊、西尼尔、巴斯夏等庸俗经济学家以及凡勃伦批判过的杰文斯、门格尔、瓦尔拉斯、马歇尔和克拉克等边际效用学派学者的思想和价值。亨特写道："新古典

---

① 转引自霍奇逊：《经济学是如何忘记历史的：社会科学中的历史特性问题》，高伟等译，中国人民大学出版社 2008 年版，第 305 页。

经济学已逐渐采取了深奥的数学分析形式，以至于达到了这样的程度，经济学学生可能花了多年时间仅仅学会了这种分析工具和技巧，并对构成该分析基础的哲学和社会价值观变得一无所知。……深奥的数学'烟幕'并未掩盖这些价值观。但是，这些在现代古典经济学家的作品中模糊的但又是绝对不可缺少的哲学、社会和道德价值观，基本上与明确反映在马尔萨斯、萨伊、西尼尔和巴斯夏作品中的那些观点相雷同。杰文斯、门格尔、瓦尔拉斯、马歇尔和克拉克的作品开始逐渐地掩盖了这些价值观，最终用精确的、雅致的、深奥的数学建造辉煌的丰碑。"①

现代主流经济学之所以强调研究的客观性，主要源于逻辑实证主义对经济学的渗入。其实，自休谟起，学术界就认识到，将基于归纳的实证主义当作科学划界的标准存在严重缺陷，因为它无法满足形式逻辑的一致性；于是，后来西方学术界就通过引入数理逻辑而将之严密化，从而导致了逻辑实证主义的出现。逻辑实证主义把证实的可能性分为经验证实的可能性和逻辑证实的可能性，由此将早期实证主义对事实的信奉延伸到对事实逻辑的信奉，把那些能够被经验事实的直接证实或者被逻辑分析的间接证实的命题都视为有意义和可信的，由此也就实现了数理逻辑与经验主义的结合。显然，正是由于逻辑实证主义在经济分析中引入了数理逻辑，从而也就精确了经济变量间在逻辑上的严格关系；最终，又形成了现代主义的"科学方法"信条：它强调科学的目标在于预测与控制，强调知识来自可重复的实验，从而将实证的与规范区分开来正是方法论的任务。问题是，尽管主流经济学往往强调实证经济学的科学性、客观性，但实证分析果真是客观的吗？为此，我们可以对现代主流经济学所宣扬的客观性作一递进式追问。

（二）经济学对客观性的选择性理解

在达斯顿（Daston）看来，关于客观性的理解有三个角度，"本体论的客观性是关于世界的，机械论的客观性是关于压制普通的人类判断倾向和审美倾向的，而透视法的客观性则是关于消灭个人（或偶尔是团体的，正如拟人论的民族风格类型一样）的特质的"；而"透视法的客观性，既在概念上也在历史上区别于追求现实最终结构的客观性和本体论方面，也区别于禁止在对科学的

---

① 亨特：《经济思想史：一种批判性的视角》，颜鹏飞总译校，上海财经大学出版社2007年版，第323页。

结果所做报道和描述中做出判断和解释的客观性的机械论方面"。[①] 显然，达斯顿的看法推翻了一直将"科学"等同于客观性的普遍认识，客观性的含义本身就是多重的，从而揭示了嵌入数量经济学中的修辞用法。事实上，透视法的客观性本身主要是在 18 世纪后叶的道德哲学中而不是自然哲学中发展起来的，因而它将对客观性的关注重新纳入社会环境和研究者所凸显的民族精神。

当然，现代主流经济学中修辞以及透视法的客观性在某种意义上是与西方社会的自然主义思维相对应的，西方的自然主义将一切自然的和社会的都视为有其内在客观规律的，它都是上帝创世时就定下的。例如，米洛斯基就认为，"客观性这个观念与西方历史上对拟人论和人类中心论的禁止有着密切的关系。它们始自于犹太教与基督教共有的对将人类的属性归因于上帝的批评，并且作为一种对活力论、目的论和自然神学的一种逃避继续进入现在时期"。[②] 然而，正是对于自然哲学的狂热造成主流经济学对"客观性"的追求，并且逐渐把这种客观性导向了机械论的客观性，从而扭曲了对客观性的理解。

事实上，自经济学从古典的"政治经济学"话语体系转向了"经济学"的话语体系之后，由于受牛顿革命和物理学发展的影响，基于新古典范式的主流经济学开始把自然科学视为经济学的发展之路，试图构建像"physics"（物理学）等自然科学那样一种关于人类经济社会运行内在法则的带有"ics"词缀形式的"economics"的"科学"。[③] 为此，大多数经济学家一方面尽量避开伦理判断，另一方面则公开声言要尽量做到"价值中立"。例如，实证主义先驱孔德就宣称，实证主义的"一切本质属性都概括在实证这个词中"，并把"实证"一词解释为具有"实在""有用""确实""精确""相对"等意。同样，逻辑实证主义的倡导者弗里德曼则公开表明，要把经济学构建成一门实证科学，其最终目标是建立一套理论或假说，来对尚未观察到的事物做出有效且有意义的推测。正是在极端强调客观和中立的情况下，20 世纪 30 年代以来，西方经济学就极力模仿自然科学而加速走上了数量化的道路，并在特定的引导假定下试图运用一些一般性的工具和"不言自明"的原理来演绎分析绝大部分的经济学问题；相应地，自 20 世纪 90 年代西方主流经济学被引进中国以来，中国社会那些自称从事"主流"经济学研究的人士就把经济学的科学性和客观性

[①②]　转引自米洛斯基："问题是什么"，载巴克豪斯编：《经济学方法论的新趋势》，张大宝等译，经济科学出版社 2000 年版，第 79 页。

[③]　韦森："经济学的性质与哲学视角审视下的经济学：一个基于经济思想史的理论回顾与展望"，《经济学（季刊）》2007 年第 4 期。

奉若神旨，刻意排斥经济学的思辨性和伦理学内容而强调实证分析，并宣称他们所构建的数理模型和实证分析就是科学（Science），是客观的。

（三）主流经济学宣扬的"客观性"是否存在

在博兰看来，"实证"经济学的根本就是一个修辞学的问题，它往往与"科学的""客观的""描述的"或"理性的"联系在一起。博兰写道："每当一名作者通过声称一项理论为实证主义的理论而赞扬该理论时，他常常是断言它不是某种具有在科学上不能被接受的性质的理论。在这些问题上，什么是可以被接受的，通常是由'科学方法'的流行观点来决定的。"[①] 显然，自启蒙运动开始，欧洲思想家就相信科学是理性思考或逻辑思考的产物，并且遵循培根的观点，一切科学均能被简化为实证证据。这意味着，一切系统化的知识和理论均能被证明是遵循归纳逻辑的。正因如此，长期以来，"任何提出了实证证据或基于实证证据——也即基于这样的观察或假说，它们对人们系统化知识的归纳法证明做出了积极的贡献——的理论，才有资格获得'实证的'这一称号"。[②]但是，现在人们越来越意识到：纯理论不能仅仅以经验为依据，因为归纳本身存在从单称假设向普遍命题进行推理的逻辑缺陷；与此同时，规范不能是离开经验事实的纯粹逻辑分析，不能仅仅是预定假设下的推理结论，否则就成为一个同义反复。这也意味着，无论是实证命题还是规范命题，都无法自动地解决归纳问题，无法解决应然和实然的分裂问题。

正因为归纳问题无法得到根本解决，从而就需要假定前提和假设的真实性；为此，弗里德曼引入了逻辑实证主义：它首先是在一些经验性观察的基础上提出一定的命题，对其接受与否则取决于进一步的证据以及渗透在观察中的理论预设。这样，逻辑实证主义就回避了归纳问题，因而具有强烈的约定主义特征。约定主义强调，科学理论并不是客观真理而是人为选择的产物，人们必须在经验材料的范围中进行科学理论的选择。正是由于基于逻辑实证主义的任何结论都源于某种约定，因而基于不同的引导假定也就形成了不同的解释共同体。同时，正是由于证实或确证标准作为经验科学的合理构想本身都难免成为"约定"和"建议"而无法证实或确证自身，因而逻辑实证主义无论是在解释的逻辑、确证的逻辑还是理论构建的逻辑上都存在着严重的缺陷。事实上，无论是在解释、预测还是指导实践的层次上，基于逻辑实证主义的分析迄今都显得很不成功。劳森指出，"正是这样不加怀疑地依赖于这一推理这一点，使我

---

①② 博兰：《批判的经济学方法论》，王铁生等译，经济科学出版社 2000 年版，第 156 页。

们得以理解最近 50 多年来当代经济学失败的根源所在"。[①] 正因如此，尽管现代主流经济学如此卖劲地推动经济学的数量化进程，但不管数理经济学的模型多么优美或它的推理是多么严密，都不能证明它的解释和预测是可靠的；相应地，盲目地照搬那种客观而定量的计量实证，过度地追求看似客观而严谨的数量分析，不仅没有促使经济学变得更加客观和科学，反而阻碍经济学这门学科的实质性发展。

（四）主流经济学又为何强调其研究的客观性

既然经济学迄今并没有实现所谓的客观性，那么，现代主流经济学又为何如此强调客观性呢？在很大程度上，这与经济学研究对象的退化和研究内容的狭隘化有关。我们知道，古典时期的经济学家努力解释事物发展和社会秩序的内在本质，并根据这种本质来改造社会制度；因此，古典经济学具有非常强烈的规范性色彩，相应地，从古典经济学中衍生出历史主义以及社会主义等流派。但是，新古典经济学却试图撇开这种对事物本质的探讨，而集中说明在既存制度下的个体行为，从而强调经济学的实证方面；特别是随着自然科学的大量引入，在经济学大规模数理化的基础上，主流经济学的分析开始用数学的逻辑来取代人的逻辑，并逐步形成了定式化的分析思维。正是在这种情况下，现代主流经济学强调研究的实证方法，而否认规范分析在经济学中的合理性；强调经济学应该只关注效率问题，而将意识形态、道德等问题视为政治学家、伦理学家等的责任。然而，这种日益狭隘的实证分析并没有真正排除价值观和意识形态；相反，它与实用主义相结合而变得日益庸俗化，乃至蜕化成为现实制度辩护的工具。事实上，在当今主流学术界中，"社会科学家们却毫无例外地赞同他们各自所处的环境的现状。为了保持'价值中立'，他们把占统治地位的价值体系当作既定的"，也就是说，"社会科学中的价值判断，它们大部分是隐含和藏匿的，会以自然科学中的价值判断无可比拟的程度来歪曲对事实的分析"。[②]

同时，为了遵行科学化路径而排除价值和道德因素的干扰，经济学对丰富复杂的人性及其行为作了抽象化处理：复杂的人性被抽象为自利，多样化选

---

① 劳森："一个经济学的实证主义理论"，载巴克豪斯编：《经济学方法论的新趋势》，张大宝等译，经济科学出版社 2000 年版，第 340 页。

② 霍尔瓦特：《社会主义政治经济学：一种马克思主义的社会理论》，吴宇辉等译，吉林人民出版社 2001 年版，第 266–267 页。

择则被纳入理性范畴。正是在抽象人性观的支配下，主流经济学开始强调实证分析，否认规范分析的合理性；而且，随着这种形式主义分析的推广，伦理学方法的重要性在经济学中不断淡化，以至于那些被称为"实证经济学"的方法论不仅在理论分析中刻意回避了规范分析，而且还刻意忽视了人类复杂多样的伦理考虑。然而，不管主流经济学如何刻意地回避伦理因素，但伦理考虑还是能够影响现实社会中人之行为的。一个明显的事实就是，一个人或者一个团体是否可以被认为在追求某种目标的最大化是相对的，它取决于单个行为主体或团体把什么看作可适当控制的变量，以及把什么变量视为可实际操作的手段。正因如此，布隆克就感慨，主流经济学那些无伦理"经济模型的特点已开始极大地改变和限制我们原本对人类的特点和困境的广阔视野。比如，经济学假定的所有的市场行为都是从个人利益出发，及其所'证明'的它在效益上可与公众利益达成一致的观点，这至少会使人们低估仁爱的社会内聚的价值，从而使个人主义到处横行蔓延，甚至出现许多自我利益的反社会行为"。①

可见，正是为了追求所谓的"科学化"，经济学开始强调实证分析和定量研究；而且，为了消除社会现象中的不确定因素，主流经济学基于透视法而模仿自然科学的研究方式。问题是，尽管任何社会科学的发展和完善都要朝科学化的道路迈进，但这种科学绝不能局限于某种特定的狭隘理解，不能简单地以自然科学为摹本；相反，生搬硬套、不加批判地把自然科学领域的思维习惯运用于社会科学领域，只是一种唯科学主义的态度，丝毫没有正确意义上的科学性而言的治学态度。哈耶克强调，"唯科学主义观点不同于科学观点，它并不是不带偏见的立场，而是一种带有严重偏见的立场，它对自己的题目不加思考，便宣布自己知道研究它的最恰当的方式"。② 而且，现代主流经济学将大量应用数学符号和形式逻辑的理性模型和计量分析视为客观的，但正如 Chick 和 Dow 指出的，形式主义并非中性的，因为其假设和公理、方法、应用的逻辑等都存在一定的选择。③ 事实上，即使在自然科学领域，人们也越来越认识到"科学"一词所内含的主观性；更何况在社会科学领域，任何社会现象都不是孤立存在的，都存在与其他现象之间千丝万缕的联系。显然，正是这种拙劣

---

① 布隆克：《质疑自由市场经济》，林季红译，江苏人民出版社 2000 年版，第 118 页。

② 哈耶克：《科学的反革命：理性滥用之研究》，冯克利译，译林出版社 2003 年版，第 6 页。

③ Chick V., 2001, Dow S. C. Formalism, Logic and Reality：A Keynesian Analysis, *Cambridge Journal of Economics*, 25（6）：705–722.

的模仿，导致了现代经济学的理论越来越难以解释现实。为此，米洛斯基就呼吁，"现在是放弃'科学'以解决客观性问题这一思想的时候了，这主要是因为不存在单独的这样的问题要解决"。[1]正因如此，我们必须重新审视主流经济学所宣称的客观性，剖析经济学数量化发展带来的实质性后果。

（三）嵌入在实证分析过程的主观性

正是由于对客观性的强调，计量经济学崛起并不断壮大。事实上，世界计量经济学会章程中就宣称："本学会的主要宗旨是促进致力于将解决经济问题的理论定量和实证定量方法相统一，促进以类似自然科学的建构性和严谨性思维所指导的研究。"[2]问题是，计量实证分析果真是客观的吗？劳森就指出，计量经济学家们在建立和评价自己的"模型"时，往往会频繁地"操作"着数百乃至数千个回归，这显然违背了公认的经典推理理论；尤其是，当将其模型用来预测未被觉察的具体的未来形势时，他们会反复对估计参数值进行专门修改，或加入一些"附加"因素，以便产生"合理的"或"可信的"结果，这显然违背了卢卡斯宣称的"经济政策理论"。[3]卢卡斯就批判指出，计量经济学预测家对可获得数据序列表现出的冷漠、频繁地对经济计量关系做重大修改和重新组装、为达到预测目的而把一些模式用于最新剩余以修改截断估计等，这些做法都与公认的理论不一致。[4]一般地，针对现代主流经济学视为客观并极力推崇的实证分析，我们可以作以下两方面的审视。

首先，现代主流经济学认为，实证分析是以数据说话，而基于数据分析得出的结论是客观的。问题在于，数据本身是死的，而一旦经过人的嘴说出来和经过人的笔写出来，就带上了观察主体的理解，从而就呈现出明显的主

---

① 转引自米洛斯基："问题是什么"，载巴克豪斯编：《经济学方法论的新趋势》，张大宝等译，经济科学出版社2000年版，第81页。

② www.econometricsociety.org/society.asp#constitution.参见巴克豪斯：《经济学是科学吗？现代经济学的成效、历史与方法》，苏丽文译，格致出版社、上海人民出版社，2018年版，第119页。

③ 劳森：《经济学与实在》，龚威译，高等教育出版社2014年版，第4页。

④ Lucas R. J.，1976，*Econometric Policy Evaluation*，A critique，Carnegie-Rochester Conference Series on Public Policy. Elsevier，1976.劳森：《经济学与实在》.龚威译，高等教育出版社2014年版，第66页。

观性。主观性在当下流行的计量分析中体现得尤其严重。胡佛（Hoover）等写道："所有经济学家都同意：现实是复杂的，而我们处理它所使用的工具则要简单得多。经济学家有时处理这一沟壑时会求助非常少量的数据，这样，从'程式化的'的事实开始而发展出了相对简单的理论来加以解释。不幸的是，程式化的事实往往因为太程式化了而无法在那些似是而非的候选理论中进行区别，或者为更精确的量化提供基准。为此，一个替代的分析方法就是，从另一头开始，为（理论）寻找大量的数据。"① 正因如此，目前流行的计量实证研究往往是在给定一个理论框架下，寻找一些理论来证实或证伪它，因而在数据的选择、处理和解释中就可以让研究者自由地发挥，从而就潜藏了明显的主观性。

其次，现代主流经济学强调，经济学根本上要作描述"是什么"的纯粹实证分析。问题在于，纯粹的实证根本没有任何意义，而任何基于政策目的的实证都被打上了深深的意识形态。例如，作为微观经济学理论核心的一般均衡理论，就是与西方政治哲学所确立的众多策略中最吸引人的部分——社会契约相适应；正如罗森伯格所说，主流经济学家之所以热衷于一般均衡理论，也就是"因为他们已经相信它已经把市场作为一种社会体制加以接受的最佳契约论理论的一部分"，而"不是因为他们相信一般均衡理论在关于解决活动的描述性和预见性精确说明方面会有所提高"。② 正因如此，琼·罗宾逊和伊特韦尔在1973年出版的《现代经济学导论》中就写道："经济学包括三个方面或者起着三种作用：极力要理解经济是如何运转的；提出改进的建议并证明衡量改革的标准是正当的；判断什么是可取的，这个标准必定涉及道德和政治判断。经济学绝不可能是一门完全'纯粹'的科学，而不掺杂人的价值标准。对经济问题进行观察的道德和政治观点，往往同所提出的问题甚至同所使用的分析方法那么不可分割地纠缠在一起，因而上述政治经济学的三要素，就不那么容易保持他们之间的分明界限了。"③ 琼·罗宾逊在1977年的《问题是什么》中又指出，主流经济学在很大程度上受意识形态的错误驱使。即使作为主流经

---

① Hoover K. D., Johansen S. & Juselius K., 2008, Allowing the Data to Speak Freely：The Macroeconometrics of the Cointegrated Vector Autoregression, *American Econon Review*, Vol.98, No.2, PP.251–255.

② 罗森伯格："经济学理论的认知地位如何"，载巴克豪斯编：《经济学方法论的新趋势》，张大宝等译，经济科学出版社2000年版，第290页。

③ 琼·罗宾逊、伊特韦尔：《现代经济学导论》，陈彪如译，商务印书馆2005年版，第5页。

济学家的索洛也承认经济学理论中的价值因素，他说："社会科学家和其他人一样，具有阶级利益、意识形态信念和各种各样的价值观。但是，所有的社会科学研究不同于研究材料强度或血色素分子结构，它们和意识形态、利益与价值的关系特别接近。不管社会科学家是否接受和是否知道这些，甚至是否和它们作过斗争，但他对研究领域的选择、提出的问题、不愿提出的问题、他的研究框架、他的用此法时，都很可能在某种程度上反映他的利益、意识形态和价值观。"[①]

事实上，无论是计量模型的建立过程还是研究者借此说明的问题都潜含了深深的主观性和规范性，基于现代主流经济学框架的实证分析尤其如此。尤其是，无论是模型的构建、数据的选择以及变量关系的确定等，都会产生了明显的伪实证结果。这里从以下几方面加以说明。

（一）主流经济学嵌入了一元化的意识形态

我们知道，流行的实证分析基本都是在主流的新古典—凯恩斯经济学框架下展开的，而这种主流经济学则根基于特定的价值观和分析思维，实证分析则主要是在特定的引导假定下为主流经济学理论提供细枝末节的佐证。正因如此，根本就没有所谓的纯粹实证分析，在西方主流经济学占据支配地位情况下，目前那些实证分析也往往浸含着西方主流社会的意识形态。马兰沃写道："正像整个科学家共同体所认为的那样，评价经济学这门学科的依据是目前学科前沿领域中的研究状况，这些依据应当是不证自明的。"[②]事实上，尽管现代主流经济学强调价值无涉，但并不意味着它不存在意识形态的考虑，而仅仅是要求对它所崇尚的主流社会的价值观"存而不争"。它要求撇开意识形态不作争论，实质上是要求不能对原子主义的物质利益最大化原理提出质疑，这是典型的一元化意识形态。一般来说，任何社会强调不要对诸如意识形态等问题进行争论而呼吁从事所谓的实证研究都是为了加强主流的意识形态，都是为了维护现状，从而也是为了强化强势者或既得利益集团的利益。譬如，主流经济学就是在伦理实证主义价值观的支配下从事实证研究，从而将供求决定的存在视为合理的，但显然，纯粹供求决定的结果必然体现强势者的利益，有助于既得

---

① 索洛："经济学中的科学和意识形态"，载豪斯曼编：《经济学的哲学》，丁建峰译，世纪出版集团、上海人民出版社 2007 年版，第 213 页。

② 马兰沃："经济学与硬科学的攀亲：一种不可避免的、达到终点的尝试"，载多迪默、卡尔特里耶编：《经济学正在成为硬科学吗》，张增一译，经济科学出版社 2002 年版，第 13 页。

利益集团的利益分配。

其实，任何社会科学的理论研究都必须事先存在一个基本目的，也就潜含了特定的价值判断，从而也必然是规范性的。譬如，新古典经济学就试图在"每个人都是理性"的这一引导假定下并借助博弈理论等来论证现存制度的合理性，并进而维护西方社会信奉的个体主义行为模式。同时，正是基于存在即合理的价值观，在面对市场失灵和政府失灵时，现代主流经济学往往想当然地以为市场失灵的危害是较轻的，并且是可以得到缓解的；相反，政府失灵带来的灾祸远比市场失灵来得严重，并且还具有恶性发展的倾向而不能得到缓解。面对这种庸俗化的经济学，不但以马克思为代表的社会主义学派对早期资本主义社会制度的本质作了深入的挖掘，对古典经济学中的庸俗化取向作了深刻的批判；而且，以凡勃伦为代表的早期制度著者以及以马尔库塞为代表的激进学者也对现代资本主义的特征作了充分的揭示，对新古典经济学中的辩护性作了强烈的鞭挞。

（二）实证分析的数据选择具有主观性

计量分析的可信性关键在于数据的可靠性和代表性，为此，每个研究者心中都有一幅他所要得到的并能解决其问题的证据的图景，也即需要一个理想的资料集。一般来说，理想的资料集是，可以得到足够且刚好足够的能使我们回答所面临的问题的信息。但不幸的是，对大多数问题来说，我们能够收集到的真实资料往往并不符合这一理想需要：社会现有的资料或者太多了或者太少了。这样，①当社会给予的资料太多时，就必须对材料进行合理选择；不过，研究者往往为了论证心中早有定数的观点而去刻意地寻找一些相关的数据，即使存在一些明显相互冲突的相关数据也会置那些不利证据于不顾。②当社会给予的资料太少时，人们往往或者使用不足的数据分析，或者使用一些替代材料；显然，如何使用往往取决于研究者的想象和才智，也取决于研究者对待研究和学术的态度。正因为一切数据都是从现实中挑选出来的，而这种选择则是以某一时代的世界观或理论模式为基础的，从而要受到特定群体所持立场的过滤，这导致众多的研究本身就是歪曲的。索洛就指出，"其结果在取得数据之前就已经确定，或者数据被小心地拣选过，以证明某个观点"。① 此外，实证分析所处理的数据无论是从微观调研、机构统计还是实验室实验中获得，这些

---

① 索洛："经济学中的科学和意识形态"，载豪斯曼编：《经济学的哲学》，丁建峰译，世纪出版集团、上海人民出版社 2007 年版，第 212 页。

数据也都渗入了研究者有意识的选择，这样，数据或样本选择也就必然会导致系统性误差。

其实，数据选择中的主观性不仅出现在经济学中，甚至也存在于自然科学的研究中。米托夫就表示，美国国家航空和航天局的科学界在他们的工作中带有一种十分强烈的寻求证实的偏见；多赫提和特温尼发现，被试者在试图评价计算机模拟的人造宇宙的规则时也存在同样的偏见；而辛德和斯沃密总结说，当被试者试图评价一个有外向型的人的描述时，总是去寻找那些外向行为的证据而不是相反。[①] 正因如此，现代主流经济学所谓的纯粹实证研究根本无法把价值判断排除在外。布罗西耶曾指出：“形式主义只能给这种方法带来某种程度上的逻辑一致性。”究其原因，现代主流经济学本身就是根基于特定的引导假定，而引导假定上的差异已经“导致了放弃它们所有关于客观性和科学性的伪装，也使人们认识到这种经济学的形式化明显地掺杂着价值判断”。[②] 譬如，社会福利函数就有多种形式，既可以是加总的，也可以是乘积的，还可以是最大最小值的比较。显然，不同的社会福利函数表达形式反映了人的意识形态：加总的社会福利只关心总量而不关心如何分配，乘积的社会福利则体现了社会平等的要求，而最大最小值比较的社会福利则体现了对贫穷者的关心。所以，豪斯曼和麦克佛森就强调，“即使纯粹的实证经济学，经济学家们也必须考虑所研究的社会和他们自己的道德规范”。[③]

（三）分析模型中的变量选择具有随意性

任何计量模型都包括环境假设、机制设定以及获取结论这三大组成部分，但显然，环境假设和机制设定都需要借助一定的理论，而这个理论往往是研究者偏好并选择的，从而也必然嵌入某种主观性。同时，运用计量工具来探究两个变量之间的关系时也主要集中在这样三大方面：①是否有关系？②关系的强度如何？③关系为何种形式？但同样，这三方面的检验都存在明显的主观性和随意性：第一、二点往往依赖于检验的方法，不同的方法甚至会得出截然相反

---

①　参见古德：“个体、人际关系与信任”，载郑也夫编：《信任：合作关系的建立与破坏》，中国城市出版社 2003 年版，第 45 页。

②　布罗西耶：“经济学作为一门具有实证性和规范性的科学”，载多迪默、卡尔特里耶编：《经济学正在成为硬科学吗》，张增一译，经济科学出版社 2002 年版，第 63 页。

③　豪斯曼、麦克佛森：“经济学、理性和伦理学”，载豪斯曼编：《经济学的哲学》，丁建峰译，世纪出版集团、上海人民出版社 2007 年版，第 226 页。

的关系；第三点则依赖于模型的设定，不同的回归方程往往会得出不同的关系形式。尤其是对社会经济现象进行计量建模尤其困难。①社会因素错综复杂地联系在一起，但基于简约性原则，经济计量模型往往将一些非常重要却无法量化的变量舍掉；因此，变量的选择本身就具有很强的主观性，从而很可能得到荒谬的实证结果。②社会经济现象的研究关键是要揭示因果联系，但流行的计量模型在选择因变量和自变量时往往基于时间先后，这就很可能颠倒了因变量和自变量之间的关系；更不要说，很多变量也很难在时间上显示出来，这是不同计量模型往往随意调换因变量和自变量的重要原因。上述种种都表明，尽管计量实证看似给出了"客观"的数据分析，但其中却充满了非逻辑的因素。

其实，针对当前经济学界的计量实证分析，北京大学计量经济学教授朱家祥就总结了三方面陷阱：①就相关性研究而言，在相关系数和回归分析这一假象的背后往往是，先有变数间的相关性结果，才回头杜撰经济议题。例如，20年前办公桌上有无电脑的一个虚拟变量可以很好地解释工资的差异性，此时由人力资本的投资而提高技能成了这个实证结果的解释；但是，究竟是会操作电脑提高了工资，还是因为工资高（职位高了）才有使用电脑的机会？②为了炫耀方法而勉强套上问题，计量方法这一工具不是用来发掘问题而是用于发表论文的。例如，纳尔逊（Nelson）和普洛瑟（Plosser）的单根文章在1982年发表后，单根检验的计量方法蔚然成风，突然间，什么数列都有了单根；同样，恩格尔（Engle）的方差异质性问世后，几乎到处全有了 ARCH 效果。③数据挖掘，不断重复使用同一数据，运用各种计量模型与方法，直到找出符合自己期望的实证结果为，以致这种屈打成招建立起来的模型全无预测能力。正是因为计量实证的过程中充满了欺骗和误导的行为，如用以偏概全的数据说谎，也应该知道很多经济理论常禁不起数据的考验，如"南郭"经济学家惯于将简单事实复杂化；所以，实证计量的研究者应该怀有"罪人"的心态，要明白数据挖掘的偏误可能会侵蚀实证结果的正确性。① 显然，作为一个诚实的学者，我们必须正视目前实证计量中存在的问题，而不是迷信于这些数据的"客观"分析。

（四）经济学论文中充满了各种修辞

当前，"为己之学"已渐逝而"为人之学"则日隆，经济学研究和论文写作的主要目标不再是为了增进自身的认知，而是为了发表并取得认同；为此，

---

① 朱家祥："计量经济分析的陷井"，http://3pro.blog.sohu.com/30351755.html。

经济学论文就广泛运用文学修辞、隐喻等带有强烈情感色彩的说服方式。麦克洛斯基就指出，一个理论的内在质量与为此提供支持的措辞对它的成功是一样重要的，因为理论往往也需要依赖于其他学者的评价。一方面，任何科学都是一种有目的的写作，其目的在于说服其他科学家，因而科学本身必然会带有某种感情色彩；另一方面，经济学研究本身更是出于应用的目的，是试图对政策产生影响，但在纯粹方法论的基础上很难真正驳倒对立的看法，因而必然会更加自觉地利用其他的修辞方式。为此，麦克洛斯基甚至认为，"区分一个好的经济学家和一个差的经济学家，或者甚至区分老的经济学家和年轻的经济学家，需要额外的关于修辞的综合知识"。他以一般均衡理论为例作了说明，一般均衡本身既不现实也无应用价值，但德布鲁为捍卫这个抽象的一般均衡分析，使用了大量的修辞，诸如"该理论满足了很多为理论而寻求理论的当代经济理论家的智力需求"，"简约而又具有一般性"是"一个有效理论的主要特征"，"它们的美学诉求足以使它们达到对一个理论设计者而言本身合意的结果"，等等。[①]

其实，计量分析之所以得到如此多人的偏好，原因就在于流行的观点往往将计量视为"客观"的，从而计量分析成为增强说服力的一个重要手段。也就是说，计量分析是当前经济学人所使用的一种措辞，这就如各种比喻、故事等一样，只是更为当前学术界所接受。通过对大量经济理论、模型和论文的分析，麦克洛斯基就指出，尽管"经济学家宣称自己论辩的基础是统计推断、实证经济学、操作主义、行为主义或者其他实证主义变种当中的有效内容。他们相信这些就是科学的唯一基础"，但是，他们"在实际所从事的科学工作中，他们不断地论证经济学隐语的适宜性、历史先例的实用性、内省方法的可信性、权威的力量、对称的优美、道德感的召唤等等"；事实上，尽管"严格的实证主义认为，这些东西都是'毫无疑义的'、'非科学的'或'仅仅是一堆意见'而已"，然而，"实证主义者们实际上也不能摆脱对这些议题的讨论。事实上，多数科学讨论，尤其是经济学讨论，都是根源于这些议题的。要是死守着'科学方法'，或者死守着任何原则（诚实、清洗和宽容出外）不放，那就什么也得不到"。[②]

---

① 麦克洛斯基："如何做以及为何要做修辞学的分析"，载巴克豪斯编：《经济学方法论的新趋势》，张大宝等译，经济科学出版社2000年版，第422页。

② 麦克洛斯基："经济学的修辞"，载豪斯曼编：《经济学的哲学》，丁建峰译，世纪出版集团、上海人民出版社2007年版，第355页。

（五）经济学研究也根本离不开价值判断

一般地，只有在纯粹的孤立的个人与自然之间的关系领域，对个人的理性行为的分析才可能是纯粹实证的；相反，只要个体的行为涉及他人，就必然隐含了意识形态的考虑。相应地，经济学的任何问题都必然会涉及社会关系和利益的分配，从而也必然无法做纯粹客观的实证分析。这正如布罗西耶指出的，"从社会学上说，经济理论，无论它是实证性的还是描述性的，都以另一种方式保持着规范性质：根据构建理论使用的概念，它允许人们获得某种关于他们所生活与行动的社会的世界观。换句话说，经济理论是一个表达系统，通过它人们可以思考这个社会及其与它的关系"。[①] 同时，作为实证主义的教父，弗里德曼宣称，"实证经济学在原则上独立于任何特定的伦理立场或价值判断的……实证经济学是，或者说能够成为一门自然科学意义上的'客观'科学"，而"规范经济学及经济学的艺术也不可独立于实证经济学。任何政策结论都必然基于对'做某事而不做另一事'所导致的结果的推测，而推测则必然或隐或显地基于实证经济学"。[②] 果真如此吗？克莱因就写道："弗里德曼无疑会被认为他的'实证经济学'避免了主观评价。实际上，他一直试图把市场配置本身提升为一种价值前提，在他看来，以此为基础的结果是最有效的，或者说，如果不是最有效的话，根据他对经济应该如何表现的看法，这些结果比任何其他配置机制的结构都更可靠。他认为人们应该'相信市场'，因为不论市场有什么缺陷，它总是比非市场机制表现得更好。"[③]

其实，客观性仅仅是经济学努力不断接近的目标，但在现实中却永远不可能达到，更绝非现实的存在。华勒斯坦就写道："客观性可以被看成是人类学习的结果，它代表着学术研究的意图，并且证明了学术研究的可能性。学者们彼此之间竭力地想说服对方相信自己的发现和解释是有效的。他们仰赖于这样一个事实，即他们所适用的方法能够为他人所重复适用。"[④] 因此，针对流行

---

① 布罗西耶："经济学作为一门具有实证性和规范性的科学"，载多迪默、卡尔特里耶编：《经济学正在成为硬科学吗》，张增一译，经济科学出版社 2002 年版，第 64–65 页。

② 弗里德曼："实证经济学方法论"，载豪斯曼编：《经济学的哲学》，丁建峰译，世纪出版集团、上海人民出版社 2007 年版，第 149 页。

③ 克莱因："经济学：配置还是评价"，载图尔、塞缪尔斯主编：《作为一个权力体系的经济》，张荐华、邓铭译，商务印书馆 2012 年版，第 36 页。

④ 华勒斯坦等：《开放社会科学》，刘锋译，生活·读书·新知三联书店 1997 年版，第 98 页。

的"客观实证"观，我们就应该持慎重态度。①社会科学领域的任何理论都无法被彻底证实或证伪，从而根本无法满足自然科学的"还原"和"实证"的要求；②在现实世界中，那些热衷实证分析的学者出于私利的目的还会刻意地利用各种复杂的数理模型在"客观"的伪装下推行自己特定的成见。米洛斯基就指出，对"客观性"的追求，"看起来它应该为经济学家制造特殊的问题，因为在对一个被利益和贪婪所驱使的世界进行描绘的活动中，看起来除了有空洞而虔诚的口头禅之外，似乎没有'客观性'的位置"。①同样，韦森也质疑道："经济学家作为一个'学术人'，其经济学的分析是否能透过他所处社会的文化信念并超越自己潜在的价值观（或言超越熊彼特所认为的那种永远挥之不去且永远伴随着我们的种种'意识形态'）去发现人类社会运行'自然秩序'或言'天道'？"②这意味着，尽管一些"主流"经济学人热衷于打着客观性的幌子，但实际上都是在推行他们自己的主观观点。这正如哈耶克所说："在决定什么样的问题值得回答的时候，就已经涉入了个人的价值判断。"③

可见，尽管现代主流经济学基于逻辑实证主义强调实证经济学的科学性和客观性，认为实证经济学仅仅是对现状的分析和解释，而描述"是什么"是客观的，但是，这种解释并没有真正的说服力。而且，尽管现代主流经济学崇尚研究的客观性和价值中立，但它在根本上并没有撇开先见的价值观而从事所谓纯科学研究。①基于逻辑实证主义的分析和解释本身就是在特定的引导假定之下进行的，而特定的引导假定的存在本身就体现了实证分析的主观性；特别是，现代的逻辑实证基本上都是在新古典经济学的框架下进行的，从而带有特定的意识形态。②每一学者在分析问题时都必须根植于一个特定的背景之中，这就不可避免地会产生各种偏见；因此，根本不存在什么中立的学者，根本无法撇开先见的价值观而从事所谓纯科学研究。③任何纯粹的实证分析都不可能孤立存在，相反总是与特定的应用目的联系在一起；正因为实证经济学和应用政策经济学之间也无法完全隔离，因而实证分析也就必然无法离开主体的价值判断。为此，罗斯巴德就写道："大多数经济学家都嘴上说得好听，不允许以

---

① 米洛斯基："问题是什么"，载巴克豪斯编：《经济学方法论的新趋势》，张大宝等译，经济科学出版社 2000 年版，第 79 页。

② 韦森《经济学的性质与哲学视角审视下的经济学：一个基于经济思想史的理论回顾与展望》，《经济学（季刊）》2007 年第 4 期。

③ 哈耶克："导论：历史学与政治"，载哈耶克编：《资本主义与历史学家》，秋风译，吉林人民出版社 2003 年版，第 2 页。

经济学家的身份做出伦理判断，但在实践中，他们要么漠视自己的职业标准，要么通过精心设计的程序逃避它们。"[1]

 ## 四 尾论：重申现代计量分析的客观性

现代主流经济学人强调实证研究是客观的，但实际上，实证分析的客观性只是一种虚构：无论从数据资料的选择还是从分析工具的选择都充满了主观性。也正是由于实证分析中嵌入了主观性，不同经济学人对同一现象的实证分析往往会得出各种不同乃至截然相反的结论。从根本上说，不仅没有任何"客观的"数据收集和分析，而且也没有任何不涉及价值观的、没有不以政策建议为目的的"科学"的理论建构。正因如此，西方计量经济学界甚至出现了以标题"计量经济学——炼金术还是科学""让我们揭穿计量经济学的骗局"这样的文章。E. 李默（Leamer）则感慨道："搞了三十多年的参数估计后，计量经济学会发现自己已处于严格的监视之下，面临着前所未有的怀疑"，甚至发展到这样的程度，"几乎任何人都不会严肃地看待其他人的数据分析。"[2]

作为一门社会科学，经济学理论本来就是与现实不可分离的，它源于经验材料，又要回到实践中去；而且，理论本身是为了应用而存在，它的价值在于能够指导实践上。正因如此，经济学本身具有强烈的人文性和规范性，它的研究必然需要渗入学者的认知。也即经济学的任何理论、观点乃至分析都存在浓厚的意识形态，在经济学领域把科学理论和"无意义的"形而上学分离开来的做法也是根本不可能取得成功的。无论是从经济学说史还是从现实来看，经济学根本上都是与伦理学不可分离的，任何经济理论都是在一定伦理规范基础上建构起来的，伦理规范是决定实证经济学乃至整个经济学发展的基础。缪尔达尔就指出，"没有任何社会科学或者社会研究分支是'中性的'，或简单地说是'事实的'，实际上也不可能是'客观的'——这里的三个形容词都是在道德和政治评价的基础之上的，研究者必须明确说明自己的价值观。"[3] 然而，为了

---

① 罗斯巴德："人类行为学、价值判断和公共政策"，载多兰主编：《现代奥地利学派经济学的基础》，王文玉译，浙江大学出版社 2008 年版，第 85 页。

② Leamer. 1983, Let's Take the Con out of Economics, *American Economic Review*, Vol.73, No.1, PP.31–43. 转引自劳森：《经济学与实在》，龚威译，高等教育出版社 2014 年版，第 2 页。

③ Myrdal G., 1969, *Objectivity in Social Research*, New York：Pantheon：74.

追求所谓的客观，现代主流经济学却片面强调经济学的数量化，日益精密的数理模型使得经济学理论离现实越来越远；结果，这非但没有促进经济学真正的进步，反而会使经济学偏离增进社会认知这一目的。事实上，流行的实证分析基本上都基于新古典经济学理论框架，把实证仅仅定位于对现象的功能性描述上，只是提供某个角度的解释而不是预测现象，从而也就难以实现指导实践和改造世界这一目的。

同时，经济理论的优劣并不是不可判断的，因为它的最终目的是提高人们的社会认知和社会福利，而这可以且必须通过实践得到检验。正因如此，任何一个能够有效指导实践的理论不能蜕化为单一的意识形态或简单的世界观，否则，简单地将在特定引导假定下的实证结论应用于实践往往会导致灾难性后果。为此，科兰德就强调，在实证经济学和应用政策经济学之间应该有个清楚的界限，当我们把经济学理论应用于具体社会实践时，不能简单地利用实证分析的结果，而是要把"实证经济学理论的认识转化成能够实现社会目标的真实世界的政策，并考虑到真实世界的制度因素，以及政策的社会学和政治学层面"。[①] 然而，尽管主流的实证经济学打着客观和科学的旗号，但实际上它却是建立在一元论的原子个人主义意识形态之上，并在伦理实证主义的价值观下把规范归结为事实；相应地，主流经济学实际上就是借对现状进行分析和解释来为现存制度和既得利益辩护提供理论支持，这本身就具有强烈的意识形态倾向。

为此，马尔库塞指出，尽管实证主义和分析哲学宣称要对语言中的形而上学"幽灵"进行治疗，从而把语言的意义同经验事实和具体的操作等同起来，把既定事实无批判地接受下来，从而把多向度的语言清洗成了单向度的语言；但是，既定的事实并不一定是应该接受的事实，形而上学"幽灵"可能比起对立面更加合理，因为我们的日常语言在一个单向度的社会历史一种早已受到操纵和灌输的语言。相应地，马尔库塞对实证主义和分析哲学中的意识形态倾向进行了深刻的揭露和猛烈的批判，认为分析哲学治疗的任务乃是"一项政治任务"，它对语言的清洗实际上是对大脑的清洗，它的胜利表明了"肯定性思维方式"的胜利。[②] 相应地，波普尔认为，"伦理的（或道德的、或法律的）实证主义通常是保守的，或者甚至是权威主义的……它断言我们必须信赖现存规

---

① 科兰德："通过数字建立的经济学的艺术"，载巴克豪斯编：《经济学方法论的新趋势》，张大宝等译，经济科学出版社2000年版，第51页。

② 马尔库塞：《单向度的人》，刘继译，上海译文出版社2006年版，第153、181页。

范，因为并不存在我们可以为自己找到的更好的规范"。[①]可见，尽管主流经济学强调科学化和客观化，但它的发展反而偏离了这一根本目的：日益精密的数理模型离现实越来越远，经济学也越来越远离其"致用"的诉求。为此，郎达内等就强调，数理经济学面临着"从形式理性的骗局到对实质理性的需要"的转变。[②]

---

① 波普尔：《开放社会及其敌人》（第一卷），陆衡等译，中国社会科学出版社 1999 年版，第 140–141 页。

② 郎达内："科学的多元化：经济学与理论物理学比较"，载多迪默、卡尔特里耶编：《经济学正在成为硬科学吗》，张增一译，经济科学出版社 2002 年版，第 83 页。

流行的计量分析能否
检验经济理论？
——实证主义或证伪主义的逻辑问题

> **导 读**
>
> 　　基于逻辑实证主义来构建经济理论会遇到明显的"休谟问题"：一方面，当检验结果与理论一致时，不能简单地认定理论被证实了，因为还有更多的事实并没有得到检验；另一方面，当检验结果与理论发生差错时，也不能简单地以为原先的理论错了，因为经济理论所依赖的条件根本是不可重复的。其实，经济学理论的发展并不是建立在一次性证实或证伪的基础之上的，而是随着大量新事实的出现，以原范式或纲领被不断修正，或者原纲领"退化"为标志的。因此，经济理论的发展和进步就应该从这样两个方面加以审视：逻辑的完善性和问题的解决度。

 一 引言

　　朴素的经验主义认为，科学始于人类停止思考、开始观察或实验的时候，这产生了孔德将实证主义视为最高阶段的科学发展三阶段论，也导致了逻辑归纳和实证检验在经济学中的兴起。尽管朴素经验主义在兴起之初曾遭到科学界的普遍反对，但随着客观主义和纯科学理论的兴起，主流经济学日益偏重于描述"是什么"的实证分析；尤其是，随着越来越多的数学和自然科学出身者进入经济学界，他们使用日益高深的数学而将传统的归纳主义方法精炼化，由此也就产生了逻辑实证主义。20世纪50年代，弗里德曼将逻辑实证主义思维引入经济学，从而导致实证经济学的兴起。实证经济学强调，一个理论的价值可以通过它在预测上所取得的精确度、覆盖率及一致性等指标来加以考察，而实证科学的最终目的就是这样一种"理论"或"假说"，使之能对尚未观察到的现象做出合理的、有意义的预测。受实证主义思维的指导，20世纪70年代之后，计量实证就逐渐成为主流经济学的基本研究方法，它逐渐排斥了那些形而上的思考。

在现代主流经济学看来，只有实证方法才是科学的方法，只有其得出的结论才是客观可信的。固然，作为社会科学的理论研究离不开对经验事实的观察，计量经济学的目的之一也就在于检验理论能够在多大程度上吻合可以观察到的变量值。[①] 问题是，离开思考和内省的现象观察和计量实证能够"发现"和检验理论吗？显然，尽管现代主流经济学基于逻辑实证主义而极力发展计量经济学，绝大多数经济学人也偏好于从事实证分析，但是，由此来推进经济理论进步却潜含着严重的"休谟问题"：①当检验结果与理论一致时，我们不能简单地认定理论被证实了，因为还有更多的经验事实并没有得到检验；②当检验结果与理论发生差错时，也不能简单地以为原先的理论错了，因为经济理论所基于的多维条件在现实中根本是不可重复的。事实上，"休谟问题"几乎已经成为所有科学哲学家的共识，逻辑实证主义也已经遭到了绝大多数方法论专家们的深刻批判。为此，本文就计量实证在经济学理论的检验发展中的作用作一剖析。

二 计量检验不能证实或证伪经济学理论

受西方主流经济学思维以及逻辑实证主义的支配，当前中国一些经济学人片面地强化实证研究，偏好于数据的处理。但实际结果却是，迄今为止的经济研究严重缺乏理论性，甚至严重误导了中国经济学的理论研究；相应地，中国经济学界对现代理论发展几无实质性贡献，这已经成为当今社会的共识。这可从两方面加以说明：一方面，就理论角度上而言，几乎所有的文章都在模型化新古典经济学所提出的那些基本理论，或者通过一些计量实证的分析为这些理论提供经验支持，从而根本没有新的思想或理论出现；另一方面，从应用角度上讲，这些实证分析文章基本上都是抱着将主流理论套用到具体问题的目的，而很少从问题角度出发来选择更适合的分析方法，从而往往会产生"刻舟求剑"的效果。

---

① 谢拉·C.道：《经济学方法论》，杨培雷译，上海财经大学出版社2005年版，第45页。

在当今经济学界，越来越少有经济学人能够真正去探究理论的根本特征以及理论研究的意义了。其原因也就在于布劳格指出的，"经济学正在变得越来越技术化，这与经济学正在变得越来越抽象、不现实和脱离政策完全是两码事。然而，我认为……在最近的15~10年内，经济学家已经将技术和技术性本身作为研究的目标……更加关注理论计量学而不是应用计量学。……令人吃惊的是，现在经济计量学已经从经济学系中分离出来，这真是个可怕的发展"。[①] 尤其是，在学术大众化时代，学术研究也呈现出强烈的主流化趋势，经济学的流行研究范式也滋生出明显的自增强效应；在这种情况下，主流经济学不但对其他的各种批判充耳不闻、熟视无睹，而且对当前急剧变化的社会环境也是反应迟缓，以致主流经济学的理论危机越来越严重。显然，中国一些经济学人和经济学子如此盲信于主流经济学的研究思维，沉迷于数理模型和计量实证，对基本的经济学直觉却不稍加训练，其必然结果就是，自己反而对社会几乎处于一种"无知"状态。

（一）从归纳谬误到证伪主义

150多年前，休谟就提出了"归纳问题"：从有限数量的特殊事实无法得出普遍性的结论，因为总是存在一个无知领域，它有可能推翻那种自以为是的"一般规律"。一般地，从归纳得出的结论要有意义和具有合理性，就需要满足这样三个条件：①构成归纳基础的观察的数量必须很大；②观察必须在许多不同的条件下可以重复；③任何个人的观察命题都不应当与推导出的定律相冲突。由此，查尔默斯还进一步提出了归纳原理：如果在很多不同的条件下已经观察到大量的A，而且如果所有这些被观察到的A无一例外地具有属性B，那么所有A都具有属性B。

不过，正如查尔默斯指出的，这三个条件也存在问题。譬如，"大量"本身是一个模糊的概念，当前计量经济学文章中所采用的数据算是大量的吗？显然，单篇文章的计量分析根本不能保证归纳得出普遍结论的要求，相反，任何普遍结论的得出都应该基于大量的相关实证文献上，甚至要建立在前人的知识积累的基础上。这也是前面强调的，理论并非来源于直接的实证，而是对他人和前人研究的归纳。查尔默斯也强调，"对科学来说恰当的事实，决不是直接获得的，而是在实践中构造的，它们从某种重要的意义上说是依赖于它们以之

① 转引自斯诺登等：《与经济学大师对话：阐释现代宏观经济学》，王曙光等译，北京大学出版社2000年版，第376页。

为前提的知识，而且，它们要经历修改和替换"。[①]

正因为归纳本身存在逻辑上的缺陷，因而波普尔提出了证伪主义的替代物：理论仅仅是推测性的和暂时的猜想，它们需要接受观察和实验严格且无情的检验，经受不住观察和实验检验的理论必须被排除，并被更进一步的推测性猜想所取代。从科学史来看，科学就是这样通过猜想—反驳机制向前发展的，只有适应性最强的理论才能够生存下来。但是，这种证伪主义依赖于一个标准：存在着一个逻辑上的观察命题或一组命题与另一个假说不一致，那么，该假说就是可否证的；而且，高度可证伪的理论，如果事实上没有被否证，那么就应该比低度可否证的理论更受欢迎。

基于波普尔的证伪主义，我们也就可以审视当下流行的新古典经济学。现代主流的新古典经济学致力于在一系列的假设下构建一般性理论，这就使它的理论很少能够满足被高度否证这一条件。譬如，基于先验而高度的抽象，新古典经济学建立了对人类行为进行分析的一般框架：每个行动都受某种最大化效用的驱使。举个例子，当一个人面临落水小孩呼救的情境时，他可能采取两种行为：救和不救。一方面，如果他选择不救，那么，主流经济学就会强调这是对自私人的明显证明；另一方面，如果他采取了救的行为，那么，经济学同样可以说他本身的效用是"见义勇为"，从而也印证了经济学的自利人假设。无论哪种结果，现代主流经济学都在事后提供了某种"自圆其说"的解释，却无法在事前告诉我们具体的个人究竟会如何行动。

由此可见，新古典经济学的理论学说根本就不符合证伪主义的条件，当然也就面临着科学性的质疑。但试问：现代经济学的文章如此热衷于计量实证，但其中有多少试图通过证伪来质疑新古典经济学呢？新古典经济学又在多大程度上因为承受这种质疑和批判而进行改变呢？正是由于经济理论是主观的，根本无法为所谓的"事实"所证伪，因而这些经济理论每隔一段时间就会再次来临。瓦鲁法克斯写道："在过去300年间，几乎没有一种经济学理论被抛弃。与物理学家集体嘲笑早期某些试图了解自然的行为不同的是，被人遗忘已久的经济学观念可以名正言顺地重返江湖。……例如，当前流行的新（古典）自由主义观点，曾在20世纪五六十年代中期遭到社会的遗弃。它的支持者在当时也被当作极端主义者和疯子。如今，那些主张政府干预经济的人则被边缘化，甚至被当成了专业领域的怪人。"[②]

---

① 查尔默斯：《科学究竟是什么》，鲁旭东译，商务印书馆2007年版，第75页。
② 瓦鲁法克斯：《经济学的邀请》，赵洱岽、刘立纬译，北京大学出版社2015年版，第502页。

（二）经济理论的证实和证伪困境

基于上述分析，我们就不难得出，基于归纳的直接计量实证既不能简单地证实理论，也不能简单地证伪理论。拉卡托斯就提出这样三点理由：①"一切承认感官为知识源泉（不论是源泉之一，还是唯一的源泉）的辩护主义的知识论派别都必然包含作一种观察心理学"，但是，"没有、也不可能有任何不包含预料的感觉，因而观察命题与理论命题之间不存在自然的（即心理的）分界"；②"即使存在这样一种自然的分界……'观察'命题的真值是无法明确决定的：任何事实命题都不能由实验得到证明，命题只能由其他命题导出，而不能由事实导出；不能由经验来证明陈述"；③"即使观察陈述和理论之间存在着自然的分界，即使可以明确地确立观察陈述的真值……即使实验能够证明实验报告，实验的证伪力仍是极为有限的：正是那些最使人钦佩的科学理论无法禁止任何可观察的事况"。① 关于这一点，这里可作进一步的阐述。

一方面，当检验结果与理论一致时，我们不能简单地认定理论被证实了，因为还有更多的事实并没有得到检验。例如，米塞斯就指出，"一个看来与经验并不矛盾的理论也决不能被看作是结论性地确证了的。伟大的经验主义逻辑学家穆勒不能发现客观价值论和经验事实之间有任何矛盾，否则他就不会正好在价值和价格理论急剧变革的前夜宣布，在与价值规律有关的范围内，无论是现在还是未来都没有再留下什么东西需要解释；理论是极为完美的。"② 显然，这也是波普尔证伪主义对传统科学验证方法的批判。波普尔不仅否认归纳逻辑的有效性，甚至也否认进行归纳的可能性，在他看来，归纳仅仅是一种心理幻觉；而且，归纳方法对社会科学理论构建的局限性更为严重，因为社会科学中甚少会出现相同的事例，任何社会科学的理论本身就不是不精确。

事实上，社会科学理论往往有两大要求：①它更注重的是假设的合理性和逻辑的条理性，需要符合逻辑一致性要求，因为社会科学理论本身体现了主体者的认知和观察视角，每个理论本身具有一定的片面性；②理论的合理性尽管也需要经受经验事实的检验，但这更主要是指人类历史实践所积累的大数据，因而历史记录在预设前提的形成和修正中起到重要作用。举个例子，马尔萨斯的人口论建立在他精心的统计调查的基础之上，这包括关于每年结婚人数占总人口的比例，不同国家的出生情况，流行病对出生、死亡和结婚的影响等；正

---

① 拉卡托斯：《科学研究纲领方法论》兰争译，上海译文出版社 2005 年版，第 11-13 页。

② 米塞斯：《经济学的认识论问题》，梁小民译，经济科学出版社 2001 年版，第 29 页。

是在此基础上，他推断在较好的环境中人口趋向于每 25 年增加 1 倍，并评估了在世界欠发达地区及过去和现代欧洲不同国家中人口发展的差异。但是，随着技术的进步、物质的丰富、时代的发展和观念的改变，历史明显给出了新的事实，因而马尔萨斯建立在其统计之上的人口学说以及其他相应的经济理论也就遭受到了否弃。

另一方面，当检验结果与理论发生差错时，也不能简单地以为原先的理论错了，特别是，不能仅仅基于少量、局部的数据就推翻先前理论，因为任何理论都存在着一些不可屏蔽的假设条件。哲学家奎因 1961 年发表了对逻辑实证主义富有挑战性批判的经典文章《经验主义的两个教条》和物理学家杜恒 1962 年的著作《物理学理论的目的与结构》就提出了有关证据不足的杜恒 – 奎因命题（Duhem-Quine Thesis）：确定地证伪一个假设与证实一个假设一样困难，因为每一个假设的检验实际上都是关于所谈论的假设的数据资料的质量、使用的测量仪器以及对检验的特定环境进行规定的附加假设的一个联合检验；如果证伪发生，我们不能将罪过明确地归因于待检验的主要假设。显然，按照奎因的看法，理论本身是一个整体，因而不能单独地验证某一孤立的描述性陈述；相应地，科学知识的公理化不但需要公理而且需要所谓的"推理原则"，或其他使之运用于实践领域的条件。

事实上，几乎所有的科学理论都是由一组全称命题构成的，而并非是由像"凡天鹅都是白的"这样一个单一命题所构成。也即绝大多数理论都存在一些辅助性假定，而检验并不能确定是理论错误还是源于某个辅助性假设条件。米塞斯就指出，"任何先验地相信自己的学说正确性的人总是能指出，对根据它的理论取得成功来说是根本性的某个条件没有得到满足。"[①] 证伪主义提出者波普尔知道这一点，从而规定了许多方法的标准或惯例来防止这种无休止的"免疫策略"：为了避免将来被反驳，可以修改被反驳的理论；但是，只有当这些修改增加了理论的经验性内容，从而使它更容易被证明是假的或者更易检验时，才可以这么做。问题是，包括经济学在内的社会科学理论所基于的条件根本上都是不可重复的，实验室控制的条件也必然与现实相脱节；为此，注重知识继承的积累学派就积极倡导库恩范式，而对波普尔开创的证伪学派进行批判。

当然，拉卡托斯又进一步指出，"（库恩）所说的'常规科学'不过是一个获得垄断地位的研究纲领。但事实上，尽管某些笛卡儿论者、牛顿论者、玻尔论者作了努力，取得完全垄断地位的研究纲领只是极少数，而且也只能在相对短的时期内获得垄断地位。科学史一直是，也应当是一部相互竞争的研究纲领（或者也可以说是'范式'）的历史，而不是，也不应当变成一连串的常规科学时期：竞争开始得越早，对进步便越有利。'理论多元论'要优于'理论一元论'；在这一点上，波普尔和费耶阿本德是对的，而库恩是错的。"[1] 显然，理论的多元存在本身就是对流行的计量检验之反动：少量次数或者局部数据的计量实证无法正视也无法证伪一个拥有丰富内容和严格条件的理论。而且，自然科学中长期处于垄断地位的理论不可多得，而在社会科学中更是从来没有存在过。

可见，基于归纳的简单证实不意味着就能证明理论，纯粹的计量检验也得不出任何实质性的理论，这实际上已经成为学术界的共识。例如，积极将实证主义引入经济学的哈奇森就承认："自本（20）世纪 30 年代以来，经济学家们逐渐认识到在经济学和社会科学领域中很少有，并且经证明也的确没有什么论述应该被庄严地赋予'定律'这一称谓。"[2] 同样，基于归纳的简单证伪更不意味着就能证伪理论。例如，迈克尔·波兰尼就指出，"只要有一个反面的证据就可以反驳一条普遍法则，这是正确的，但是经验只能给我们提供一些显而易见的反常，没有什么精确的规则能告诉我们那些显而易见的反常是否就是事实上的反例。因此，科学陈述的证伪和它的确证一样都不能严格地建立。确证和证伪在程序的形式上都是不确定的"。[3]

同时，如果说迈克尔·波兰尼的论断适合于所有科学研究的话，那么，它对将包含经济学在内的社会科学将会更加适合。究其原因，①经济现象要比一般的自然现象更为复杂，而经济统计数字本身就很少能与经济理论中产生的概念完全吻合；②任何经济理论模型都包含着诸多子条件的假设，而这些假设本身往往就是不现实的。麦克洛斯基就指出，"任何一个假说的检验里，辅助性假设都是必不可少的，由于它们的存在，任何检验都不是决定性的。这不仅仅是多数科学分歧的潜在内含，而且是他们的本质所在，例如：'你的实验没有控制好'；'你没有解决识别问题'；'你采用了均衡（竞争、单方程）模型，非均衡（垄断、500 个联立方程）模型才合乎实际情况。'而且，即使某个待验

---

① 拉卡托斯：《科学研究纲领方法论》，兰争译，上海译文出版社 2005 年版，第 84 页。

② 哈奇森："经济学方法论的目的和方法"，载巴克豪斯编：《经济学方法论的新趋势》，张大宝等译，经济科学出版社 2000 年版，第 39 页。

③ 波兰尼：《社会、经济和哲学：波兰尼文选》，彭锋等译，商务印书馆 2006 年版，第 280 页。

假说可以被孤立出来，假说的概然性质可以使任何决定性检验变成非决定性的"。[①] 为此，琼·罗宾逊指出，"我们无法迫使经济学家把形而上学概念化约为可证伪的术语，也无法迫使大家在可证伪问题上达成一致。所以经济学的一只脚是无法检验的假说，另一只脚是无法检验的口号，经济学只能一瘸一拐地前行。"[②]

 三 经济理论的检验要求及方法发展

上面的分析表明，无论是证实主义还是证伪主义都无法简单地确认或否定一个经济理论。事实上，麦克洛斯基、考德威尔以及汉兹等都指出，波普主义对经济学是一剂太强的药：它们的结构要求是如此之严，以至于一旦把它严格地应用，经济学理论就很少有生存余地。例如，汉兹写道："大胆猜测和严峻检验的方法——证伪主义的方法，经常被经济学家宣扬，然而，在他们的实际研究中却几乎没有什么用处。"[③] 为此，马克卢普对逻辑实证主义作了放松，提出了一种间接的经验检验：对于一个命题（A），联合其他命题（B），从而演绎地推导出一个结论（C）；如果结论（C）在经验上是可观察的，那么命题（A）在经验上也就得到间接证实。所以他认为，经济学能够满足已经退却了的更宽容的（更弱的）经验标准。[④] 后来，弗里德曼又提出基于经验的预测而非基于一次性检验来对理论进行检验的方法。这也意味着，经济学的理论检验是多层次的，进而，基于不同情况对同一理论的检验结果往往相差很大。

（一）对检验结果本身的审视

一般来说，好的理论往往存在严密的因果逻辑，而检验本身则总是有很多偶然性。因此，在理论检验应该注意两点：①在遇到检验结果与理论不一致时，首先要反思检验的方法、数据的取舍以及其他检验程序是否合理，而不是简单地抛弃理论，想当然地以为理论被计量分析证伪了。这包括："统计数据

① 麦克洛斯基："经济学的修辞"，载豪斯曼编：《经济学的哲学》，丁建峰译，世纪出版集团、上海人民出版社 2007 年版，第 361–362 页。

② 琼·罗宾逊：《经济哲学》安佳译，商务印书馆 2011 年版，第 28 页。

③ Hands D. W., 1992, *Test*, *Rationality*, *and Progress*, Rowman & Littlefield Publisher, inc, P.14.

④ Machlup F., 1956, Rejoinder to a Reluctant Ultra-empiricist, *Southern Economic Journal*, (22): 485.

必须满足的条件，它们得以确定和收集的方式，用于推理目的而对其处理和运用得方法，在此基础上决定论点有效性的标准，以及借助它而建立的结论的逻辑特征。"[1] [2]如果确认检验方法、数据等都没问题，则应该反思理论得出的前提假设和逻辑推理是否有所差错，从而进一步完善理论。米塞斯强调，"如果事实没有证实理论，原因也许在于理论的不完善性。所以，理论与经验事实之间的不一致性迫使我们再一次彻底思考理论的问题。但是，只要对理论的再思考没有暴露出我们思考的错误，我们就没有权力怀疑其正确性"。[2]正因如此，波普尔实际上就更为青睐"情境分析"和"环境逻辑"法：当行为者的行为与预期不一致时，经济学家往往不是放弃理论，而是再次检验对环境的描述。同样，考德威尔则强调，情境分析不但是重建经济学实践的重要工具，也是一个是用于所有社会科学的分析方法。

其实，这种对特定实验或观察的反思态度并不仅仅限于社会科学中，在自然科学中也一样，自然科学理论的发展本身很少是遵循证实主义或证伪主义的。譬如，传统牛顿时代的科学家发现一个星体出现明显不符合牛顿的万有引力的"反常行为"时并没有简单地摒弃牛顿定律，而是假定存在另外尚未发现的其他星体的存在，正是基于这一思维，后来陆续发现了多颗星体；而且，即使没有发现新的星体，很多科学家也首先去检验检测的仪器是否有毛病等，只是到了爱因斯坦提出了新的更为成熟的理论，人们才开始把牛顿定律也视为一个特例。查尔默斯就指出，"一个令否证主义者窘迫的历史事实是，如果科学家们严格遵守他们的方法论，那么，那些被普遍认为是科学理论的最好榜样的理论永远也不能得以发展，因为它们在其初期可能就被拒绝了。从任何一个关于经典科学理论的例子来看，无论是在该理论最初被提出来之时还是在以后的岁月中，都可能会发现，有一些可观察断言在那时被人们普遍认可，并且被认为是与这个理论不一致的"；而且，尽管如牛顿的万有引力理论、玻尔的原子理论、麦克斯韦的气体运动理论以及哥白尼的革命都曾遭到初期观察的证伪，但"这些理论没有被拒绝，而它们未被拒绝对科学来说是件幸事"。[3]

（二）从库恩范式到拉卡托斯纲领

①　内维尔·凯恩斯：《政治经济学的范围与方法》，党国英、刘惠译，华夏出版社 2001 年版，第 219 页。

②　米塞斯：《经济学的认识论问题》，梁小民译，经济科学出版社 2001 年版，第 28 页。

③　查尔默斯：《科学究竟是什么》，鲁旭东译，商务印书馆 2007 年版，第 115 页。

正是基于科学发展史与证伪主义不相符这一事实，库恩提出了取代波普尔证伪主义的库恩范式。库恩认为，在成熟科学中，工作不是致力于提出假说、检验假说然后过渡到下一个问题或猜想；相反，某个科学共同体开始都遵循某个单一的范式，该范式框架内进行研究的人都在从事常态科学，只有当该范式结构被另一种范式结构所取代，才会出现革命性的科学进步。当然，范式总会遇到一些难题，这包括：或是应当有解但实际上不可解决的问题，或是一个有关联但不受欢迎的结果，或是一个矛盾，或是一个荒唐的行为，而这本身正是由于范式本身扩展所造成的。不过，一次反常往往并不是真实的，因而对某一理论的一个偶然的反例可能是一个棘手的事例，但并不会动摇人们对范式的信心。

一般地，只有当所有的尝试都归于失败时，反常才构成危机，从而导致了范式的转换和理论的发展。库恩写道："没有哪种理论能解决在某一给定时间内所面对的所有问题。而且已经取得的解决方式也常常是不完满的。相反，任何时候，正是现存的有论据的理论一致性的不完善和不完美才解释了作为常规科学特征的许多困惑。如果任何及每一次关于一致性的失败都是理论被抛弃的理由，那么所有的理论都应该被抛弃。"[1] 显然，按照库恩范式的观点，科学理论的发展往往不是伴随着观察数量和观察种类的增加而得以持续性地发展的，相反，特定的范式在指导观察和实验方面长期发挥作用，而当一种范式被另一种范式取代时，科学理论就发生了革命性作用。库恩的观点在科学哲学界引起了极大的反响，范式理论也深深地改变了科学哲学的面貌，尽管已经只有越来越少的科学哲学家完全接受库恩的具体主张，但后来的方法论讨论几乎都离不开库恩范式这一焦点。

当然，这里不是说不应重视反例的出现。相反，正如布劳格指出的，任何现代经济学理论，除非能对它力图解释的现象做出一系列预言，并且这种预言至少是潜在地可用经验资料确证的，否则，它便没有立足之地，便不可能是第一流的和合理的。而且，正如不断出现的反例终于导致爱因斯坦提出相对论一样，反例的增多也是旧理论面临修正或者被新理论取代的一个明显信号；为此，就需要将库恩范式和波普尔的批判结合起来，这就是拉卡托斯的工作。布劳格认为，拉卡托斯的研究纲领具有两个基本特征：一方面，拉卡托斯的标准要比波普的宽容些，因为它允许研究框架在遇到较小的不一致性时

---

① 转引自豪斯曼："库恩、拉卡托斯和经济学的性质"，载巴克豪斯编：《经济学方法论的新趋势》，张大宝等译，经济科学出版社 2000 年版，第 265–266 页。

随时发展，特别是修正，以便涵括经验的不规则情形；另一方面，拉卡托斯的标准又比波普的更严厉，因为它要求研究框架在解释它的对手能够解释的每个事件的过程中比它的对手提供更好的预测，对于它的对手不能解释的某些新奇事实它能做出预测。[①] 当然，科学范式和证伪主义的结合，不仅是个经验的问题，而且要上升到超验层次，从而就需要依赖人的理性判断和思维。显然，拉卡托斯的科学纲领中就包含了许多"超经验内容"，在拉卡托斯看来，某个研究框架如果不如竞争对手，那它可能没经证伪便被摒弃；相反，某个研究框架即便已经被证明为不正确，但却因为没有更好的有效的研究框架而仍然会得到留用。

（三）证伪主义的多重发展

事实上，任何现实存在的理论都是不完善的，而仅根据特定观察就对理论进行否证的做法则没有考虑到这种不完善性，从而没有对两个都可能被特定事实所否证的理论进行比较；正因如此，要确定理论的进步，单单依靠"是否可证伪"以及"是否已被证伪"这样的条件还是不够的，而是要对相互竞争的理论进行可否证度的比较。正是基于这种考虑，波普尔进一步发展了精致证伪主义：这个新提出来的理论是不是它所挑战的一个理论的可行的替代者？科学进步的基本条件是，一个假说应该比它所要取代的假说更具否证性。这样，精致证伪主义就带来了两方面的思维发展：①它把关注的焦点从单一理论的价值转向相互竞争的理论的相对价值，它要处理的是进步问题而不是真理问题；②它允许我们对面临显见证伪的理论进行修改，甚至可以不顾证伪，而怀着问题在将来会得到解决的希望坚持这些理论。

显然，与朴素的证伪相比，精致的证伪显得过程较为缓慢，但往往更为安全。拉卡托斯写道："假如一个由某些'自然定律'、初始条件、辅助理论（但不包括假定其他情况都相同的条件）组成的科学理论与某些事实命题相冲突，我们不须决定替换哪一部分，不管是明确的部分还是'隐蔽的'部分。我们可以尝试替换任何部分，并且，只有当我们借助于某种增加的内容变化（或辅助假说）而偶然找到了对反常现象的说明，而且自然证认了这一说明的时候，我们才淘汰这一'被反驳的'理论复合体。"[②] 在很大程度上，社会科学理论的预设前提往往就是随着被新出现的经验事实所反驳而得以不断修正的，并且，由

---

① 参见布劳格：《经济学方法论》，黎明星等译，北京大学出版社1990年版，中译本前言。

② 拉卡托斯：《科学研究纲领方法论》，兰争译，上海译文出版社2005年版，第46页。

于经验事实本身就是多样复杂的，从而往往会同时出现沿着不同路径修正的多种理论；在这种情况下，"我们就必须将它们做比较，以便了解它们各自的波普尔所谓的'逼真度'，即它们中每一个理论迄今为止拒绝证伪的程度"。[①]

为此，拉卡托斯还进一步区分了两种证伪主义：方法论的证伪主义和教条的证伪主义。其中，方法论的证伪主义注重把反驳和反证分开，而教条的证伪主义则把两者看成一回事。[②] 拉卡托斯指出，"方法论的'证伪'同独断的证伪是大不相同的。假如一个理论被证伪了，它就被证明是错误的；而假如一个理论被'证伪'了，那么它仍然可能是正确的。假如我们在这种'证伪'之后，真的'淘汰'了一个理论，结果就可能淘汰一个正确的理论，而接受一个错误的理论"。[③]

显然，波普尔后来一系列的文章都表明，他不是教条的证伪主义者，不认为可以通过简单的经验事实来证伪一个具有全命题的理论。为此，布劳格指出，"这种看法是把波普尔打入了拉卡托斯所说的'天真的证伪主义者'之列。但只要稍一细思就会发现，很多自然现象以及全部的社会现象在本质上都有随机性，一个反例只能说明假说有可能不是真的，却不能确定它是假的。故而，如果只根据一次统计检验的失败就抛弃整个理论，必然导致知识上的虚无主义。显然，只有一系列的反驳才能使概率论的支持者不再拥护被反驳的假说"；"如果细读波普尔的著作，就会发现他已经充分认识到了所谓的'韧性原理'（The Principle of Tenacity）——科学家们总是通过引入合适的特异性辅助假说以逃避对其理论的证伪——他甚至认识到了在特定条件下这些维护教条的正面价值"，因而"波普尔是一个'复杂的证伪主义者'，而不是'天真的证伪主义者'。"[④] 进一步地，如果考虑经济现象与认知主体之间的互动关系，认识到经济学理论本身内含的目的倾向，那么我们就可以更好地去辨别一个经济学理论的好坏或者实用性。正因如此，哈贝马斯提出一种"实用主义"观点，建议"通过知识的综合运用来对它系统的验证"来取代波普尔的证伪主义检验。

[①] 布劳格："为何我不是一个建构主义者"，载巴克豪斯编：《经济学方法论的新趋势》，张大宝等译，经济科学出版社 2000 年版，第 150 页。

[②] 拉卡托斯："证伪和科学研究纲领方法论"，载拉卡托斯、马斯格雷夫编：《批判与知识的增长》，周寄中译，华夏出版社 1987 年版，第 140 页。

[③] 拉卡托斯：《科学研究纲领方法论》，兰争译，上海译文出版社 2005 年版，第 23 页。

[④] 布劳格："经济学史中的范式和研究纲领"，载豪斯曼编：《经济学的哲学》，丁建峰译，世纪出版集团、上海人民出版社 2007 年版，第 311 页。

可见，理论的发展并不是基于一次性的检验或证伪，而是以大量新事实的出现导致原范式或纲领被不断修正，或者以原纲领"退化"为标志的。例如，拉卡托斯就写道："经验进步的标志不是微不足道的证实：波普尔正确地指出，这种证实当以百万计。掷石坠地，这无论重复多少次，也不是牛顿理论的成功。但波普尔所鼓吹的所谓的'反驳'也不是经验失败的标志，因为所有的纲领永远都是在大量的反常中成长的。"① 与此同时，即使一些数学模型在特定的时期能够作一些简单的成功预测，这也不意味着该模型具有理论性，或者这个理论是可靠的。譬如，托密勒的地球中心说很好地预测了太阳早晨从东方升起以及傍晚在西方落下的直观现象，其对一般民众而言更具预测优势，但显然，这个理论已经被哥白尼的太阳中心说证伪和取代了。正因为预测的确凿性不代表着理论的正确性，理论也不一定要进行基于直接观察和经验事实的验证，相反，理论的发展往往不是来源于直接的事实而是特定的概念框架。显然，这是对弗里德曼倡导的逻辑实证主义方法论的否定，这也是库恩提出科学范式革命的原因。

既然自然科学理论都会发生既无法被完全证伪也无法被完全证实的现象，那么经济学的理论就更是如此，因为任何经济现象都是具体而独特的。一方面，就证实主义而言，经验检验只起确定理论适用范围的作用，当一种理论由于其假定前提真实而被视为正确理论时，检验能够表明该理论的适用范围，但它们从来不能表明该理论是错误的；另一方面，就证伪主义而言，即使经济学的某些具体理论被经验事实驳倒了，他们也不会把它作为谬误而摒弃，最多对理论作些修正或改变其范围。当然，也并不是说，经验证据是不重要的。例如，考德威尔就把精确预言的反复失误视为必须考虑改变理论的信号而不是抛弃理论的证据。同样，布劳格也强调，对像凯恩斯主义与货币主义、适应性预期与理性预期、人力资本理论与生产假说之类的著名争论的个例研究表明，尽管经济学的检验存在所有这一切问题，尽管任何检验结果的意义都不很明确，但经验证据仍然是现代经济学发展的推动力量。所以，布劳格说，当他在其著作中说主流经济学家贴上了证伪主义的标签时，只是相当简单地说它相信经济理论在最终分析中应该用他们设定要解释的现象的本质内容来评判，甚至更为简单地说它相信用经验检验理论的意义，而并不认为一次反驳就足以推翻一个理论。

---

① 拉卡托斯：《科学研究纲领方法论》，兰争译，上海译文出版社2005年版，第8页。

四 尾论：检验与经济理论进步

　　实际上，尽管现代主流经济学热衷于通过计量检验来发展经济理论，从而刻意地拔高这些计量文章的理论意义，但实际上，流行的实证分析内含了严重的弊端。一方面，一般基于统计的结论都具有严格的限制性，例如，拉弗曲线、奥肯定律、恩格尔定律、工资铁律以及格莱欣法则等都具有严格的适用条件。因此，波普尔强调，我们不能简单地以统计学上得出的趋向来进行科学预测，因为"一种已经持续数百年甚至是数千年的趋向，也许在 10 年内就发生了变化，甚至会比那变化得更迅速"。① 另一方面，由于理论都体现了一定程度的抽象，大多数经济理论本身也都存在众多的没有证实的初始条件。因此，我们不能简单地依靠那些数据的处理得出一般性的理论，也不能简单地就此否定原先的理论。当然，尽管库恩从科学史的角度提出了范式转换和革命。不过，如果把对科学的描述与科学哲学等同起来，就会失去科学的基本特性或区分好坏科学的立足点。为此，拉卡托斯提出了研究纲领的两个进步特性：①导致的新颖预见被确证程度；②提供一种研究的纲领。

　　正是由于一般性科学理论无法通过基于经验材料的归纳而得到，甚至任何传统理论也不能通过实验来进行完全证实或证伪。为此，奥地利学派的经济学家在方法论上大多坚决反对哲学上的实证主义，拒绝使用经验主义的方法来研究经济理论。例如，米塞斯就写道，"人类行动的经验是历史。历史经验并没有提供可以帮助建立理论科学的事实，这些事实也不能同实验室中的实验和观察为物理学提供的事实相比。历史事件总是各种因素和一系列因果关系总和在一起共同作用的结果。在人类行动方面不能进行实验"，相应地，"经济学与经济统计所关心的特殊经验总是指过去。这是历史，就其本身来说不提供将在未来还能得到证明的有关规则性的知识"；因此，"任何一种描述性经济学和经济统计都可以归入历史研究的名下。他们最多只能告诉我们过去，尽管是最近的过去。从经验科学的角度看，现在马上就会变为过去。这些研究的认识价值并不在于从其中得出一些可以形成理论观点的学说的可能性"。② 但不幸的是，尽管米塞斯等奥地利学派学者看到了经济学理论与经验事实之间的相对独立性，

---

① 米塞斯：《经济学的认识论问题》，梁小民译，经济科学出版社 2001 年版，第 329 页。

② 米塞斯：《经济学的认识论问题》，梁小民译，经济科学出版社 2001 年版，英文版序言、德文版序言。

却往往又犯了把理论与经验以及历史极端分离开来的错误。究其原因，他们基本上继承了休谟、康德等倡导的价值与事实之间的二分法，从而反而对理论的发展造成了两种困境：要么是怀疑主义的，要么是唯理主义的，前者夸大了社会科学与自然科学之间的区别，而后者却开始将两者混同了。

既然如此，经济理论又是如何不断发展和进步的呢？一般地，作为一门社会科学，经济学的理论研究根本上体现在对事物本质的认知，这就应该遵循从本质到现象的研究线路，由此也就可以将探究应然的规范分析和解释实然的实证分析结合起来，从而实现认识和改造世界的任务。在很大程度上，经济学的理论发展或科学"进步"就在于如何更好地解决现实中的问题，从而促进社会制度的完善和改进。正是基于这种研究路线，一个完整的经济学理论研究体系必须包含四个层次、两个阶段：第一个阶段是，必须基于一定的方法论对问题进行分析，并在广博知识的基础之上提出自己的观点、看法；第二个阶段是，通过逻辑思维进行条理化以及通过实际应用和实验进行检验，从而最终可以形成科学的理论知识。也就是说，理论是人们对社会事物的系统认知，呈现为一种具有严密逻辑和结构的知识体系；目前经济学界趋之若鹜的计量经济学实际上仅仅是一种检验方法，它属于理论研究的最低层次，甚至根本不是理论性的研究。

由此可见，一个完整的理论研究是系统性的，即使以计量来检验既有理论也应该是多层次的，需要对各个不同维度的检验加以比较和总结。显然，这样的研究根本上也就不是当前专业刊物上 1 万多字的文章所能容纳的，而往往会形成一部系统的专著。正是由于偏重思想和理论的成熟和发展，凡勃伦、加尔布雷思、哈耶克、科斯以及张五常等都更偏重撰写著作而不是发表文章。张五常就说，他的文章如果在学报上发表几乎要被删去 3/4 的内容。然而，现代经济学的流行取向却是炮制一篇篇看似优美但实质上盲人摸象的实证文章，而很少有人愿意花数年时间来写一部体现其对经济理论或经济现实整体认知和思维的专著。究其原因，这种文章不需要做前因后果的探索，而仅仅是数据的处理以及简单的结论，从而可以容纳在短小的篇幅之内。问题是，尽管众多经济学人坚持实证主义分析路线而偏好于对流行理论进行"检验"，但这些研究果真与理论有关吗？显然，在过去半个多世纪里，经济理论实质上处于停滞的状态。为此，布劳格就宣称，"（计量经济学）本质上它不能显示出经验性的进步"。①

---

① 布劳格："为何我不是一个建构主义者"，载巴克豪斯编：《经济学方法论的新趋势》，张大宝等译，经济科学出版社 2000 年版，第 163 页。

计量经济学中致命的
"理性自负"
——审视基于实证的现象预测和实践指导

导读

　　应用经济学的基本功能体现在现象预测和社会改造两方面，这也是实证经济学发展之初的基本目的。然而，实证分析却并不能实现这两个目的中的任何一个，乃至基于实证分析的现象预测之可信性和政策指导之可行性都受到严重的质疑。一方面，就现象预测而言，实证分析试图根据现状或过去发展的分析来对未来的走势进行预测，这显然会遇到逻辑一致性问题；另一方面，就实践指导而言，实证分析基于工具主义而简单地把适合特定时间、特定范围以及特定物体的方法或手段运用到其他场合，这不可避免地潜含了工具主义谬误。正因如此，现代主流经济学所强调的应用存在严重的缺陷，究其根源，它混淆了经济学与自然科学之间的学科特征差异，片面强调实证过程的客观性以及实证结果的科学性。

 引言

　　现代主流经济学强调，实证经济学应该实现三个基本目的：解释、预测和指导实践。人们甚至认为这三者是一致的，因为解释仅仅是倒写的预言，而预言的目的则是更好地提出社会政策。但是，从理论逻辑上看，实证分析迄今为止并没有很好地实现这三个目的中的任何一个。①就解释层次而言，实证分析揭示的是功能性联系而非因果性联系，简单地基于变量间的相关性分析而不是深入本体论的探索，这就不可避免地存在解释的合理性问题。试问：基于表象实证分析的解释比其他角度的解释更为合理吗？要知道，影响社会现象的纷繁芜杂因素是根本无法独立开来的。②就预测层次而言，实证分析仅仅描述了过去的常规现象，简单地以现状或过去发展来预测未来走势，就遭遇了逻辑一致性问题。试问：过去的趋势能够反映未来的方向吗？要知道，在经济现象中任何微小因素的变化都可能通过蝴蝶效应而引起巨大的变化。③就政策层次而言，实证分析发现的是统计规律而非经济规律，简单地把适合特定时间、特定范围以及特定物体的方法或手段运用到其他场合，就潜含了严重的工具主义悖论。试问：纯粹的实证分析能够揭示现状中所存在的问题吗？要知道，计量实证并不能揭示事物的内在本质以及相互间的作用机理，从而就没有一个指导社会发展且可实现的理想状态。

尤其是，作为一门致用之学，预测能力是检验经济理论的重要标准。波普尔就曾写道："如果我们有一种可独立检验而又为真的理论，它就会为我们提供成功的预测（并且仅仅提供成功的预测）。"① 同时，社会政策的有效性也建立在合理预测的基础之上。正因如此，计量分析的预测功能为大多数经济学家所强调和推崇，现代经济学为此发展出了日益精密的计量工具，构设了日益复杂的计量模型，大量的计量分析充斥于报纸杂志。问题是，流行的计量分析果真具有可信的预测能力吗？事实上，萨缪尔森对经济计量模型的预测能力就一直表示出高度的怀疑，甚至因此而从未涉及计量经济学领域；而且，"二战"后的历史实践也表明，绝大部分计量模型在精确预测重大事件上都失败了，实践中的指导也往往引导社会走上了错误的方向。这意味着，现代经济学以及主流经济学家充满了"理性的自负"。同样，尽管现代主流经济学往往将实证研究视为客观的，但同时又以此为实践提供政策依据，而政策建议中显然已经包含了价值因素。正如豪斯曼和麦克佛森指出的，"标准的观点承认实证质询的结果可能与政策有关，因为那些结果可显示政策促进或阻碍价值目标的实现。但是如果没有一些预先评价的观点，实证科学的发现无法解决政策或价值的问题"。② 这意味着，现代经济学以及主流经济学家充满了"言"与"实"的冲突。因此，本文就实证经济学的预测功能和实践功能作一剖析。

---

① 波普尔：《猜想与反驳》，傅季重等译，上海译文出版社 2005 年版，第 353 页。

② 豪斯曼、麦克佛森：《经济分析、道德哲学与公共政策》，纪如曼、高红艳译，上海译文出版社 2008 年版，第 349 页。

二 基于实证分析的现象预测是否可信？

自波普尔的证伪主义提出以来，主流经济学就赋予预测在经济理论的检验中以压倒一切的重要性，科学假说的评价完全在于它所包含的预测，而预言的重要性就在于它能验证科学理论。例如，弗里德曼就强调，经济学是一门实证的科学，其任务在于提供一套一般化体系以对环境的任何变化所导致的结果做出准确推测，同时通过衡量它推测的精确度、范围和一致性来评估其表现。按照弗里德曼的看法，实证经济学由语言与实质性假说这两部分构成的混合体。①语言旨在促进"系统而有组织的推理方法"，并提供判断实证科学是否合理的逻辑与事实标准。其中，形式逻辑标准可以判断某种特定语言的完备性和一致性，即这一语言中的命题是正确还是错误；事实标准则可以说明"分析的文件归档系统"中的类别是否具有有意义的经验对应物，即它们是否能被用于分析具体问题中的某个特殊种类。②实质性假说旨在"从复杂的现实中抽象出事物的本质"，并提供实证科学的终极目的以及检验标准。弗里德曼写道："理论应当通过其意在加以'解释'的那类现象的推测力来加以判断。只有事实证据可以表明它是'正确的'还是'错误的'，是可以被暂时'接受'为有效的，还是应被'拒绝'的；也即，终极目标是推测，而唯一合意的检验标准则是将推测与经验相对照。"①

尤其是，自基于假设—推导的数理分析模式遭到挑战后，现代经济学就快速转向了实证研究，试图通过对数据之间的统计和回归分析来为新古典经济学的理论提供经验支持，并由此来为其主张的政策服务，而政策主张又与其预测功能有关。其中的最大推手是弗里德曼。弗里德曼指出，"任何政策结论都必然基于对'做某事而不做另一事'所导致的结果的推测，而推测则必然或隐或显地基于实证经济学。当然，在政策结论与实证经济学的结论之间并不存在一一对应关系"，其中涉及了价值判断问题；尽管如此，"在当前的西方世界，特别是在美国，无偏见的公民之间存在的有关公共政策的分歧，主要的根源于对行动导致的积极结果的不同推测，从原则上说，通过实证经济学的发展，我们就可以消除这些分歧"，例如，"一个明显的而并非不重要的例子就是最低工

---

① 弗里德曼："实证经济学方法论"，载豪斯曼编：《经济学的哲学》，丁建峰译，世纪出版集团、上海人民出版社 2007 年版，第 152 页。

资立法……意见的分歧主要源于人们在推测方面的或隐或现的分析，这些推测的分歧主要涉及'最低工资立法'这个特定手段在实现人民一致同意的目标的功效如何。支持者们相信，法定最低工资能够提高那些工资在最低工资线以下的工人的收入，同时提高某些工资在最低工资线以上的工人门的收入，而不会引起完全失业人口的增加或就业条件的恶化等消极作用，因此可以消除贫困。而反对者们则相信，法定最低工资将使失业人数增加，就业条件恶化，抵消了这项立法带来的就业者工资增加的有益影响，使贫困情况更加严重"。[①]

显然，在主流经济学家看来，通过实证分析的预测，各种价值判断上的分歧就会消失；相应地，经济学的科学特征就在于预测经济的未来，这也是经济学属于实证科学的必然属性。进而，正是基于对经济现象的预测和崇信，现代经济学开发出了一系列计量工具，构设了一个个计量模型，大量的计量分析充斥于报纸杂志。问题是，计量经济学果真具有流行认知的那种预测能力吗？一个明显的例子是，主流的新古典经济学模型几乎没有一个预见到经济危机的出现。事实上，在2008年经济危机爆发之前，货币基金组织首席经济学家布兰查德还认为，经济学家们在认知上已取得了广泛趋同，并能够控制一切现实经济问题。2003年，诺贝尔经济学奖得主卢卡斯在美国经济学会会长就职致辞中宣称，"预防萧条这一中心问题已经被解决"。2004年，前普林斯顿教授、时任美联储委员会委员的伯南克还在庆祝前二十年经济运行的伟大平稳（Great Moderation）表现，并将之归功于经济制定政策的改进。在经济危机爆发之后，这些经济学家又出来说，经济危机只是一个经济周期的必然现象，它通过强制性的市场出清来帮助经济"破坏性重建"。

（一）经济预测不理想的两大原因

应用计量经济学的预测能力为何如此不理想呢？这里从两方面加以分析。

一方面，从计量模型所依据的数据基础看。计量经济学的统计回归分析往往建立在历史数据基础之上，即使它正确地解释过去的变化大势，但也不一定能够预测未来发展。事实上，基于历史或现状的分析来预测未来走势，隐含了其他因素不变的假定。但显然，任何社会经济现象都是众多因素合成的结果，而且每个因素又都是极易变化的；尤其是，这些初始敏感性条件的存在，通过蝴蝶效应的放大往往会产生完全不同的结果。因此，即使计量分析结果忠实地

---

① 弗里德曼："实证经济学方法论"，载豪斯曼编：《经济学的哲学》，丁建峰译，世纪出版集团、上海人民出版社2007年版，第150页。

描述和解释了过去情形，它也并不一定能够正确地预测未来，这里遇到的是预测的逻辑一致性问题。

从经济学说史上看，几乎没有一个计量经济学家预测到经济危机的来临，甚至很少计量经济学家会承认大规模经济危机爆发的可能。譬如，无论是统计学家先驱杰文斯还是美国计量经济学会第一任会长费雪，他们都做过荒唐的预测。同样，计量经济学泰斗弗里德曼也不相信会有经济危机，其货币主义学说自1980年里根上台就受到重视，25年后的2006年11月7日因共和党在选举中惨败而遭到摒弃，10天后弗里德曼逝世，但他没有看到自己不相信的经济危机在不到1年后的总爆发。与此形成鲜明对比的是，一生热衷于经济学之人文和历史分析的凡勃伦却预见到了1929年10月24日爆发的大危机，但他却在8月3日穷困潦倒而死。同样，同时代奥地利学派的米塞斯和哈耶克也预见到了即将发生的经济危机，而他们的基本经济思维就是反对实证主义。

实际上，经济学说史上预见到经济危机并提出告诫的经济学家，如劳德代尔、马尔萨斯、西斯蒙第、马克思、凡勃伦以及奥地利学派的米塞斯和哈耶克等，几乎都是拥有深厚的历史和社会科学功底而不是热衷于数理分析的；相反，热衷于抽象逻辑思维和纯理论构建的李嘉图、萨伊、古诺、杰文斯、瓦尔拉斯等人，却都极力否认大规模经济危机的可能。同样，迄今为止的资料也表明，基于逻辑实证主义的新古典宏观经济学理论在预测方面是非常失败的。那么，为什么会出现这种"吊诡"呢？究其原因有二。

第一，热衷于研究纯经济理论的数理经济学家往往过分扩大了人的理性能力，以致其研究思维为特定框架所限，产生了"一叶障目不见泰山"效果，反而看不清宏观经济学变动。例如，新古典经济学就将研究局限于既定制度下的资源配置，并用边际分析来探究最大化和均衡，这种均衡分析当然也就看不到经济现象内在的矛盾和冲突。事实上，新古典经济学得出的结论与凯恩斯的失业理论之间就是矛盾的，以致布坎南认为，把经济学局限于资源配置层面的新古典经济学"不是推动着而是阻碍着科学的进步"，经济学本质上要研究"人类关系制度"。[①] 相反，那些热衷于经济史分析的古典经济学家则往往基于平均分析来研究经济现象，并借助制度分析来探究这种平均出现的深层原因；正因如此，它可以深刻地揭示不同利益群体之间的冲突，并在一定程度上发现经济活动的一般趋势。

---

① 转引自杨文进：《政治经济学批判导论：体系与内容的重建》，中国财政经济出版社2006年版，第1页。

第二，复杂多变的人类社会现象根本不是可以通过计算理性得以刻画的：①数理模型只能抽象地表达一些简单的社会现象，因而绝大多数的经济问题都是不适合用纯粹的数学逻辑来表达的；②计量模型也仅仅显示过去数字之间的初步联系，反映特定时期事物发展的总体趋势，而根本无法解释事物之间内在的因果关系。事实上，即使经济学家根据世界粮食产量的减少而预测粮价会大幅度上升，但是，他们根本无法确定粮价会上涨到什么程度，更不能预测粮价何时将达到某个价格水平，而简单地预测粮价上涨则根本不需要现代经济学的专门知识。同样，在早期房价上涨中，一些学者不断宣扬房价降上涨到某一价位，但从来没有预测到准确的房价水平，更没有预测到最高位的时间；而在目前房价下跌的情况下，这些学者又出来预测房价将进一步下跌，但跌到何种程度以及何时到达底部的预测却充满了巫术性。

另一方面，从计量模型所依据的理论逻辑看。计量经济学的相关性分析只能关注那些同质的数量间关系，却忽视了无法观察到或者无法量化的结构、机制和力量等因素，而结构、机制和力量等因素的改变将会完全改变事物的性质；这样，应用计量经济学的预测将适合特定时间、特定范围和特定物体的方法或手段运用到其他场合，就必然会造成工具主义悖论。同时，计量经济学的同质性分析将行为者还原为理性的原子个体，却不考虑行为者所面临的不同环境和不同目标，从而就无法预测行为者面临特定情景的具体行为。

第一，正是由于流行的计量模型缺乏结构的变化，往往会得出廉价而无效的结论。例如，基于货币数量论模型，弗里德曼认为货币供给的增加必然会导致物价上涨，并提出以货币数量为目标的宏观经济政策。但显然，这种政策从来没有成功实现过，连弗里德曼本人后来也不得不承认这一点。谢拉·道就指出，"结构变化的可能性往往使预测蒙羞，对公共政策效果的预测需要警惕结构变化的可能性，同时，政府也可以把结构变化安排作为公共政策的一项措施，这项措施需要基于对结构变化效应的预期"。[①]

关于基于计量分析进行预测的荒唐性，我们可以看一则笑话。一位经济学家搭乘一架四引擎飞机由纽约飞往伦敦，途中飞机撞击一个不明物而开始下坠；此时，飞行员告诉乘客们有一只引擎坏了，他们到达伦敦的时间将延迟半个小时；过了一会儿，同样的事情发生了，飞行员又一次告诉乘客第二只引擎坏了，飞机到达时间将延迟一个小时；在后来，事情再一次发生，第三只引擎也坏了，现在飞机到达时间将延迟五个小时。此时，经济学家转过身来对后

---

① 谢拉·C.道：《经济学方法论》，杨培雷译，上海财经大学出版社2005年版，第57页。

排的乘客说："按照这样的比率，如果最后一只引擎坏了，我们会整夜待在这里。"这是嘲讽经济学家的一个笑话。其实，每一次引擎的失灵都造成飞机结构的变动，而第四只引擎的失灵将导致飞机结构在质上的变化，并由此完全改变飞机的性能，而计量经济学家的工具主义思维却根本无法认识这一点。

第二，正是由于流行的计量模型建立在理性分析的基础上，即使它以对行为者的过去行为、性情以及其他特征的观察为基础，也依然无法把握未来的不确定，因为个体总是根据不断变化的环境来重新调整自己的行为动机。在很大程度上，新古典经济学家之所以无法预测经济危机的来临，与其坚持的市场有效理论有关，而有效市场理论又以理性模型为基础，不管过去行为如何，都假设未来的行为是理性的；相应地，极端事件只发生在过去，经济大萧条已经永远成为历史而不会再重演。譬如，布莱克－默顿－斯科尔斯的投资组合风险预期模型只适用于稳定的市场环境，且长期资产管理公司（LTCM）据此取得了骄人的业绩；但它在市场条件不稳定时预测却很不好，而长期资产管理公司坚信该模型有能力消除风险，因而在1998年亚洲金融危机中继续购买，结果以破产告终。

关于计量模型中理性假设的缺陷，我们也可以看一则史库森举的例子。史库森问道："一位宇航员能够知道太阳升起的准确时间，但是有人能预知一个学生早上会几点起床吗？如果他8点上课，那你就会确定他会在7点起床并在8点前达到学校。你或许在几个月的时间内研究过他的作息习惯，并且在他的作息习惯基础上，你会在一定程度上断定他会在7点起床8点上课。但是仍然存在不确定性。如果他生病了或者他的定时钟没有响怎么办？如果他家里有人去世了，他必须待在家里怎么办？可以有无数理由使那个学生没有按你预期的那样行动"。[①] 在这里，预测的关键在于环境，经济学的理性预测往往依赖于稳定的环境。

（二）对经济预测的科学主义误导

基于计量模型的实证分析来进行预测本身就包含着两大逻辑缺陷：①流行的计量分析往往使用线性回归，或者是体现某种固定趋势的回归；但是，现实世界中事物之间的影响往往是非线性的，甚至是跳跃性的，从而就无法为计量分析所刻画和预测。②统计回归分析的对象主要是宏观事态，它基于大数定律得出一般状态，而将任何独特的事件都通过置信区间的设计而排除在外；但

---

① 史库森：《经济逻辑：微观经济学视角》，杨培雷译，上海财经大学出版社2005年版，第234页。

是，经济现象中最为重要的预测事件恰恰是其独特性，如经济危机何时来临等，但这却在计量分析过程中已经被排除了。也就是说，基于经验材料的计量分析所获得的根本上是具有特殊性的统计规律而非普遍性的经济规律，它主要反映变量在数量上的某种相关性，最多体现了特定时间或范围内变化的一种常规大趋势。

问题是，在现实世界中，最有价值的预测恰恰体现在发现事物的变异以及可能造成的危害，而不是陈述一种常规。就当前中国经济发展而言，经济学家应该提供的不是按照以往的经验和数据预测中国每年 8% 左右的 GDP 增长率，而是要预测明年是否会出现大的经济衰退乃至经济危机，但迄今为止还没有什么模型能够对经济危机、金融危机做出成功的预测。事实上，对社会经济现象来说，试图借助一个模型来做出有效且精确的预测，不仅是非常困难的，甚至是不可能的。哥伦比亚大学金融工程学系主任伊曼纽尔·德尔曼就指出，模型无法像理论那样描述或揭示维系世界如何运作的基本原理，而仅仅告诉某个东西很像什么；而且，模型中一定存在简化，从而很可能会省略该事物的某些性质。譬如，有效市场模型将股票价格变化类比于房间里的烟雾扩散并用物理扩散原理来进行计算，但这样的类比存在严重缺陷，因为它以某种形式将人类行为"拟物化"了，从而免除了进行复杂思考的麻烦。问题在于，如果认为人类行为会完全遵守数学法则，从而把有诸多限制的模型与理论相混淆的话，其结果肯定会是一场灾难。因此，德尔曼强调，我们根本不可能发明出一个能够告诉我们股票价格将会如何变化的模型。[①]

致力于对人类行为进行系统分析的是奥地利学派。奥地利学派强调人类行为的意向性和目的性，认为未来事件取决于尚未被创造出来的企业家知识；相应地，只有对干预产生的非协调结果进行定性的、理论的模式预测，这才是可能的。既然如此，我们是否就应该放弃经济分析的预测功能呢？也不是。事实上，我们可以挖掘和发现现实社会经济中存在的问题，剖析这些问题产生的原因，揭示问题不断加重的趋势，从而可以预测未来会爆发危机的可能性。在很大程度上，这也是一种预测，只不过这种预测不是基于抽象模型的随机游走，而是要揭示危机不断累积及爆发的内在机理，从而具有更为强大的解释力和预测力。同时，正是由于发现了现实社会经济中内在的问题以及作用机理，那么就可以在问题爆发之前解决这些问题，从而避免危机的爆发。显然，这正是经济学理论应该关注和探究的课题，这个探究过程需要充分地挖掘事物的本质，

---

① 德尔曼："数学建模如何诱骗了华尔街"，http://mt.sohu.com/20160309/n439873839.shtml。

分析现实的异化，尤其是要分析人类的行为机理，关注人类行为的意向性。

就现代主流经济学而言，它也试图模仿自然科学而把演化生物学视为追随的对象。问题在于，人类社会的演化根本不同于自然生物的演化。一般地，生物的演化往往是被动适应性的，因而可以通过考察自然环境的变化探究它的演化轨迹；相反，人类社会的发展本身是有目的的，它往往可以主动地实施变异和创新，这些都不是数理模型或计量分析所能揭示的。尽管社会经济现象本身如此复杂多变，现代主流经济学却采取了简单化的做法：把经济人视为普遍的行为准则，并用数学化的工具将自身打造成一个自洽性的理论体系。这样，经济学不仅离开了人文的关注，也逐渐离开了演化生物学的基本要求。正如弗里德曼所说，我们把尊重留给马歇尔，但我们追随瓦尔拉斯。正是由于现代主流经济学忽视了经济现象的特性，一群数理能力超群的人热衷于模型构建，从而导致了理论与现实之间就越来越脱节；同时，随着数理模型的缺陷暴露，越来越多的经济学人转向了所谓的实证分析，并以此来进行预测。

显然，大多数经济学论文都严重误解了经济理论的预测性要求：它不是将预测建立在发现问题的基础上，而是建立在对过去数据的计量分析的基础上。尤其是在当前经济学界，越是知识狭隘的人，往往越热衷于基于计量分析进行预测，从而也就留下了一连串的失败记录。在很大程度上，这反映了经济学中浓厚的科学主义自大。譬如，弗里德曼认为，一个理论的好坏取决于该理论的预测能力，这就是基于科学主义的标准。问题是，经济系统中充满了不确定性，尤其是人类行为本身具有难以捉摸的意向性，用反映过去的"统计规律"来预测未来几乎是不可能的。姚洋甚至认为经济预测要比天气预报难得多，因为尽管天气变化中的不确定因素也很多，但天气不会对天气预报做出反应，因而天气预报随着预测技术的改进日益准确；但是，经济预测必须面对能够做出反应的公众，从而永远不可能做到和天气预报一样准确。[①]同时，科学主义的自大使经济学人热衷于将其结论运用到社会实践中，进一步助长了经济学研究中的实用主义和功利主义取向，这对经济发展造成更大的灾难。

更为甚者，功利主义之风的盛行又使经济学人的"实用主义"不是体现在对社会发展的关注上，而是体现在对自身利益的追求上。结果，当前绝大多数的计量实证都不是严谨的，不是对现状的真实描述，而是充满了获取个人利益的功利目的。北大计量经济学教授朱家祥在博客中就调侃说，用计量模型来进行经济预测面临着双重风险：模型的风险与延伸的风险，因此，要在此高

---

① 姚洋："经济学的科学主义谬误"，《读书》2006 年第 12 期。

风险的行业中生存必然要有些手段，这种手段包括：①发布"点预测"（Point Forecast），省略标准差或区间预测的数据；②为了避免立即的窘态，少做短期预测，多进行中长期预测；③如一定要做短期预测，要诀是多预测；④预测的标题要耸人听闻，以获得媒体的青睐，如道琼斯指数3万点，石油价格每桶120美元；⑤评估预测绩效时，使用不对称的成本函数（扬善隐恶的成本函数）；⑥名气不够大的，要避免成为第一个提出预测数据的人；⑦随时准备好，如何在明天解释为什么昨天的预测在今天没有发生；⑧如果没有计量模型可用来预测，计算其他人预测值的平均数；⑨一夜成名的手段是持续发布极端的预测；⑩我最好赶紧住嘴，免得触怒了所有的预测专家。[①]

可见，尽管主流的实证主义者极力强调理论的作用根本上体现在对经济现象的预测上，理论的优劣体现在其预测能力而不是解释能力，但流行的计量分析却并不具有实质性的预测功能。究其原因，①计量分析本身是基于过去的数据，以此来预测未来就会犯工具主义的错误；②计量分析将各种数据平均化而忽视了那些特异性表征，以此得出的只是对实践并无实质用途的常规现象。事实上，史库森就强调，经济学家在预测未来时应该记住两条一般原则：因果原则和不确定原则。[②] 不幸的是，现代经济学人却很少理会这些原则，而热衷于基于实证分析进行预测，结果迄今为止并没有取得预期的成功。例如，2008年爆发的经济危机就没有为任何计量模型所预测到，以致英国女王访问伦敦经济学院时就向经济学家们提出"为什么没有人预见到信贷紧缩"这一"女王难题"。正是由于过去的失败记录，人们还编排不少笑话来嘲笑现代经济学，如经济学家预测出了过去5次衰退中的9次，经济学家随时准备在明天解释为什么昨天的预测在今天没有发生；还有人总结计量经济学的四条黄金定律：大胆地思考，不受限制地创造，出奇地幸运，做不到的话就下决心当一位经济理论家。

 三　基于实证分析的社会政策是否有用？

剖析了实证分析的预测功能后，再来看它的实践应用功能。一般地，尽管基于逻辑实证主义的现代实证分析强化了因变量和自变量之间的逻辑联系，但

---

① 朱家祥："计量预测"，http://3pro.blog.sohu.com/30351755.html。

② 史库森：《经济逻辑：微观经济学视角》，杨培雷译，上海财经大学出版社2005年版，第33页。

是它毕竟不能打通从实然到应然之间的鸿沟，从而无法从中获取政策建议。事实上，即使实证分析果真如实地反映了现状，但这种纯粹的实证有用吗？当然，现代主流经济学本身确实嵌入进了一个先验价值观：基于自然主义来提供"应然"标准，根据自然界的"物竞天择"原理来为社会竞争的结果进行辩护。结果，现代主流经济学往往合理化了实证结果，以实证分析来为现实辩护，为既得利益者服务。然而，尽管主流经济学强调实证分析，强调实证分析的客观性，但它并不是真正严谨的，而是潜藏着深深的价值观。譬如，正是基于这单一的意识形态，现代主流经济学对市场和计划这两类不同的协调机制的比较分析，通常不是建立在所谓的客观标准之上，相反往往刻意地合理化基于纯粹市场运行的实证结果，并以帕累托效率概念来为纯粹市场机制辩护，从而也就根本无力纠正新古典经济学中过分宣扬市场机制的理论教条。

然而，中国社会那些"主流"经济学人往往不去探究新古典经济学范式中潜伏的这一问题，而是极力鼓吹和宣传主流经济学的客观性之噱头；同时，基于中国社会特殊的学术传统以及当前失范的学术制度，"挂羊头卖狗肉"式的实证分析在当前中国经济学界尤其明显，从而给中国实践以及社会制度改革等带来的问题也更为严重。

一方面，伴随着对停留在过于空洞的文字游戏之上的传统马克思主义经济学的否定，源于西方主流经济学的实证研究思维和计量分析方法开始获得了广泛的支持。特别是为了突破原先权威的学术控制，越来越多的青年学人开始转向这种无法得出任何"应然"结论的"实证"分析，并且把这种"实证"视为与传统的"花言巧语"相对立的正确研究方式。但显然，这仅仅是从一个过于强调规范的极端转到另一个崇尚实证的极端，而并没有真正形成一个合理的分析框架。试问，这些"主流"经济学人所从事的那种"纯粹"实证分析究竟能够说明什么问题呢？有多少人能够解释那些充满矛盾的各种实证分析结论呢？

譬如，在微观经济方面，就目前中国经济学界所热衷的企业治理而言，一个典型的流行研究方式是：首先通过问卷调查获得一些数据，其次借助于一些统计软件对这些数据进行分析，再次依据分析结果来解释哪些因素对企业管理或绩效影响最大，最后就是据此提出一些政策建议。但问题是，现实中那些产生重要影响的因素就一定是合理而可信的吗？其中显然存在一个严重的逻辑困境。其实，当前那些没有什么学理性的实证分析所得出的结论往往是众说纷纭，因而根本就无法提供任何有意义的启发和借鉴：有实证分析表明要加大经理人员的权力，但另有实证资料却表明经理人员存在很大的机会主义倾向；有人主张采用股权制或年薪制来强化对经理人员的激励，但另有实证资料却表明这些措施的效果很不理想。同样，产权结构是为了保障企业的健康有序发展，但有谁能说明股权结构应该如何安排以及组织结构应该如何设计呢？股权结构设计的一个基本目的是保护中小投资者的利益和提高企业经营绩效，但现有的实证分析却是千奇百怪：有的实证分析表明股权制衡可以提高公司的价值，有的实证分析却认为股权制衡并不能提高公司的治理效率，有的实证分析认为股权制衡程度高的企业有更差的经营绩效，有的实证分析认为存在一个最优的股权制衡度，而有的实证分析甚至认为存在股权制衡的企业比一股独大的企业有更糟的经营业绩。那么，我们究竟应该如何理解和改进企业的组织结构和股权结构呢？显然，不能简单地照搬一些实证分析，而是要搞明白企业的本质特征、现实目的以及在不同环境下的成员行为特征以及它对企业经营绩效的潜在影响；只有这样，才能发现现有组织中的问题所在，从而有针对地提出改良建议。

事实上，基于纯粹的实证分析不但无法真正解决问题，相反，由此得出政策建议往往是荒谬的。譬如，致力追求所谓的"纯理论"而为新古典经济学奠定基础的牛津大学第一位政治经济学教授西尼尔，就极力强调把政治经济学建设成为一门非价值取向的、中立的实证经济学，认为对财富、善行和制度改革进行讨论不在经济学范围之内，而应留给国会议员去讨论；但同时，他又热衷于为政策开出药方：不仅在几个重要的皇家委员会中工作过，而且也曾从事数量颇为可观的事实调查工作，但其政策主张与其纯经济学理论主张之间形成了一道互为讽刺的风景线。事实上，西尼尔这种脱离实际且不人道的政策主张往往引起后人的鞭笞和嘲笑，熊彼特认为，西尼尔是能干的，但是打瞌睡的时候太多了，也即蠢话说得太多了。[①] 为什么呢？关键就在于，他将经济学理论和政策与其他学科割裂开来。我们扪心自问：当前那些自称"主流"的经济学人不也正是因为蠢话讲得太多而引起广大民众的强烈反感吗？实际上，当前那些"主流"经济学人往往强调所谓的客观和科学，强调经济学的理性分析不能由社会大众的投票决定；正因如此，他们乐意理直气壮地提出一系列有悖于基本人伦的政策建议，但难道经济学的科学性就意味着不道德性吗？

另一方面，由于纯粹的"实证"提供不了对实践的理论指导，于是，一些"主流"经济学人就转而接受主流经济学中市场神话的说教，并把欧美社会现存制度当成了"应然"。为此，他们把中国的实证结果与西方的现状相比较，看看存在哪些不同，以欧美相关制度为中国仿效的模式或改进的方向。但显

[①] 熊彼特：《经济分析史（第2卷）》，杨敬年译，商务印书馆1992年版，第166页。

然，这里存在一系列致命的逻辑问题：欧美的实然制度就一定合理吗？它果真体现事物的本质了吗？它是否同样经历了一个异化的过程？显然，根据马克思等的异化理论，由于力量操纵的结果，人类社会的一切事物都已经被异化了，只不过异化的程度有所不同而已。而且，即使西方的社会制度确实比我们当前更为完善，我们也不求完美而但求满意于当前西方的这种现实制度，但是，由于西方社会的一系列制度的形成和发展本身都有其特殊的社会条件，那么这种条件在当前中国社会存在吗？显然，那些"主流"经济学人往往热衷于照搬西方的理论及其相应的制度设计，而不去认真考虑西方制度所基于的社会条件，更无意探究西方社会中一系列制度本身的异化和扭曲；结果，把西方的理论和实践应用到中国时造成了更为严重的问题，以致那些照搬的制度几乎还没有真正成功过，国有企业改革如此，资本市场也是如此。

事实上，任何实然制度总体上都是由现实社会的力量结构所决定的，它必然体现强者的意志，从而与事物的本质产生一定的偏离，这对当今欧美社会的实然制度而言也是如此；但同时，任何长期形成的实然制度又不是简单地建立在力量博弈的基础之上，而是在长期的演化过程中不断复杂化和精致化。一般地，那些被异化了的基本制度在实践中暴露出来的问题往往由另一些制度安排来加以调节或纠正，这就是制度的共生性问题；而且，这些辅助性的制度安排往往是隐性的，也具有非正式的特点，因而它们不容易被观察到，即使观察到也不容易移植。显然，欧美社会的实然制度就是欧美历史发展的产物，体现了欧洲人对社会事物的认知和对社会正义的追求。

譬如，就民主选举制而言，它绝不是简单的平等和多数决策，相反，关于任何一个集体决策的客体（议题）和主体（投票者）都有细微的规定，从而防止寡头专制或多数暴政的出现；同样，欧美国家的学术体制也绝不是简单以发表文章来决定的终身雇佣制，而是在刊物的多元化、收入的保障性以及高校的层次性等方面都与中国社会目前的那种"接轨"存在很大不同。因此，要真正借鉴西方制度为中国所用，就需要对西方社会的力量结构、法制规章以及文化习俗等进行探讨，并且要对在这种社会制度下人类的行为，特别是逆向选择、道德风险等机会主义进行分析；分析此种制度下对人类那些机会主义行为产生制约或激励的社会机制，从而探究此种制度对社会的有效性以及对个体的效率。同时，在对他国制度进行分析以指导本国制度建设时，必须遵循比较制度的分析线路，需要考虑两者在初始敏感性条件上的差异；不但只能吸收那些与中国其他制度安排相容的制度，而且更要积极发扬本国自身所具有的那些优势制度而不能刻意地抹煞和废弃它。

　　显然，正是基于上述两种研究取向，尽管制度经济学在中国应该具有很大的用武空间，但它仅仅在 20 世纪 90 年代出现了短暂的繁荣，之后很快就衰落并在学术上被边缘化了。这主要有理论和实践上的双重原因。

　　第一，理论没有实质性的发展。制度经济学的当前水平几乎并没有超越 20 世纪 90 年代中期对西方新制度经济学的引进阶段：一方面，简单地基于供求均衡来分析制度的存在而缺乏对制度本质及正义性的探究，这就造成了不需要广博知识的流行氛围，并导致对问题的认知不深；另一方面，由于缺乏对"高深"数学工具的要求，制度经济学似乎成了经济学门槛较低的分支，以致在制度经济学领域谁都可以发表"高论"，那些能说会道的"明星"经济学家更是到处演说，这在产生短期的畸形繁荣同时也容易被厌倦和抛弃。

　　第二，在实践中也没有取得预期的效果。这可以从两方面加以说明：一方面，制度经济学承袭了新古典经济学的基本思维而将制度仅仅视为基于演化的博弈均衡，这不但无法对各类具体的社会制度作具体的分析，而且照搬西方那些基于演化均衡的社会制度并由此形成建构性制度供给的举措几乎都失败了；另一方面，过分注重基于新古典思维的制度经济学的说教，把社会制度和市场机制相对完善下的供求均衡分析用于社会制度正待完善的中国社会，将适合于制度解释的供求分析和实证思维用于制度改造和设计，从而强化了强势者力量和基于力量的掠夺性制度，加剧了社会矛盾和对抗。

　　正是由于这两大原因，人们很快就认识到，与其让这些经济学人作低成本的夸夸空论，还不如去做一些技术性工作；于是，原本极为适用于当前中国社会之需的制度经济学就很快衰落了，取而代之的是并不适合中国实际但却高度技术化的数量经济学，并最终形成了目前这种机械的庸俗实证主义。[①]

　　可见，纯粹的实证分析并不具有指导社会实践的意义：①流行的实证分析往往与社会达尔文主义结合在一起，实质体现为提供合理化的数据支持和解释，而很难发现现实存在的问题；②流行的实证分析往往将一些因素隔离起来进行变量之间的相关性分析，从而无法看到这些变量之外的影响因素。事实上，实证分析与应用政策之间可以看成手段和目的的关系，实证分析可以为社

_____

　　[①]　当然，还有一个重要原因是，当前中国的社会制度（无论是大到国家的法律规章还是小到院校的奖惩制度）都是那些当权者根据自己的私利和认知进行设计和安排的，因而学术界人士尤其是那些真正的求知者再怎样百家争鸣，其主张都几乎没有付诸实践的可能；在这种情况下，必然就会有越来越多的学者不愿从事应然制度的探讨，转而热衷于一些实证检验或案例研究，甚至从根本上放弃对公共领域的关注而转向个人发财致富的技术探索。

会改革的原因、范围以及力度提供一些基本的数据资料；但同时，一般来说，手段和目的本身就是无法分开的，因为手段是为目的服务的，因而也不是价值中立的。从这个角度上说，经济学中根本没有纯粹的实证分析，任何实证都体现特定个体或时代的价值观。博兰就强调，"要想成为经济学实证主义实践者的未来的政策顾问们解决了什么方法论的问题呢？考虑到现代经济学实证主义的描述中所包含的政制含糊不清的解释，一名政策制定人没有理由期望，经济学家的意见将会获得经验证据的牢固支持。全部工作可归结为经济研究人员对下述事实做出的判断，即可获得的证据是否足以支持或拒绝承认一项已知理论的充分理由"。[①]

同时，不仅在政策应用时，而且在理论分析中都嵌入了价值前提。譬如，缪尔达尔早年就是一个狂热的理论经济学家，认为"当所有形而上学的要求被一扫而光时，剩下的就是一个积极健康的理论体系，一个不受别人检验评估的体系。把挑选出来的价值前提添加到客观的科学知识中，以此来推出政治上的结论"；但他后来发现，这种经验主义太天真了，相反，认识到"检验评估在我们观察事实并进行理论分析的时候就应该存在了，而不仅仅是在我们依据事实和观点做出政治推论是才有的"，因而"得出了这样一个结论：一项工作从开始到结束，都有必要有内涵清晰的价值前提的存在"。[②]事实上，就当前主流经济学的实证分析而言，其理论并不是没有内含价值判断；相反，它是根基于新古典的分析框架，并用伦理实证主义来为现状辩护。因此，正如博兰指出的，"实证经济学只不过是试图用归纳法证明新古典经济学是真实的一种不断的努力……它通过证明新古典经济学能够成功地被用来解释普通的行为而进行上述工作"。[③]

 四 结语

现代主流经济学基于逻辑实证主义发展了功能主义分析以及实用主义取向，从而热衷于对事物发展的预测和对社会实践的指导。但是，这种纯粹实证

---

① 博兰：《批判的经济学方法论》，王铁生等译，经济科学出版社2000年版，第168页。

② 转引自繁人都重：《制度经济学回顾与反思》，张敬惠等译，西南财经大学出版社2004年版，第72页。

③ 博兰：《批判的经济学方法论》，王铁生等译，经济科学出版社2000年版，第149页。

分析却存在着严重缺陷：一方面，在现象预测上，纯粹的实证分析不仅无法考虑各种因素的变化，而且也无法将所有因素量化；另一方面，在实践指导上，任何政策研究都必然潜含了价值判断。这正如弗里德曼感慨的，"门外汉和专家一样，不可避免地试图改造实证结论，以适应他们所极力坚持的规范性的先入之见，当实证结论的规范含义——或者那些所谓的规范含义——不合其口味，他们就会拒绝接受这些结论"。[①] 实际上，尽管数学论证可以为理论的内部逻辑一致性提供可靠保证，但是这种逻辑一致性仅仅是形式上的，而形式的优美并不代表能够反映真实状况，形式理性的完美并不能保障实质理性的正确；特别是由于数学模型一般都对复杂的现实作了简化处理，这将导致同一件事情会出现多种解释的可能性，从而使数理模型无论是在解释、检验还是预测上都存在严重的不确定性，因而也就无法对社会实践提供有效的理论指导。

事实上，20世纪80年代以来，现代经济学的实证分析在现象预测和政策实践上都遭受了重大失败，这导致对经济学性质的认知及其理论功能的关注逐渐发生了巨大蜕变：它不再是预测性的而日益局限于解释性这一层次上，从而也就不再承担起指导社会实践的责任。之所以会出现这种困难，关键在于，现代经济学人混淆了经济学与自然科学之间在研究对象及其相应研究方法上的差异，片面强调了实证过程的客观性以及实证结果的合理性。为此，马兰沃就指出，尽管"经济学作为一门学科在演绎和归纳论证方面越来越形式化和越来越严格"，但是，"从根本上来说，经济学研究必须回到解决具体问题的轨道上来，重新考虑它应该优先解决的问题。这种对研究目标的重新评价在经济学领域正在发生，但是，经济学家不习惯将其作为一种正常的研究方式。因为这不仅要对流行的研究纲领进行修正，而且必须改变它所使用的专业术语，从而废弃当前的这种研究纲领"。[②]

既然现代主流经济学本身已经面临着严重的理论危机，那么，在中国社会照搬"主流"经济学就更是如此：将主流经济学理论用于对中国社会经济现象的预测是雾里看花，用于对中国社会现实问题的指导更是刻舟求剑。究其原因，西方社会较为健全的社会制度使经济学可以相对专注于私人领域，而中国作为一个发展中国家，社会经济问题正集中于公共领域，当前所面临的根本问

---

① 弗里德曼："实证经济学方法论"，载豪斯曼编：《经济学的哲学》，丁建峰译，世纪出版集团、上海人民出版社2007年版，第149页。

② 马兰沃："经济学与硬科学的攀亲：一种不可避免的、达到终点的尝试"，载多迪默、卡尔特里耶编：《经济学正在成为硬科学吗》，张增一译，经济科学出版社2002年版，第20页。

题是制度改革和完善问题。当然，一般来说，西方主流经济学受其自身的限制而存在改革的困难，而中国经济学却不存在这种先天的自我制约，从而对经济学的改革应该更为容易。究其原因，当前的"主流"经济学本身就是外来的，迄今为止都没有与我们的传统思维和行为结合起来。

然而，由于迷信于实证分析的客观性，中国社会不但没有形成反思和优化经济学研究的氛围，反而使具体的应用政策研究中出现一个严重的恶性循环。一方面，政策制定者希望获得客观的结果，他要求研究人员在关键问题上是客观的、无偏见的、公正的，报告中的任何数据都是没有问题的，研究人员仅仅是客观地依据逻辑分析获得结论，即使从中没有获得什么积极的政策建议也无所谓，关键是不要渗入个人的"不公正"和"主观"的见解；另一方面，研究者为了保证自己的建议不会因为不客观而轻易地遭到拒绝，他就会刻意地使用实证分析以显示其结论不是个人的偏见，即使在此过程中和同义反复的模型打交道，或者得出的理论可以被轻易证伪也在所不惜。没有个人见解的结论很难成为真正的政策建议，因为任何政策都必须渗入个人的知识和目标。但为显公正，即使研究者清楚地了解研究过程中存在的种种缺陷，他甚至会刻意隐瞒，这也正是造成当前经济学趋向"伪科学化"的内在原因。显然，在从西方引入经济学已经 1/4 个世纪的今天，特别是现代主流经济学的理论危机已经日益显露的情形下，我们确实应该好好消化一下从主流经济学中所学到的东西；特别是要剖析其在中国社会的适用性，从而真正思考中国经济学的发展。显然，使主流经济学理论洋为中用，并构建真正基于实践的中国经济学，就是我们这一代经济学人的使命。

经济学能否蜕化成为纯粹解释的实证学科？

——基于实证分析的解释合理性之反思

导 读

由于实证分析在现象预测和实践指导上的接连失败，主流经济学逐渐将其任务局限于现象解释这一层次上，进而实证经济学也就蜕变为一门解释性的学说。然而，这种认知依然存在明显的缺陷：①经济学本质上是一门致用之学，它不应该停留在解释的层次上；②任何实证分析都是在一定的引导假定之下，从而根本是不可能客观的。其实，尽管现代主流经济学往往宣称其局限于纯粹的实证分析，并主要用于对现象的解释；但显然，几乎所有的实证研究结果都与政策相关，并与特定的价值观结合在一起，这一点在当前中国经济学界尤其明显。

一 引言

现代主流经济学曾经宣称，经济学尤其是实证经济学的研究目的就是要提高对经济活动和经济现象的预测力。例如，弗里德曼在《实证经济学方法论》中就提出，经济学是一门实证的科学，"它的任务是要提供一套一般化体系。这个一般化体系可以被用来对环境的任何变化所导致的结果做出准确推测，并可以通过衡量它所做出的推测的精确度、范围和一致性来对其表现做出评估"。[①] 不幸的是，无论是在预测经济现象上还是在指导社会实践中，现代

---

① 弗里德曼："实证经济学方法论"，载豪斯曼编：《经济学的哲学》，丁建峰译，世纪出版集团、上海人民出版社 2007 年版，第 151 页。

经济学迄今为止的纪录都很不令人满意。例如，罗森伯格就写道："微观经济理论从 19 世纪被精确形式化之后，在管理实际经济进程方面迄无进展，这的确打击了那种志得意满的，认为经济学已经坐稳了作为科学的交椅的信念。在 1945 年之后很长一段时间里，凯恩斯主义经济学被认为走对了路，尽管它是一套宏观理论，但其拥有一套带有科学特性的极佳的解释和预测能力。然而，在以后的岁月里，通胀和失业的同时发生，经济对财政政策毫无反应等等事实大大伤害了经济学外行和内行们对这个理论的信心……凯恩斯的替代方案则无非是回到先前的理论去，回到曾经被凯恩斯主义所抛弃的瓦尔拉斯、马歇尔和希克斯的新古典框架中去。这个回归，把经济学带到了 1937 年以前的形态，于是，它更严重地打击了经济学作为一门经验科学的信念。"[1]

受经济学新定位的影响，20 世纪 80 年代之后的纯"理论"经济学家对应用政策的兴趣顿时锐减了，很多经济学人转而将其任务局限在对经济现象进行解释这一层次上。所以，哈奇森就说："（经济学）不可避免地成为一个在很大程度上、或者完全与政策无关的学科。"[2]一方面，这集中体现在将经济学公理化的数理经济学身上。例如，萨缪尔森就认为，科学只提供描述，最多是在描述的基础上进行解释，而不能提供任何预测："我认为'理论'作为（战略性地简化了的）对可观察和可反驳的经验规律的描述……用来描述很大范围的可观察的现实的描述（方程式或其他形式）毕竟是我们在此能够得到的（或需要要求的）全部'解释'……一个解释，就像在科学中正当的运用的，是描述的更好形式，而不是某些最终超越的东西"。[3]另一方面，连弗里德曼这类实证主义者也开始丧失了经济预测的兴趣，转而热衷于基于细枝末节的实证来为新古典经济学理论提供证明和支持，以致实证经济学也蜕变为一门解释性的学说。一个明显的事实是，越来越多的主流经济学家已经开始将实证经济学和应用经济学区分开来：实证经济学仅仅是对已有理论进行验证，同时对现状进行客观的描述。在他们看来，这种描述就像我们对自然界的现象进行描述一样，是可以达成一致意见的；相反，应用经济学则充满了价值判断和目标选择，这都带

---

① 罗森伯格："经济学是什么：如果它不是科学"，载豪斯曼编：《经济学的哲学》，丁建峰译，世纪出版集团、上海人民出版社 2007 年版，第 335 页。

② 哈奇森："经济学方法论的目的和方法"，载巴克豪斯编：《经济学方法论的新趋势》，经济科学出版社 2000 年版，第 38 页。

③ 马涛、张洋："经济学的科学特征是预测还是解释：弗里德曼与萨缪尔森相关论争的评析"，《上海财经大学学报》2009 年第 3 期。

有非常强的主观性和不科学性。

　　受西方学术取向的影响，中国社会也有不少经济学人主张，理论经济学的任务仅仅是解释世界而不是改造世界，从而积极热衷于计量实证分析或者案例调查研究，并把这种"没有"价值判断的研究视为科学的和客观的。例如，张五常在《经济解释》中就写道："科学是系统地解释现象和行为的学问。在科学的范畴内，问题来来往往只有一条：为什么？要再多问一点，那就是'是什么'。是的，怎么办是工程学的问题，而好不好则是伦理学的问题了。科学不问'怎么办'，也不问'好不好'。他并且声言'事实不能解释事实'。"问题在于，实证分析是否只该承担解释这一项功能呢？而且，基于实证分析的经济解释果真可信乎？显然，这两方面都遭到了众多学者的质疑。因此，本文就此作一剖析。

 二　现代主流经济学的目标定位之转向

　　我们知道，经济学自诞生起就被视为一门致用之学，无论是重商主义、重农主义还是古典主义都以关心公共政策为压倒性目标，早期的经济学大师大多也是对公共政策产生重大影响的人士。加尔布雷思写道："鉴于他（斯密）偏爱经验主义，紧密联系现实，并且真心关注务实的改革，如果他能活到现在，那么一定会把现代公司及其权力，以及工会和国家的权力全部纳入他的理论体系……鉴于他蔑视理论主张，而对实际问题表现出了强烈的兴趣，如果他到现代一流大学去任职，一定会遇到很多麻烦。"[1]事实上，即使是新古典经济学之父马歇尔，他也宣称经济学的首要目的是要有助于社会问题的解决，并且与其弟子庇古和凯恩斯等都对英国乃至全世界产生了重大影响；凯恩斯甚至将经济学家比作牙科医生，认为它们都具有使人们生活得更好的目的。相应地，瓦里安等一些现代经济学家也特别强调经济学的实用性，认为经济学具有吸引力的方面和承诺的任务就在于，它声称要描绘那些将改善人民生活的政策。显然，这种目标与大多数自然科学和其他社会科学都存在不同：①尽管社会学和政治学等也有政策的成分，但更关心理解它们所研究对象的运行机制；②尽管自然科学也有提高人们生活水平的潜力，却往往是一种智力活动的科学的副产

---

　　① 加尔布雷思：《加尔布雷思文集》，沈国华译，上海财经大学出版社2006年版，第143–144页。

品。① 但是，现代主流经济学却蜕变成一种纯粹解释的学问。为何会如此呢？

（一）经济学解释性转形的历程

自从新古典经济学将经济学的研究对象从公共领域转向私人领域，并主要集中在既定资源的配置这一问题以后，现代主流经济学就逐渐走上了追求最大化的技术化道路，并注重"形而上"的逻辑方面。特别是随着 20 世纪 70 年代后凯恩斯主义政策在实践中遇到了严重的挑战，现代主流经济学迅速向注重理性推理的新古典经济学复归，从而使经济学在数理化道路上越走越远，以致经济学的理论与现实之间也出现越来越大的脱节。在这种情况下，一些主流经济学人开始主张将经济学的理论和应用区分开来：纯理论仅仅是基于特定假设的演绎和推理，而应用经济学则是一门艺术。

不过，理论和应用之间的划分并没有增强经济学的实践功能，反而使经济学变得越来越庸俗化，还导向了经济学的两分化发展：一方面，实证经济学分析有关"是什么（to be）"的经济问题，它侧重于体系如何运行，分析经济活动的过程和后果以及向什么方向发展，而不考虑运行的结果是否可取。另一方面，规范经济学研究属于"应该是什么"（ought to be）的政策问题以及制度评价，它依据一定的价值判断和社会目标来探讨达到这种价值判断和社会目标的步骤，关心的是事情应该如何运行，并力图改变现实。

经济学的庸俗化和两分化可以追溯到古典经济学时期的萨伊、西尼尔以及穆勒等，他们往往以"科学"指代实证分析的经济学，而以政治经济学的"艺术"指代规范分析的经济学。其先驱则是休谟提出的"一个人不能从是中推论出应该是"命题，这成为后来韦伯强调"价值中立"的主要基础，而这又进一步激发了经济学家们对实证分析与规范分析的区分。正是基于实证分析和规范分析的区分，主流经济学提出告诫说，经济学主要是关注前者而非后者，因为实证的问题可以依据纯科学的原理加以解决，而规范的问题只能依靠任何经济模型之外的价值引入来解决。②

将规范排挤出去的见解为 20 世纪初的罗宾斯、内维尔·凯恩斯等所继承和发扬。例如，罗宾斯在《经济科学的性质和意义》中就将经济学视为一门研

---

① 瓦里安："经济理论有什么用"，载多迪默、卡尔特里耶编：《经济学正在成为硬科学吗》，张增一译，经济科学出版社 2002 年版，第 154 页。

② Landsburg S., 2007, The Methodology of Normative Economics, *Journal of Public Economic Theory*, 9（5）: 757–769.

究作为目的和具有不同用途的稀缺手段之间关系的人类行为的科学，它只研究"是"和"不是"的问题，不研究"应当"和"不应当"的问题，从而将规范经济学直接驱除出了经济学科的研究范围。同样，内维尔·凯恩斯在《政治经济学的范围与方法》中也强调，"理论和现实的研究不应该被系统地搞到一起，或者被杂糅在一起"，因为"把实证研究与规范研究放在一起来讨论这种想法，有可能妨碍我们对其中某一个问题做出清晰的不带偏见的回答"，"把理论研究与实际研究结合起来，有可能把大众的是似而非的判断理论化为一些经济现象的本质"。[①]

最后，罗宾斯和内维尔·凯恩斯等的看法得到了现代主流经济学人的巨大共鸣。例如，弗里德曼就认为，实证经济学是或者说可以是一门"客观的"科学，就像任何一门自然科学那样。再如，利普西（Lipsey）写道："实证经济学处理那些可以通过对世界的实际观察而能够令人信服地被显示错误的事实状态……实证经济学从规范经济学中分裂出来是科学的基础性基石之一……按照我们正常的理解，科学的探询通常及被限定为实证问题。"[②] 正是鉴于这种现状，科兰德进一步把经济学划分为实证经济学、规范经济学和应用政策经济学三个分支，强调应用政策经济学是独立于实证经济学和规范经济学之外的凯恩斯所成的"经济学艺术"，它将从实证经济学中获得的认识与规范经济学决定的目标联系起来；并且，认为"应用政策经济学与理论是否适用有关，而与该理论是否真实无关"，这里的理论主要是指被视为"科学"的实证经济学。[③]

（二）经济学解释性转形的原因

随着越来越多的主流经济学家热衷于从事所谓的应用政策经济学研究，现代经济学就仅仅被视为一种"经济学艺术"而与经济学理论无关。显然，这种"艺术"往往是那些在特定时间和特定地点并拥有特定知识的现场者所独有的，或者说是他们具有相对优势的；因此，那些学院派的经济学家就转而从事与"应用政策"无关的纯理论之构建，以致现代主流经济学快速地朝所谓的纯"理论"经济学方向发展。一般地，这包括两个基本方向：①构建纯粹公理体

---

① 内维尔·凯恩斯：《政治经济学的范围与方法》，党国英、刘惠译，华夏出版社 2001 年版，第 27–28 页。

② Lipsey R. G., 1978, *An Introduction to Positive Economics*, London：Weidenfeld and Nicol- son, P.6.

③ 科兰德："通过数字建立的经济学的艺术"，载巴克豪斯编：《经济学方法论的新趋势》，张大宝等译，经济科学出版社 2000 年版，第 46–49 页。

系的数理模型。正如罗森伯格认为的，"如果我们放弃这种观念，即，经济学是或应当是关于人类行为的经验科学。那么，围绕经济学理论实际进展的很多谜题——它的形式化的转换、与经验判断的隔绝、致力于证明纯粹形式的、抽象的可能性的兴趣、一个世纪以来一成不变的特色、关于他的人之地位的争议等——都能被理解和得到适当的重视"。① ②将实证经济学从经济学中独立出来。该路向强调实证经济学是客观性描述的学科而不是预测性的学科，它经过弗里德曼等的宣扬而成为现代主流经济学的共识。②

特别是西方社会根深蒂固的哲学观认为，事实问题和价值问题不仅可以分离，而且是独立的。正因如此，现代主流经济学就逐渐把实证经济学和规范经济学割裂开来，并且为了追求像自然科学那样的客观性而偏重于实证研究。事实上，根据现代主流经济学的标准观点，"经济学应当而且事实上是一门纯粹的实证科学。政策制定要有目标，它受政策制定者的价值观影响；也要有实证的（工程学的）知识作为达到目标的手段。由于经济学提供了这种工程学知识，因此它对政策制定至关重要，但不管怎样经济学和伦理学无关。所谓的'规范经济学'不过是把实证经济学应用于那些需要直接作价值评判的相关方面而已。所以，对意识形态的研究、对经济学家价值观的研究与理解经济学或经济学方法论毫无关系"。③

不过，这种两分法的标准观点显然有些言过其实。一方面，尽管现代经济学热衷于从纯粹的实证分析中获得政策建议，但是，正如豪斯曼指出的，"当经济学家被征询达成某些目标的'纯技术'的建议之时，很少会得到一个纯技术的问题。比如，当被问及'如何控制财政赤字'的时候，经济学家需要知道政策制定者的其他目标，以及他在各种目标之间如何权衡。在某些情况下，经济学家不得不依赖自己的某些价值观来填补这个缺口"。④另一方面，尽管逻辑实证主义对归纳逻辑作了一定程度的严密化处理，但它毕竟不能打通从实然到应然之间的鸿

① 罗森伯格："经济学是什么：如果它不是科学"，载豪斯曼编：《经济学的哲学》，丁建峰译，世纪出版集团、上海人民出版社2007年版，第335页。

② 当然，数理经济学和实证经济学本身是相通的，都是通过引入数理逻辑来强调科学性和客观性，并在逻辑实证主义下得到统一；而且，尽管实证经济学的地位依旧如日中天，但由于它在形式逻辑上还不严密，理论研究也主要体现在数理经济学这一层面上，或者也涵盖了理论计量经济学。

③ 豪斯曼、麦克佛森："经济学、理性和伦理学"，载豪斯曼编：《经济学的哲学》，丁建峰译，世纪出版集团、上海人民出版社2007年版，第223页。

④ 豪斯曼、麦克佛森："经济学、理性和伦理学"，载豪斯曼编：《经济学的哲学》，丁建峰译，世纪出版集团、上海人民出版社2007年版，第224页。

沟。正如韦伯指出的，一门经验科学不能声称给人们应该知道的东西，而只是教给人们能够知道的东西，以及——如果需要——人们要知道的东西。

尽管如此，正如豪斯曼和麦克佛森指出的，"如果经济学家要辅助进行政策制定，那他们就必须把经济学理论和政策制定者使用的道德概念联系起来。要做到这一点，就需要了解诸如安全网、公平、机会、自由与权利等概念的意义"；但是，"（经济学家却往往）具有一种自然的倾向，那就是：低估那些不能转换到'偏好—满足'的经济理论框架内加以处理的道德差异的作用"。[①]其结果就是，尽管逻辑实证主义与功能主义和实用主义联系在一起，但实证分析在现象预测和政策实践上在整个 20 世纪 80 年代都遭受了重大失败；在这种情势下，现代主流经济学的目标定位又发生了进一步的蜕化：不再期望基于实证分析提供精确的预测或有效的政策，而是提供一种客观的解释。

事实上，解释力越来越成为现代主流经济学的理论诉求。这表现在两大领域：①在数理经济学领域，集中体现为将经济学公理化。萨缪尔森就认为，科学只提供描述，最多是在描述的基础上进行解释，而不能提供任何预测。②在计量经济学领域，集中体现为基于实证分析对现象加以解释。弗里德曼后来也丧失了经济预测的兴趣，而热衷于基于细枝末节的实证来为新古典经济学理论提供证明和支持。例如，弗里德曼和张五常等就根据"适者生存"学说把那些存在的企业都视为对"利润最大化"理论的证明，而其他学者也逐渐拓宽效用的内涵来说明一切人类行为都体现出经济人特征。相应地，苏格拉底式的波普尔主义者也开始强调，经济学并不是一门证实性或预测性的学科，而仅仅是对他们看到的问题进行理性的解释。例如，就消费者行为而言，苏格拉底式的波普尔主义者认为，在消费者已经做出了选择之后，经济学家只是对消费者怎样做出的选择做事后的解释，他通常会认为消费者面临着一个预算约束以及一个主观给定的偏好，通过试错法在所有可能的组合中找出一个最佳的组合。

 ## 三 经济学是否应该停留在解释层次？

从某种意义上讲，现代主流经济学之所以将其理论研究局限在解释层次上，有这样两方面的"合理"理由：①就私人领域而言，它探究的是既定社会

---

① 豪斯曼、麦克佛森："经济学、理性和伦理学"，载豪斯曼编：《经济学的哲学》，丁建峰译，世纪出版集团、上海人民出版社 2007 年版，第 224 页。

制度下的人类行为，其直接的预设目标就是行为者的最大化，由于不涉及人与人之间的关系而撇开了价值判断；②就公共领域而言，它探究的是个体行为如何形成制度安排的，是用个人的互动均衡来解释现实社会中的制度安排，由于不涉及制度的优劣比较而撇开了应然判断。正因如此，当前被冠以法律经济学、新政治经济学、社会经济学乃至伦理经济学等名称的各门经济学分支，都是运用新古典经济学的基本思维和分析范式来探究法律制度、政治制度、社会现象以及伦理道德等的产生，而不是充分地利用法学、政治学、社会学、伦理学等学科的理论和思维来更全面地分析人们的经济行为；它是对其他各领域的现象和安排提供经济学的解释，而不是试图以分析来改进和设计其他社会制度，因为他们的社会制度通过整个古典时期的不断修正已经相对完善而稳定了。

　　然而，正因为现代主流经济学把注意力集中在既有财富的配置以及现实制度的解释上，从而无法真正为财富创造和制度改革提供理论支持。正如米尔斯指出的，20 世纪 70 年代的滞胀为经济管理中实行一种谨慎的做法提供了合理性证明，"（但）其结果却有意无意地变成了保持财富比创造财富显得更重要，货币主义（就其最好的情况来说）反映的是谨慎小心的政策……（正是）由于过分实行了这些政策，货币主义政策便呈现出了太多的与无所作为的自由放任政策之间的相同之处，即总是以牺牲不那么富有的人的利益为代价来为富人带来好处，从而使整个经济处在一种比其应有的全部潜能水平低得多的水平中"。①事实上，作为社会科学的一个分支，经济学本身不是一门纯粹的工艺学，也绝不像新古典经济学所宣称的那样仅仅限于物质资源的配置方面；相反，它所研究的根本上是涉及人与人之间的互动行为以及由此产生的社会现象，而这种互动理性显然不同于主流经济学所使用的物质资源配置的理性。

　　同时，由于社会现象不是外在于认知主体的，社会现象的发展和演化本身具有自我预期效应：受不同理论和思想的影响，社会事物呈现出不同的形态，从而导致事物的异化。正因如此，作为社会科学的经济学不能像自然科学那样探究一个不变的规律，而要解释社会现象是如何产生的，是什么因素决定了社会事物的变化，未来事物又如何发展。当然，尽管影响因素的不同会使事物在演化过程中呈现出多种形态，但是，任何事物产生之初都有一个根本性功能，这是左右事物发展路径的奇怪吸引子。显然，要合理预测事物的走向并由此提出有效措施，经济学研究的首要目的就是揭示社会事物的本质，透过纷繁芜杂

---

① 米尔斯：《一种批判的经济学史》，高湘译，商务印书馆 2005 年版，第 295 页。

的表面现象来揭示事物的本来面目。

事实上，就社会经济现象而言，只有洞悉了事物的本质，才能通过对各种影响因素的分析探究事物发展的路径或"规律"；而且，对一个具有高度社会责任和学术理念的学者来说，这个本质也就是他的基本政策目标。从这个意义上讲，本质、价值观和社会理想乃至政策目标都是一回事，这也意味着，对一个从事致用之学和应用政策研究的学者而言，他必须谨慎地公开其关于社会目标、现存制度的价值以及政府以何种方式实现这些目标的判断，而不能像实证经济学那样强调所谓的"价值无涉"。相反，作为一门社会科学，经济学研究要能够为社会提供真正的政策建议，就不应仅限于"是什么"层面，而应深植于"应该是什么"之中。一方面，"是什么"是对社会现状的考察，体现了实证分析的结果；显然，这种分析往往需要借助一定的计量工具，同时，也需要对"是什么"的实证结论进行理论检验。另一方面，"应该是什么"是一个价值观，它体现了认知主体的理念和视角；显然，要更为全面地认知"应该是什么"，就需要结合人类所积累的知识进行深入的审视。

由此可见，纯粹的实证经济学并不能为社会改革提供定量的指导，相反，如果在社会改革中片面地依赖实证分析结果，那么所提出的政策主张往往就是非常荒谬的，所产生的后果也常常是灾难性的。例如，当前一些"著名"经济学人有关房市的雷人之语也就是基于所谓"实证"的分析，强调房市是供求决定的，因而政府不应该进行干预，但他们的政策建议最终必将导致整个社会的混乱。究其原因，尽管纯粹的实证没有告诉我们"应该是什么"，没有为改革提供政策目标；但是，现代主流经济学却往往将实证结论与自然主义思维结合起来，基于自然主义提供"应然"标准，从而往往会合理化实证结果，以实证分析为现实辩护。实际上，西方主流经济学人强调实证分析，这根本上已经存在了自然主义的意识形态；而且，正是这种对经济学内含主观性的一元化理解，导致了西方主流经济学人极力向全世界推销"普遍"的经济学理论和经济政策。

而且，需要指出，现代经济学将实证分析局限于解释层次，主要是基于实证经济学和规范经济学相分离的要求，而后者又是基于事实与价值的二分法哲学观。问题是，事实—价值的二分本身就是无效的。例如，"市场机制是有效率的"这句话是描述性的还是评价性的，现代主流经济学把它当成一个实证描述，但显然，效率的内涵本身就以认知主体特定的目的为前提。而且，如果完全脱离人类的意愿和价值判断，那么经济学理论本身也就失去了其目的，从而变成了不能检验的东西。因此，正如弗里德曼也承认的：①实证经济学与政策结论之间不存在一一对应关系，政策的确定往往存在一定的伦理立场，因而"实证经济学的结果似乎是、并且确实是与重要的规范问题，与'应该做什么'和'如何达到既定目标'等问题直接相关的"；②规范经济学也不能独立于实证经济学，"任何政策结论都必然基于对'做某事而不做另一事'所导致的结果的推测，而推测则必然或隐或显地基于实证经济学"。① 正因为没有什么关于价值的问题仅仅依靠事实而得以解决，也没有什么事实问题能通过评估其价值加以解决，因而就需要把实证经济学和规范经济学结合起来。

可见，实证分析不能局限于解释层次，而是要为社会实践提供指导，从而必然会涉及某种价值判断；相反，如果经济学片面追求价值中立并驱逐价值判断，那么不仅不会使经济学成为一门真正的科学，反而将从根本上否定经济学存在的合法性。例如，琼·罗宾逊强调，"经济学决不可能是一门完全'纯粹'的科学，不掺杂人的价值标准，对经济问题进行观察的道德和政治观点，往往同提出的问题甚至所使用的分析方法不可分割地纠缠在一起"。② 同样，缪尔达尔指出，"价值与我们永远同在，不带任何偏见的研究过去没有过，将来也不会有"。③ 即使弗里德曼也承认，"某种程度上，实证经济学和规范经济学的混淆是无法避免的。几乎在任何人看来，经济学研究的那些问题都与他们本人密切相关，而且，他们总是局限在自己的经历和能力的范围内（来考虑问题）。这是经济学中持续不断的、广泛的分支的根源，也构成频繁立法的原因"。④ 其实，从经济学说史中也可以看出，体现规范性的伦理学和体现实证性的工程学原本就统一在经济学科之中，只是由于后来新古典经济学的研究内容日益狭隘化而逐渐舍弃了伦理学内容，并导致伦理学和工程学的分离。因此，正如豪斯曼和麦克佛森指出的，"也许真正的挑战不是证明经济学和伦理学的联系，而是寻求分离这两者的可能性，把经济学作为一种客观的社会科学来研究"。⑤

尽管现代主流经济学集中于资源配置这一狭隘领域而蜕化为解释性学说的

① 弗里德曼："实证经济学方法论"，载豪斯曼编：《经济学的哲学》，丁建峰译，世纪出版集团、上海人民出版社 2007 年版，第 149 页。

② 罗宾逊：《现代经济学导论》，陈彪如译，商务印书馆 1982 年版，第 2 页。

③ 转引自李建珊、赵华："逻辑实证主义对经济学方法论的影响"，《广州大学学报》2008 年第 7 期。

④ 弗里德曼："实证经济学方法论"，载豪斯曼编：《经济学的哲学》，丁建峰译，世纪出版集团、上海人民出版社 2007 年版，第 149 页。

⑤ 豪斯曼、麦克佛森："经济学、理性和伦理学"，载豪斯曼编：《经济学的哲学》，丁建峰译，世纪出版集团、上海人民出版社 2007 年版，第 222 页。

缺陷如此明显，当前中国社会所面临的又是如何推动和保持经济既好又快地发展这一现实问题；但是，中国一些"主流"经济学人却热衷于新古典经济学的研究思路，热衷于最优化的模型构建，而不是关心财富的生产以及相应的分工和协调机理。同样，尽管现代主流经济学以如此单一的意识形态为相对稳定的现实制度进行解释和辩护，而中国社会制度却正处于不断改进和完善的过程之中而完全不同于相对成熟的西方社会；但是，中国一些"主流"经济学人却依然可以简单地把适用于完善法制下对个人行为进行解释的学说用于社会制度极端不健全的现实社会中，甚至把本来最多适合于解释实在制度的经济分析和实证思维用于改造社会制度上。正因如此，当前中国一些"主流"经济学人的所作所为往往使经济学蜕化成为既得利益者进行辩护的学说，为现实中扭曲的社会制度作合理化解释，从而使社会制度越来越僵化、恶化。当然，这种倾向与现代主流经济学本身内含的伦理实证主义价值观有关，正是基于伦理实证主义这一信念，现代主流经济学往往合理化实在制度，因为实在制度通常体现了强者的利益，尽管它还渗透了人类对社会正义的关怀。不过，西方学者毕竟是在社会制度相对完善、市场机制相对成熟的情况下来分析个体行为的，但是中国学者却在市场机制很不完善以及社会制度往往体现赤裸裸的强权利益的情况下，单纯地用供求均衡来设计社会制度，试图以此作为来改造世界的理论武器，那么，就不可避免地会使社会制度遭受更大程度的扭曲和异化了。

 四　基于实证分析的解释是否合理？

正是由于基于实证分析的预测和应用都出现了严重问题，现代主流经济学就逐渐撇开了预测和指导社会实践这些功能而局限于解释这一层次上，并且将基于实证的解释视为客观的。例如，弗里德曼就认为，尽管由于"经济学处理的是人类之间的互动，并且研究者本身就是研究对象的一部分。和自然科学相比，研究者和研究对象的关系更加密切，这些事实给经济学的'客观性'带来了特殊的困难，与此同时，它也给了社会科学家一系列自然科学家得不到的数据"，但是，"这些都不足以体现两类科学间的根本差异"，"实证经济学是，或者说能够成为一门自然科学意义上的'客观'科学"。[①] 问题是，经济学不仅在研究对象上与自然科学存在很大不同，而且在研究方法上也与自然科学存在明显差异，那么，现代主流经济学又如何认定，实证分析不包含价值观从而在解释上总体是客观的？一个明显的例子是，不同经济学人对同一事物的实证结果往往存在很大差异，对同一实证结果所提供的解释甚至也会截然相反。显然，这些都表明，不存在绝对客观的纯粹实证分析，基于实证分析对社会现实的解释也并不一定合理。关于流行实证分析中存在的片面性和狭隘性，可以从以下两方面进行剖析。

（一）实证分析所揭示的变量关系具有随意性

一般地，经济实证分析仅仅反映了基于特定侧面对现象进行解释的功能性联系，而没有揭示事物之间相互作用的内在机理；同时，由于对纷繁复杂的社会因素了解不够，人们在实证分析时所选择的工具和确定的变量往往并不合理。相应地，即使经济计量分析确实揭示了不同现象间的影响关系，但是，这种关系往往要么是功能性的，要么是蜕化因果性的；由此得出的结果不仅无法解释内在的作用机理，更难以挖掘现实问题的根源。

首先，就实证分析的功能性而言，它往往将两个变量独立开来，甚至因变量和自变量也是可以随意置换的。正是这种变换的随意性，往往会产生种种相互矛盾的结论。例如，在利率与储蓄之间的正向关系上，如果随意变换两者的位置，那么，我们不仅可以得出储蓄将随利率的提高而增加，而且也可以得出利率将随储蓄的增加而上升。显然，后者违背了一般常识，但是，数学符号的运算确实可以得出这样的结论。再如，更为熟视无睹的例子是，现代主流经济学认为，市场机制可以调节供求从而实现市场平衡，因为价格与供求之间存在稳定的关系。但问题是，对于究竟是价格影响供求还是供求影响价格，却存在截然不同的两种解释，从而会引导出迥异的政策。

一般地，瓦尔拉斯在市场出现非均衡时将价格视为调节变量，从而给出的需求和供给函数为：$Q_d=f(p)$，$Q_s=f(p)$；相反，马歇尔集中在数量上，视数量为调节变量，从而给出的需求和供给函数为：$P_d=f(q)$，$P_s=f(q)$。显然，在供给曲线和需求曲线都向右下方倾斜的情况下，马歇尔均衡条件和瓦尔拉斯均衡条件是不一致的：瓦尔拉斯的均衡条件是 $|Q'_d(p)| > |Q'_s(p)|$，

---

① 弗里德曼："实证经济学方法论"，载豪斯曼编：《经济学的哲学》，丁建峰译，世纪出版集团、上海人民出版社 2007 年版，第 149 页。

即相对于价格轴而言，需求曲线比供给曲线更陡；而马歇尔的均衡条件是 $|P'_d(q)| > |P'_s(q)|$，即相对于价格轴而言，需求曲线比供给曲线更平缓（见图1）。

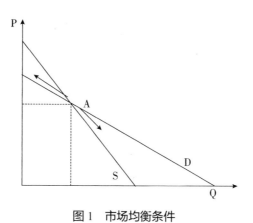

图1　市场均衡条件

其次，即使目前的实证分析努力揭示事物之间的因果联系，这种因果关系往往也是蜕化的，仅仅把因果性看作两个独立实体（一个原因和一个结果）之间的外在关系，从而在所有的自然领域和社会领域都普遍有效。一般地，这种因果关系的理解是以休谟的因果分析为基础的，所谓因果关系只不过是在时间和空间上碰巧相邻接的两个事件之间的固定关系；其中，时间上在前的事件被称为在后的事件的"原因"，在后的事件被称为"结果"，虽然在这两个事件之间并不一定有什么联系。显然，休谟的因果法则面临诸多的问题：①人类社会中的诸多事件并不是分割的，而是共生在一起，根本分不清出现的时间先后；②即使事件之间存在先后关系，但也不一定是相连出现的，其间可能存在相当长的时滞，而这种时滞往往又是不确定的；③在人类社会中，很多现象是由人的心理作用所造成的，而这无法通过观察获得；④大多数社会经济现象本身就是内生的，它们往往互为因果而不能简单确定谁因谁果，从而也根本无法通过相关性得到解释；⑤休谟本人也发现了因果机制中存在的逻辑问题，后来经过波普尔的阐释，归纳问题成为科学划界的阿喀琉斯之踵。

事实上，正是由于西方社会基于自然主义思维而倾向于把世界上的物件视为各自独立而不相统属的，从而就把事物之间的因果机理机械化了；而且，在实用主义的哲学支配下，弗里德曼等将又将卡尔纳普等发展的严格化的归纳逻辑应用到经济学之中，从而为现代主流经济学的实证化倾向奠定了基础。问题是，尽管这种理解相对适合于自然领域，但将之拓展到社会领域则会出现严重缺陷；究其原因，人类行动并不是简单的刺激与反应的关系，而是包含了大量的意向性。正因如此，不同于现代主流经济学将人类行动看成外在于它们的原因的结果，马克思将因果性解释为：代理人的活动与活动的客体之间的一种内在关系。显然，正是基于功能性联系的研究，现代主流经济学往往把要研究的变量与其他因素割裂开来，并从外部关注可变量之间的关系，从而也就无法揭示事物之间的因果作用机理；而且，正是由于割裂了其他因素，现代主流经济学往往无法注意到初始条件的微小变化及其对未来产生的可能影响，以致其对社会实践的指导意义也大大降低。

（二）计量模型所设立的引导假定具有主观性

计量模型往往基于特定的引导假定，由此产生的实证分析和解释就形成了不同的解释共同体。结果，按照不同解释共同体的经济学理论，同样一项经济政策，既可以解释为有利于增加就业，也可以解释为可能增加失业，关键在于由哪一位经济学流派或权威来加以解释，在现实生活中按照经济学家建议开出的政策也往往带来与预期完全相反的结果。同时，也正因为引导假定的变更往往会带来不同的解释，甚至获得不同的政策结论；所以，在20世纪80年代之后，在政府和社会公众心目中，经济学家简直成了巫婆神汉、占星卖卦之类的江湖术士。

当然，对解释的追求与其研究对象之间往往存在很大关联：①人类的行为动机和表现形式本身是多样的，这与后天的社会环境有关。就此而言，经济学中的解释根本不可能像自然科学那样客观。②对经济现象的描述往往并不仅是为了纯粹的解释，而是实现进一步改造社会的目的。就此而言，经济学中的解释也必然渗透着解释主体所赋予的一定价值观。例如，博伊兰和奥戈尔曼就写道："人类行为不是在社会真空中产生出来的。相反，它们是由从政治到经济的社会机构网络中诞生出来的。这样经济机构可能会或者促进或者阻碍人类关于公正、自由及解放理想的实现。因此，它们必须接受道德的检验。这样的道德检验组成了经济研究不可或缺的一个方面，它可以被称为解放经济学。解放经济学的范围从揭示特定的经济机构或经济理论产生的可组合利益的意识形态方面的研究，一直到激进的对于现存经济结构的道德批判。"①

而且，当前流行的实证分析基本上都基于新古典经济学框架，其假设前提都源于不现实的新古典假设，因而片面性就尤其明显。例如，新古典经济学试

---

① 博伊兰、奥戈尔曼：《经济学方法论新论》，夏业良主译，经济科学出版社2002年版，第72页。

图用一个统一分析框架来对人的行为及其经济现象进行解释，这显然排除了人类社会因素的多样性，增加了描述的机械性和僵化性。

首先，现代主流经济学有关人性的假设源于弗洛伊德的本能学说或华生的行为主义，它对人性的分析和认知具有明显的还原论倾向，并且不具有可证伪性。波普尔在揭示弗洛伊德精神分析法的伪科学性质时曾举例说，任何可以想到的病例和行为都能用弗洛伊德的理论加以解释：一个人为了淹死一个小孩而把他推入水中，另一个人为了拯救一个小孩而牺牲了自己的生命。按照弗洛伊德的理论，第一个人是因为"恋母情结"受到了压抑，而第二个人是因为"恋母情结"得到了升华。[①] 同样的逻辑，现代主流经济学的解释也具有相似的特性，因而这种解释是不科学的。尤其是，现代主流经济学在本能主义基础上还对人性作了进一步的过度抽象，从而导致它对人类行为的事后解释甚至不如弗洛伊德等的精神分析。譬如，当现代主流经济学看到雷锋做好事之后，往往基于效用最大化的教条开始把"助人为乐"视为雷锋的偏好，显然，这远远不如精神分析学派从其早期的生活环境来进行解释解释、预测更为合理。

其次，现代主流经济学对客观性的强调是基于对"科学"化的追求，但它对科学的理解明显受到自然科学的影响，从而具有科学至上主义的偏误。事实上，现代主流经济学热衷于通过计量实证对社会经济现象进行"客观"解释，但实际上，几乎所有的解释都受到西方主流价值观的支配，从而根本没有所谓的纯粹实证分析。例如，博兰就指出，"那些主张特殊的经济政策（例如，私有化、解除管制，等等）的人，就是在主张并宣扬特定的社会价值观念。在随后的岁月中，由主流经济学家所表现的社会价值观念已经改变了许多次。有20世纪60年代主张实行凯恩斯的政府政策的主流派，有20世纪70年代的新保守货币主义，有20世纪80年代的反管制政策，以及20世纪90年代所倡导的更为偏激的要求缩小政府规模的反政府政策。新古典经济学家能够解释所体现出的社会价值观念的这种猛烈的摆荡吗？"[②]

事实上，尽管弗里德曼及其信徒们遵循逻辑实证主义的研究路径，热衷于实证分析，强调实证经济学的科学性和客观性，把实证经济学视为独立于任何特定的伦理观和行为规范的；但是，在迄今为止的经济学中，从来就没有完全脱离规范的经济学，因为经济学研究的目标毕竟是指导社会实践。布罗西耶就指出，"无

---

① 波普尔：《猜想与反驳：科学知识的增长》，傅季重、纪树立、周昌忠、蒋弋译，中国美术学院出版社2003年版，第46页。

② 博兰：《批判的经济学方法论》，王铁生等译，经济科学出版社2000年版，第289页。

论是在李嘉图时代，还是在凯恩斯或弗里德曼时代，政治经济体制的发展总是与实际的和政治性的问题紧密相连的。在我们的时代，重大的政治讨论经常与一些基本的经济问题密切相关，例如失业问题、贸易保护主义与自由贸易的对立问题、健康保障机制问题、退休制度问题甚至税收的原则和体制问题，以及其他一些从来没有得到解决的问题。……把经济科学想象成完全可以预见和不带有任何偏见的显然是不可能的，因为这将不会对公民和政府提供任何帮助"。①

可见，由于实践应用的失败，现代主流经济学转而试图将实证经济学打造成一门解释性的学科；为此，它倾向于将经济现象视为孤立的存在，并通过对变量间的数字处理作相关性分析。结果，尽管计量模型越来越复杂，数据越来越庞杂，但对社会现象的解释力却并没有取得什么实质性的提高。张五常就宣称，他对宏观经济的解释和推断全部用的是本科一年级可以学到的价格理论，而那些统计数字密密麻麻的回归模型的解释力则绝对是零。② 同时，基于实证分析的解释往往具有明显的主观性和片面性：①几乎所有的实证分析是建立在特定引导假定之上，因而本身也仅仅是一家之言；②基于实证分析对经济现象的解释往往是功能性的，它无法揭示出经济现象之间的因果机理，从而也就无法对实际的经济运行提供可信的解释。尤其是，现代经济学并不是一个纯粹的经验科学，而是与特定时代的价值观结合在一起。相应地，现代主流经济学的实证分析也远非局限于对具体现象的解释，更不是致力于深化人们的社会认知；相反，它的主要目的在于论证西方社会主流价值观的合理性，为现代主流经济学理论提供证明和支持。艾克纳等就指出，"（现代主流经济学的）目的并不是要在较大的社会有关的范围内对经济系统的实际运行做出解释——实际上它对此基本上是无用的——而是为在西方文明的历史发展中发挥过重要作用的一系列思想提供支持"。③

 # 五　中国经济实证分析中的"伪解释"

现代经济学的解释转向已经深深地影响了当前中国很大一批经济学人的看

---

①　布罗西耶："经济学作为一门具有实证性和规范性的科学"，载多迪默、卡尔特里耶编：《经济学正在成为硬科学吗》，张增一译，经济科学出版社 2002 年版，第 50 页。

②　张五常："凯恩斯学派的不幸"，http://zhangwuchang.blog.sohu.com/124145064.html。

③　艾克纳：《经济学为什么还不是一门科学》，苏通等译，北京大学出版社 1990 年版，第 208 页。

法。例如，张五常、张维迎等都继承了弗里德曼等的观点，主张理论经济学的任务仅仅是解释世界而不是改造世界，从而都积极热衷于计量实证分析或者案例调查研究。例如，在 21 世纪初，张曙光就曾好心地劝过笔者：你应该走出书斋，多搞些调查研究，多作些实证分析，就可以更明白实际生活是如何发生的。问题在于，目前那些案例研究和实证分析果真客观乎？①目前那些案例研究基本上都是按照教材上的流行理论来寻找素材，或者最后硬套某些无法检验的理论来加以解释。例如，如果企业效率开始提高了，那些流行的案例研究必然把它归功于相应的产权安排或制度的变革，而这种变革之所以能够提高效率，关键在于节约了交易成本。②流行的实证分析往往在实证之前就已经存在某些先验的价值观和目的，只是努力寻找能够证明流行理论的材料。例如，为了对企业组织的效率进行实证分析，绝大多数的实证研究都在寻找改革初期正处于衰败中的国有企业股份化的数据，以此证明产权私有化对企业效率提高之决定性影响。显然，无论是案例研究还是实证分析，都充满了主观性和规范性，都会受到有意无意的数据选择局限而对现象认识"一叶障目不见泰山"；尤其是，这些分析几乎都是以现代流行的经济学理论去解释社会现实乃至重构历史，从而往往具有强烈的非现实主义和非历史取向。①

同时，即使这些案例研究和实证分析是客观的，果真如实地描述和刻画了现状，那么依然需要反思：这种纯粹的实证有用吗？事实上，实际发生不一定就是合理的呀！例如，张曙光就曾对笔者大加赞赏一些经济学人的实地调查工作，如某个经济学人通过长时期的基层蹲点来详细描述某地是如何把民间自发形成的或通过谈判界定形成的现实产权上升为地方法规的。问题是，私人领域基于供求力量形成的博弈均衡能够成为公共领域法律制定的合理依据吗？前面一再指出，基于供求博弈所形成的均衡必然是有利于强势者的，而社会制度的设立目的恰恰是要缓和力量博弈所造成的市场失灵问题。特别是在当前中国社会，由于社会权力、地位以及信息等都极不平等和对称，那么，基于纯粹私人之间的互动所形成的结果往往只是赤裸裸地体现强势者的利益。不幸的是，当前众多中国经济学人却试图用法律的形式将这种现状合理化，这又反映了他们怎样的价值观呢？

令人不解的是，尽管在当前中国社会，一些"主流"经济学人在学术上热衷于搬用主流经济学的教条学说，把经济学的理论研究仅仅局限在解释世界层

---

① 朱富强："警惕经济分析中嵌入的非历史倾向：阿莫西格鲁等《国家为什么会失败》的审视"，《经济纵横》，2018 年第 4 期。

次而不是改造世界；但是，他们又缺乏"为学术而学术"的"经院"气质，而是急功近利地向各职能部门鼓吹和推行他们的政策建议，以致往往被称为"奏折派"。事实上，从这些"主流"经济学人的所作所为来看，他们自身所从事的"理论"研究根本就不是所谓的纯粹实证分析，也根本不甘愿局限于解释现状这一层面；相反，它们都在试图对政策施加影响以引导社会变革，显然，这体现了他们在学术口号和实际行为上的不一致性。而且，正因为那些搞实证分析的学人往往又特别偏爱应用性的课题研究，还急急乎地要提出他们的政策建议；因此，这里就面临着休谟问题：实然可以通达应然吗？①由于"主流"经济学人热衷于搬用的逻辑实证主义及其相应的理论本身就存在局限性，因而他们的政策建议在应用于实践的过程中常常会暴露出非常严重的问题；②正因为那些搞实证的人大多偏爱于提出自己"独到"的政策主张，结果，往往给人10个经济学家有11种主张的感觉。

萨缪尔森在《经济学》的序言中就坦白地承认，经济科学不能告诉我们一种政治观点是正确还是错误。正因如此，纯粹的实证分析不仅往往在预测方面无能为力，在实践应用上更不能提供任何的政策建议。一般地，实证研究要真正发挥其实践功能，必然会与特定的规范分析相结合，因为规范分析是在一定的价值标准下对经济最佳的配置范式提出判断并据此对经济运行和经济政策提出建议。事实上，任何应用性的经济学分析都涉及价值判断问题。李志赟写道："经济学的产生，来自人们对社会和自身福利改进的要求，所以经济学的研究就不会仅仅停留在描述和解释这一步，更需要根据已有的理论和假说，对经济运行的目标和经济政策的制定提供建议和指导，这就是规范经济学所要解决的问题。但同实证经济学不一样，提供政策建议或指导，总是和经济学家的价值判断联系在一起的。而这种价值判断背后所依赖的价值标准，则受到很多因素的影响，比如研究者成长的经济环境、文化背景、意识形态、政治取向等等。而且，对于不同的价值标准，是不存在一个客观的标准（事实或逻辑推断），来对这些标准的优劣性进行评判的。"①

而且，任何经济学家在观察和分析经济现象时都会受到其已有的意识形态之影响，尽管其自身往往意识不到这些潜在意识形态的影响。正是意识形态的不同，使经济学家往往选择不同的分析方法，并在不同的引导假定下得出不同的结论。科兰德就指出，经济学家在选择特定的理论假设时，往往会受到其自身的视角和价值判断的影响，这决定了选择理论假设的方式不能通过纯粹的逻

---

① 李志赟："规范与实证：如何看待经济学家的争论"，《浙江社会科学》2008年第3期。

辑推断来实现；正是经济学家在视角和判断上的不同，导致了他们之间结论上的不同，从而带来经济学家之间的争论。① 显然，现有的文献并没有认真地讨论经济学家研究视角上的差异。同时，经济研究中总会存在一些无法量化的东西，这些东西一般要借助于人的主观判断，而无法通过纯粹的逻辑来达成共识，从而也会引发争论。显然，正是由于存在特定的价值判断，经济学家往往会给出特定的假设选择并最终得出不同的政策建议。为此，贝内蒂和卡尔特里耶就写道："为什么经济学家没有成功地使另一些经济学家或'大多数受教育的公众'相信他们科学的主张是正确的呢？越来越多的杰出经济学家把价值理论作为政治经济学的经典思想，是与某些现实的自由主义的兴起有密切联系的，这一事实清楚地表明理论争论与政治或社会利益的冲突是密不可分的。"②

当然，如果能够把实然分析和应然分析结合起来，由此真正从事严谨的实证分析，那么实证分析的意义就会大大地提高：不但可以对已有的政策效果进行检验，甚至还可以发展和修正原有理论。譬如，根据社会协调增进的理论，在宏观经济中，包括政府在内的各种人为组织和基于演化的市场制度是人类社会中存在的两类各具特色的协调机制，任何社会的整合和发展都同时依赖于这两种机制。那么，我们就会明白，我们不能任意而先验地排斥其中某种协调机制，而是要努力探寻这两种机制在不同条件下的作用范围和强度，在设定一定目标的前提下就可以对当前现状以及两者的实施效果进行实证分析和比较。正因如此，任何一个严谨的实证分析者所得出的实证结论都会对流行的市场神话提出反思。科兰德就指出，"严谨的理论家们已经证明，如果没有大量的附加条件……（当前流行的一些）观点中的任何一个的逻辑推理都没有直接地遵循经济学理论"。譬如，真正的实证分析大多会抵消一些经济学家对市场过分重视的倾向，科兰德继续写道："过分重视市场的例子包括，J.B. 克拉克的收入分配由市场分配是公平的这一著名的观点，以及市场使社会福利最大化的著名的实用主义观点和自由放任是符合经济学理论的正确政策这一芝加哥观点。"③ 问题在于，当前主流经济学所采用的实证分析恰恰不是严谨的，相反，却存在

①　Colander D., 1994, Vision, Judgment and Disagreement among Economists, *Journal of Economic Methodology*, 1（1）: 43–56.

②　贝内蒂、卡尔特里耶："经济学作为一门精确的学科：对一种有害信念的坚持"，载多迪默、卡尔特里耶编：《经济学正在成为硬科学吗》，张增一译，经济科学出版社2002年版，第285页。

③　科兰德："通过数字建立的经济学的艺术"，载巴克豪斯编：《经济学方法论的新趋势》，张大宝等译，经济科学出版社2000年版，第49页。

一个单一的先验价值观；尽管如此，中国社会流行的实证分析所开出的政策主张却明显受到这种先验价值的支配，从而就必然是为特定的利益群体服务。

六 结语

正是由于现代主流经济学人越来越偏重实证经济学，而经济学理论本身又缺乏可证实性和可证伪性；因此，一些主流经济学家就逐步把理论经济学的作用限定在解释世界这一层次上，而越来越不涉及预测未来和改造实际等问题。然而，这种认知却存在明显的缺陷：①经济学本质上是一门致用之学，从而根本不应该停留在解释的层次上；②任何实证分析都是在一定的引导假定之下，从而根本是不可能客观的。萨伊就指出，经济理论的逻辑推理应当用文字表述而不是数学，因为经济学研究的是个人难以捉摸的价值观念，而这种价值观念受制于持续且难以预测的变化，这些都不能进行严格的数学计算。事实上，尽管数学模型和计量实证看似精确，但它却不可避免地最终将经济学从关于一般原理的完整知识降低为随意的公式，从而会改变并且歪曲经济学基本原理，进而得出不可信的结论。萨伊指出，这正是我们"每当对经济现象进行数学运算时总是被政治经济学误导的原因。在这种情况下数学运算成为所有抽象方法中最危险的方法"。[①]

其实，根据哈贝马斯的观点，人类知识可以按照它所服务的人类利益分成三个领域：科学、诠释学和批评理论，三者是不能相互还原和混同的；其中，科学服务于预测和控制的需要，诠释学强调研究人类理解自身和他人的兴趣，批评理论关心的是我们的解放利益，特别是有利于实现无约束、无扭曲交流的世界。显然，根据这种观点，尽管科学出于预测和控制的需要而派生出对世界进行描述和解释的需求，但只要经济学还在号称要成为一门科学，其理论研究就不能仅仅局限在解释层次上。同样，正如劳丹的科学进步理论指出的，科学的目标在于：①尽量扩大已解决的经验问题的范围，与此同时，尽量减少或缩小反常问题和概念问题的范围；②一般地，一个理论解决的问题越多越重要，那么这个理论就越好、越完善。此外，考德威尔的"相符主义"（Confirmationism）也强调：各种理论应该是可检验的，一种检验的有用手段

---

① 罗斯巴德：《古典经济学：奥地利学派视角下的经济思想史（第二卷）》，张凤林译，商务印书馆2012年版，第28页。

是把理论的预言与现实进行比较，预测的准确性常常是一种理论站住脚的最重要的特性，各种理论的相对地位应该由那些比较的相符或证实强度决定；在考德威尔看来，经济学理论当然不能例外，而且大多数现代经济学家实际上都赞同这四个原理，从而也都是相符主义者。

那么，如何发挥经济学的应用功能呢？一般地，这就要从经济学的学科特性着手，探究经济现象的内在面目，这就是当前科学实在论的关注。显然，经济学的研究对象不是外在于认知主体的，主体的认知也不能脱离自身经验；因此，一门致用的经济学范式，一方面要来自经验，另一方面又要上升到超验层次，从而实现"极高明而道中庸"的理论体系。这也意味着，就经济学的学科特性而言，经济学绝不仅仅是一门实证科学，相反，它的研究必须把基于实证的"是什么"和基于规范的"应该是什么"结合起来：不探究"应该是什么"的纯粹"实证"毫无意义，而不知晓"是什么"的"规范"争论也是纸上谈兵。①实证分析必须建立在规范探究的前提下。试想：如果没有对事物"应该是什么"进行探究，即使我们了解了"是什么"也仅仅是停留在纯粹的"实证层面"下，这又如何能够由此对社会制度的改革提出任何改良建议？这只会像当前中国的"主流"经济学人那样局限于牵强附会的八股文之上。②规范探究也应该面向实证分析。试想：如果没有对"是什么"有充分的了解，即使我们已经明白了"应该是什么"，那么这又能够引导我们做什么实事呢？这只会像传统马克思主义经济学者那样停留在漫无限制的意识形态之争。

由此可以看到：一方面，纯粹实证是独立于任何特定的伦理立场或价值判断的；另一方面，任何政策建议都是基于特定目的也即站在特定立场上的。因此，没有若干预先的价值规定，纯粹的实证分析根本无法解决政策和价值问题。相应地，只有把两者结合起来才可真正形成从本质到现象的研究路线，通过探究现象对本质的偏离及其原因，寻找改革的方向和途径，从而真正对社会实践起到指导作用。事实上，尽管现代主流经济学往往宣称其局限于纯粹的实证分析，并主要用于对现象的解释；但是，几乎所有的实证研究结果都或多或少地与政策相关，它往往可以显示出政策究竟促进了还是阻碍了价值目标的完成，也即实证分析本身就与特定的价值结合在一起。

第4篇

数量化的逻辑实证主义基础批判

第2、第3篇分别剖析了现代主流经济学偏重数理建模和计量检验这两大取向所潜含的逻辑问题，那么，现代主流经济学为何会偏重数理建模和计量检验呢？这就涉及逻辑实证主义在现代经济学的渗透。同时，逻辑实证主义能够主导现代经济学的研究，主要原因在于经济学在边际革命之后逐渐被视为一门与自然科学有关的学科，它关注的是私人领域的发财致富技术而不是复杂的社会规律，从而就便于数理模型的理性构建。

问题是，作为一门社会科学，经济学的理论研究根本上要揭示事物的内在本质和因果机理，而这根本无法通过数理的推导和数据的处理而获得，相反必须依赖于思辨性的人类思维。正因如此，逻辑实证主义在经济学中的应用也日益遭到理论和实践两方面的强烈质疑。实际上，弗里德曼通过引入逻辑实证主义而将唯实论方法的焦点置于经济理论的成功预测上，但劳森的超验唯实论对此展开了深入的批判。为此，本篇就逻辑实证主义在经济学中的发展和问题进行剖析。

逻辑实证主义何以主导
现代经济学？

——方法论的统一和约定主义倾向

导读

　　数理建模和计量实证的哲学和方法论基础是逻辑实证主义。逻辑实证主义成为支配经济学的主流思维有两大重要原因：①它建立在现代物理学和数理逻辑的基础上，通过引入数理逻辑精确了经济变量之间的逻辑关系，从而使经济学实现了数理逻辑与经验主义的结合；②它在形式逻辑的基础上严密了经济学理论体系，通过引入假设的现实不相关性为抽象理论提供了支持，从而使逻辑证实的范围大大拓展了。但同时，逻辑实证主义本身嵌入了约定主义和工具主义特性，由此导致现代主流经济学只是在特定引导假定下作些细枝末节的解释性或检验性工作；结果，其不但无法对自身理论进行批判和反思，而且也很难为现象预测或社会变革提供具体的指导。正因如此，现代主流经济学人转而热衷于数理的推导和分析，注重逻辑上的一致性或者智力上的体验，从而使经济学的理论发展越发脱离现实。尽管如此，主流经济学人依然服膺于这种研究思维，主要原因有三：①随着主流经济学逐渐走上展示智力的道路，理论经济学家相信，形式比内容更为重要，逻辑的有效性本身比经验相关的难题更为重要；②经济学本身具有非常强的功利性，主流经济学人不再是寻求个人的认知，而仅仅是展示个人智力；③欧美国家的社会制度已经基本稳定，因而经济学得以将研究重点从公共领域转向私人领域，从而鼓励了理性模型的构建。

引言

根本上说，数理经济学和计量经济学在方法论性质上是相对立的：一方面，数量经济学是一门定性的学科，它应用微积分等方法研究两个变量之间的消长关系，由此来确定在达到最佳经济效果时的条件；另一方面，计量经济学则是一门定量的学科，它应用统计学的方法对各种经济量进行测算，由此来评价政策的效果以及检验经济学理论的正确性。然而，这两大分支学科在现代经济学界却得以和平相处，并共同构成了现代主流经济学的两大组成部分。为什么会出现这种局面呢？这就涉及逻辑实证主义（logocal positivism）这一思维基础。逻辑实证主义一方面在继承经验主义的基础上转向语言寻求知识的确证，另一方面又将数学打造成逻辑的一个分支从而将逻辑学数学化，这样，它就将远离思辨哲学的演绎推理与实证主义者让事实为自己辩护的愿望结合起来。

事实上，逻辑实证主义的兴起对现代经济学的发展产生了深远影响：①它的科学理论对经济学的逻辑性产生了强烈要求，从而促进了数理经济学的发展；②它的实证原则对经济学的可检验性提出了强烈要求，从而促进了计量经济学的发展。问题是，经济学根本上属于社会科学范畴，社会科学的理论研究主要体现为对事物内在作用机理的揭示。但是，嵌在逻辑实证主义中的约定主义和工具主义使其不去关心理论的真实性，或者对理论的真实状态存有疑义；相应地，它并不致力于揭示出经济现象之间的因果联系，而主要是在特定引导假定下进行功能性分析。正因如此，现代主流经济学就呈现出一种明显的理论不生产或者理论扭曲的状态，甚至已经日益陷入了一种难以自拔的困境。既然如此，逻辑实证主义是如何成为经济学的主导思维的？它对现代经济学的发展又带来了怎样的影响和危害呢？本文就相关问题作一梳理和剖析。

 方法论之争与逻辑实证主义兴起

自休谟起，学术界就认识到，基于归纳的实证主义作为科学划界的标准存在严重缺陷，因为它无法满足逻辑一致性的要求。因此，自斯密开始，经济学就逐渐转向了演绎主义，这体现在李嘉图、西尼尔、穆勒以及凯尔恩斯等的著作中。譬如，穆勒强调，经济现象的复杂性使一般的试验和归纳法难以直接应用，而只能采用演绎方法才能展开科学研究。穆勒被罗宾斯看作自己的知识先驱，并最终确定了现代经济学的演绎主义分析框架。当然，穆勒也没有完全否定归纳法，因为演绎所依赖的前提假设有赖于归纳得出，尽管这些假设的经验性证实已经通过反省或实验而予以构建了。但无论如何，经济学基本法则的一个首要步骤就是归纳，只有这个前提获得经验性证实才能开启构建演绎的正确性，这开启了实证主义和历史主义思潮。正因如此，19 世纪末期，在门格尔与施穆勒之间爆发了一场方法论论战。一般认为，偏重演绎逻辑的门格尔取得了重大的胜利，由此促进了边际效用思想的传播和纯经济理论的发展。

（一）门格尔开启的方法论之争

其实，门格尔并不完全否定历史归纳法。门格尔原本是以试图为历史研究确立一个纲领性原则而开始其经济学家职业生涯的，他试图揭示出理论、历史和经济变革之间的关系，并试图表述出内在于历史环境中的个人主义方法。在门格尔看来，社会现实的知识要求两门同样重要且相互补充的学科：①理论，它可被视为抓住经济现象本质的"形式"，主要通过内省发现；②历史，它可被视为理论的"物质"内容，并且根据事先存在的理论来解释、分类和理解。同时，门格尔强调，理论经济学研究的任务是揭示经济活动的"精确"规律，并指出发现一般性经济规律的两种方法：一是"经验的、实在的取向"，也就是建立在观察基础上的归纳法；二是"精确取向"，也就是抽象演绎法。

不过，门格尔认为，归纳法只能得到对现象的典型描述和一些不精确的经验性规律，它虽然对人类知识和实际生活具有重要价值，但只能提供有关现象存在的有缺陷的理解，既不能做出确定性的预测，也无法保证能够完全控制现象；相反，演绎法可以获得具有绝对性的精确规律，基于每个假设的演绎都可以得到理解某一方面人类活动的结论，而将它们合在一起就构成了对人类活动的完整理解。尤其是，为了反对德国历史学派的主张，门格尔及其追随者还临时性地与新古典均衡范式的理论家（数学边际主义者瓦尔拉斯、杰文斯，新古典主义者马歇尔和美国的克拉克等）结成同盟。结果，理论支持者对历史主义者的胜利被大多数数理经济学家解释为数学形式化的均衡理论的胜利，而不是门格尔及其追随者所努力推动和发展的动态社会过程理论的胜利。

相应地，这场方法论大战确立了瓦尔拉斯经济学的主流地位，进而将经济学导向了追求精确的数理经济学。瓦格纳写道："方法论大战确实帮了瓦尔拉斯体系的忙，使之得以确立在经济学理论中之优势地位，也造成学界对由此而被取代的那种经济学派之知识遗产的评价不足。如果没有爆发门格尔和施穆勒之间那样狂暴的家族内讧，那很有可能我们会发现，我们今天既不会谈论奥地利学派经济学，也不会谈论德国历史学派，与此同时，我们会发现，在我们眼前出现的是一种取代瓦尔拉斯型新古典的富有生机的经济学体系。这种体系最关注组织和制度的发展，而不甚关注去除了实践因素的价格与配置之逻辑，它会将目前分散在诸如新制度经济学、演化经济学、法律经济学和奥地利学派经济学中的精华因素融为一体。然而，方法论大战确实发生了，结果是，经济学在 20 世纪走上一条不同发展道路，如果 19 世纪最后二三十年维也纳和柏林的学者们的头脑更冷静一些，就不会走上这样一条道路；而这样一条道路，使得替代瓦尔拉斯新古典的观念体系之传播和为人接受，难上加难。"[①]

最后，这场方法论大战就产生了这样的结果：门格尔开始被当作反历史的人，被当作极端先验理论的捍卫者和极端个人主义的提倡者，并且通过个人主义方法与新古典经济学联结起来。例如，维塞尔就将门格尔归入萌芽时期的新古典经济学家，并认为门格尔要比其他人更系统地解释了价值，区别只在于门格尔的价值理论多少是文字式的而非数字化的。沃恩就写道："尽管门格尔以试图为历史研究确立一个纲领性的原则来开始其经济学家的职业生涯，然而他却被当做反历史的人；尽管他希望揭示出理论、历史、经济变革之间的关系，可他渐渐地被当成极端的先验理论捍卫者；尽管他希望表述内在于历史环境中的个人主义方法论，可人们却认为他是极端个人主义和'闪电式计算'提倡者。"[②]

（二）米塞斯发展的先验方法论

一般地，一个"极高明而道中庸"的经济学理论必须经受双重检验，从而历史和逻辑都是寻求经济学理论的合适形式。正因如此，到了20世纪20年代，基于历史经验的归纳研究法又开始得到恢复，这为实证主义在经济学研究中的崛起提供了基础。实际上，在 20 世纪初期，实证主义是占主导地位的有关知识的认识论，甚至支配了时代的精神。为此，从奥地利学派和德国经济学派直

---

① 瓦格纳："卡尔·门格尔"，载门格尔：《社会科学方法论探究》，姚中秋译，商务印书馆2018年版，第296页。

② 沃恩：《奥地利学派经济学在美国——一个传统的迁入》，朱全红等译，浙江大学出版社2008年版，第36页。

到英美经济学派都开始重新反思那场演绎与归纳的方法论之争，形成的新共识是，方法论之争是一种过时的争论，是一种时间和精力的浪费，也是一件最不幸的事。

关于这一点，熊彼特写道，"（这场论战）尽管在澄清逻辑背景方面多少也有点贡献，然而这么一大堆文献的历史实质上是浪费精力的历史，大好光阴，本来是应该更好地加以利用的"，"既然不论是关于在一个论述历史过程的科学中历史研究的根本重要性，还是关于发展一套用以处理资料的分析工具的必要性，都不存在什么大问题，因而这场论战，就像所有这类论战一样，对我们来说，可能完全是不得要领的……这次争吵是关于先后次序以及相对重要性的争吵，只要承认各种类型的工作都自有其份所应有的位置，这个问题本来是早就解决的"。① 瓦格纳则说："方法论大战恐怕应被归类为一场家族内部的失和，尽管我们也该强调，大多数谋杀都发生在家族或朋友中间……据此分类（伊赛亚·伯林的刺猬和狐狸之分），门格尔也许更像一只刺猬，在竭力追寻统一的原理，解决社会问题之普遍适用方案。相反，施穆勒更像一只狐狸，强调多样性和独特性，而且过于强调这一点，以至于轻视了有益于概念之清晰的一般组织性原则。他们两人气质上的这种差异在普鲁士和奥地利人互相敌视的背景下又被放大，因为两国之间曾爆发过1866年的战争，于是一场充满激情的家族争执就有了血腥味。"②

不过，作为奥地利学派的第二代代表人物，米塞斯却依然坚持，方法论的争论并没有结束，并把自己视为门格尔有关"理论与历史二分"方法论的确定无疑的继承者：不仅贬斥历史分析对理论和一般规则的意义，而且也对崇尚定量分析的计量经济学和实证主义进行批判。同时，为了有效地向当时几乎每个学派中的实证主义者和经验主义者发起挑战，米塞斯从康德那里借来"先验"一词标记在自己的学科上，并从先验的行为学公理出发严格演绎出一整套经济学命题，试图建立包括经济学在内的更广的"人类行为学"。因此，在很长一段时间，米塞斯在批判实证主义缺陷的同时，过度推崇了经济学方法论的先验性质，乃至把人的行动原则也视为先验的范畴。米塞斯写道："努力得出普遍正确知识的人类行动科学是一个理论体系，它迄今为止最精心地构建的分支是经济学。在其所有分支中，这门科学是先验的，而不是经验的。正如逻辑学和

---

① 熊彼特：《经济分析史》（第3卷），朱泱等译，商务印书馆1994年版，第96页。

② 瓦格纳："卡尔·门格尔"，载门格尔：《社会科学方法论探究》，姚中秋译，商务印书馆2018年版，第294页。

数学一样，它不是得自经验，它先于经验。"① 在米塞斯看来，理性主义的引入使人类行动的科学出现了两个革命性的变化：① "迄今为止，历史学一直是惟一的有关人的行动的科学，理性主义把批判方法引入了历史学。它使这门科学摆脱了对编年史和过去历史著作中流传下来的那些东西的幼稚的附属地位，并教导它不仅要利用新资料——文件、铭文等，而且要对所有来源进行批判性的审查"。② "建立起人类行动的科学理论，即目的在于确定人类行为普遍和正确规律的科学"。②

正是在米塞斯的宣扬和领导下，先验论主张后来被奥地利学派中的一个自由主义派别所吸收和发扬，进而也使奥地利学派逐渐走上了唯理主义（或演绎主义）道路。其主要原因是，唯理主义与"泛物理学主义"（panphysical）和方法论一元主义之间具有很强的相通性。例如，马赫创制的新实证主义就主张以直接的纯粹经验而不是先验的公理作为认识论的基础，强调以假设描述事实的间接描述让位于直接的观察，科学必须为经验或感觉现象所证实；相应地，一切科学的目的都在于在芜杂的变化中发现相对恒常的东西，在于联系比较不恒常、尚未充分建立起来的关系和比较恒常、已经建立起来的关系，从而使事实在思想上得到系统的再现。显然，为了获得这种恒常关系的规律，马赫、石里克等都将物理学所使用的方法——如明确的函数关系以及实验室实验等——应用于所有的科学。正是承袭马赫的路线，后来包括阿芬那留斯（A. R. Heinrich）开创的经验批判学派都强调，科学应该以纯粹经验为基础，但这种纯粹经验是一切可能的个人经验所共有的经验；相应地，这就需要消除不合理的个人因素，而致力于发现纯自然的世界或显示的本来面目。基于这一逻辑，马赫的新实证主义和庞加莱（Poincare）的约定主义就开始调和并结合，由此最终导向了逻辑实证主义。

（三）逻辑实证主义的现代转向

在 20 世纪二三十年代，在统一方法论的呼声中，以维也纳学派著称的一群现代经验主义哲学家也致力于将作为依据的经验和作为工具的逻辑契合起来，通过描述科学家实际遵循的方法来使科学研究方法形式化。维也纳学派的成员包括石里克、卡尔纳普、哥德尔以及纽拉特（O. Neurath）等著名物理学家、数学家和逻辑学家，他们一方面接受德国的实证主义传统，另一方面又受

---

① 米塞斯：《经济学的认识论问题》，梁小民译，经济科学出版社 2001 年版，第 12 页。

② 米塞斯：《经济学的认识论问题》，梁小民译，经济科学出版社 2001 年版，第 67 页。

到维特根斯坦《逻辑哲学论》思想的启示，进而将传统的实证主义与数理逻辑方法结合起来进行推理，由此发展出了现代逻辑实证主义。逻辑实证主义将那种表述自在之物、实在、本性、绝对等经验之外的知识称为"形而上学"，认为"形而上学"问题既不是分析命题也不是经验命题，而是毫无意义可言的"虚假问题"，从而应该从科学中清洗出去。相反，逻辑实证主义主张，只有当一种演绎理论在经验上被检验和证实之后才能被认为是正确的，而科学家的作用就是发展这些逻辑理论并检验它们；相应地，逻辑经验主义的基石在经验证实，其基本表述为，除逻辑命题（分析命题）外，任何命题只有表述经验、能被证实或证伪才有意义。

　　显然，逻辑实证主义主要关注理论的可证实问题。在这一点上，逻辑实证主义认为，通过经验观察可以解决何为真理的问题，进而发展"归纳逻辑"或"概率逻辑"来寻求对"归纳问题"的解决。不过，波普尔在 20 世纪 30 年代却对此提出了批判：根本没有可能性来证实一种理论，因为人们不可能完成理论的所有可能检验；相应地，他提出了证伪主义主张：通过检验来放弃那些被证明是错误的理论。1938 年，哈奇森在《经济理论的意义及其基本假说》中首次系统地将证伪主义引入经济学，强调经济学和一切经验科学一样必须从事经验概括的建构和检验。哈奇森批判说，新古典经济学是否能够用当代科学哲学的标准加以衡量，微观经济学理论能否通过经验数据的检验？在哈奇森看来，经济理论家应该从抽象的、同义反复的和经验方面空虚而无知的模式中解放出来，而发展允许真实"进步"的经验规律。[①] 到 20 世纪 50 年代，弗里德曼则试图将维也纳实证主义与波普尔证伪主义结合起来而发展出了证伪的逻辑实证主义。

　　同时，维也纳学派对逻辑实证主义的发展也与米塞斯的引导有很大关系。实际上，早期的经验主义主要以自然和自然科学为圭臬，认为经济学命题与自然规律具有相同的逻辑状态：它们描述事件之间的假设关系，从而采取了"如果—那么"的陈述形式；同时，就像自然科学假说一样，经济学命题也需要接受经验的不断检验。问题是，经济事件之间的命题永远不可能被确证，而总是要由偶然的、未来经验的结果来验证；而且，这些经验即使能够说明这些假设有效，也不能证明该假设正确。事实上，经济学命题使用的是总括性术语，由此能够应用到无穷情境和案例中，从而总是存在在将来被证伪的可能性；同时，即使某些经验证伪了假设，也不能证明我们永远观察不到特定事件之间的

---

① 博伊兰、奥戈尔曼：《经济学方法论新论》，夏业良主译，经济科学出版社2002年版，第9—10页。

上述假设关系，因为它只是证明了这种假设关系在特定考虑和控制条件下没有得到显现，而并不排除在控制其他某些条件下能够得到显现。既然证实和证伪逻辑运用在经济学命题的分析中都存在问题，我们又如何获得和认识经济学命题呢？对此，米塞斯指出，经济学命题主要以理解而不是以观察为基础，从而延续并重建了西方理性主义哲学的方法论。进而，依据理性主义哲学的传统限定，米塞斯提出经济学命题必须满足的两大要求：①必须有可能证明经济学命题不是来自观察证据而是根植于内省认知；②这种内省的理解必须得出某些命题以作为不证自明的质料公理（Material Axioms）。

在米塞斯看来，"科学的职能是：为达到其最终的结论而就其纯粹性来彻底地思考知识的先验前提，由此提出一种全面的理论体系，并借助于这样得出的结论，从经验资料中抽象出它们可以教导我们的一切。"[①] 相应地，逻辑实证主义也强调理论应该以感性的经验为依据，但又不能过度依赖感性认识，而是需要进行理性逻辑的推理和检验。当然，米塞斯在对当时的经验主义进行批判的同时，也对盛行的唯科学主义有所警惕。但是，正如朗奇曼所说："（米塞斯）对自己敌人批判的火力分配得并不平衡，针对德国历史学派的过多，而对逻辑实证主义的则过少——更不用提当时正在兴起的存在主义学派了。"[②] 正是由于米塞斯对先验唯理主义的坚持，不仅将市场视为先验的，而且将人的行动逻辑也视为先验的，为此，米塞斯的学生哈耶克最终选择脱离他所持的那种科学理论的基本立场，并反对这种脱离经验的先验论。究其原因，在哈耶克看来，"坚定的唯理主义和一个实实在在的自由秩序是不相容的"；[③] 相应地，"米塞斯归根到底是个唯理主义—功利主义者，而带有唯理主义—功利主义，又反驳社会主义，这是不协调的"。[④] 哈耶克晚年口述史访谈中说："他（米塞斯）的结论通常是正确的，但是我对他的论证并不是很满意。我想，这种感觉伴随了我一生。我总是受到米塞斯的答案的影响，但不是十分满意他的论证。我承认这些论证得出了正确的结论，所以我才付出巨大的努力去改进这些论证。"[⑤]

---

① 米塞斯：《经济学的认识论问题》，梁小民译，经济科学出版社 2001 年版，第 47 页。

② 米塞斯：《经济学的认识论问题》，梁小民译，经济科学出版社 2001 年版，前言第 4 页。

③ 亨内克："同弗雷德里希·哈耶克交锋：智识上的联系与冲突"，载 G.帕普克主编：《知识、自由与秩序》，黄冰源等译，中国社会科学出版社 2001 年版，第 38 页。

④ Stephen Kresge & Leif Wenar., 1994, *Hayek on Hayek : An Autobiographical Diaogue*, Chicago : The University Chicago, P.73.

⑤ 转引自布鲁斯·考德威尔：《哈耶克评传》，商务印书馆 2007 年版，第 177 页。

　　因此，逻辑实证主义的兴起可以追溯到米塞斯对定量分析和经验主义批判的反应，而它在经济学中的发展和壮大则源于罗宾斯对经济学的定义：经济学是有关为实现最大化这一目的所进行的手段选择的学问。事实上，门格尔就强调，为了得到科学的论断，就必须以对人类行为的假设为基础和逻辑前提，并以抽象演绎法为基本发现工具。米塞斯给经济学下的标准定义是，经济学是研究恒定不变的行为范畴及其在人类活动的所有可以想象的特定环境中运行的一般科学。罗宾斯则进一步认为，经济学所要研究的是稀缺手段在互相竞争的目标之间的配置。此后，经济学中逐渐出现了将人的偏好作为行动的最终根源的思潮，这种思潮表明，人类的行动可以在合乎逻辑的手段与目的的框架之内找到位置，而手段与目的的形成满足我们理性要求的任何一种行动理论的基础。显然，这为作为经济科学基础的手段与目的之间的逻辑开辟了途径，从而提高了逻辑实证主义的应用和影响。

　　最后，正是在逻辑实证主义思维以及新古典经济学理论的支配下，现代主流经济学就开始转向实证检验和模型构建，并由此形成了两种主流的研究路向：一方面，主流的数理经济学偏重于数理模型方面，这使理论的形式逻辑越来越严密和一致，但也因缺乏经验材料的实证而使理论模型离经验事实越来越远。事实上，正是由于数理经济学的偏盛，就产生了艾克纳所说的结果，"这将读者从一套似乎有理而完全是任意的假说引到精确的但却是无关的理论结论"。[①]另一方面，主流的计量经济学偏重于数据统计方面，这使理论与事实之间的一致性似乎得到维护，但也因缺乏理论的指导而往往停留在个案或局部材料的经验层面。事实上，正是由于它具有太过浓重的经验主义色彩，以米塞斯、哈耶克为代表的奥地利学派在方法论上都坚决地反对宏观实证分析而强调要进行微观因果机理的探究。无论如何，主流经济学界之所以盛行实证检验和模型建构，主要与逻辑实证主义的思维以及由此派生的方法论有关的。也就是说，逻辑实证主义为现代主流经济学的研究取向夯实了逻辑基础。

 ## 三　逻辑实证主义对经济学思维的统一

　　逻辑实证主义起源于维也纳学派，将其中心理念引入经济学的早期先驱是

---

　　① 转引自程恩富、胡乐明等：《经济学方法论：马克思、西方主流与多学科视角》，上海财经大学出版社 2002 年版，第 299 页。

哈奇森；进而，逻辑实证主义的科学方法论主张在经济学得到推广则与芝加哥学派具有密切关系，尤其与弗里德曼的影响和推动分不开。事实上，弗里德曼 1953 年的《实证经济学方法论》以及后来贝克尔和斯蒂格勒的文章都为芝加哥学派定下了基调，而他们的后继者们则作了更为极端的解释；并且，这种方法也随着芝加哥学派地位的提高而成为整个经济学的主流，这可以从芝加哥学派中获诺贝尔经济学奖的人数中窥见一斑。正因如此，逻辑实证主义的思维逻辑以及"假设的现实不相关性"假说就成为当前如日中天的计量经济学的基石。博兰就指出，"广泛依靠计量经济学模型建立的方法论基础，是难以与弗里德曼的论文中所提出的方法论观点加以区分的。计量经济学模型的建立，照例要承认假设（方程式），人们知道，这些假设从经验上说并不十分真实，因为真实的假设过于复杂。作为结果，几乎不能认为，计量经济学的实践在方法论上与弗里德曼的'好像'方法有什么差别"。[①]

正是由于逻辑实证主义对归纳逻辑作了相当程度的严密化处理，这就为将新兴的各种数学工具应用于经济学提供了哲学基础。进而，在铺天盖地的实证主义和科学主义精神的浸染下，当代绝大多数经济学人都做起这样一种"科学论证逻辑"的工作：想出一个研究题目→做出几个假设→构建模型→进行数学推导证明→得出结论→再进行理论推测或提出政策建议。同时，逻辑实证主义之所以获得经济学界的认同和支持，也与西方的社会形势及由此导致的经济学科性质的变更有关：西方社会的稳定使经济学逐渐关注私人领域，而私人领域活动则主要由市场主体自发进行，这使经济学家开始转向挑战其个人智力的模型化道路。相应地，自 20 世纪 30 年代尤其是 50 年代以来，西方经济学中盛行着对科学化和客观化的诉求，经济学也刻意与物理学等自然科学攀亲，乃至自然科学中的科学划界标准就被应用到了经济学中。

（一）逻辑实证主义统一了数理逻辑与经验主义

逻辑实证主义是在适应现代物理学和数理逻辑基础上发展而来的，它通过引入数理逻辑精确了经济变量间在逻辑上的严格关系，进而也就使经济学实现了数理逻辑与经验主义的结合。事实上，自 18 世纪起，西方哲学在知识认识论上就形成了所谓唯理论与经验论之间的对立，这两者对立的认识后来又演变为方法论上的演绎主义和归纳主义之争。相应地，西方经济学界一直都存在归纳分析和演绎分析之间的论战：经济学在漫长时期都广泛使用演绎分析方法，

---

① 博兰：《批判的经济学方法论》，王铁生等译，经济科学出版社 2000 年版，第 54 页。

这种演绎方法在边际效用学派兴起之后的很长时间内取得了完全支配地位；同时，在19世纪40年代后的半个世纪，基于归纳的实证主义曾经蓬勃兴起，20世纪30年代以后又重新成为统治经济学家的方法论语言。

从这个角度上讲，计量经济学和数理经济学所基于的方法论本身也存在内在冲突：计量实证是基于经验主义的传统归纳分析法的极端化和精致化，数理逻辑则是基于先验主义的传统演绎分析法的极端化和严谨化。而且，即使在现代科学哲学领域，科学研究的方法也一直存在波普尔的证伪主义和库恩的科学范式之争。从这个角度上讲，计量经济学和数理经济学所基于的现代哲学观也是不同的：前者是基于理论不断变迁的证伪主义，后者是基于共同看法的科学范式。然而，在数学这一工具性媒介及逻辑实证主义这一方法性思维的作用下，原先相互攻击甚至对立的这两大方法论传统和思维却紧密地联结在了一起，从而呈现出一个令人困惑的奇怪现象：正是通过引入数理逻辑而精确了经济变量间在逻辑上的严格关系，演绎分析最终演化为现代数理经济学，而归纳分析则最终发展成为现代实证（计量）经济学。

因此，逻辑实证主义有这样两个要求：①逻辑实证主义对理论构成的公理化要求引导着经济理论的形式化进程；②逻辑实证的"经验证实原则"对经济学可检验性的要求则推进了计量经济学的发展。就前者而言，逻辑实证主义认为任何科学理论公理化有两大基本要求：一是把该理论中的全部陈述安排成一个演绎系统，该理论中的全部陈述都可由公理通过演绎推理而导出；二是把理论中的全部概念安排成一个系统，而这些基本概念应当是人类直接经验的反映或能解释为物理操作。显然，按照逻辑实证主义的归纳方法论和知识归并原则，整个科学理论体系就是一个严格有序的系统，从简单命题和原则到复杂的命题和原则，甚至整个自然科学知识都是一个有机的、逻辑化的统一整体，是一个公理化的安排。就后者而言，逻辑实证主义强调，实证原则是从理论外部来检验理论优劣和可接受性的标准，科学的命题具有可证实性，可以通过经验检验来鉴别真伪；并且，由于对经济学理论的检验判断不可能像自然科学那样通过可控的实验方法来进行，从而就诉诸利用历史资料和统计数据来对理论所涉及的有关变量进行相关性的回归分析。[①]

同时，逻辑实证主义在哲学上也体现出双重特征。①它与波普尔的证伪主义之间存在继承关系，是归纳主义的一个变种。归纳主义强调，理论必然是从

---

①　参见李建珊、赵华："逻辑实证主义对经济学方法论的影响"，《广州大学学报（社会科学版）》2008年第7期。

现有事实按归纳方式发展的结果，而证伪主义则允许假说超越现成可用的事实而用事实来证明假说。②它又与现代主义的约定主义存在密切联系，是演绎主义的一个变种。约定主义方法论不承认"自明的真理"，相反，它由一组（社会的）惯例或决策准则所组成，这些惯例或决策性则是被用来据以接受一项假定的理论或从一组竞争的理论中选择一项理论。正因如此，在逻辑实证主义思维的支配下，主流经济学的两大分支——计量经济学和数理经济学——就结合在一起并获得了充足发展。一方面，计量经济学遵循波普尔的证伪主义线路：提出假说，检验假说，然后过渡到下一个问题和猜想；另一方面，数理经济学则往往遵循库恩的科学范式：在已经被"证实"的新古典经济学框架下进行一些细枝末节的推理。因此，正是在数学媒介以及逻辑实证主义思维的支配下，经济学实现了数理逻辑与经验主义的结合，两种相互竞争乃至对立的方法论——演绎和归纳——也逐渐形成了合流，乃至计量经济学和数理经济学成了现代主流经济学的两大支柱。

（二）逻辑实证主义大大拓展了逻辑证实的范围

逻辑实证主义在形式逻辑的基础上严密了经济学理论体系，通过引入"假设的现实不相关性"而为抽象理论提供了支持，进而在经济学帝国主义的推动下使逻辑证实的范围得以大大拓展。事实上，逻辑实证主义源于 19 世纪末 20 世纪初形式逻辑的长足发展，此时，逻辑学家把哲学的任务归结为对知识进行逻辑分析，并试图通过对语言的逻辑分析来消灭形而上学；同时，强调一切综合命题都以经验为基础，从而提出可证实性或可检验性和可确认性原则。正是形式语言可以消除日常语言的模糊性，从而把语言中的"语法性质"和它的意义或者说"语义性质"区分开来，因此，逻辑实证主义者主张，科学理论必须用逻辑学发展出的某种形式语言加以表述，从理论的公理出发，所有的定理在形式上都能以纯粹形式推导出来。特别是逻辑实证主义者把物理语言视为科学的普遍语言，从而试图把一切经验科学还原为物理科学，以实现科学的统一。显然，这严重影响了以科学化为取向的现代经济学的研究思维，经济学也加速了对自然科学概念、术语等的引入。

当然，20 世纪 30 年代兴起的以维也纳学派为代表的逻辑实证主义与起源于 19 世纪三四十年代的法国和英国并以孔德、穆勒和斯宾塞为代表的早期实证主义之间存在根本性的区别。一方面，早期实证主义不是去预先假设人类是如何得到知识的，也不提供关于知识的心理学或历史学的基础，相反，它将哲学的任务归结为现象研究，以现象论观点为出发点，拒绝通过理性把握感觉材料，认为通过对现象的归纳就可以得到科学定律。另一方面，逻辑实证主义则把证实的可能性分为经验证实的可能性和逻辑证实的可能性：①它强调，一个命题的意义就是它的证实方法，强调了可证实性而不是得到证实；②它又认为，一个不能直接证实的命题，只要能通过已经得到证实的命题的逻辑推理而被证实也是允许的。因此，逻辑实证主义从早期实证主义对事实的信奉延伸到对事实逻辑的信奉，把那些能够被经验事实的直接证实或者被逻辑分析的间接证实的命题都视为有意义和可信的。

因此，基于对事实逻辑的信奉，逻辑实证主义逐渐接受了约定主义的引导假设：理论科学家们不是就一组引导就假定的优缺点作绝对的判断，而是对它们作相互比较，从而导致相互竞争的引导假定的共同存在。相应地，对引导假定展开的争论不仅出现在一个特定时期，而是发生在整个科学发展过程中，因为任何新的引导假定很少能吸收其先前的引导假定的所有解释上的成功。正因如此，逻辑实证主义对理论的检验就具有非常"软"性色彩，它通过检验来说明一个理论的适用范围，而不是试图获得一个普遍性理论；同时，由于逻辑实证主义往往基于特定解释共同体而对现象进行描述、解释，从而又是与早期的描述主义形成了一定的继承关系。一般地，人们往往将那种把科学的目的仅仅视为描述客观世界的观点称为描述主义。描述主义观点认为，理论仅仅是一个省略或扼要地描述观测到的现象的方法，可用一个复杂的或一系列的事实性陈述来表述一个理论，而不需要用理论性术语来指代客观世界里不可观测的存在。

同时，从基于描述的经验主义中又发展出了工具主义。工具主义强调，理论不是描述的综合，理论性陈述也根本不是什么正确与否的判断；相反，它们仅仅是语言或观念的工具，人们利用它们把一系列的事实转向另一系列的事实，从而成为科学家们发现新现象的启示式工具，或者是允许从一组实验数据推导另一组数据出的"推断许可证"。因此，工具主义进一步强调，一个理论是否被接受，其关键不在于它是否正确，而在于它是否有启示作用，是不是一种能重现或推断那些可观测的现象或实验事实的有效工具。[①] 显然，描述主义→逻辑实证主义→工具主义之间就存在了一脉相承的发展轨迹，也正是描述主义者的理论引发了逻辑实证主义者用观测性描述来"翻译"理论性陈述，进而逻辑实证主义又发展出了理论的工具论态度。例如，弗里德曼就认为，重要的是提出一个推理方法来对实际资料进行分类、组织以加深人们对资料的理解，从而抽出一种假说，而假说是否真实并不重要。

①　博伊兰、奥戈尔曼：《经济学方法论新论》，夏业良主译，经济科学出版社2002年版，第79-81页。

最后，很大程度上正是基于上述两大原因，拉卡托斯倡导的研究纲领因与逻辑实证主义的相通性而在经济学领域逐渐受到青睐：理论由属于"硬核"的基本原理、理论前提和属于次要理论的模型组成，"硬核"往往是稳定的，启发式规范是人们运用硬核去构造特定的模型以及修正面临明显证伪的次要理论。显然，当这些修改保留了先前理论中未被否定的内容，而且作了新的预测时，这些修改就是"理论性进步"；相反，当一些新的预测没有被驳倒时，这种修改就是"经验性进步"，而先前的理论也就被认为是得到了证伪。特别是当启发式规范能够实际地推动积极的理论修改时，它们整体上就是进步的。正是基于拉卡托斯的研究纲领，主流经济学家就在新古典经济学的基本假设和分析框架下进行各种逻辑模型的构建工作，或者，试图通过一些具体的计量实证来修正经济学的次要理论。

然而，拉卡托斯的研究纲领并没有给出明确的标准以说明放弃一个退化的研究纲领是合理的，因此，经济学各流派也就常常围绕是否要放弃为反常现象困扰的主流经济学而争论不休。事实上，根据拉卡托斯研究纲领，"进步"要求理论的修改没有失去任何先前理论中未被驳倒的内容，但是，在科学上理论的修改常常伴随着一些损失，因而"理论上的进步"的理论修改将是不可能的。正因如此，主流经济学依旧无法摆脱新古典经济学的基本范式，那些理论研究者则醉心于逻辑推理的智力体验而完全漠视经验事实的反例。为此，布劳格指出，拉卡托斯的框架是否适合物理科学史仍然是一个悬而未决的问题，更不用说对于社会科学史的适用性了。[①] 这也意味着，逻辑实证主义本身也已经发生了退化：它不再是通过检验来反思理性的问题，并从逻辑上促进理论的进步；相反，它往往基于一些明显的常识现象为新古典经济学的一般理论进行辩护，而对那些反常现象则寻求其他免疫策略。正因为逻辑实证主义所基于的引导假定本身就存在问题，即任何一个引导假定的取代过程都既有所获又有损失；因此，逻辑实证主义不但不能对理论的优劣进行真正的确认，反而逐渐走上了形而上的形式逻辑道路。

可见，逻辑实证主义之所以能够成为支配现代经济学的主流思维，主要在于其为理论研究夯实了形式逻辑的基础。当然，这种逻辑实证主义并没有从根本上解决休谟问题，这也是波普尔提出证伪主义的原因。不过，波普尔的证伪主义与逻辑实证主义并不是根本对立的，而是一个问题的不同视角解说。事实上，按照波普尔的证伪主义和他所提出的科学发现的逻辑，凡是不能被证实或

---

① 布劳格：《经济学方法论》黎明星等译，北京大学出版社 1990 年版，中译本前言。

反过来被证伪的理论判断，均是非科学的，或应该被归结为形而上学问题而被排除在"科学"之外。进一步地，在波普尔开辟的道路上，弗里德曼推动了逻辑实证主义在经济学中的应用，并通过对结论而非假设的严正来确定一个理论的可信性和合理性，从而避免证伪检验时所遇到的保护带问题。也正是由于逻辑实证主义注重的是形式逻辑，实证分析和模型构建在经济学中如此泛滥和庸俗化，进而也导致所有涉及规范性问题的研究——如思辨哲学、伦理学等——都被贴上了"玄学"（形而上学）的标签而被排除在经济学的研究范围之外。同时，正是为了使经济学理论和思想符合这种数学晶体，经济学理论家的现实观点也不断被扭曲以便更加接近于理论形象。但结果就如卡尔多指出的，随着以数学为手段的经济学殖民化的推进，已经产生了把不断具有约束性的知识视角强加于经济学之上的结果，而不是把一种扩展的知识视角引向演进中的高级及教学系统的复杂性之中。

 # 四　逻辑实证主义内含的约定主义倾向

一般认为，逻辑实证主义强化了经济学理论的形式逻辑一致性：解释的逻辑、确证的逻辑或理论构建的逻辑，并导向了经济学的二元化发展（数理建模和计量实证）。但同时，逻辑实证主义的引入，并没有使经济学的研究思维和理论发展走向精确和明晰，反而使我们对科学以及经济学的认知陷入了自相矛盾和混乱；同时，也没有使促使经济学理论不断进步和成熟，反而使经济学的理论发展越发脱离实际。如何理解这种背反状况呢？这就涉及逻辑实证主义所潜含的约定主义特征。

（一）逻辑实证主义中的约定主义倾向

毋庸置疑，由归纳法来获得一般结论存在归纳逻辑问题。问题是，如果撇开归纳逻辑，我们又如何选择"最佳"理论呢？这就约定主义的选择问题。为此，当讨论经济学研究中的科学哲学时，绝大多数经济学人往往在长期上赞成归纳主义，而在短期内则赞成约定主义。究其原因，如果具有无穷的时间，人们就可以从长期来进行归纳法工作；相反，短期内则存在归纳逻辑问题，从而往往只能选择某种"最佳的"理论。在约定主义看来，任何理论的真实性实际上是一个人们是否能够根据被接受的惯例标准而给出一项逻辑证明的问题。进而，约定主义在如下两方面表现出与工具主义之间的明显差异。一方面，就理论在科学中的作用而言，工具主义认为，恰当的作用仅仅在于对实际问题产生预见和答案方面是有用的；约定主义则认为，理论为科学证据和观察提供了方便的目录和文件归档方法。另一方面，就理论的状态而言，工具主义认为，真实性问题是没有意义的，理论的真实或不真实无关紧要，而关键是它们有用；约定主义则坚持，理论无法分为真实的和不真实的，因为既不存在不含差错的证据，也不存在能提供真实性证明的逻辑。[①]

一般地，在面对多种竞争性理论时，约定主义使现代主流经济学往往倾向于选择具有以下特征之一的理论：更为简明易懂；更具通用性；更具可证实性；更具可证伪性；具有更多的肯定；具有更少的否定。[②] 就此而言，约定主义就更倾向于数理分析经济学和计量实证经济学。事实上，无论是数理建模还是计量检验，基本上都是在新古典经济学的分析框架和引导假定之下，从而也就都属于约定主义范畴。同时，博兰又将前者称为"失败主义的约定主义"（Defeatist Conventionalism），因为它退而与分析的真实性打交道，分析的真实性与关于现实世界的经验陈述无关，而是处理有关确定关于现实世界的陈述的真实性这一困难问题；同时，博兰将后者称为"乐观主义的约定主义"（Optimistic Conventionalism），因为它只不过试图用归纳法来证明新古典经济学是真实的一种不断的努力。[③]

这样，在逻辑实证主义的媒介下，在方法论主张上曾引起紧张竞争关系的数理逻辑和计量实证就出现了明显缓和。博兰指出了其中的两大原因："首先，约定主义的许多乐观主义的支持者已经退却到设置于商业学校内的、应用经济学的一些系之内。其次，那些留下来的乐观主义的经济学家已经找到了和平共处的方式，而无须向铁杆的数理经济学家——也即那些热衷于为了形式主义而形式主义的人——投降。"事实上，目前能够生存下来的往往"就是这样一样经济学，它既能受到多数实证经济学家的欢迎，也能受到多数热衷于以数学为基础的建立模型的方法的理论家的欢迎"；相应地，"今天，没有人还会认为，他们必须在实证主义和数理经济学之间做出选择。即便是杂志的编辑和审稿人也将接受两种类型的论文"。当然，也正因为受到这种规范的限制，现代主流经济学也开始变得越来越僵化，因为"为了能被接受，一篇论文必须明显地要么包含一个在逻辑上严密的模型，要么提供关于一个模型的经验证据。这

---

① 博兰：《批判的经济学方法论》，王铁生等译，经济科学出版社 2000 年版，第 200 页。

② 博兰：《批判的经济学方法论》，王铁生等译，经济科学出版社 2000 年版，第 143 页。

③ 博兰：《批判的经济学方法论》，王铁生等译，经济科学出版社 2000 年版，第 148-149 页。

种有限的和解已经使实证经济学得以在经济学专业中，占有方法论方面的支配地位，在几乎任何一种全方位的杂志中，这一情况都是显而易见的"。[①]

（二）约定主义潜含的系列问题

关于嵌入在约定主义方法中的问题，我们可以从以下几方面加以说明。

首先，尽管逻辑实证主义有助于缓和经济学内部有关方法论的争论，但它所内含的约定主义方法论本身也充满了争议。一方面，约定主义方法论必然会面临着一个最佳理论或目标函数的选择问题。但是，针对所设定的那些标准优先次序的考虑，却往往存有争议。譬如，一般均衡理论家往往选择通用性标准，弗里德曼主义者则对肯定标准更感兴趣，而波普尔主义者则倾向于可证伪标准。另一方面，约定主义方法论也面临着两方面的批判。①涉及约定主义选择问题上的无关紧要。当我们就诸项竞争的理论之间做出选择时，尽管选择对实际的或有关政策的政策而言是合适的，但该项选择并不能解决任何与理智有关的问题，此时我们必须对这一选择进行说明。②涉及约定主义标准的循环论证。遵循约定主义的经济学方法论者通常拒绝承认一项理论是真实的或虚假的，但却假设其标准是真实的。譬如，为什么说现实世界是通用和简洁的？[②]

其次，流行的约定主义很大程度上混淆了揭示自然事物相互作用的数理逻辑和体现人与人之间互动的行为逻辑之间的差异，并且往往以物和数的逻辑来取代人的行为逻辑。正如豪斯曼指出的，"大多数所谓的'实证主义者'或'逻辑实证主义者'都对科学，尤其是（尽管不只是）物理学有相当的了解。但是，他们的目标是运用形式逻辑和概念性的分析给人们提供关于科学的核心特征，如证明或解释的抽象描述，他们倾向于将构成明确分支学科的、已被人们接受的、与背景有关的假设看作是理解解释、确证和理论结构等问题的统一的基本逻辑的障碍。例如，卡尔·亨普尔清楚地意识到，不同的分支学科是与解释要素的不同种类相关的。但是，他仍然希望识别出能应用于所有科学的统一的解释逻辑"。[③]事实上，大多数实证分析往往都是在特定的新古典经济学框架下做些细枝末节的解释性工作，从而无法为现象预测或社会变革提供具体的

---

①　博兰：《批判的经济学方法论》，王铁生等译，经济科学出版社 2000 年版，第 149 页。

②　博兰：《批判的经济学方法论》，王铁生等译，经济科学出版社 2000 年版，第 143–144 页。

③　豪斯曼："库恩、拉卡托斯和经济学的性质"，载巴克豪斯编：《经济学方法论的新趋势》，张大宝等译，经济科学出版社 2000 年版，第 260 页。

指导作用。相应地，很多主流经济学就转向数理逻辑的推导和分析，注重逻辑上的一致性或者智力上的体验。譬如，里昂惕夫对 1972~1981 年发表于《美国经济评论》的论文进行分类分析后发现，其中超过 50% 的论文的数学模型没有任何经验资料，只有 30% 的论文根据各种资料做了不同的经验分析。

最后，基于简洁性和通用性的标准，即使那些逻辑推理性文章，其理论也不是依据人的行为理性，而是建立在一种抽象的物理之上，因而这些文章和理论的逻辑推理的结论往往与现实相去甚远。事实上，正如博兰指出的，尽管通常的观点认为，数学作为一种"共同语言"保证了高的"精度"并促进了"推理能力的充分利用"，但是，"每当我们是我们的理论和模型更为依赖数学分析时，数理经济学这两项假定的属性的任一项，都不能保证我们由此将做出更好的预测，或我们的模型将是真实的，或能够更好地解释经济现象"；因此，他强调，"哗众取宠地运用以数学为基础的模型，这只是一个'准确的科学的形式'——而不是准确的科学内容——的问题。强调形式而不是内容，这本是约定主义的特征"。① 同样，罗森伯格也写道，"把经济学理论当作选择行为的原因和结果的不确定性理论来对待的做法，将无法解释经济学对这种（微观经济学）理论的钟爱。因为它并不是对经济选择的原因和结果的一种解释理论。在一个世纪的历程中，用提高精确性和准确性这种类似的做法仍然不能解释这些过程"，"（尽管）多数经济学家会认为这是一门科学，而他们的理论是社会科学中最好的和最有说服力和预见力的工具。然而，有较多经济学理论史知识的人都认为，这门学科没有以一个经验科学——甚至是一个理论上贫乏的经验科学的特有方式，对经验材料作出探索或反应"。②

（三）约定主义在经济研究盛行的原因

既然约定主义方法本身存在着如此缺陷，为什么它在当前主流经济学界还会如此盛行呢？一般认为，这主要有以下三方面的原因。

第一，随着主流经济学逐渐走上展示智力的道路，一些理论经济学家相信，形式比内容更为重要，逻辑的有效性本身比经验相关的难题更为重要。例如，博兰就举例说："我们向一些杰出的经济学家提问，他们是否认为以牺牲较为朴实无华的文献和应用经济学的代价而鼓励更多的数理经济学的做法，具

① 博兰：《批判的经济学方法论》，王铁生等译，经济科学出版社 2000 年版，第 150 页。
② 罗森伯格："经济学理论的认知地位如何"，载巴克豪斯编：《经济学方法论的新趋势》，张大宝等译，经济科学出版社 2000 年版，第 287、294 页。

有任何纯效益。想不到即便是就纯效益提出询问这种想法，也引起了那些在熟练地运用数学模型上耗费了他们大部分时间的抱怨和咒骂。"①

第二，经济学本身具有非常强的功利性，从而从事经济学研究的人也是如此：他们之所以从事研究，已经不再是寻求个人的认知，而仅仅是展示个人的能力。博兰指出，在数学代表智力的"今天，如果你想证明你是一个'认识者'，则你最好是利用数学为基础的建立模型的方法来表达你的思想——即便你对所谓的实证经济学感兴趣。要确保你已经利用了唯一得到承认的分析方法。在 20 世纪 90 年代，博弈论的某种形式，似乎将会成为最优希望的策略。此外，如果你想得到终身职位或提升，你就应该试图在有地位的杂志——也就是那些突出以数学为基础的经济学的杂志——上发表你的论文。但是更为重要的事，永远不要为你的分析模型的真实性或者怎样你才有可能发现你的模型的确是正确的还是错误的哲理问题而冥思苦想"。②

第三，西方主流经济学之所以选择这种研究方式，还在于欧美国家的社会制度已经基本稳定，市场机制比较成熟，在这种情况下，具体的经济行为和决策应该由市场上的主体（生产者或消费者）自己进行；经济学家仅仅告诉他们，如果他们遵循一般理性的要求，将会获得最大化的收益，至少可以免遭他人的伤害。而且，基于自然主义的思维，西方主流社会相信，在发达的市场机制下，每个人的自利行为将导向社会公益的最大化，并且会产生整个社会的自发性合作状态；相反，由于局外人的理性自负，对公共领域的干预反而会妨碍这种秩序的出现。

特别是主流的数量经济学家为了把自己打扮成现代意义上的科学家，还从 19 世纪的物理学中抽象出了现代主义的"科学方法"信条：①科学的目标在于预测与控制；②只有可观察的推论才能决定一个理论的真伪；③可观察性要求客观的和可重复的实验；④当且仅当一个理论的经验内容被证明是虚假时，这一理论才能被认为是假的；⑤应该珍视可观察性，主观的"观察"或内省不是知识；⑥开尔文的箴言，当你不能用数字表达某事物时，你的知识还是贫乏的，不能令人满意的；⑦把科学推理与非科学推理、实证的与规范的区分开来正是方法论的任务。显然，被现代主义广泛推崇的这种"标准观点"，只不过是逻辑实证主义、行为主义和假说—演绎科学模型的大杂烩；因此，在很多经济学方法论专家看来，"作为一种科学或经济学的方法论，现代主义可以说错

---

① 博兰：《批判的经济学方法论》，王铁生等译，经济科学出版社 2000 年版，第 150 页。

② 博兰：《批判的经济学方法论》，王铁生等译，经济科学出版社 2000 年版，第 151 页。

误百出"。①

其实，逻辑实证主义与证实主义或证伪主义本身就具有逻辑上的一致性。自内维尔·凯恩斯在《政治经济学的范围和方法》中区分了实证经济学和规范经济学，并把政治经济学定义为一门独立的实证科学以来，经过哈奇森、弗里德曼以及布劳格等努力，经济学就逐渐被认为是一门客观描述"是什么"的实证科学；并且，它强调，经济学的理论发展应该建立在逻辑实证主义或波普尔的证伪主义基础之上，经济学的重要性就源于理论的预见力。但是，无论是证实主义还是证伪主义在逻辑上都充满了混乱性。例如，考德威尔在《超越实证主义》中就指出，有三个原因决定证伪主义是不可行的：①证伪主义作为一种方法论不能对所有科学学科都适用，从狭义上说，证伪主义太有限了，广义上说，它缺乏规范的力量；②我们几乎没有理由指望证伪主义能够在经济学这样的社会科学中发挥作用，因为大多数理论有众多的且是没有证实的初始条件，缺乏普遍规律，对模型的证实也并不能证明其理论；③证伪主义在经济学中从来没有像有些倡导者公开认为的那样有一个相当大的运用范围。②

正因如此，尽管启蒙运动之后的相当一段时期内，西方自然科学界逐渐采用了源于笛卡儿和孔德的实证主义研究路线，强调"只有无可怀疑者才是真实的"，后来的波普尔、库恩和拉卡托斯等也继承了笛卡儿式的怀疑原则；但是，自20世纪40年代杜威、维特根斯坦等对笛卡儿的怀疑主义研究纲领提出批判开始，在整个20世纪下半叶对这种狭隘纲领的反思就已经席卷了整个西方学术界，其中代表性人物有图尔敏、费耶阿本德、罗蒂、迈克尔·波兰尼、佩雷尔曼等。也即尽管现代主流经济学很快就皈依了弗里德曼提倡的逻辑实证主义，但科学哲学领域的专家们却很早就意识到理论与观察之间的关系远比想象的复杂，以致几乎所有的科学哲学家以及方法论专家都对那种过于强调客观的方法论表示质疑。例如，豪斯曼就指出，"支持实证主义对科学理论看法的当代哲学家可谓廖若晨星。理论并不能以实证哲学家臆想的那种方式被形式化。而且，把理论首先看作是语法对象的看法，对于理论的创立和应用也并

---

① 麦克洛斯基："经济学的修辞"，载豪斯曼编：《经济学的哲学》，丁建峰译，世纪出版集团、上海人民出版社2007年版，第360页．

② 巴克豪斯："导言：经济学方法论的新趋势"，载巴克豪斯编：《经济学方法论的新趋势》，张大宝等译，经济科学出版社2000年版，第6-7页。

不恰当。"[①] 事实上，在当代哲学家中，只有很少一些人相信"现代主义"那些命题中的半数，而那些重要的少数哲学家则根本不相信这些东西；而且，不相信的人也正在不断增多。同样，现代经济学的一些非主流学派——如奥地利学派、制度主义者和马克思主义经济学等——也从不同角度对实证主义作为经济学基础作了深刻批判，甚至属于主流阵营的奈特也对开尔文的箴言进行反讽："是的，而且当你能够用数字表达他时，你的知识仍是贫乏的，不能令人满意的。"[②]

可见，正是由于逻辑实证主义内含了约定主义倾向，现代主流经济学人就热衷于在特定引导假定下做些细枝末节的检验或解谜工作。显然，这种工作并不能对现代主流经济学的理论进行批判和反思。霍奇逊就写道："主流理论并不因为在经验上不精确而错误。它不是因为数据不相符而被认为是不切实际的。它能与任何数据相适合。因此没有数据能驳倒这个理论。仅仅借助于证据并不能驳倒这个理论。偏好逆转和其他'不规则'选择的实验证据，可能会引导我们追寻一个不同的、更好的理论，但是它并不能在原则上驳倒这个建立在效用和理性选择基础上的旧理论。"[③] 同时，基于特定分析框架的实证分析也不能对具体实践具有多大指导意义，因为它所谓的"真实"只是特定框架选择的结果。也即逻辑实证主义在对经济学的理论发展和实践应用中的效果也很不理想。正因如此，逻辑实证主义等思潮本身也已经遭到了科学哲学界的普遍否弃。但是，由于受错误的"科学化"思潮所引导，经济学界却在加速地推行逻辑实证主义方法论。所以，麦克洛斯基感慨地说："令人大惑不解的是，一个在大多数方面让其他经济学家头痛不已的经济学流派，居然在官方方法论方面得到了大家的赞同：弗里德曼方法论的一个弱化版本，居然成为大多数经济学家的智力装备之———对他们来说，弗里德曼式的论证几乎可以不经大脑，冲口而出。"[④]

---

① 豪斯曼："导言"，载豪斯曼编：《经济学的哲学》，丁建峰译，世纪出版集团、上海人民出版社2007年版，第11页。

② 转引自麦克洛斯基："经济学的修辞"，载豪斯曼编：《经济学的哲学》，丁建峰译，世纪出版集团、上海人民出版社2007年版，第402页。

③ 霍奇逊：《经济学是如何忘记历史的：社会科学中的历史特性问题》，高伟等译，中国人民大学出版社2008年版，第277页。

④ 麦克洛斯基："经济学的修辞"，载豪斯曼编：《经济学的哲学》，丁建峰译，世纪出版集团、上海人民出版社2007年版，第359页。

 结语

逻辑实证主义起源于对归纳主义之逻辑缺陷的弥补：它不仅与早期的描述主义以及工具主义相一致，而且还可以调和归纳和演绎之间的冲突；更重要的是，它为主流经济学的理论披上了严密化、科学化和客观化的外衣，特别适合功利主义的要求。事实上，逻辑实证主义本身就具有非常强的工具论倾向，根据这种工具论主张，一个理论是否比另一个理论更好，关键就在于这种理论是否能够有效地指导实验研究，是否能够展示各种可观测到的现象之间的关系。为此，博兰就指出，"弗里德曼工具主义的方法论是否令人满意，取决于人们的目标或'眼前目的'。承认这种依存关系，确实是弗里德曼论文的基础。可以认为，倘若经济学中存在着方法论问题的话，那也是由于弗里德曼论文的追随者之故——具体地说，是由于他们过度关心当下的实际成效之故"；正因如此，"只要经济学家继续看重政策问题和当下的实际成效而不重视新的理论，弗里德曼的论文就将继续被许多经济学家认为是令人满意的方法论——不管我们是否喜欢"。[1]

问题是，弗里德曼的逻辑实证主义果真能够解释或预测现实吗？显然，尽管工具主义在一些细节方面发挥了一定的成效，但由于其本身缺乏严密的逻辑基础，因而长期来看其效果就需要大打折扣了。譬如，凯恩斯的财政政策就是工具主义的产物，它在经济大萧条时期起到了积极的作用，但在新的环境中反而成为问题的制造者。事实上，正因为工具主义内在的这种缺陷，在科学哲学史中，工具主义对理论作用的看法也已经随着其他新的理论的发展而显得黯然失色了；相应地，在与工具主义一脉相承的逻辑实证主义的指导下，主流经济学不但已经舍弃了预测功能，而且，其解释的合理性也是大受怀疑的，以致已经陷入了四面楚歌之中。然而，由于根植于根深蒂固的自然主义先验思维，西方主流经济学却无力跳出新古典经济学的分析框架；特别是，由于中国经济学人对诺贝尔经济学奖及芝加哥学派的推崇，导致弗里德曼的逻辑实证主义受到几无任何批判的传播和应用，从而导致实证分析在当前中国经济学界的泛滥。

为此，韦森指出，"世界上绝大多数经济学人很少有时间去回顾并审视一下从近代启蒙运动的科学精神到孔德的原初实证论、再到卡尔纳普新实证主义

---

① 博兰：《批判的经济学方法论》，王铁生等译，北京经济科学出版社 2000 年版，第 60 页。

的演变历史和潜在的问题，很少有人去花时间阅读从 20 世纪 30 年代的维也纳小组的逻辑实证主义到卡尔·波普尔的科学发现的逻辑，到托马斯·库恩的科学革命的结构理论，再到拉卡托斯科学研究纲领的方面的哲学文献，更没有多少人去啃读从皮尔斯、詹姆士、杜威这些早期美国实用主义哲学家的著作到当代美国新实用主义的大哲学家奎因和戴维森的深邃艰深的理论文献了"；结果，"在当代经济学在各个领域大踏步前进和繁盛发展的同时，也生了一些非常令人值得深思和反省的现象，那就是在唯科学主义盛行的当代社会中，经济学'莫名其妙地'且'自发地'走向了一个高度形式化和技术化的演化发展路径，以至于不仅几乎所有经济学家们都致力于把自己的研究和著述用数学语言来表述，用数学模型来构建，而且还衍生出了一套固定的文章写作格式，或言几乎所有经济学文章都按照一个套路——即先选定一个题目，再想出几条假设，然后构建模型，进行数学推导和证明，最后证毕而达致结论——来演练。没有这种高度形式化和技术化的论证和证明形式，任何经济学论文都会被蔑视为是'非科学的'，是一种'storyteller'，从而从事这类研究和以这种'storyteller'形式写文章的学者，在国际学术刊物上几乎不能发表出文章，不能出版书籍，进而不能继续保留大学的教职，更难能争得在国际学术讨论会上发言的机会"。①

---

① 韦森："经济学的性质与哲学视角审视下的经济学：一个基于经济思想史的理论回顾与展望"，《经济学季刊》2007 年第 4 期。

逻辑实证主义如何误导
经济学研究?

——逻辑实证主义的"逻辑"批判

> **导 读**
>
> 　　逻辑实证主义为数理建模和计量实证提供了哲学基础,但它本身在解释、确证以及理论构建等三个层次上却依然存在逻辑问题。一方面,弗里德曼的"假设的现实无关性"命题本身就存在逻辑谬误,因为得到某些经验事实的支持乃至具有某种预测性的理论并非就是合理的,其中混淆了前提和推论之间的关系;另一方面,逻辑实证主义也犯了基于工具主义来构建理论的谬误,因为适合特定时间、特定范围乃至特定个体的工具并不适合另一时间、另一范围乃至另一个体,其中混淆了功能联系和因果机理。因此,尽管逻辑实证主义把逻辑分析和实证研究结合起来,但除了为经济学提供一套更为完善、圆滑的自我辩护的技巧以及提供一些琐碎的统计资料之外,它并没有对经济理论的发展产生实质性的推动作用。

一 引言

　　逻辑实证主义为现代经济学走上数理建模和计量实证的道路提供了思维基础,但迄今为止的发展结果并不令人满意。从两个方面说明:①数理经济学偏重于数理模型,形式逻辑似乎越来越严密,但因缺乏经验材料的实证而使理论模型离经验事实越来越远;②计量经济学偏重于数据统计方面,理论与事实之间的一致性似乎得到维护,但因缺乏理论的指导而往往停留在个案或局部材料的经验层面上。其实,尽管逻辑实证主义对传统实证主义进行了修补:它通过将对事实的信奉延伸到对事实逻辑的信奉,从而在很大程度上严密化了归纳逻辑，但是，它并没有完全解决归纳逻辑中的严密性问题。正因如此，逻辑实证主义在 20 世纪 40 年代达到鼎盛之后就迅速衰落了，当时的科学家普朗克、爱因斯坦以及科学史家柯瓦雷（A. Koyre）等都曾尖锐地反对过实证主义运动，逻辑实证主义潜含的工具主义倾向也曾遭到波普尔的批判。不过，就在逻辑实证主义开始衰败之时，经济学却极力将之引进到本学科来，而最终成为支配经济学理论研究的基本思维。

其实，哈奇森于 1938 年将逻辑实证主义引入经济学后，随即就遭到了奈特、马赫卢普等经济学家的责难。为此，在很长一段时间，逻辑实证主义者已经从严格的标准上退却下来。例如，哈奇森本人就注意到很多经济理论并不符合实证主义关于理论评估的标准，并极力否定马赫鲁普对他"极端经验主义者"的指责。[①] 不过，弗里德曼 1953 年发表的《实证经济学方法论》却依然试图证明经济学满足实证主义的标准，并且认为他的逻辑主义方法论与波普尔的证伪主义是相通的。根据弗雷泽（Frazer）和博兰（Boland）的看法，弗里德曼之所以认同波普尔主要有两方面的原因：①弗里德曼和波普尔都反对实证主义；②弗里德曼和他的继承者都存在通过批判其替代者来维护自身观点的倾向。同时，弗里德曼还为波普尔否定工具主义观点进行诠释：波普尔仅仅批判作为科学哲学的工具主义，而接受它作为社会政策的方法论。[②]

然而，弗里德曼的文章也随即遭受方法论专家们的回应，并且"几乎所有回应这篇文章的论文都是批评性的"，[③] 甚至证伪主义的肯定者——布劳格等也承认其存在缺陷。例如，博兰写道，尽管当时几乎所有的方法论文章都是围绕弗里德曼的论文展开的，但"实际上所有杂志上就该论文而撰写的文章，都是极具批判性的"。[④] 但令人不解的是，在各种各样的责难声中，弗里德曼的这篇文章却主导了经济学方法论达 20 年之久，从而使逻辑实证主义在现代主流经济学得到了畸形繁荣。那么，在经济学界为何会如此热衷于接受逻辑实证主义思维呢？这种思维何以长期占据支配地位？同时，逻辑实证主义的引入对经

[①] 哈奇森："论经济学中的证实"，载豪斯曼编：《经济学的哲学》，丁建峰译，世纪出版集团、上海人民出版社 2007 年版，第 128–129 页。

[②] Frazer Jr W. J. & Boland L.A., 1983, An Essay on the Foundations of Friedman's Methodology, *American Economic Review*, 73（1）: 129–144.

[③] 豪斯曼："导言"，载斯曼编：《经济学的哲学》，丁建峰译，世纪出版集团、上海人民出版社 2007 年版，第 37 页。

[④] 博兰：《批判的经济学方法论》，王铁生等译，经济科学出版社 2000 年版，第 12 页。

济学理论研究又会造成怎样的问题呢？为此，本文尝试对此作进一步的剖析。

 # 二 逻辑实证主义的两大逻辑问题

　　20 世纪二三十年代，西方学术界通过引入数理逻辑而将归纳推理严密化，并由此发展出了逻辑实证主义；20 世纪 50 年代后，逻辑实证主义逐渐主导了经济学理论的研究思维，并进而引发了经济学实证分析的偏盛。问题是，即使计量实证在一定程度上有助于增进对当前经济运行状况的了解，但对经济理论发展的意义仍有待作更深层次的知性分析。究其原因，计量分析毕竟只是考察数据之间的功能联系，而理论研究则需要揭示事物之间的因果联系和作用机制。事实上，不管数理经济学的模型多么优美或它的推理是多么严密，都不能证明它的解释和预测是可靠的；同时，即使不考虑理论的内在逻辑而局限于应用层次上，缺乏内在机理解释的工具主义也具有明显的局限性。

　　一般地，逻辑实证主义在思维上的内在缺陷贯穿于据此展开理论探究的所有三个层次上：解释的逻辑、确证的逻辑和理论构建的逻辑。首先，就解释的逻辑而言，逻辑实证主义把经济现象视为外在的，试图通过数字之间的联系来功能性地解释事物的存在；其次，就确证的逻辑而言，逻辑实证主义简单地对结论的实证而不是对假设前提的辨析来确定一个理论的真伪；最后，就理论构建的逻辑而言，逻辑实证主义往往想当然地把一个经验"证实"的结论当成下一个理论构建的不言自明的前提。但是，上述三个过程都不符合经济学的基本特质，没有揭示人类行为的基本逻辑。

（一）"假设的现实无关性"命题的归纳逻辑谬误

　　为了在经济学中应用逻辑实证主义，弗里德曼提出了"假设的现实无关性"命题。问题是，与现实相一致乃至具有预测性的理论并非就是合理的，这里混淆了前提和推论之间的关系。例如，布劳格分析道：如果假定推理三段论为"如果 A 是真的，那么 B 也是真的；A 是真的；因此 B 是真的"，那么，在大前提中的假定陈述可以分解为假设前提"如果 A 是真的"和结果"那么 B 也是真的"。但是，如果我们稍微改动一下我们的假定推理三段论中的小前提，这样读："如果 A 是真的，那么 B 也是真的；B 是真的；因此 A 是真的"；那么，现在我们不是肯定假设前提，而是"肯定结果"，试图从结果的真实性"B 是真的"来争辩假设前提的真实性"A 是真的"。显然，这就出现了谬误的推理，因为我们已不再是按照逻辑的要求来从前提中导出结论。例如，如果布劳格是受过训练的哲学家，那么他就知道如何正确地运用逻辑定律；布劳格知道如何正确地运用逻辑定律，因此布劳格是受过训练的哲学家。但天哪，布劳格并不是。

无论是归真推理还是归谬推理，我们都无法从结果的正确推导出前提的正确。为此，布劳格强调，"肯定假设前提"在逻辑上是正确的，但是"肯定结果"是逻辑的谬误；相应地，从严格的逻辑观点来说，我们永远也不能因为某个假说和事实相符而断言说它是真的，从事实的真实性到假说的真实性的推理就暗藏着我们犯了"肯定结果"的逻辑谬误。[①] 同样，批判实证主义大师劳森认为弗里德曼的观点既偏颇且混乱，而方法论大家迈凯则强调它的含混不清及前后不一。即使在经济学界，弗里德曼的逻辑实证主义也遭到非常严重的非议：西蒙将假设与推论之间的不对称性称为弗里德曼的"非现实原则"，而萨缪尔森则称之为"F-扭曲"。在萨缪尔森看来，经济学研究的中心目的之一就在于，通过假说—推理模式的运用推导出在操作上有意义的结论；而且，由于这种操作意义是被赋予了经验内容的，因而假设前提在逻辑上应该而且在事实上能够接受经验证据的证伪。

事实上，在萨缪尔森提出他的"F-扭曲"批判之后，哲学家已经普遍同意严格的逻辑实证主义已经死亡。但是，由于这种逻辑实证主义捍卫了新古典经济学的方法论，依旧有很大比例的主流经济学人从弗里德曼那里接受逻辑实证主义的方法论。例如，布劳格写道："弗里德曼虽然饱受批判，但《实证经济学方法论》却成为经济学方法的压卷之作，几乎每个经济学家，在其职业生涯的某一阶段都会阅读此书。"[②] 同样，博兰也写道："几乎每一位想要讨论经济学方法论的教科书作者，都把弗里德曼的论文《实证经济学方法论》视为权威性著作。然而实际上在所有杂志上就该论文而撰写的文章，都是极具批判性的。批判者谴责弗里德曼的论文，但实际上所有的教科书在赞扬它。"[③] 那么，为什么会出现这种反差呢？主要有两方面的解释。

第一，弗里德曼提出逻辑实证主义的目的本身就是维护正统经济学。事实上，"假设的现实不相关性"命题就是试图合法化新古典经济学的最大化假设，

[①] 参见布劳格：《经济学方法论》，黎明星等译，北京大学出版社1990年版。

[②] 布劳格："经济学史中的范式和研究纲领"，载豪斯曼编：《经济学的哲学》，丁建峰译，世纪出版集团、上海人民出版社2007年版，第309页。

[③] 博兰：《批判的经济学方法论》，王铁生等译，经济科学出版社2000年版，第12页。

把最大化假设接受为实证经济学系统知识的一部分做出理性抉择的过程，从而避免新古典经济学受到来自基于观察得来的不实际假设的社会学调查及其他批评。[①]譬如，针对一些批评者强调商人并不是最大化追求者的反对意见，弗里德曼就用职业台球手击球的情况来说明商人们只有"通过这样或那样的方法而使其行为近似于回报最大化行为，否则，他们不太可能持久地维持生意"，因而"'自然选择'的过程确立了该假说的有效性——或者说，给定自然选择，该假说恰当地概括了生存条件，这一判断成为人们接受该假说的主要依据"。[②]

第二，一些学者尤其是弗里德曼的信奉者也认为大多数批判不值得认真对待。基本理由是，那些批判者往往并没有正确理解弗里德曼的思想，或者只是成功地批判了弗里德曼的部分理由，从而没有完全推翻弗里德曼的观点。博兰就说："弗里德曼论文的所有批判者都错了。其根本理由是，他们的批判根本就不是建立在对该文的清晰、正确，甚至公正的理解的基础之上。弗里德曼根本没有犯他被称为犯有的那种错误。他的方法论立场在逻辑上是正确的，并且明确地建立在条理清楚的科学哲学——工具主义——的基础之上。"[③]在博兰看来，弗里德曼的理论本身就不是某个哲学流派的衍生物，"假设的现实不相关性"原则本身也不同于波普尔的证伪主义或科学唯实论。在很大程度上，弗里德曼的方法论是一项对工具主义的工具主义的辩护，而且，弗里德曼的工具主义的内在结构在逻辑上是可靠的。也即从波普尔的术语看，弗里德曼提出的是一种在逻辑上能够自圆其说的工具主义。问题是方法论的工具主义在理论探究中合理吗？

（二）逻辑实证主义所嵌入的工具主义谬误

现代主流经济学之所以热衷于承袭弗里德曼的逻辑实证主义来进行理论构建，一个重要原因就是依据工具主义原则。博兰说："工具主义是其自己的辩护士并且是其惟一的辩护士。"[④]那么，这种理论研究中的工具主义合理性如何呢？工具主义强调，要从实践效果来判定思想、观念和理论的优劣和好坏。但生活常识告诉我们，一个工具即使适合解决某个特定问题，但也无法简单地将

---

① 博伊兰、奥戈尔曼：《经济学方法论新论》，夏业良主译，经济科学出版社2002年版，第232页。

② 弗里德曼："实证经济学方法论"，载豪斯曼编：《经济学的哲学》，丁建峰译，世纪出版集团，上海人民出版社2007年版，第161页。

③ 博兰：《批判的经济学方法论》，王铁生等译，经济科学出版社2000年版，第12页。

④ 博兰：《批判的经济学方法论》，王铁生等译，经济科学出版社2000年版，第49页。

此工具应用于另一事件的解决。葡萄酒的开瓶器就不一定适合于香槟。同样，理论研究中也是如此，有助于解决特定时间、特定范围乃至特定个体问题的理论和政策并不一定适用于解决另一时间、另一范围乃至另一个体所面临的相似问题。在这里，根本问题是混淆了功能联系和因果机理。

就基于逻辑实证主义的计量结论而言，它根本上是功能性的和工具性的。显然，工具仅仅是解决短期而具体问题的一个手段，我们无法把成功解决一个具体问题的工具简单地运用到其他问题上。试想，如果我身体的某个部位出现了溃烂，于是借助某种药物而将他治愈了，那么，当下回又出现了某种溃烂现象时，还能用同样的药物治愈它吗？一般地，如果我们不了解引起溃烂的病因，我们就不能随意用药。相应地，在经济学领域中简单地实行工具主义，就不仅犯了将经济理论视为超越时间的经久不变的错误，而且也混淆了不同事物成因以及运行机理的差异。一个明显的例子是，尽管20世纪30年代美国经济大危机因凯恩斯的扩张性财政支出而得以解决，但日本近15年来用尽了一切办法也没能解决经济大衰退；同样，西方往往用三大货币政策来保障经济的平稳发展，但中国在20世纪90年代末期用尽一切货币手段也无法有效地提高有效需求，而目前则又无法有效地防止经济过热现象。

博兰就举例说，即使电视机维修者对电磁学或量子物理学一窍不通，但只要他接到一台坏电视机而仍知道电子管或晶体管已经坏了，从而将之换掉以恢复电视机的功能，这就够了。[①]问题是，这个电视机维修者毕竟不是理论研究者，而且，如果他以往的经验只是通过更换电子管或晶体管来修理电视机，那么，当下次电视机的问题是由其他原因引起时，该维修者照例去更换晶体管或电子管显然就无法解决问题。事实上，正是基于独特的工具主义视角，博兰认为弗里德曼的论文"没有逻辑上的错误"，但他由此转向了对工具主义的批判。博兰写道，"批驳弗里德曼方法论的屡次尝试都失败了，我想这是因为工具主义是其自己的辩护士并且是其惟一的辩护士之故"，但问题是，"工具主义是真实的吗？工具主义屡次的胜利，在逻辑上等同于屡次成功的预言或真实的结论。但是我们仍然不能合乎逻辑地推断出，该假设——也就是说，工具主义本身的基础——是真实的，它很可能是不真实的，并且在将来，或许有人将它驳倒"。[②]

显然，正如考德威尔指出并得到博兰承认的，博兰的观点也不是对弗里德

---

① 博兰：《批判的经济学方法论》，王铁生等译，经济科学出版社2000年版，第62页。

② 博兰：《批判的经济学方法论》，王铁生等译，经济科学出版社2000年版，第49、48页。

曼的辩护，而是对弗里德曼的最微妙的抨击之一。事实上，弗里德曼的工具主义仅仅是作事后解释之用，而事前不能对事物发展的过程进行分析和预测。例如，弗里德曼的最大化假说解释了商业企业的生存条件，却并不能说明不同企业和个人是如何行为的。既然如此，弗里德曼的工具主义本身对一个理论的形成和发展是否有实际的用途呢？譬如，一张签名支票在特定国家可以用于支付商品，但在另一国家就可能被拒付，这就涉及支票在支付过程中的运行机制和条件。同样，尽管托密勒的地球中心说可以很好地与我们太阳早起晚落的经验感觉相符，但显然这并不是一种合理的理论。因此，尽管在 20 世纪 80 年代之前，几乎还没有人能够批判或反驳工具主义，但也并不证明基于工具主义构建的理论就是普遍正确的；相反，正如卡尔多指出的，一个科学的理论尽管是建立在假设基础之上的定理实体，但它们必须体现能够在假设条件和预测两方面都得到确认的假设。

最后，还需要指出，尽管原教旨的实证主义者往往把一切抽象性的逻辑推理和主观性的修辞解释都视为形而上学的，并根据孔德的逻辑而把"形而上学"视为实证主义之前的非科学阶段加以批判，但实际上，逻辑实证主义本身也内含着形而上学的倾向。麦克洛斯基就指出，"从哲学家的视角来看，现代主义对无处不在的'形而上学'的敌视的最大缺陷在于，这种敌视本身就是形而上学的。如果形而上学应当被付之一炬，那么从笛卡儿经由休谟、孔德到罗素、亨普尔和波普尔的现代主义家族的方法论宣言就应该首先被扔到火里面"。[①] 事实上，无论是源于维也纳学派的实证主义还是波普尔的证伪主义，它们在证实或证伪一个理论时都会遇到极大的理论和现实的困难；同时，弗里德曼的工具主义与维也纳学派的实证主义以及波普尔的证伪主义之间也存在千丝万缕的联系，仅仅是它们在内涵上蜕化和在形式上精致化的一种形式。

可见，弗里德曼倡导的逻辑实证主义潜含了明显的归纳逻辑谬误和工具主义谬误，正因如此，由此主导的现代主流经济学理论往往就经不起经验事实的检验，其预测力也几乎没有什么实质性提高。相应地，逻辑实证主义就遇到越来越深层次的质疑和挑战。事实上，博兰仅仅是从工具主义角度来强调检验的标准，即使撇开工具主义本身内在的逻辑缺陷，仅仅就现实状况而言，我们也应该坦然地正视这一问题：当前的计量分析对理论展开真实的检验了吗？实证经济学所得出的那些论断真的有用吗？一个明显的事实是，迄今为止，经

---

① 麦克洛斯基："经济学的修辞"，载豪斯曼编：《经济学的哲学》，丁建峰译，世纪出版集团、上海人民出版社 2007 年版，第 360 页。

济学的数理分析和计量检验还主要是用于传统的"经济领域"，而对那些本来就难以数量化的因素基本上是无效的。正因如此，在经济学领域尤其那些交叉领域，我们更需要充分借鉴其他社会学科的知识和理论，需要进行跨学科的研究，而不是照搬主流经济学那种"客观性""精确性"和"科学性"的要求。

 ## 三　逻辑实证主义对经济理论构建的误导

　　前面实际上批判了逻辑实证主义的基本思维——抽象地分析解释的逻辑、确证的逻辑或理论构建的逻辑，强调这种逻辑实证主义将经济学导向的是自相矛盾和混乱，而不是走向精确和明晰。究其原因，经济学本质上是一门社会科学，它的科学性具有强烈的"软"性色彩，其理论研究的目的不是在于形成一个严密的公理体系，而是要体现人类的现实及其理想，从而充满了规范性和价值判断。因此，尽管现代主流经济学刻意地模仿自然科学尤其是物理学的研究方法，但显然，它混淆了作为人类行动科学的经济学与自然科学在方法论上所存在的根本性差异。米塞斯就曾写道，"我们时代所普遍接受的认识论学说，并不承认在自然科学研究的事件领域与作为经济学和历史学研究对象的人类行动领域之间存在根本性的差别。人们充满了关于'统一科学'的混乱思想，这就是必须根据牛顿物理学研究质量与运动时所依据的方法来研究人类行为。根据这种所谓的研究人类问题的'实证'方法，他们计划建立'社会工程'，这种新技术可以使未来有计划社会的'经济沙皇'能以一种工程师利用技术处理无生命的物质的方式来处理活生生的人"，显然，"这些做法完全歪曲了人类行动科学的每一个方面"。[①]

（一）人类行为学的逻辑要求

　　一般地，对任何社会经济现象的深入探究和人类行为的实质性探讨，都需要关注人的动机和意图；同时，动机和意图也不是人类行为以及由此衍生的社会经济现象的根本因素，而是要进一步地探究更为深层和广泛的社会关系。也就是说，社会经济现象本身就不是独立的，不但存在事物与认知主体之间的互动、共生关系，还存在认知主体和其他社会主体之间的互动、共生关系；相应地，社会科学领域的现象本身就是一个网络关系，其运行规律也是内生演化

---

　　① 米塞斯：《经济学的认识论问题》，梁小民译，经济科学出版社 2001 年版，英文版序言。

的。例如，奈特就认为，动机或目标"不应是自然科学中'因果关系'意义上的'原因'。因为，如果用动机或目标来解释行为，那么它也应当被先前的事件或状态解释。而这意味着动机成为多余的了，行为完全可以由先前的事件来解释。动机不应当被视为自然事件。自然中的因果关系与人类行为的目标和手段之间最本质的不同，来源于待解释的问题所给予的事实的性质。如果不考虑人类活动的努力、意外以及更重要的——谬误，就几乎不可能提出什么关于人的真实问题"。为此，他强调，"为了解释人类行为，必须至少引入三个因素。典型的人类行为，部分可由自然因果律解释；部分可由意图或愿望解释，作为行为的绝对依据，它们是'事实'，尽管不是自然事件或自然状态；部分可由对实现'价值'的渴求来解释，它不能划归实际的欲望，因为这种渴求没有可以用文字描述的对象"。① 这就意味着，作为人类行动的科学，经济学本身具有强烈的人文性和规范性，它的研究目的也在于揭示社会现象的内在本质及其相互作用的因果机理。

然而，现代主流经济学所采取的研究线路却是致力于模仿自然科学那样的静态抽象。那么，这种静态抽象化的研究方式能够揭示出不断变动而复杂的人类行为机理和社会事物的形成及其演化机理吗？显然是非常困难的。基本理由包括：①在弗里德曼的逻辑实证主义支配下，其理论所基于的预设前提往往是不真实的；②即使按照波普尔的证伪主义观点，这种数理经济学和实证经济学也不是科学，因为它们无法满足可证伪性的要求。正因如此，现代主流经济学所基于的"理性逻辑"本身就是存在缺陷：它无法体现人的社会性，无法体现出真实社会关系中的互动理性，从而也就必然无法解决人类社会中的合作问题。

事实上，正是由于现代主流经济学在逻辑推理和经验实证上所使用的主要是数学逻辑而非行为机理，因此，在两种路线之间呈现出明显的先验理性和经验理性之悖论的同时，也使理性变得越来越机械化，越来越单一化。其结果就是，现代主流经济学的理性分析框架，不但与现实世界中丰富多样的人性不相符，更是无法对多样化的行为进行解释和预测。为此，针对数学逻辑在经济学中的应用，我们就应该保持这样两点认识：①数学是任何学科走上成熟的必要工具，当前如日中天的数理化和计量化也是经济学理论严禁化和科学化的必经阶段，从而在很长一段时期也必然是经济学发展的基本趋势；②经济学的数理

---

① 奈特："经济学和人类行为"，载豪斯曼编：《经济学的哲学》，丁建峰译，世纪出版集团、上海人民出版社 2007 年版，第 107 页。

分析和计量检验手段还远不成熟，特别是在应用上更是具有非常强的局限，这些又限制了数学在经济学中的应用。对后者，我们更应该保持清楚的认识。

最后，作为一门社会科学，经济学的理论逻辑就体现为，既源于经验但又绝不能停留于经验。相应地，这就需要借助人的知性思维揭示社会事物之间发生作用的内在机理以及社会现象之间的因果联系。这有两点注意：①经济学理论的内在一致性体现在两个方面，即不仅体现在理论和经验事实的一致性上，还要体现在内在逻辑的一致性上；②经济学逻辑不仅是指形式逻辑，更重要的是指行为逻辑或因果逻辑。由此，也就可以审视流行的研究方法。一方面，如果过于重视经验材料的归纳，那么，理论就会局限在表面的功能性层次上。正如米塞斯所说："在我们科学的思考中，如果没有因果关系的范畴，我们所能做的就不会比日常的思考更多；它是惟一不能在思想时忘掉的范畴……思考应该总是有因果性的和理性的。"[①] 另一方面，如果过分重视数理逻辑的推理，那么，理论就会因过度抽象化而变成了形式和先验的公理符号。在这种情况下，我们就无法认识人们日常生活中的行为，无法理解丰富多彩的社会现象。

（二）逻辑实证主义的逻辑审视

基于上面的分析，我们就可以从因果逻辑和事实检验这两方面来审视逻辑实证主义以及由此得出的经济学理论：①不要局限于形式的逻辑推理，因为理论之所以需要一个内部一致的逻辑体系，并非是玩逻辑游戏而是要解释经济现象；②不要迷信于所谓的实证分析，因为所谓的调查和实证只是对逻辑推理的结论进行印证，而根本不可能取代逻辑推理而得出广泛性结论。在很大程度上，受逻辑实证主义支配的现代主流经济学在理论研究上恰恰犯了这两方面的错误。这里简要说明如下。

第一，就理论确证的逻辑而言。基于"假设的现实无关性"假说，逻辑实证主义以事实的检验来得出一般性的理论，这犯了经验主义的归纳谬误。事实上，正如豪斯曼指出的，当前经济学界盛行的逻辑实证主义是"双重意义上的经验主义者。他们是科学评估方面的经验主义者。感官经验——观察与实验的结果——构成了支持或反对关于真实世界的一致性命题的终极依据。同时，他们也是意义方面的经验主义者：为了理解一个概念或术语（除非纯逻辑的或数学术语），人们必须能把它们以某种方法和感官经验相联系。正因为他们是双重意义上的经验主义者，逻辑实证主义者发现'理论命题'，即那些旨在言说

---

① 米塞斯：《经济学的认识论问题》，梁小民译，经济科学出版社2001年版，第46页。

不可观察的事物与性质的语句存在双重问题"。①

正是因为逻辑实证主义具有强烈的经验主义色彩，根基于逻辑实证主义的计量分析就存在太多的逻辑缺陷以及人为差错，在貌似客观的实证背后却潜藏着理论与事实间的深刻断层。因此，弗里德曼等倡导的唯实用主义的逻辑实证主义就难以适用于理论构建。正如康德强调的，"要想从一个经验命题榨取必然性，甚至想借这种必然性而使一个判断获得真知的普遍性，那简直是自相矛盾"。② 其实，尽管逻辑实证主义强调，科学理论必须用逻辑学家发展出来的某种形式语言加以表述，但是，逻辑学并不仅仅是数字的逻辑。正如豪斯曼强调，"理论并不能以实证哲学家臆想的那种方式被形式化。而且，把理论首先看作是语法对象的看法，对于理论的创立和运用也并不恰当。此外，以实证主义方法处理理论与观察间的关系问题也困难重重"；也正因为理论与观察之间的关系远比想象的要复杂，因而"支持实证主义对科学理论看法的当代哲学家可谓寥若晨星"。③

第二，就理论构建的逻辑而言。逻辑实证主义把实证得出的结论作为推理的基本前提，就犯了形式逻辑循环的谬误。事实上，逻辑实证主义首先是在一些检验性观察的基础上提出一定的命题，而对其接受却取决于进一步的证据以及渗透在观察中的理论预设；正是基于这种不言而喻的基本前提，经济学界就形成了一个个对内相呼应、对外相排斥的解释共同体。也正是基于这一特性，我们说，逻辑实证主义的任何结论都源于某种约定，不同的解释共同体往往基于不同的引导假定。与此同时，不但由于经济学理论本身有各种附加条件，从而具有不可验证性；而且，证实或确证标准作为经验科学的合理构想本身也难免成为"约定"和"建议"，从而它们也无法证实或确证自身。

譬如，现代主流经济学认为社会在"无形的手"的引导下可以自动达到均衡，而均衡有依赖于个人的理性行为。同时，在理性的支配下，每个人都会根据边际原则行事：消费者实现边际消费替代率相等，而生产者实现边际技术替代率相等。相应地，厂商的运行之所以会遵循边际原则，这又是源于追求利润最大化的动机，并且根据边际产出付给个要素报酬可以达到分配净尽的结果。

---

① 豪斯曼："导言"，载豪斯曼编：《经济学的哲学》，丁建峰译，世纪出版集团、上海人民出版社2007年版，第13页。

② 康德：《实践理性批判》，邓晓芒译，人民出版社2003年版，第13页。

③ 豪斯曼："导言"，载豪斯曼编：《经济学的哲学》，丁建峰译，世纪出版集团、上海人民出版社2007年版，第11页。

问题是，欧拉定理是建立在完全竞争和规模报酬不变的基础之上，而这一条件不仅是先验的，而且是循环的，根本不真实的。事实上，经济学中的任何理论都存在一定的约定性，即按"我们"的标准可合理地接受。也就是说，经济学解释共同体往往是"我向思考"的，从而出现了明显的僵化问题。

事实上，针对新古典经济学的最大化假设，霍尔（Hall）和希奇（Hitch）的研究以及其他社会学问卷调查就表明，商人们并不是最大化者。但是，弗里德曼却认为，这些问卷调查"作为检验经济学假设的方法几乎毫无用处"，因为新古典经济学是免受基于观察得来的不实际的假设的社会学调查和其他批判的。[①] 也正是基于因果逻辑和事实检验的缺陷，目前西方哲学界几乎已经没有多少人相信弗里德曼的实证主义检验理论了；而且，在对逻辑实证主义批判浪潮中，现代经济学方法论的工作者们——如库恩、拉卡托斯、罗森伯格、麦克洛斯基等，都形成了对经济学的新看法。例如，麦克洛斯基就认为，弗里德曼倡导的"经济学现代主义的这一权威版本里包含了许多反现代主义的成分，这表明，现代主义无法经受具有较高智力水平的讨论，即使在它最有力的倡导者那里也是如此"。[②] 然而，尽管逻辑实证主义在科学哲学界以及其他经济学流派中遭到了如此普遍的否定，实证分析在预测中遇到的挫折也是如此严重；但迄今为止，实证主义的地位在经济学依然坚如磐石，主流经济学家依旧像有恋尸癖一样坚持实证主义，充满了对经济学科学性和客观性的臆想。

 ## 四 逻辑实证主义导向的经济学困境

尽管逻辑实证主义本身存在明显的逻辑问题，但现代主流经济学似乎不愿稍作停顿来检视一下当前经济学所能达到的"科学"程度，而是不断发展出一股不可抑制地向其他非"经济"领域拓展的强烈冲动，从而形成了声势浩大的经济学帝国主义运动。特别是，尽管西方很多经济学家在实际研究过程中也并不坚持实证主义的研究方法，但他们却坚决地维护逻辑实证主义的研究思维，从而导致现代经济学明显地呈现出庸俗化的发展趋势。同时，正是基于对工具

---

① 参见博伊兰、奥戈尔曼：《经济学方法论新论》，夏业良主译，经济科学出版社2002年版，第232页。

② 麦克洛斯基："经济学的修辞"，载豪斯曼编：《经济学的哲学》，丁建峰译，世纪出版集团、上海人民出版社2007年版，第360页。

主义的不同态度构成了经济学界的正统和非正统之分，以致博兰就声称一切经济学家都可以分为两类：同意弗里德曼者和不同意弗里德曼者。那么，主流经济学在理论或教科书上为何依然如此坚持这种逻辑实证主义的研究思维呢？

显然，这就不仅仅是批判者的批判毫无意义的问题，而是与那些主流经济学家自身理念的顽固性有关：逻辑实证主义有助于为正统的新古典经济学提供了方法论支持。这可从两方面作大致的解释。①随着学科的分裂，经济学逐渐走上了"我向思考"的封闭之路，这就如麦克洛斯基所说："尽管有些经济学家有哲学倾向，但经济学家阅读的专业哲学数量，大概就像哲学家阅读的专业经济学著作一样，甚为有限。因此，毫不奇怪，现代主义衰落的消息并没有传到所有人的耳朵里。"①②如米洛斯基所说："经济学方法论家对波普尔、杜恒和拉卡托斯的迷恋已经误导了他们，使他们相信存在着单一的'检验主义'标准，这个标准是为经济学家不得不追求的科学所共有；更重要的是，这使他们无视这样的历史事实：经济学中的各个相互竞争的学派在19世纪里一直构造着它们自己的关于经验性实践的解释"，以致经济学界深受实证主义支配的强方法论者不但没有退缩，"相反他们根据他们的学科顽强地形成了对于世界的有异议的形而上学的学术。"②

事实上，主流经济学家对实证经济学以及应用科学的方法以发现真理的推崇已经不是出于理性的思考，而是源于一种数量拜物教：不但坚持只有数量化的才是客观的，而且认为能够数量化的也必然是客观的。这意味着，主流经济学对逻辑实证主义的信奉已经到了拜物教的程度，并且，它根本上已经脱离了经验检验的实质，而沦落为方法上的一种信仰或教条。正如罗森伯格所说："（经济学家）赞同弗里德曼的看法，把经济学看作是一种未加阐释的运算方法，就如同实证主义者看待几何学一样。但是，多数经济学家像多数几何学家一样，致力于证明定理，推导结论，浑然不顾经济学理论的认知地位问题。"③

当然，在某种意义上，即使在大众学术化时代，西方社会依旧残留着一些自由的学术风气，相应地，逻辑实证主义也就会越来越为西方经济学界所质疑

---

① 麦克洛斯基："经济学的修辞"，载豪斯曼编：《经济学的哲学》，丁建峰译，世纪出版集团、上海人民出版社2007年版，第360页。

② 米洛斯基："问题是什么"，载巴克豪斯编：《经济学方法论的新趋势》，张大宝等译，经济科学出版社2000年版，第86—87页。

③ 罗森伯格："经济学是什么：如果它不是科学"，载豪斯曼编：《经济学的哲学》，丁建峰译，世纪出版集团、上海人民出版社2007年版，第346页。

和抛弃。与此形成鲜明对照的是，由于中国经济学还很不成熟，从而更容易形成一种媚俗主义的主流研究取向，依旧把已经遭到极大批判的逻辑实证主义当成神旨，当成不容置疑的唯一科学方法。于是，我们看到，在西方社会，萨缪尔森、弗里德曼以及其追随者们都没有对逻辑实证主义内含的形而上学提供合理的依据，而且，不少哲学家们也已经逐渐抛弃了实证分析能够提供理论知识的观点；但在如今的中国经济学界，逻辑实证主义却如日中天，不但几乎没有人起来对实证主义的方法作丝毫的反思，而且，充斥着对弗里德曼及其实证主义方法之肆意的高歌和赞美声。正因如此，笔者强调，当前中国经济学界尤其要对逻辑实证主义进行更深入的反思，慎重地对待计量分析在理论构建和发展中的地位和作用；特别是要正确处理和反思当前计量经济学与理论经济学之间的关系，即计量经济分析并不等同于理论经济研究。

波普尔曾说过一句话，"如果你在经验科学领域坚持严格的证明（或严格的证伪），你就决不会从经验中获得益处，而且决不会从经验中懂得你错在何处"。[1] 面对偏盛的逻辑实证主义，我们需要深刻体会这句话。事实上，现代主流经济学的代表人物萨默斯也表达了同样的看法：正式的经济计量学对经济知识增长的影响力几乎为零。而且，无论从中国计量实证的现状还是欧美计量经济学的发展来看，它都没有对经济理论产生明显的实质性作用。萨缪尔森就不无遗憾地说："经济计量学的发展和优化非但没有帮助经济学家在竞争性的理论中作出选择，反而使选择更加困难，这一点真是令人失望。但这也并不意味我们应该否认经济计量学，相反，经济学家掌握经济计量学极其重要。令人困惑的是，经济计量学家明显的将我们从花园小路引入了越来越深的沼泽——用计量学的结果来支持或驳斥经济理论正在变得越来越困难。"[2]

其实，正如凯恩斯强调的，经济学是逻辑的一个分支，是一种思维方式，经济学中的进步几乎全部体现在模型选择方面的不断改进；相反，如果把模型转换成定量公式，用真实值来填入那些含变量的方程，那么，就会破坏它作为思想工具的有用性，使模型失去普遍性和它作为思维方式的价值。[3] 但现在的问题正在于，庸俗实证主义几乎已经完全支配了当前经济学的理论研究，为

---

[1]　米勒：《开放的思想和社会：波普尔思想精粹》，张之沧译，江苏人民出版社2000年版，第136页。

[2]　转引自斯诺登等：《与经济学大师对话：阐释现代宏观经济学》，王曙光等译，北京大学出版社2000年版，第378页。

[3]　J.梅纳德·凯恩斯："经济学模型的构建和计量经济学"，载豪斯曼编：《经济学的哲学》，丁建峰译，世纪出版集团、上海人民出版社2007年版，第254页。

此，这里重点反思基于计量的"实证"分析。当然，笔者批判当前甚嚣尘上的"实证"研究及其内在的逻辑实证主义，但并不意味着要维护或回到正统政治经济学基于引经据典的"规范"分析上去；相反，在笔者看来，正统政治经济学也不是对逻辑一致的因果机理探索，而主要是基于自身观点的陈述。根本上，理论是批判性的，不仅批判其他观点，也需要自我批判。但显然，正统的马克思主义经济学者往往批判西方理论以及相应的社会制度有余，而自我批判却存在严重的不足。

当然，由于传统经济学那种说教式的学术取向在当前经济学界已经越来越边缘化了：不仅号称以此为思想指导的当政者往往言不由衷，当前真正施行的社会政策几乎没有任何马克思经济学的因素；而且，马克思以及马克思主义经济学在青年学子中更是遭到漠视，乃至任何对现代西方主流经济学的反思和对马克思经济学的重新吸收都会遭到他们普遍的责骂。正因为当前社会如此偏激地否弃正统马克思主义经济学，不仅无法挖掘马克思经济学中有价值的分析路径和思想，而且连那些显而易见的甚至在资本主义社会也会受到肯定的东西都被抛弃了。为此，这里没有重点对传统马克思以及马克思主义经济学进行反思和批判，而把批判焦点放在当前"主流"的西方经济学身上，尤其是数理经济学身上。正是基于此种认知，在经过一段时期的学术苦索和彷徨后，笔者毅然抛弃了传统经济学那种"研究"之路，也不愿"东施效颦"那些主流经济学人在数字上打转的实证研究，而是决定转向对社会事物之间内在机理的探索，甘愿做一个孤寂的思索者。

五 结语

尽管现代主流经济学倡导逻辑实证主义把理性分析和实证研究结合起来，但是，这种研究除了为经济学提供了一套更为完善、圆滑的自我辩护的技巧以及提供了一些琐碎的统计资料之外，并没有对经济理论的发展产生实质性作用。正如布劳格指出的，"在修正我们被反驳的理论以期增加它们经验性的内容这一过程中，我们永远不知道何时该停止，何时该继续。不存在一条黄金规则可以告诉我们，何时该最终抛弃一个不断被反驳并常常被修正的理论，但是很明显，这将以利于我们在该领域里所做的努力的历史记录以及它的替代理论的可用性。"[1] 实际上，逻辑实证主义在理论确定和理论构建上都存在明显的工具主义错误。费耶阿本德就对逻辑实证主义抨击道："远没消除教条和形而上学并因之鼓励进步，现代经验主义已经找到了一种把教条和形而上学变得非常体面的方法，也即，冠之以'被很好地证实的理论'，并发展了一种经验性要求在其中扮演了一个巨大但又得到很好控制的角色的证实方法"，"几十年前，他们是教士，或者'经验哲学家'。现代他们自称是'科学哲学家'，或者'逻辑经验主义者'……所有这些群体都反对科学进步，但无论如何前者是公开地行事且易辨认出来，而后者在进步主义及经验主义的旗帜下进行着，且因此欺骗了许多他们的追随者。"[2]

同时，逻辑实证主义将数理模型和计量实证联系了起来，但是，这两个主要路线迄今依然是相脱节的，集中体现为逻辑内在一致性的缺陷以及理论与经验一致性之间的脱节。一方面，数理分析源于抽象演绎思路，其理性是先验主义的而不是真实世界中人的经验理性；同时，它把影响社会事物各种因素都视为可以任意摆弄的物来构建经济学运行模型，并在此基础上进行均衡的分析或者达到推演均衡的结论，其中必然会撇开的"人"的因素或者把人视为具有完全的同质理性，从而使先验理论也机械化了。另一方面，计量分析源于具体归纳思路，往往局限于事物之间的功能关系，因而结论往往具有强烈的经验主义特征却往往缺乏一般性；同时，随着各类软件工具在计量分析中的大肆使用，计量越来越不需要分析者自身的理性思维，不需要分析者的个人知识，从而使计量分析转变成一种经验材料的机械堆彻，这种经验理性也越来越机械化。究其原因，现代主流经济学基于自然主义思维而过度引入数学工具，分析的是物之间的"数字联系"，而没有将其理论建立在真实世界中的"人"之理性上。也就是说，现代主流经济学所揭示的是"物理"，而不是具体社会环境下的"人道"，没有探究人的行为机理和行为逻辑。

---

[1]　布劳格："为何我不是一个建构主义者"，载巴克豪斯编：《经济学方法论的新趋势》，张大宝等译，经济科学出版社 2000 年版，第 149 页。

[2]　费耶阿本德：《知识、科学与相对主义》，陈健等译，江苏人民出版社 2006 年版，第 69 页。

"道""理"之辨与
经济理论的"发现"

——经验实在主义与超验实在主义的比较

导 读

　　经济理论研究的本质在于揭示"理"而非"道"。其中，"理"揭示了事物的内在本质以及事物之间的作用机理，而这种作用机理集中体现了某种因果联系上；相反，"道"主要体现了事物的外在形态以及事物之间的功能联系，而这种功能联系主要体现在某种数据相关性上。显然，无论是内在本质的揭示还是因果关系的解释，都难以依靠经验实在主义加以归纳。究其原因，归纳法有两个致命缺陷：一是运用经验范畴来界定整个世界的"认识的谬误"，二是把人们经历或者基于人们可能的体验视为最核心的特征。相反，超验实在主义强调，要关注的不仅是事件本身，更是注重去辨明和解释那些左右或促发经验现象的结构和机理、力量和趋势；并且，它借助于溯因推理或外展推理来从"表面现象"来探究"更深层的"因果联系。正因如此，超验实证主义更适合于作为社会科学的经济理论研究。

一 引言

　　一般地，理论就体现了对事物的系统认知，这种认知必须深入事物的内在本质，要能够洞察事物之间的作用机理。也即理论探究就是要揭示事物之间相互作用的内在机理，探究显示这种机理的因果关系。然而，时下流行的计量分析往往只是得出一些统计上的规律，而无法真正揭示现象背后的因果机理。而且，计量分析本质上也不可能得出一般性理论，因而统计规律在应用上也就存在非常强的局限性。哈耶克早就对此提出了忠告。事实上，经济学说发展史表明，人们对经济理论的反思和发展往往不是基于一次性的计量检验或孤立的少量反例，而是基于普遍的社会环境之变化。这也意味着，经济学的理论探索不能局限于具体数据的计量分析，而是要对那些长期熟视无睹的大量社会现象进行反省，思考其背后的基本规律或本质。既然如此，如何才能揭示隐藏在经济现象中的因果关系和运行机理，如何才能促进经济学理论的健康发展和完善？本文对此作一认识论的思考。

二　"道"和"理"的差异以及理论研究的本质

　　一般来说，任何基础性理论研究的根本目的都在于揭示事物的内在本质及其运行之"理"，而不仅仅是解释事物的外在表现及其功能之"道"。例如，金岳霖在《知识论》中就指出，一切科学都是在探讨事物的内在机理，经济学的对象就是经济的"理"。这种"理"也就是事物的本来面目，反映了事物之间相互作用的因果关系，而不是仅仅体现为表象间的功能联系。迈克尔·波兰尼则指出，"科学的目的是为了发现自然事实背后潜藏着的实在……我目的要恢复实在这一概念，并且把它放到科学探究理论的中心位置。"[1] 另外，何梦笔也强调，"任何理论都必须从基本的本体论假定开始，它为更具体的理论命题确定了框架"。[2]

　　为了更好地理解"理"的内涵，理解因果之"理"的探索对深化社会认知的意义，关键是界分"道"和"理"。在儒家文化中，先秦儒家已经很重视"道"了，体现了"用"的范畴；"理"则主要与宋儒明儒学发生联系，深入"体"的范畴。也就是说，从"道"到"理"体现了儒学在认知上的深化。我们看一下朱熹对"道"与"理"的辨识，"道是统名，理是细目""道训路，大概说人所共由之路，理各有条理界瓣""理是有条瓣逐一路子。以各有条，谓之理；人所共由，谓之道""道便是路，理是那文理。……'道'字包得大，理是'道'字里面许多理脉""'道'字宏大，'理'字精密""理只是这一个。道理则同，其分不同。君臣有君臣之理，父子有父子之理""理者有条理，仁

　　① 波兰尼：《社会、经济和哲学：波兰尼文选》，彭锋等译，商务印书馆2006年版，第252页。

　　② 何梦笔："演化经济学的本体论基础"，载多普菲编：《演化经济学》，贾根良等译，高等教育出版社2004年版，第89页。

义礼智皆有之"(《朱子语类·卷六·性理三》)。因此，"道"需与"理"相结合，由此才有"体用不二"。为此，张东荪认为，"'理'字的注重的是在于想补充'道'字的不足，'道'字与'理'字合用于是于义乃得充足"。[①]

由此，我们就可以审视当前流行的经济学研究。从某种意义上讲，通过计量和统计发现事物变化的规律仅仅是中国古代所谓的"道"，它反映的是社会事物的外在表象，是人基于经验而对事实的感知，告诉人们是什么。钱穆就强调，"道"本身是人类行为的产物，庄子所谓"道行之而成"(《庄子·齐物论》)。而且，道可以有许多种，如《中庸·三十章》所说，"道并行而不相悖"。相应地，统计分析所揭示的变量之间的相关性同样存在多重形态。由此，我们就可以得出两点认识：①基于统计发现的就是这样一个个孤立的"道"，而不是具有普遍意义的"理"；②由于这种"道"是因不同人之行为所致的，从而就不能随意地把特定环境下发现的某个孤立"道"搬用到其他不同的场合，否则就会为反映特定表象的"道"所驱使。也就是说，实然的"道"是人类所创造的，它并非就是普遍不变的，也不尽然就是合理的。相应地，人不能墨守成规于一个"道"上，不能为一个个具体的"道"所羁绊，而是要借助知性思维去揭示多种多样"道"之后的"理"。所以，孔子说过，"人能宏道，非道宏人"(《论语·卫灵公》)。[②]

一般地，"道"关注的是事物的现实形态，致力于描述外在所表现出来的常然，进而揭示事物之间的相关性及其反映的功能联系，集中探究"是什么"问题；相反，"理"关注的是事物的内在本质，要揭示不受外界影响的本然，进而揭示了事物之间的作用机理及其反映的因果联系，集中探究"为什么"问题。例如，朱熹就说："今日格一物，明日格一物，一旦豁然贯通。众物之表里精粗无不到。"[③] 显然，只有弄明白事物之"理"，才可能对了解事物的本质以及现象产生的因果关系。譬如，有翅膀的鸟会飞，这是体现当然一个"道"。但是，我们可以看到没有翅膀的飞机也会飞，而一些有翅膀的家禽却难以飞起来，这就需要探究产生飞的内在之"理"。同样，我们可以观察到苹果落地这个"道"，但也可以发现气球会反飞向天空。有鉴于此，我们就需要揭示不同

---

① 张东荪：《思想与社会》，左玉河整理，岳麓书社 2010 年版，第 168 页。

② 当然，道家给予"道"以不同于儒家的理解：儒家认为"道"是认为的并且由人来改善，道家则认为"道"就是事物的自然秩序，因而人无法改良"道"，而只能"道法自然"。从这点上讲，道家的"道"更类似于"理"，体现在古希腊哲学中的"逻各斯"，包含了"理性""比例""言辞"等意涵。

③ 转引自钱穆：《中国思想通俗讲话》，生活·读书·新知三联书店 2002 年版，第 7 页。

"道"中潜含的共同的"理"，通过探究人类形形色色的行为来发现经济学中相对于物理学中万有引力的"理"。

譬如，就农业的收成而言，早期社会往往将之与舞蹈等宗教仪式联系在一起，杰文斯将之与太阳黑子活动联系在一起。而且，两者都有历史资料记录的大量证据。那么，究竟哪个更合理呢？根据现有的科学理论，太阳黑子群将释放出巨大能量，它被地球吸收而影响地表温度，而地表温度又会产生地震、旱灾、洪灾、虫灾、疾病等，从而会影响农业收成；尤其是在资本主义早期，农业收成和粮食价格是影响工业成本的重要因素，因而杰文斯进一步将太阳黑子与经济周期联系在一起。与此同时，舞蹈等宗教仪式与农业丰歉之间却一直没有很好的逻辑支持。正因如此，太阳黑子说而非宗教仪式说更容易为现代人所接受。进一步地，现代经济学又引入了预期而构建了现代太阳黑子理论，它强调了社会不确定性所造成了混沌效应。为此，米塞斯强调，"在我们科学的思考中，如果没有因果关系的范畴，我们所能做的就不会比日常的思考更多"。①

问题是，我们如何发现事物之"理"、进而揭示事物的内在本质呢？一般地，自然现象和社会现象具有很不同的特点，因而两者探究内在本质的方式也存在差异。事实上，自伽利略以降，流行的观点就认为自然世界是用数学语言"写成"的，从而通过纯粹逻辑推理就可以在自然现象中发现自然规律；但是，社会经济现象却具有完全不同于自然现象的特点，它不是外在于人类活动的。本质上，对社会经济现象的认识就具有双重特点：它不能离开经验事实；它又不能仅仅停留在经验材料上。相应地，经济学的理论研究就要通过超验思维使经验认知上升到理论性陈述层次，而这需要运用人类的知性思维。

一般地，正是借助于知性思维，人们就可以透过事物的表象而深入其本质，从而将经验和先验沟通起来，这也是方法论上的超验实在主义；而且，只有借助知性思维，人类才能将经验事实和超验本质、实然验证和应然规范结合起来，才能真正揭示事物内在的结构或趋势，从而促使经济理论的真正进步。相应地，社会经济理论也呈现出这样的双重特点：一方面，社会科学领域中的任何理论都与特定的社会环境相适应，从而不存在布劳格等所坚持的那种以"进步"为标志的波普尔主义式的"科学"发展；另一方面，随着人类经验材料的逐渐积累以及人类认知的不断深化，事物的内在本质就会逐渐显现出来，从而与本质相接近的程度就成为衡量经济学理论"进步"性的重要标尺。

进一步地，我们又如何识别本体论的合理性以及对既有理论进行检验呢？

---

① 米塞斯：《经济学的认识论问题》，梁小民译，经济科学出版社2001年版，第46页。

波普尔强调，理论必须通过对现实直截了当的描述来提出本体论的主张，这种认知可能是真实的也可能是虚假的，这需要后面的经验来加以检验，但不能简化为是有用的还是无用的。[①] 一般地，理论和检验的统一应该根植于关于实在的本体论的基本假设中，对理论的检验所针对的应该是有关实在结构的假定；当有关实在结构的假定被证伪时，就不能再在同一本体论界定上构建出另一替代理论。但是，现代主流经济学却将理论的本体论思维转化为工具论思维，将经验事实的证伪转化为对辅助假设的否定，从而依然保留其基本理论。为此，何梦笔写道："新古典理论的工具主义理解是为了让它的命题回避任何基于不同本体论基础的反对意见。"[②] 这也意味着，在经济理论的发现和检验中必须清楚地区别实在本体论和逻辑工具论。

 ## 三 "理"的忽视与经济理论研究的肤浅性

在很大程度上，社会科学理论完善程度的一个显著标志就在于是否存在一个严格的逻辑，理论研究的关键就在于能够揭示事物之间联系的内在机理。如果不能了解事物之间相互作用的内在机理，那么我们所知道的就仅仅是一些就事论事的感官性知识：不仅对既存现象的解释往往是牵强附会的，而且对现象变动的预测更是难以成功。显然，作为社会科学的经济学也是如此。然而，在当前经济学界，众多的经济研究往往只是停留在现象解释和功能分析这一"标"的层次上，而忽视了那些因具体的初始敏感性条件之微小变化所带来的严重后果。正因如此，这些经济学人所开出的不少政策往往反而会误导社会实践，以至于经济学家在社会大众中的形象也似乎已蜕变成了某种夸夸其谈的江湖术士。这里举两例加以说明。

第一个例子是，根据现代宏观经济学的流行理论，增发货币可以促进就业。但显然，在不同环境下实证结果往往迥然不同，因而就需要剖析增发货币何以影响就业的一般机理。事实上，基于不同的思维视角和研究方法，不同的学者用以解释的机理也是不同的：如凯恩斯主义者倾向于将利率视为政策作用的中间变量，而以弗里德曼为代表的货币主义则以货币量作为货币政策中间的

---

① Popper J. F., 1983, *Realism and Aim of Science*, London：Hutchinson，P.107–131.

② 何梦笔："演化经济学的本体论基础"，载多普菲编：《演化经济学》，贾根良等译，高等教育出版社 2004 年版，第 89 页。

传导变量。在很大程度上，正是根据事物（或现象）之间的这种作用机理，我们才可以对实证结果作更深入的逻辑分析，而不是仅仅停留在数字之间的关系上；同时，不是仅仅停留在计量结论这一层次上，而是要通过计量结论发现一些更深层次的东西。譬如，根据凯恩斯主义倡导的利率传导机理，增发货币将导致利率的下降，刺激企业增加投资，从而扩大就业。但显然，每个环节都有不同的影响因素，因而就产生了问题：增发货币一定会导致利率下降吗？利率下降一定会导致企业增加投资吗？企业扩大投资一定会促进就业吗？

　　我们分析如下：首先，如果增发货币导致了通货膨胀，那么名义利率反而是上升的，这只会导致整体物价的上升，结果非但不会扩大就业反而可能使就业市场萎缩；其次，即使利率出现了下降，也不一定会导致投资的扩大，因为这里存在流动性陷阱或者企业预期以及银行惜贷等问题；最后，即使企业扩大了投资，也不一定会促进就业，因为这取决于企业扩大投资的类型：是追加机器等资本密集型投资还是劳动密集型投资。事实上，1997~1998年，中国央行曾连续8次通过不同方式降息或增加货币供应，但对扩大需求的影响却是微乎其微的；同样，在2007年后的一年多时间内，央行连续15次通过不同方式加息或减少货币供应，却无法真正缓解中国经济的过热状态。由此可见，同样一项政策，既可能有利于增加就业也可能加剧失业，既可能有效也可能无效，关键在于与其紧密相关的社会环境；而社会环境对政策的影响则要通过事物之间的作用机理来解释，因而因果关系也就是经济学理论所要揭示的。

　　第二个例子是，根据现代宏观经济学的流行理论，一个国家的经济快速发展往往会蕴含着其货币贬值的预期。基本理由包括：经济发展需要进口大量的物资、技术，从而对外汇的需求增加；由于中国投资建设的需要而对货币需求的过旺，从而中国社会货币供给也不断增多。问题是，在过去30年里，中国经济取得了飞速发展，与此同时，人民币汇率却面临着巨大的升值压力。为什么会出现这种背反现象呢？显然，这就需要重新反思上述引起货币贬值的两方面理由：①当前中国促进经济增长的资本主要是内源式的，而不是像刚开放时那样主要依靠外资；②当前中国经济增长的引擎是外贸，正是通过出口的增长获取了大量的外汇资源。此外，迄今为止，中国所采用的仍是人民币结售汇制度，[①] 这在一定程度上也限制了出口企业外汇留存并抑制了外汇需求，从

---

　　① 即出口企业所得外汇需卖给外汇指定银行，实现"结汇"；进口企业用汇可向外汇指定银行购买，称为"售汇"。

而造成虚假的外汇"供"大于"求"的现象。

正是由于特定的发展路径和汇率体制，当前中国社会对外汇的需求并不强烈，反而对人民币有相当旺盛的需求：①由于中国经济良好的发展形势，大量外汇以直接投资的形式流入中国；②越来越多的国家或公司直接使用人民币进行交易。同时，中国之所以可以通过大量出口获取外汇，也与中国特殊的社会环境有关：①在信息全球化时代，生产技术具有高度的流动性，因而中国产业发展所需要的生产技术就可以越来越接近国际先进水平；②尽管中国已有越来越多的劳动力从农村转移到城市，但远远没有达到刘易斯二元模型的临界点，中国工人的工资几乎没有发生显著的变化。显然，传统的理论是建立在生产力水平不变以及生产要素价格可以自由浮动的条件下，但由于中国的实际情况恰恰相反，这导致中国经济的发展反而积累了越来越多的外汇储备。这也意味着，我们不能简单地套用以前实证分析的结果，而是要探究经济现象之间发生作用的内在机理。

上面两个例子充分反映出，现代经济学在理论研究上往往流于肤浅。何以如此呢？在很大程度上，这与指导现代主流经济学的研究思维有关。事实上，自边际革命以降，功能主义逐渐支配了经济学理论的研究思维：它从外部关注可变量之间的关系、系统与环境之间的关系，从而致力于分析经济现象的存在表现以及现象之间的功能性联系。正是深受功能主义的影响，现代主流经济学认为，科学仅仅是一种记录和数学化处理观察数据的"经济思维"或"简单"的方式而已，从而努力在观察数据之间建立精确的数字联系。正是在逻辑实证主义的支配下，现代经济学热衷于计量实证，热衷于用数字之间的功能分析来取代对事物内在因果机理的探究，从而就无法促进经济学理论的实质性进步。究其原因，逻辑实证主义支配下的经济理论研究存在如下两大逻辑缺陷。

第一，尽管现代主流经济学注重所谓的计量实证，并由此发现了一些"统计相关"关系，但是，它根本上却无法揭示体现事物之间相互作用机理的"因果联系"。譬如，我们可以发现寒冷和感冒之间存在统计相关性，但寒冷根本却不是感冒的原因；同样，尽管我们可以发现抽烟与肺癌之间的统计关系，却无法揭示吸烟导致肺癌的发病机理。事实上。弗里德曼的逻辑实证主义具有明显的工具主义方法论立场，从而没有提出任何本体论主张。例如，克西盖斯纳（G. Kirchgassner）就指出，现代主流经济学的概念建构如"理性个体"等都被看作组织经验研究的工具，并对之进行检验。[1]

第二，尽管现代主流经济学对归纳推理做了在一定程度的严密化处理，但它并没有真正解决"休谟问题"：①当检验结果与理论一致时，我们不能简单地认定理论被证实了，因为还有更多的事实并没有得到检验；②当检验结果与理论发生差错时，也不能简单地以为原先的理论错了，因为经济理论所基于的条件根本上是不可重复的。在这里，我们就必须强化两点基本认识：①基于归纳法的经验主义根本上无法证实和证伪理论，从经验事实中也无法直接获得一般性理论；②通过引入和发展逻辑实证主义，现代主流经济学的实证分析和归纳逻辑更趋严密，但依然无法完全解决归纳问题。

可见，尽管经济学理论研究的关键在于能够揭示事物之间联系的内在机理，但现代主流经济学却承袭弗里德曼的逻辑实证主义思维而热衷于数理建模和计量实证。相应地，无论在理论上还是实践中，现代主流经济学都呈现出严重的缺陷：①它只注重事物之间的数字联系，而没有剖析产生现象背后的结构性因素，从而也就没有揭示事物的本质；②它基于工具主义思维而将特定场合下的结论不适当地推广到其他场合，从而导致相应政策建议往往是治标不治本乃至荒谬的。当然，现代主流经济学往往还将这种方法论工具主义视为对波普尔证伪主义的继承，但实际上，波普尔明确拒绝方法论工具主义。

 ## 四　挖掘因果机理的认识论思考

经济理论需要挖掘现象背后的内在本质以及事物相互作用的因果机理，问题是，如何填补现象（事物外在的表象呈现）与本质（事物内在的面目本原）之间的鸿沟？又如何才能使人类的认知得以从经验的具体层次上升到超验的理论层次呢？在这个问题上，历来有两种主要的思路：唯理派强调基于理性推理，经验派则注重事实总结。但是，无论是基于事实的归纳主义还是基于推理的演绎主义或者两者的联合都无法为现象设计出因果机制：归纳主义存在由单称命题导向普遍命题的归纳问题，而演绎主义则存在假设前提本身无法解释问题。为此，皮尔斯提出了"外展推理"的概念，试图超越这两种方法的各自局限，其基本思路是，把关注点部分地集中在潜藏于一切因果解释观念之中的本

---

① 何梦笔："演化经济学的本体论基础"，载多普菲编：《演化经济学》，贾根良等译，高等教育出版社2004年版，第85页。

体问题上。显然，这就涉及人类有关事物的认知思维问题，涉及理性在经验认知中的作用问题。

（一）迄至康德的认知思维

基于本体论对性质不同的结构和因果关系的类型进行识别是皮尔斯、杜威以及怀特海等发展的，但它可以追溯到洛克。洛克在近代哲学史上第一次力图创立一个博大的认识论，自此开创了经验主义流脉，并影响了贝克莱、休谟直到康德。首先，洛克区分了感觉和反省，认为感觉和反省为心灵提供了认识材料，而心灵有对感觉材料加工的机能，正是在这材料上的加工构成了复杂的观念；而知识是关于人类任何观念相符合或不相符合的知觉，知识不能超越我们观念的范围，比我们的观念更加狭隘。其次，休谟试图将经验层次的现象观察上升到概念层次的因果："因"被定义为其后有另一物件相继出现的物件，"果"则是新兴的第二物件状态。为此，休谟认为，因果关系的本性有这样几个特征：①因果之被发现不是凭借于理性，乃是凭借于经验，也即关于这种关系的知识，不是由先验推理得来的，而是源于经验；②结果不同于原因，不能从原因中发现出来，也即结果不能先验地、简单地从原因中推导出来；③因果观念得自对象之间的某种关系，这种关系有三个重要特点，即时空上接近、时间上有先后、是一种必然的联系。最后，在接受经验主义者的人类知识起源于经验和终止于经验的观点之基础上，康德通过知识划界的方式回应了休谟对科学和理性的挑战：一方面，他强调了人类理性的有限性，认为凡是超验世界的事物都不是科学研究的对象；另一方面，他又认为，经验不是杂乱无章的感觉和表象，而是可以理解的有序的感觉和表象，这是科学研究的真正对象。

康德对理性思维作了前无古人的深邃思索。在康德看来，知识的获得存在相互补充的两大条件：①由感官提供的对象或知觉；②由知性对这些对象的思考和理解并由此产生的概念。同时，康德在对知识如何可能作两方面的进一步思考：一方面，感官知觉如何可能？康德认为，知觉以材料或内容等感觉和时空秩序中的形式为必要条件，其中，感觉构成了颜色、声音质量以及硬度等方面的原料，而感性将这些原料排列在时空的格局或形式中就成为知觉，人类心灵不仅接受并且通过直观能力感知这种感觉，不仅可以看见颜色、听见声音等，还具有先验地知觉空间和时间的能力。在康德看来，把感觉排列在时空中的形态或形式本身不是经验的或后验的直观形式，而是心灵本性所固有的，是先验的。正是在感性规律的探索中，康德提出了先验的感性论，也即知觉能力论。另一方面，知性如何可能？康德认为，没有关系的知觉并不是知识，仅仅知觉时空中的对象也不能产生知识，只有对对象加以联系、联结、思考并在思想上以某种方式把这两种经验联系起来才能构成一种判断并形成知识，而这必须依赖一个综合的能视为的心灵，也即知性或理智。在康德看来，知性思考联结或联系知觉具有不同的形式，这种形式是先验的而不能来自经验的，从而被称为知性的纯粹概念或范畴。正是在知性规律的探索中，康德提出了先验的逻辑论，也即概念和判断论。上述两者共同构成了康德的先验原理论。

相应地，康德认为，对无论是极端唯理主义还是极端经验主义都无法真正获得社会认知：①极端的唯理主义者如莱布尼兹、沃尔夫等注定要失败，因为没有通过感官取得的思维对象就不能有任何思维，纯粹逻辑并不能教给我们关于真实世界的任何东西，而他们仅仅依赖理性自身而缺乏经验的数据；②像洛克、贝克莱和休谟那样的极端经验主义者也不行，因为外部事实从来没有完全地呈现于"心灵的白板"，它们只能依靠存在于心灵的范畴的帮助才能获得知识，而这些范畴是超越于任何经验的。① 相反，康德的认识论则包括了两大内容：①康德接受了经验主义者有关人类知识起源于经验并终止于经验的观点，强调只有通过人的感性认识能力所先天具有的直观形式（即空间和时间）去整理由自在之物刺激感官所引起的感觉材料才能获得确定的感性知识，从而认为经验为理性概念提供了内容和形式；②康德又证明人类头脑中先天拥有整理感官所提供的杂乱无章的感觉材料的普遍"形式"，并将头脑中的这种沟通结构称为"先验知觉"，它由直觉和理解形式组成：先验的直觉和外在感官将各种感官材料综合成时间和空间的秩序，然后综合的结果在范畴（理解力形式）的加工整理下就被带入普遍性和必然性的因果关系之中，因而整个复合体就统一在"先验认识"之中。②

显然，康德既不满足于理论理性的应用，也不满足于先验理性的思辨，而是试图用理性批判经验，用经验批判理性。正是为了克服极端理性主义和极端经验主义的困境，康德开始了他的批判三部曲。首先，康德在《纯粹理性批判》中考察了理论的理性或科学，集中探讨了理性认识问题，它通过对理性的纯粹推论的考察提出了将知性范畴运用于理性推论必然导致的二律背反，对那种独立于一切经验的抽象、先验理性提出了批判。其次，康德在《实践理性批判》中考察了实践的理性或道德，集中探讨了实践主体的道德意志问题，它通过对那些规定道德行为的"意志"的本质以及它们遵循的原则之考察而把人的主体性问题突显出来，从而对那种基于纯粹经验的实践理性进行了批判。最后，康德在《判断力批判》中引入了作为一种中介能力的判断力来沟通理性认识和实践意志这两个分割的世界，来缓和人作为一个认知主体和一个行动主体的张力，进而创造出理论理性和实践理性之间的一种综合；这种判断力以美学和目的论两种方式存在，进而认为自由的道德律令要在感性的现实世界实现出来，由此确定了相对于科学和道德的界限。①

　　事实上，康德强调，知性不能独自直接或知觉任何事物，感觉不能独自思维任何事物，只有将两者结合起来才可能形成知识。因此，康德的认知既带有知性性质，又带有理性性质，从特殊去寻求普遍的反思判断力按照"自然合目的性"来沟通认识与道德这两大领域，实现自然界的必然王国与道德界的自由王国之间的和谐。一方面，康德强调，先验逻辑必须立足于知识与对象的关系，而不是单纯的思维形式，也即人的思考必须以每一个经验为基础；另一方面，康德又认为，人类最高综合的先验认识就是意识到"我思考"，感性必须和知性结合起来，直观必须和思维结合起来，才能产生关于对象的知识。康德所提出的知识论是，知识是把知性的纯粹概念或范畴运用到由感觉所提供的被知觉为占有时空的对象上，其中，知性是把许多被知觉的对象集合到一个自我意识中的判断行动，而范畴使得经验成立，只有凭借范畴才会有经验世界，才会有依赖理智形式的现象秩序以及我们所知觉它那样的自然。同时，正是通过对理性本身——即人类先天认识能力——的批判考察，康德致力于确立理性有哪些是先天的——具有普遍性和必然性的要素，以及这些要素的来源、功能、条件、范围和界限，从而确定理性能认识什么和不能认识什么，进而在此基础上对形而上学的命运和前途做出最终的判决和规定。

　　尤其是借助于先验这一中介，康德将感官知觉和纯粹概念连接起来，因而康德的认知思维往往又被称为超验主观主义。胡塞尔就写道："康德体系堪称是本着一种崇高的科学的严肃态度建立一种真正普遍的超验哲学的第一次尝试。这种超验哲学是在现在第一次被发现、唯一真正严格的科学性的意义上的

---

　　① 实际上，18世纪后半期。欧洲文化范围内出现了三种相对独立的价值体系：寻求"真"的科学、设计规范的道德／伦理，以及提出特定审美的艺术。这三大主题都体现在康德的三大批判中：《纯粹理性批判》澄清现代自然科学的前提推荐，《实践理性批判》给予道德一独立于自然科学的地位，《判断力批判》则为美学确定了相对于科学和道德的界限。

严格的科学。"①在康德看来，综合的过程对所有有理智的人来说都是预先存在的和共同具有的，这种先验的综合能力给予人们提供经验和阐述自我经验存在的连续性；也即先验的认识将所有的经验联系于思维的自我，而思维的自我则能够认识到自己作为连续的、存在的和运动的本质。相反，如果没有这样初始的先验的思维活动，没有一个统一的和有统一作用的意识和自我意识，没有综合的、统一的统觉，就没有相互联系的经验世界；如果没有以某种方式（时间和空间）知觉和以某种方式（范畴）判断或视为的有理性的心灵，没有由自然（先验地）这样组成的心灵，就不能有关于经验对象的普遍和必然的知识。

（二）康德以降的思维转向

承袭康德的认知思维，费希特和谢林等引入了自我和心灵作为一切实在的中心和基础，认为精神和自然都处于一种必然的演化之中，而事物的本原或理想则体现为一活动的、活生生的历程；同时，依据康德对形而上学的批判一面，谢林等开始提出"实证主义脱离形而上学而独立是否就不能成为科学的问题"，并公然宣称，"如果我们在经验主义和与其对立的绝对理性主义的先验论之间只有一种选择的话，自由的精神会毫不犹豫地选择经验主义"。②这样，谢林就尝试将哲学改造成"经验科学的"实证体系。当然，谢林强调的"经验"并不局限于内在感觉和外在感觉的事实，而是强调不能停留在事物的概念和纯粹本质的探讨上，需要进一步研究真正的实际和存在。谢林的观点得到了黑格尔的认可和发扬。

黑格尔区分了基于纯粹思维的理性和基于常识的知性，其中，知性设定了一个有限统一体的世界，这个统一体世界被对立统一的原则所主宰；但是，黑格尔认为，孤立和对立并不是事物联系的最后状态，可以通过引入理性来"重建统一整体"。黑格尔认为，哲学的任务就是如实地认识自然和整个经验世界，研究和理解其中的理性，这种理性不是肤浅、暂时和偶然的形式，而是永恒的本质、和谐和规律。在黑格尔看来，常识往往将偶然的事物现象当作事物的本质，从而主要满足于现实的、规定的状态，满足于接受它们之间联系的和稳定的关系，而使人们对仍未实现的潜在不感兴趣。但实际上，未实现的潜在并不像规定的感官客体那样同样具有确定性和稳定性，这需要依靠"纯粹思维"来

① 胡塞尔：《欧洲科学危机和超验现象学》，张庆熊译，上海译文出版社1988年版，第119页。
② 转引自马尔库塞：《理性和革命：黑格尔和社会理论的兴起》，程志民等译，重庆出版社1993年版，第293页。

理解，它从事物存在的偶然状态中区分出事物的本质。同时，纯粹思维不仅将理智的和物质的世界规定为联系的稳定的关系，而且假定为一个变化的整体，这种变化需要超越机械论来加以认识；相应地，黑格尔把实在视为一活生生的发展历程，并把一切实在和理性视为同一的。

进一步地，黑格尔还强调，理性不仅表现在自然和个人中，而且也表现在人类制度、历史、权利、法律、习惯、道德以及伦理的义务中，每一个民族在演化中都有特定的使命，而当它完成了自己存在的目的后就会让位于更强大的民族。这样，黑格尔就得出了"强权即公理"论和"战争正义"说，这些学说引发了同时代的叔本华、克尔凯郭尔、陀思妥耶夫斯基以及随后的尼采、柏格森、萨特等的批判，他们否定理性主义崇拜而转向对认识重大问题的关切和思考，从而形成了19世纪后半叶风起云涌的唯意志论、权力意志、生命哲学、超人哲学、本能哲学、存在主义等所谓的后黑格尔哲学。事实上，黑格尔的"逻辑学"以及"精神现象学"不仅是对康德"先验哲学"的回应，而且所走的道路依然是"先验哲学"，其绝对精神体系正是由逻辑推演而来的。为此，在一些学者激烈排斥一切形而上学的同时，另一些学者如赫尔巴特则重新从康德的经验主义思想中寻求哲学根据。这样，一股强盛的实证主义思潮就兴起了，其中影响最大的是孔德的实证主义和马赫的感觉论。

孔德确立了关于实证科学的哲学体系。孔德认为，人类精神或者哲理思考方法经历了三个阶段：神学、形而上学和实证，这三大阶段是历史演化的结果，而实证阶段正是人类智慧发展的最高阶段。一般地，神学和形而上学都相信，要取得绝对的知识和解释事物内在的本质是可能的；实证主义却认为，要发现事物内在的本质是徒劳无益的。为此，孔德的实证主义主张，要致力于发现存在于现象之间的一致关系，用观察的方法来确定实质之间的不变关系就是研究的目的，如伽利略、开普勒、牛顿等就通过实证科学发现了光的普遍规律。正是受物理学和统治所有存在的必然规律的影响，孔德强调，科学以及一切合乎实证精神的认识论都只是叙述事实而不说明事实，只问是什么而不问为什么，只知其实然而不知其所以然；实证就是观察事实上的问题，而要获得实证知识，主要应该采用观察法、实验法、比较法和历史法。显然，孔德的论述将社会科学的研究引入了基于经验的实证主义时代，从而为早期实证主义奠定了基础，它视经验为科学的唯一可靠来源，归纳法则是获取知识的唯一可靠方法，而用不可知的实在论拒斥经验以外的事物，从而为科学划界。

在早期实证主义的现象论基础上，马赫创制了一种认识论——马赫主义，它认为作为世界第一性的东西既不是物质也不是精神，而仅仅是由人的感觉组成的；因此，构成人类认识论基础的，不是公理和先验的真理，而是直接的纯粹经验。在马赫看来，科学的目的在于对事实（也即人的意识内容）作完全的描述，而科学的唯一任务就是发现不能再进一步加以分析的感觉要素的联系，而不是用形而上学的预先设置的假设予以解释。当然，科学往往是从假设开始的，但马赫认为，这种假设仅仅是人们理解事实的临时的权宜手段，是一种间接描述，而会逐渐为直接观察所代替，即为经验或感觉现象所证实。同时，马赫又提出了思维经济原则。每一科学都包括或扼要地陈述了许多观察：概念和判断是各组感觉的简写的思想符号，是表述事实的速记法，规律不过是对事实广泛而又精练的陈述。进一步地，马赫将思维经济原则作为其科学方法论和认识论的基础，从而扩展了假设主义，而通过对假设主义的约定化又导向了约定主义。即科学理论是科学家根据简单性质原则共同约定出来的一种假设，科学发展实质是约定或假说推翻的过程。

马赫主义在奥地利、德国产生以后迅速在西方各国流行，为不少自然科学家和哲学家接受，很快取代了早期实证主义哲学的地位。例如，阿芬那留斯就认为，科学理论记述经验之间相似和先后的关系，这种记述应遵循"费力最小原则"，即用最简单的方法来记述经验的关系；同时，因果联系、实体原则则是费力的记述形式，从而应予取消。事实上，马赫主义彻底否定了经验以外还有其他本质的东西存在。受这些思潮的影响，一些学者根本否认人具有认识世界的能力，根本否认自然科学知识的真理性，根本否认真理的客观标准，以至于根本否认客观世界的存在，把这一切都看作人的主观感觉、意见和符号。

然而，尽管实证主义的方法在历史上确实摧毁了许多神学和形而上学的幻想，并促进了自由思维的发展，但正如证伪主义指出的，基于经验的归纳实证分析永远无法得出一般性的命题，更不要说理论了。究其原因，实证主义舍弃了理性的分析，实际上也就放弃了依据对特定本质的批判去解释"事实材料"的途径。因此，随着实证内含的逻辑缺陷逐渐显露并为人们所认知，一大批学者就开始对实证的分析思路重新进行了反思。例如，韦伯就强调自然科学的道路永远不能获得对人之行动的主观性的理解，进而试图在分析中凸显文化现象之意义。

对实证主义更有力的批判来自实在论，其中心观点是，有一种外在和独立于意识、精神或经验的实在存在。实在论可以追溯到18世纪对主观唯心主义的反对，但它又与经验主义不可分割，如休谟的心理原子主义就对实在论产生了重大影响。在大多数实在论者看来，抽象、概念和科学实质都可以追溯到感官知觉，而一个概念只有可以分析成源于经验的感觉材料时才取得有意义的资格。正因如此，实在论又与现象学联系在一起，它从康德关注现象世界的分析以及黑格尔的精神现象学中得到许多启示，德国的现象学派则将现象学的分析和对经验的描述同关注逻辑本质的理论结合起来，从而在认识论和形而上学的学说方面充实了由柏拉图派生出来的实在论倾向。

（三）现象学的兴起和发展

现代现象学可以追溯到布伦塔诺的意向性心理学和梅农的客体论，但真正的创始人是胡塞尔，胡塞尔所开创的现象学对实证主义提出了最有力的批判。胡塞尔认为，科学应以全部存有者为自己的研究对象，不仅要描述出现在不同语境之中的现象，更要致力于发现生活世界中使人类行动成为可能的条件；也即，科学研究的范围不仅包括客观领域中的东西，而且包括主观领域的东西，有关意义、价值和理性的问题都是科学研究的对象。与此不同，实证主义却强调，科学无非是事实的科学，而把一切有关主体性的问题都排除在科学研究的大门之外，由此科学观念也被实证地抽象为纯粹事实的科学。

在胡塞尔看来，实证主义不仅看不到主体与客体之间的统一关系，而且也看不到客体的意义是由主体赋予的，更看不到客观的事实是依赖于由主体所建立的理论的。譬如，"这朵玫瑰花是红的"论断通常被认为是一个客观事实；但是，按照物理学理论，玫瑰花本身不是红的，只不过是折射了一定波长的光，这种光作用于人类特殊的眼球组织使我们感觉到它是红的。为此，胡塞尔强调，实证主义主张科学只应研究客观事实的观点是对科学之任务的限制，这不仅是片面的，而且是错误的，实证科学的危机就表现为科学丧失了生活意义。进而，胡塞尔极力反对实证主义的科学观，批评它是一个"残缺不全的概念"，"丢掉了一切人们在时宽时狭的形而上学概念中所考虑的问题"。[1] 在胡塞尔看来，理论本身是通过人的理性建立起来的，因而归根结底是人的理性确定什么是事实，什么不是事实，是人的理性确定存在者的意义。正如他所说，"是理性给予一切被认作为'存有者'的东西，即一切事物、价值和目的以最终的意义"。[2] 为此，胡塞尔强调，与其把科学定义为"事实的研究"，不如把科学定义为"理性的启示"，关于最根本的和最终的问题的科学是决定一切其他科学所提供的知识的最终意义。

显然，胡塞尔所说的现象既不是客观事物的表象，亦非客观存在的经验事

---

[1] 胡塞尔：《欧洲科学危机和超验现象学》，张庆熊译，上海译文出版社 1988 年版，第 9 页。

[2] 胡塞尔：《欧洲科学危机和超验现象学》，张庆熊译，上海译文出版社 1988 年版，第 13 页。

实或马赫主义的"感觉材料",而是一种不同于任何心理经验的"纯粹意识内的存有";而且,意识经验的内容既不是主体也不是客体,而是与两者相关的意向性结构,从而离开了主张主体内在性的传统唯心主义,返回到原始的"现象",即各类经验的"本质"。为此,胡塞尔通过对意向结构进行先验还原分析,分别研究不同层次的自我,先验自我的构成作用和诸主体间的关系以及自我的"生活世界"等。胡塞尔认为,现象学的根本方法是反思分析,在先验反思过程中存在着意向对象和与其相应的"诸自我"之间盘结交错的反思层次。也就是说,尽管需要注重对现象的研究,但现象学不等同于现象主义,现象主义把知识限制到不可达到的实在现象的表现,而现象学则将哲学探索的真正课题定位为通过殊相而闪耀的理想的本质。正因如此,胡塞尔强调,研究思维的变革应该"从科学的客观主义,近代的、甚至数千年以来的所有客观主义,向超验的主观主义转变",这种超验主义与把世界看成自明而必然的客观主义相反,他认为,"现存生活世界的存有意义是主体的构造,是经验的,前科学的生活的成果"。[1]

胡塞尔之后,现象学为舍勒、海德格尔以及萨特等所发展,但逐渐滑向了非理性的存在主义。不过,胡塞尔对实证主义的批判还是为越来越多的学者继承和发扬。例如,海德格尔就强调,实证科学和纯粹思辨科学并非对立的,因为"中世纪的科学和古代的科学也观察事实……,至于近现代科学这一方面,它亦是根据一般原则来进行的";而且,海德格尔认为,就形而上学的观点而言,它们也是不可比的,我们不能根据流行的进步观点来断言,近现代科学比古代科学更为精确,因为"希腊人的科学从来不是精确的科学,这是因为,它实质上不可能是精确的,亦不需要是精确的"。[2]进一步地,海德格尔提出把近现代科学界定为"一种实在的事物的理论",强调"理论"在这里并非是真理的被动的沉思,而是一种积极的创设或实在的事物付诸成形;为此,海德格尔提出一种沉思的思维,以便研究避开计算思想目光的那种不可计算的东西,在他眼里,这种不可计算的东西是最值得研究的东西,因为它涉及或呼喊到了处在其存在自身之中的人。

20 世纪 60 年代以后,舒茨将现象学应用到社会科学之中,强调现代实证主义和经验主义方法论在社会科学中的不适用性。在舒茨看来,经验主义存在这样的矛盾:一方面它坚持科学中的经验实证原则,另一方面却因无法证实而

---

① 胡塞尔:《欧洲科学危机和超验现象学》,张庆熊译,上海译文出版社 1988 年版,第 8 页。

② 转引自布托:《海德格尔》,吕一民译,商务印书馆 1996 年版,第 93、94 页。

否认"其他人的心智"之存在。舒茨写道："难以理解的是，相信不可能之呢购买其他人心智的同一批作家，竟然如此相信可验证性原则，而这一原则只能经由他人的合作才能实现。"[①] 为此，舒茨将胡塞尔的现象学、韦伯的行动理论以及互动理论结合起来，强调科学如果要成为"严格的"科学的话，那么与其说表现为逻辑及数学之形式上的严格性，还不如说阐明科学的起源和科学受到"预先给予的东西"的世界的制约，而科学就是从这一世界产生出来并获得于它之中的。同样，新现象学的创始人施密茨在批评胡塞尔过分偏重先验的心灵形而上学倾向以及建立在先验还原和本质还原之上的明证性概念的同时，也主张将理性与经验进一步联系起来，认为现象学最重要的任务就是"找出联系，开掘角度"，要"将被自然科学上受三次浪潮鼓舞的还原主义所简略了的经验基础，重新扩展到它们本来具有的那种丰富多彩性"。[②] 这些思潮都极大地促进了实在主义思维的勃兴。

 ## 五 探究因果机理的超验实在主义

　　上面的分析表明，在人类如何保证从现象中获得的知识能够真实反映其本质这一问题上，康德强调，理性思维和经验事实是不可分离的，人类的全部知识就是源于经验的理性化或者理性的经验化。为此，他提出了一整套为人所知的"先验的"知识体系，这种先验既先于经验又关乎经验，它考察的是经验知识是如何可能的。显然，这一思想也为胡塞尔所继承，他既不是那种寻求先验自我的神秘主义者，也不是局限于表象的唯实论者。为此，胡塞尔一方面反对基于形而上学的概念体系，另一方面又反对局限于局部数据的实证描述。在胡塞尔看来，要透过现象探究事物的本质，要不带偏见地将"现象还原"，从而获得纯粹的感知；而这种感知不仅来自经验，更重要的是要借助人的知性思维。在经济学界，康德、胡塞尔的认知思维也为奥地利学派的代表人物米塞斯以及当代科学哲学家巴斯卡（Bhaskar）和劳森等所继承：米塞斯从康德的先验认识论发展出了先验的人类行为学，巴斯卡和劳森等则借鉴康德使用的"超越"（Transcendental）一词发展了超验实在主义学说（Transcendental

① Schutz A., 1964, *Collected Papers of Alfres Schutz*, *Vol.2 : Srudies in Social Theory*, Brodersen A.（Eds）. The Hague : Nijhoff, P.4.

② 施密茨：《新现象学》，庞学铨等译，上海译文出版社 1997 年版，第 7、19 页。

Realism）。这里进一步作一阐述。

米塞斯吸收了康德认识论的三个重要思想渊源：一是先验的公理和人心的逻辑范畴；二是通过内省的方式来了解个体；三是通过行为的途径来了解外部世界。并且，米塞斯将这三方面的重要观点应用到经济学中来说明人类行为学是如何可能的，从而试图为其寻找坚实的认识论基础。正因如此，米塞斯的人类行为学与实证主义和历史主义存在重要区别：一方面，他反对一元论的实证主义，批判那种用物理学的研究方法来研究一切社会科学并宣称这是唯一"科学"的思潮；另一方面，他否定多逻辑论的历史主义，批判历史主义强调每个民族、国家的特殊性而否认人文学科存在规律的思潮。米塞斯的人类行为学主要回答这样几个关键问题：①为什么行为学公理是先验的？米塞斯认为，人类选择一个目的并求助于某些适合达到这一目标的手段这一作为一切行为学命题之出发点的行为学公理是通过每个人的内省而为每个人所知的，人们并不是通过经验来获得人区别于其他生物的这一行为学公理，因为人们不可能完全不依靠行为或者不依靠思考而去"经验"。②为什么行为学公理并不是任意选择的？这是因为米塞斯试图使行为学公理能够架起先验理论与现实世界的鸿沟之间的桥梁而不是任意选择，因而行为学公理既与经验无关又与现实世界中的人紧密相关，既是先验的又能向我们传达外部世界的知识。③为什么先验的行为学公理演绎出来的命题又是对经验实在有效的，而且不需要经验的证实或证伪而宣称普遍有效？米塞斯认为，每个行为都涉及在各种可能性之间的选择，所有的行为都是有效地利用可用的手段来实现可达成的目标，因而行为的基本规律是经济原则，每个行为都要受它的普遍约束，这既不需要经验来证实也不需要经验来证伪。①显然，米塞斯的人类行为学试图将经验和超验结合起来，从而实现"知行合一"。

对康德认知作进一步条理化努力的是巴斯卡和劳森，他们发展出了超验实在主义；其中，"先验"表现出了其思想对康德哲学的部分继承，而"实在论"则表明了与康德哲学的不同。同时，这种超验实在主义与"批判自然主义"（Critical Naturalism）相结合又形成了"批判实在论"（Critical Realism）。显然，批判实在论就具有这样两方面的特点："批判"体现了其哲学的总体特性，而"实在论"则表明批判实在论尚属实在论阵营。有学者就认为，批判实在论是继实证主义与非实证主义之外的社会科学哲学的"第三条路"。巴斯卡所持的

---

①　参见黄雄："经济学方法论的先验与经验之辩：从米塞斯的先验论说起"，《社会科学战线》2009年第3期。

基本立场是本体论和本质主义，它强调，科学的真正目标在于揭示深层的因果机理，唯有它才是可变事件背后的基础并最终产生现象的规则。劳森则进一步将之引入社会现象的分析中，并提出了社会本体论。劳森强调，社会科学（包括经济学）的目标是确认所观察事件背后的深层结果和根本的因果力，而绝不限于发现事件表层的"恒常关联性"。为此，劳森提出了两种实在主义：经验的实在主义（Empirical Realism）和超验实在主义（Transcendental Realism）。

一方面，劳森把那种关于现实有关事件和我们对于它们的经验或印象组成的知识的观点称为经验的实在主义，它根植于休谟对因果关系的分析中，或者至少来源于休谟的讨论。按照这种经验实在主义，如果特殊性的知识被限制在经验中的原子实践中，那么一般性知识包括科学知识的唯一可能性就是对按这种形式的事件规律性的阐述："只要 X 事件发生，Y 事件就发生"，这也正是休谟和实证主义对因果规律的描述。但是，劳森认为，这种逻辑实证主义存在严重的缺陷。他举例说，一个大棒可以用来打击并因此可以清扫一块布满灰尘的旧垫子，那么，我们是否可以用这个棒来打击玻璃以清除玻璃上的尘埃呢？显然，如果我们让"大棒清扫窗户"理论接受检验，那么，结果必然是每每获得破碎的玻璃。

另一方面，劳森提出了代替经验实在主义的超验实在主义，认为世界不仅是由事件和我们对于它们的经验或印象组成的，而且是由（不可减小的）结构和机制、力量和趋势等组成的；后者虽然也许无法观察到，但却构成了我们经验中实在事件的基础，统治或创造现实中的事件。譬如，世界不仅是由"表面现象"所组成的，如皮肤病、幼犬长大以及英国相对较低的生产率增长等，而是由这些现象背后并控制着它们的结构和运作机制构成，如分别由病毒、基因方式以及英国工业关系体系等构成。显然，仅仅停留在对实际事件的认知或者由此而来的以感觉经验或以印象的现实表达的人类知识是不够的，相反，认知事物和现象必须探析它形成的深层原因——基本结构、内在机理、相互力量和发展趋势；究其原因，左右事件的动因虽然必然地通过事件或在事件内"起作用"，但却很难直接被看到。

在劳森看来，经验实在主义犯了两个错误：①运用经验范畴去界定整个世界，强用一个认识论的范畴去完成本体论的任务，这就犯了巴斯卡称之的"认识的谬误"；①②认为被人们经历或者给予人们可能的体验是现实的一个最核心的特征，从而忽略了将某物归于真实的因果标准，而只承认经历了的东西才是

———————————
① 即以一个特殊的方式犯了一个相当一般的错误。

真实的。相反，超验实在主义认为，世界是由有结构的对象组成的，并且是由非传递的对象组成的，有结构就意味着对象不能缩减成经验的事件，而非传递意味着对象的存在和行为是独立于关于它们的认识的；因此，它首先关注的不是事件本身，而是注重去辨明和解释那些左右或促发经验现象的结构和机理、力量和趋势。显然，按照超验实证主义的观点，科学的目标在于阐述决定表面现象的结构或作用机制，因而规律或规律陈述表达的必定不是事件的规律性，而是对这样的结果及其作用方式的准确描述；而且，如果在研究中事物表象的内部机理和结构很少得到表露，那么，这种作用就体现为一种趋势而不是现实，它是关于一种结构或一件事情及其运作方式的一个超事实的说明。问题是，如果有关事物结构和机制的知识独立于事件或对事件的认识，那么，这种知识是如何产生的呢？

劳森认为，知识是（更深一层知识的）产品的一种生产手段，而科学应当被看作一种持续的有改造作用的社会活动；只是一种社会产品，是运用先前的社会产品生产出来的——虽然也有一个持续的与其（非传递的）对象相互磨合或相互作用的过程。显然，根据劳森对经验实证主义和超验实证主义的区分，经济学家的主要任务就是要解释这种内部结构和机理，而不仅仅是经验性的实证分析，经济学理论的发现和检验也不可能简单地依靠计量分析；因为当前源于实证主义的那种计量分析大多是基于事件之间的功能联系，它不可能发现病毒、基因以及工业体系这些内部结构。问题在于，如何挖掘这种内部结构和机理？为此，劳森的主要推理模式既不是演绎也不是归纳，而是回溯推理（Retroduction）或外展推理，它借鉴了由实用主义创始人皮尔斯提出的溯因推理（Abduction）。

皮尔斯认为，无论是归纳法还是演绎法，都永远无法创造出任何可能的思想，而溯因推理则是对归纳和演绎这两种传统方法的补充，它试图通过用一种新的概念框架来观察和解释事物，从而对事物做出新的解释。事实上，科学的一切思想都是通过溯因推理的方式获得的，溯因推理有助于把握知识的创造和知觉的火花，点燃吸纳事实的火种。皮尔斯写道："溯因推理的启示闪现于我们目前。它是一种调查活动，尽管是极有可能错误地洞察。确实，我们头脑中以前有过不同的假设，但是，正是那种把我们原来从未想过要放到一起的东西结合起来的想法，在我们的冥想过程中带来新的启示。"[①] 进一步地，回溯法则

---

① 转引自霍奇逊：《演化与制度：论演化经济学和经济学的演化》，任荣华等译，中国人民大学出版社 2007 年版，第 75 页。

以批判实在论的多层实在论为基础，从可经验观察到的实践出发去发现客观存在的非经验的或深层的结构、机制和趋势，从而直接从现象层次抽象出相关的因果机制；即从某些有意义的现象的一个概念到导致给定现象的某些完全不相同类型的事物、机制、结构或条件的一个概念的运动，是从"表面现象"到某些"更深层的"有因果联系的事物的一种运动。例如，我们观测到个体行为兼具利己和利他特性并产生程度不一的合作，基于"为己利他"行为机理的行为表现出这种特性，因此，我们就可以得出理论：人类行为遵循"为己利他"行为机理。正是基于这种溯因推理，我们可以把各种相互联系的东西放在一起，通过思维转换和融合而对事物的内在结构获得更深刻的认识。

除了巴斯卡、劳森等关注事物的内在本质以及相互作用的因果机理外，迈凯、汉兹以及博伊兰等也重视经济的运行方式，关注内在的因果机理等。例如，迈凯的真实本体论就强调，成熟的经济科学应当确认关于经济世界运行的方式的近似真理；进而，博伊兰等则提出了整体因果论。其实，按照法夫罗的说法，检验一门学科是不是硬科学有两个标准。①内部标准。根据这个标准，即使有可能对功能解释模型进行可接受的再解释，因果解释模式也被赋予优先的地位；也就是说，一个理论是否具有科学性，首先必须阐明现象之间的因果联系，探明事物之间作用的内在机理。②外部标准。根据这个标准，研究对象的可控制性和实验的可重复性在科学发展史上被赋予了优先地位，以至于"硬科学"和"实验科学"往往作为同义词出现。显然，经济学在进行实验室检验上面临许多困难，因而经济学要像其所声称的那样具有"硬科学"的特征几乎是不可能的；因此，经济学理论的检验更重要的是依据内部标准，要解释因果机理，并提供一个相对完善的逻辑体系。① 但是，这种内部标准绝不等同于形式逻辑，正如劳森指出的，"科学研究的首要目标绝不是阐明/预见事件，而是认识和理解支持并控制事件的力量和趋势等。而这种认识是政策分析和有效活动所要求的全部。比方说，医学研究的最终目标不是预测病人皮肤上的病斑的形式，而是辨明引起这一状况的病毒或原因，并开出有效的治愈药方"。②

可见，作为社会科学的经济学的"理"并不同于自然科学的"理"，这是在作一般性的理论构建时必须引起注意的，不幸的是，现代主流经济学恰恰在

---

① 法夫罗："经济学及其模型"，载多迪默、卡尔特里耶编：《经济学正在成为硬科学吗》，张增一译，经济科学出版社2002年版，第173页。

② 劳森："一个经济学的实证主义理论"，载巴克豪斯编：《经济学方法论的新趋势》，张大宝等译，经济科学出版社2000年版，第370页。

这点上犯了错。事实上，门格尔在经济学界很早就以亚里士多德哲学的方式坚持认为，要理解或者解释真正的经济现象，就必须深入肤浅的表面背后，并试图去理解其中隐藏的本质；为此，他对历史学派的经验主义立场展开了猛烈的批判，认为基于事实的描述是非理论的。为了解决这一问题，门格尔提出了基于两个公理的特殊方法：①隔离方法，将现象的本质方面分离出来，而忽视非本质方面；②把基本现实分解成最简单、最典型和最持久的因素。正是基于这两个公理，门格尔认为经济学应该关注人类生活中同经济活动相关的方面，永恒的理论基础是有经济意识的个人，并以个人活动来解释国家和制度现象，这也正是新古典经济学个人主义方法伦的思想基础。然而，门格尔的上述两个公理也存在缺陷：一方面，我们究竟如何探究本质？经济人假设将一切伦理因素都排除出去了，但人身上的社会性因素是偶然性的吗？另一方面，为什么最简单的元素一定要被看作最典型的？"为己利他"行为机理难道不比"经济人"行为机理更典型吗？所以，霍奇逊说，门格尔"把代表性的元素是最简单的元素这个有争议的假设和另一个更有问题的假设组合在了一起，这另一个假设就是个人的概念正合需要"。[①] 正是由于门格尔强调的本质是原子论式的、个体主义的社会存在，这又为自然主义思维渗入进经济学提供了方法论基础，但显然，它混淆了社会科学与自然科学的本体论问题。

六　结语

理论根本上要揭示"理"而非阐述"道"，而逻辑实证主义在理论的进步和发展方面内含着严重的逻辑缺陷，这导致现代经济学日益形式化和肤浅化。既然如此，我们如何才能推进理论的发展和进步呢？第一，理论尤其是社会科学理论必须来自经验，需要有历史实践和日常生活为依托。布劳格指出，"从过去的经验中推断出现有的实践，是为了更好地将归纳作为获得知识的一种形式来加以利用"。[②] 也即理论不能脱离历史提供的经验事实，离开经验事实，理论就成为纯粹的先验推理，就会成为一种"我向思考"的封闭阐释学。第

---

① 霍奇逊：《经济学是如何忘记历史的：社会科学中的历史特性问题》，高伟等译，中国人民大学出版社 2008 年版，第 96 页。

② 布劳格："为何我不是一个建构主义者"，载巴克豪斯编：《经济学方法论的新趋势》，张大宝等译，经济科学出版社 2000 年版，第 149 页。.

二，理论又不能仅仅停留在经验层次上，而是要揭示隐藏在现象背后的东西，要揭示事物之间相互作用的内在因果机理，这也是前面强调的探究事物本质的基本要求。这种内在本质尽管往往是不可直接观察的，但可以通过其他表征显示出来。例如，万有引力是看不到的，但是我们却可以看到苹果落地，从而可以认定万有引力实实在在存在于苹果落地这一可观测的现象背后。第三，由于生活现象与自然现象存在本质性的差异，因而两者的研究方法也是不同的。一方面，自然科学存在相对严格的规律，因而可以首先提出一套假设和推论，其次借助物理的实验方法控制参数的变化来研究它的严格规律性，最后依据实验结果来证实或者证伪我们的理论假设。另一方面，社会科学却不存在自然科学严格意义上的规律，不存在自然世界中严格普遍的因果关系，没有可以重复的实验数据，势必存在有些无法通过外部手段来了解的因素，这就要充分利用人的知性思维。[①]

　　一般地，从直觉形成到理论构建之间的"飞跃"必须借助于人的知性思维，这种知性思维有助于将对周围种种特殊事物或现象的知觉认知上升到一般问题的想象，从而形成一个系统的理论体系。斯宾塞就指出，"假如牛顿没有对地球物质的性质进行任何事先的调查，就立刻开始研究太阳系的动力学，花费若干年取观察太阳系，记下它的各个星体的距离、体积、周转时间、轴线倾斜度、轨道形状、摄动，等等，然后对这积累下来的大量观察结果进行细心思考，引出对星体运动的物理解释，那么他也许思考了一辈子也不能到达真理。"[②]正因如此，存在主义观点认为，科学研究的目的分为两个层次：一是用纯观测性语言描述客观世界里所观测到的现象，二是用正确的理论去发掘引起这些现象的隐藏的本质机制。一般地，经典经验主义只承认前者是真实的，但正确理论中的理论性术语指的正是隐藏的不可观测的存在，正是这些内部机制的存在引起了那些可观察的现象。[③]显然，发现隐藏在事物背后的不可观测的内部机制的过程就是理论化的过程，也是人们形成一般性的系统认知的过程，从而也是人之知性思维发挥作用的过程。

　　因此，理论研究来自经验但又不停留在经验。事实上，经验主义仅仅把

---

　　① 参见黄雄："经济学方法论的先验与经验之辩：从米塞斯的先验论说起"，《社会科学战线》2009 年第 3 期。

　　② 斯宾塞：《社会静力学》，张雄武译，商务印书馆 1996 年版，第 9 页。

　　③ 参见博伊兰、奥戈尔曼：《经济学方法论新论》，夏业良主译，经济科学出版社 2002 年版，第 76 页。

科学知识局限于可观察的范围之内，而拒绝接受那些不可观察的存在；相反，理论探究应该把经验和先验结合起来，而这就要借助人的知性思维。一般来说，知性是人类区别其他动物的一个重要特性，人类行为而不是仅仅限于对经验的模仿。例如，马克思就曾写道："最蹩脚的建筑师从一开始就比最灵巧的蜜蜂高明的地方，是他在用蜂蜡建筑蜂房以前，已经在自己的头脑中把它建成了。"[1] 尤其是，对那些致力于经济学理论探索的学者来说，他并不需要亲自去做艰苦的经验材料的收集工作：①他根本没有时间和精力完成这种工作，②个人的直接经验材料往往是有限而片面的。事实上，正如罗素指出的，"事实的积累是一回事，事实的整理是另一回事。当事实是大量的和复杂的时候，对一个人来说，两者都做到几乎是不可能的"。[2] 在很大程度上，对理论经济学研究者而言，他只有把主要精力用于对其他专业人士收集和提供的各种经验材料进行梳理、比较，才可以将这些经验材料系统化、理论化。而且，这种理论探索也是科学研究的一般路径，如开普勒定律就是建立在第谷·布拉格的观察基础上的，马克斯·韦尔理论是依据法拉第试验，爱因斯坦学说所根据的观测也不是他自己提供的。

可见，科学理论本身体现为对事物之实在结构的认识，这种认识源于经验直觉，同时又经过人类知性思维的整理。这也意味着，科学理论的形成和发展，需要借助于人的知性来沟通经验主义和先验主义，需要将抽象演绎和具体归纳结合起来。正如康德指出的，理性要不可避免地超越现象去认识超验的本体，这种超验既不是经验的，也不是先验的，而是介于经验和先验之间，是沟通经验和先验的中间状态。其实，波普尔所讲的世界1就是基于经验感知的物质世界，而世界3则是先验的精神世界；只有通过超验思维才能形成波普尔所讲的世界2，从而沟通世界1和世界3。同时，由于受时代和个人视野的限制，任何人对实在结构的认知又不是完全的，因而科学理论又是一种对实在结构的本体论假定。何梦笔写道："我们的理论必须包括人类自身，因此必须包括按照他们自己的信念对世界的看法——当然，包括本体论的看法。人类的心智必须是经济学的任何本体论所必要的部分，本体论包含着一种与本体论的反思关系。没有办法将科学观察者从世界中排除掉"。[3] 为此，何梦笔引入了有关心智

① 中共中央编译局：《马克思恩格斯全集》（第23卷），人民出版社1972年版，第202页。
② 罗素：《论历史》，何兆武等译，广西师范大学出版社2001年版，第64页。
③ 何梦笔："演化经济学的本体论基础"，载多普菲编：《演化经济学》，贾根良等译，高等教育出版社2004年版，第89页。

和世界"二重实在"的"二重本体论"，它强调，心智是世界的一种要素，但同时也是关于世界的一种镜像，这种镜像指导着包括科学观察者在内的人类行为。例如，波普尔的世界 3 理论就是人类思想的产物，从而被赋予了想象、概念和理论等本体论地位。

数理逻辑的缺陷和
经济直觉的意义
——从经济直觉到经济理论及其检验

导 读

　　基于萃取和溯因来探寻事物的本质根本上依赖于经济直觉，拥有良好的经济直觉也就成为理论研究的必要条件。不过，经济直觉不等于数理直觉，它的合理性不是依赖于形式逻辑的证明，而是源于广博的社会科学知识。同时，从经济直觉上升到经济理论，需要经受内在的推理逻辑一致性以及外在的经验事实相容性的检验，这种内在的推理逻辑也主要是指人的行为逻辑而不是数理逻辑。然而，现代主流经济学却日益舍弃了经济直觉的培育而热衷于数理逻辑的推演，并将封闭系统里获得的逻辑结论当作真理而应用到实践中，全球性的经济危机也就由此而孕育和引发。

一 引言

　　前文指出，社会科学理论研究的根本目的在于探究实在，这包括事物的内在本质以及事物之间的因果联系和作用机理，而这些往往又不能简单地运用归纳和演绎方法，而需要合理地运用萃取、综合和溯因分析。一般地，溯因分析不试图基于先验逻辑提供一个普适性理论，也不试图从特殊结论推出一般法则，而是致力于从各种影响中寻求原因以提供合理解释，进而提供一个更为合理的理论。其中，就涉及观察者或研究者对现实世界形成的直觉，这除了与研究者本身的悟性有关外，更在于他的知识结构。不幸的是，受制于现代主流经济学的数理逻辑以及八股论文格式，绝大多数经济学人都严重地丧失了基本直觉，甚至刻意地贬低经济直觉的意义，将直觉视为跳跃性的和非理性的想象。

其实，直觉根本上也是一种理性思维，只不过它不同于演绎主义的数理逻辑，而是注重综合性和整体性的把握；进而，新知识的出现以及理论的构建根本上就源自研究者的直觉，而不是基于公理的演绎或经验的归纳。林毅夫曾指出："在研究经济问题时的直觉是本，数学工具是末。在经济学的教育上，不能舍本逐末，在强调数学工具的重要性时，更要强调经济直觉的重要性。一个人的经济直觉是对社会、经济、历史、文化，以及经济学方法的总体把握和体悟而来的，文科的学生在直觉的培养上应该是有一定优势的，数学底子不厚的文科学生在学习经济学时不见得就吃亏，更何况绝大多数的经济问题的研究也并非得用数学模型才能阐述清楚，因此，即使数学不强的学生也有可能成为很好的经济学家。"[①] 为此，本文基于研究目的这一角度来对数理建模和经济直觉在经济学理论研究中的意义作一比较分析，并进而探寻经济直觉上升到经济理论的途径。

二 经济学理论研究的直觉基础

一般地，经济学理论研究的基本目的就在于发现现实中的问题结症，进而提出根本性的解决之策。为此，经济学理论研究就不能局限于对事物表象的关注，不能仅仅分析数字之间的功能联系；相反，要深入现象背后的事物本质，要揭示事物之间相互作用的因果关系和机理。那么，人们是如何发现事物的内在本质及其相互作用的因果关系和机理的？是基于变量数据的计量结果吗？抑或是基于数理模型的逻辑推理呢？一般地，数理模型往往需要依赖于一系列的先验假设，它只能抽象地表达一些简单的社会现象，而绝大多数的经济问题并不适合用纯粹的数学逻辑来表达；同样，计量模型获得的仅仅是表象联系，而且仅仅显示过去的历史事实，它无法揭示现象或数字背后的"实在"，就像人类无法用肉眼"看见"构成物体的那些原子、分子一样。也就是说，基于逻辑实证主义的数理建模和计量分析尽管有助于提升认知的系统化、严密化和逻辑化，但它们根本上无法揭示现象背后的结构性因素，无法揭示事物之间的因果关系。

那么，人类是如何形成对事物的内在本质及其因果机理的系统性认知的呢？一个根本性因素就是人的知性思维，借助于人的知性思维将从日常生活中

---

① "林毅夫访谈：中国经济学何处去？"，《21世纪经济报道》2005年9月3日。

获得的经验实在上升到超验实在层次，从而将具有朦胧性的经验知觉提升为清晰的科学理论。事实上，人类与其他动物之间存在的一个重大差异就是，人类具有思辨逻辑的知性思维。首先，知性思维表现为在大量经验材料的基础上会形成对现象背后的直觉，这种直觉是未经过理性的论证过程便能知道或感觉的行为或能力；其次，当这种直觉被大量的经验事实进一步证实而得到进一步的强化之后，人们就会借助于人类发展出来的一整套科学分析工具来对之进行逻辑化、系统化和严密化，从而最终形成具有一般性的科学理论。正因如此，良好的直觉就成为所有科学研究的先决条件，没有良好的直觉就根本不可能成为好的理论家、科学家，而最多只能成为应用性的分析师或工程师。

　　一方面，任何科学研究的第一阶段都面临着如何提出一个理论或假说问题。爱因斯坦在《物理学的进化》中强调，提出一个问题比解决一个问题更为重要，因为解决一个问题也许是一个数学上或实验上的技巧，而提出新的问题、新的可能性，从新的方向看旧问题则需要创造性的想象力，且标志着科学的真正进步。那么，这种理论或假说又是如何提出或发现的呢？这往往基于主体的直觉而不是理性的推理，研究者内心所释放的某种直觉或者灵感往往会极大地增进我们的知识。例如，波普尔在《科学方法》中写道："设想或创立一种理论的行动，既不要求逻辑的分析，也不受逻辑分析的影响"，相反，"每一种发现都包含有'非理性因素'，或柏格森意义上的'创造性直觉'。爱因斯坦也以类似的方式谈到'探索那些高度普遍性的规律……通过纯粹的演绎，从中就可以获得世界的图画'。他说，'获得这些规律，并没有逻辑的道路。只有通过直觉才能够达到，而这些直觉都是建立在某种类似于对经验对象的理智之爱一类事物的基础之上的'。"[1]究其原因，我们所面对的毕竟是经验世界，获得的知识也只能建立在日常经验的基础之上，是对经验认识的升华。

　　另一方面，直觉形成后又要借助人的知性思维上升到理论层次。一般地，任何科学理论都首先源于对周边种种特殊事物或现象的直觉认知，再借助知性思维将这种直觉认知上升到一般问题的想象，从而形成一个系统的理论体系。事实上，这体现了洛克所指出的有关人类观念的两个渊源：①直接的感觉，它为心灵提供可感觉的性质；②反省或内在的感觉，它为心灵提供关于它自己活动（诸如知觉、思维、怀疑、信奉、认识和愿望）的观念。显然，这对研究者提出了两大要求：①要对周围发生的现象具有高度敏锐性，对社会现象有全面

---

① 米勒：《开放的思想和社会：波普尔思想精粹》，张之沧译，江苏人民出版社2000年版，第131、133页。

而充分的认识。试想：如果对周围的常识都熟视无睹，那又如何形成对人类社会发展规律的认识呢？②要能够深入纷繁芜杂的现象背后进行思考，而不能仅仅局限于局部数字或个案调查之实证。正如费耶阿本德指出的，"当我们在日常生活中经历某事失败的次数和拥有证实某种不可能性的次数远远多于科学家有意识所做的实验次数时，我们完全有理由纠正甚至停止这样的实验，在直觉的帮助下发现原理"。[①] 事实上，尽管绝大多数学者所面临的事实都是相似的，但他们得到的结论或者由此产生的认知往往却极不相同，这源于知性思维的差异。所以，米塞斯很早就指出，"重要的不是资料，而是处理资料的大脑。伽利略、牛顿、李嘉图、门格尔和弗洛伊德得出他们伟大发现所用的资料是他们同时代每一个人和许多前几代人都拥有的。伽利略肯定不是第一个观察到比萨大教堂中吊灯摇摆运动的人。"[②]

基于上述分析可知，现代主流经济学极力推崇的数理逻辑和计量实证并非理论研究的根本所在。事实上，任何理论研究都首先需要有一定的看法，而这种看法根本上依赖于直觉，其次借助人的知性思维和一定的逻辑体系将这种直觉上升到理论层次。例如，达尔文本人并没有"实地观察"过大自然选择的过程，也不知道遗传的现象及其机制；但是，他却基于其丰富的博物知识，加上不断的思索悟出了"物竞天择"的演化理论，而这种演化机制的剖析则留给了孟德尔等提出的基因说以及变异说来完成。而且，直觉和知性思维这两者对理论研究的重要性在当前的经济学研究中更为凸显：①包括经济学在内的社会科学领域与自然科学在直觉产生上存在很大差异：它主要不是建立在于天性禀赋的基础之上，相反，更主要是深入思考的结果，而思考又是建立在深厚知识素养的基础之上。②目前信息网络的发展已能够把社会经济发展中的矛盾和问题迅速而广泛地放到我们面前，对现实的了解已不再像以前那样主要依靠直接调查获取的经验，而关键在于从这些大量现象中可以获得什么认识，这显然更需要发挥人类的知性思维。

林毅夫写道："一个经济学家在研究问题时，是先对这个现象背后的原因有了直觉的判断，然后根据这个判断，再用比较严谨的逻辑来表述对这个问题的看法。数学模型是逻辑表示的一种方式，但并不是惟一的方式。如果说只有懂得用数学构建模型才能成为经济学家，那么，远的像斯密、李嘉图，近的像哈耶克、科斯、诺斯等都称不上是经济学家？而且，靠数学模型是难于提出有

---

① 费耶阿本德：《告别理性》，陈健等译，江苏人民出版社 2002 年版，第 157 页。

② 米塞斯：《经济学的认识论问题》，梁小民译，经济科学出版社 2001 年版，第 70 页。

用的理论的，因为只要约束条件不同，数学模型是可以推论出任何不同的结论的。"[1]事实上，经济理论的形成根本上不是源自现代主流经济学界所崇尚的那种案例的或实证的分析，也不是源自在特定前提假设下的逻辑推理；相反，它需要研究者尽可能地拓宽知识、扩展视野以形成具有敏锐性的直觉，然后再借助分析工具将这种直觉条理化、系统化。不幸的是，当前甚嚣尘上的数理经济学者和计量经济学者的研究取向却完全与之背道而驰：他们往往对周遭的现象熟视无睹，甚至在对经济学和社会学的基本常识都不甚了了的情况下就开始沉迷于数据处理，试图通过解密数字之间的关系而获得对社会事物的真正洞见，但这不亦难乎！

三　"卢卡斯的直觉"之认知误区

关于经济学中的经济直觉与数理逻辑的比较，我们从一个有关"卢卡斯的直觉"的故事谈起，这个故事也在当前的青年学子中广泛流传。卢卡斯和普雷斯科特在卡内基梅隆教书的时候经常一起合作研究，有一次卢卡斯自己想一个问题，大概的想法也已经有了，模型也已经建立起来可是因为数学上的困难而始终没法把模型解出来，最终他想起了普雷斯科特，准备和他合作把这个研究继续下去，于是跟普雷斯科特讲了自己的想法和模型的设定；但是，后来由于担心数学更好的普雷斯科特将这个直觉思想证明后直接署上他的名字就去发表，于是，后悔的卢卡斯疯了一样在那个周末把论文写了出来，虽然没法解出模型，但还是凭直觉写下了很多定理，不幸的是，卢卡斯在那个周末写下的定理最终被证明全部都是错的！

于是，一群青年学子就开始议论，这个未来的诺贝尔经济学奖得主在他最高产的研究时期，在一个研究中最初的经济学直觉竟然都被数学证明是错误的，这个事实显然证明，没有数学的帮助，即使有一个极度聪明的脑袋、非常好的直觉以及对经济深刻的观察，我们对很多经济问题的认识也不可能达到现在的水平；相反，数学能让我们超越人脑天然的局限，用一种抽象和严密的方式，超越我们天然的直觉。进而，有学子由此大声向世人宣告，不要觉得不用数学你也能看透世界，这只是拒绝使用数学的人的一个借口而已；学会用数学思考，不仅是自然科学家必备的素质，也是一个社会科学家必备的素质。问题

---

[1]　"林毅夫访谈：中国经济学何处去？"，《21世纪经济报道》2005年9月3日。

是，卢卡斯的故事果真能够说明直觉在经济学中的虚幻性吗？

首先，它完全误解了直觉的含义，尤其混淆了社会科学与自然科学两大领域中直觉的差异。一般地，自然科学的理论本身是抽象而与经验事实相脱节的，其直觉源于探究者的天才性想象，源于抽象性的逻辑思维；相反，社会科学的理论注重的是与经验事实的一致，仅仅是将经验事实一般化和抽象化，因而其直觉源于对日常生活中的大量经验事实所提供的感性认识，而非只是抽象的想象。也就是说，经济学的直觉往往并非来自专门的数据收集和处理，而是源于经验事实与理论之间的反差所带来的反思，源于对社会所作的长期而细致的观察和思考。事实上，经济学的绝大多数理论之所以会出现，都是建立在对这种反差进行反思的基础之上的，谢林的聚点均衡理论、莱宾斯坦因的 X 效率理论、麦格雷戈的 Y 理论、西蒙的有限理性理论、科斯的中性定理、阿克洛夫的柠檬市场理论、塔洛克的寻租理论乃至凯恩斯的宏观经济理论，都是如此。

为了更好地说明这一问题，这里可以以寻租理论的提出为例。经济学的一般知识告诉我们，垄断会带来一系列的后果：导致资源的错误配置、降低社会总福利以及使收入再分配不利于消费者而利于垄断者等。因此，在 20 世纪 50~60 年代，许多经济学家都将大量的时间用于此类问题的研究上，分析众多的垄断实例，估算生产和销售在少数企业的集中程度。其中，最有影响的是哈伯格，他 1954 年发表的《垄断和资源配置》给出了计量社会成本的方法：哈伯格将垄断引起的福利损失定义为消费者的剩余超过垄断者的收益部分，并用需求曲线和边际成本曲线的估计来计算垄断造成的福利损失。随后，哈伯格利用爱泼斯坦 1934 年编辑整理的 73 个制造行业 2046 家公司在 1924~1928 年有关资本收益率的统计资料，对美国经济的福利损失程度作了测算；发现美国由垄断引起的经济福利损失相当小，不到国民生产总值的千分之一。考虑到各方面的因素，哈伯格认为这个数字可能被低估了，正确的福利改善的数字可能略超过千分之一，但这同样是微不足道的；后来，哈伯格又计算了许多其他国家因垄断和关税造成的福利损失后，发现结果同样如此。显然，哈伯格三角形计算出的垄断福利损失与一般人的本能感受之间存在的巨大差异使整个经济学界都感到震惊，也使关心垄断问题的经济学家处于尴尬的境地。正如一个玩笑所说，我们接受哈伯格的研究结论的话，经济学家与其去限制垄断，还不如去消灭白蚁对社会的贡献大。正是基于直觉和观察与理论产生的冲突，塔洛克在 1967 年撰写了关于寻租的论文，从而开创了管制研究的新领域，尽管这篇论文曾多次被《美国经济评论》《南方经济杂志》等退稿。[1]

其次，它没有区分直觉的层次，而直觉本身存在有层次和优劣之别，就如数理模型一样。一般地，包括经济学在内的社会科学之直觉可分为两个基本层次：①对事物表象的反射，这种反射很可能产生一种假象；②对事物本质的渗透，这种渗透往往可以解释内在的作用机理。譬如，根据生产成本的要素构成，我们往往会直觉地得出"要素价格的上涨会使边际成本上升"这一结论；但是，这种直觉获得的仅仅是表象，并没有深入剖析影响生产成本的生产力这一因素。事实上，如果考虑到要素价格的上升会促使人们更好地配置资源、更好地优化分工结构，那么要素价格的上升就不一定促使边际成本上升，显然，这就是效率工资理论所要说明的。直觉的第二层次实际上也就是感性认识上升到理论的过程，这不仅需要较强的想象力，也需要具有较强的逻辑推理能力；否则，如果直觉仅仅停留在第一阶段，那么它最多只能算是思想的火花，你也许可以凭此发议论、写随笔，却不能够形成系统的理论。

在很大程度上，正是由于缺乏科学逻辑思维的训练，中国一些传统经济学人往往热衷于观点争鸣，偏好于经济散文写作，但就是形成不了系统的理论专著；同时，出于对这种状况的反对，新兴的海归经济学人（及其追随者）就转而灌输数理逻辑的训练，强化学习的抽象思维能力，由此撰写一篇篇独立且割裂的经济论文，同样形成不了系统的认知。不可否认，数学训练对经济学理论研究的精确化和细微化具有很大意义，但是，我们依然必须明白这样两点：①直觉的形成首先是建立在大量的经验材料之基础上，而且，只有形成了初步的直觉，才具有提出经济学问题的能力，才有下一步的精致化努力；②逻辑思维并非仅仅依靠数学方程，相反，文字逻辑对经济学来说也许更重要。究其原因，不仅人的行为很大程度上不是基于物或数的逻辑，而且文字能够表达的思想会更为丰富。在某种程度上讲，从数理推理中是得不到任何真实直觉的，甚至可以说，从数理逻辑中获得的结论往往反而更容易被事实所证伪。

为说明这一点，这里以科斯和庇古有关外部性之争的例子作一分析。庇古认为，政府通过征税或内补贴使私人成本与社会成本相等可以实现帕累托最优，这一理论也能够以精美的数理模型来证明。问题是，现实世界中政府的干预似乎并没有真正实现资源的优化配置，为数理模型精确论证的结论为何会与现实存在如此反差呢？正是基于这一反差，科斯直觉地发现，政府干预依赖于充分的信息，而私人往往是不愿意披露自身信息的，因而提出通过私人谈判

---

① 参见塔洛克：《寻租：对寻租活动的经济学分析》，李政军译，西南财经大学出版社1999年版.

来实现帕累托的思维。显然，科斯定理的发现就是源于直觉，源于对现实问题的思考，而并非数理的证明。[①]事实上，科斯本人对基于数学的形式逻辑非常反感。不幸的是，后来一些学者却努力从数理逻辑上对科斯定理进行证明，并由此建立了种种不现实的假设，从而将科斯定理的证明建立在非常严格的条件之上；但即使如此，这些证明依然是不成功的，因为它至多满足仅有两个当事者的逻辑分析，而只要涉及两个以上的当事者就可能造成科斯定理失效，艾沃齐恩和卡伦1981年的论文就证明了这一点；更不要说，如果考虑到财富效应、心理效应等，科斯定理与社会现实就相距更远了。进一步地，罗尔斯的《正义论》扭转了西方的正义理论和政治哲学的发展方向而成为20世纪的经典作品，但它并不具有严格的数理逻辑，海萨尼、宾默尔等都曾提出批评。所以，汪丁丁说，罗尔斯正义论的数学错了，但直觉不错；而且，对政治哲学以及根本问题的把握，最重要的是直觉而不是数学。[②]

最后，"卢卡斯的直觉"本身只是数理直觉而非经济直觉，也不能为经验事实所证实。一些青年学子极力夸大"卢卡斯的直觉"的意义，并从中得出结论：没有数学的帮助，即使有一个极度聪明的脑袋、非常好的直觉以及对经济深刻的观察，我们对很多经济问题的认识也不可能达到现在的水平。确实，我们难以想象不用一个公式就在脑袋瓜里用文字把相对论想出来，没有数学模型的精确化努力天气预测也不会越来越精确。但是，我们还是要清楚这一点：经济直觉不是数理直觉，它主要不是依赖形式逻辑的证明，也绝不能直接转化为数的逻辑；相应地，经济直觉并不能被简单的数理模型证明为对或错，而至多只有优劣之别。在某种意义上，为广大学子称道的"卢卡斯的直觉"，实质上也不是真正的经济直觉，而只是数理直觉，它经受了数理逻辑的检验，却难以通过经验事实的检验。

为说明这一点，这里再次审视下卢卡斯的理性批判。卢卡斯从凯恩斯政策的困境中获得了"上有政策，下有对策"的理性思维直觉，那么，这种直觉是通过数理推演形成的吗？而且，卢卡斯基于数理逻辑发展了一系列的理性预期模型，那么，这些模型获得经验事实的验证了吗？斯基德尔斯基指出，"卢卡斯及其追溯者用花哨的数学模型将宏观经济学的世界扰得眼花缭乱，在微观经

① 朱富强："自由交易能否实现资源最优配置：科斯中性定理的逻辑缺陷审视"，《西部论坛》2019年第2期。

② 汪丁丁：《新政治经济学讲义：在中国思索正义、效率与公共选择》，世纪出版集团、上海人民出版社2013年版，第16页。

济学领域做了许多奇异的发明和改造"；但是，"理性预期模型的预测性是出了名的差"。① 例如，史蒂文·谢弗林（Steven M. Sheffrin）曾对理性预期的文献进行综述，发现几乎没有实证证据支持"现实预期满足理性预期定义的标准"这一观点；同时，在回顾有关利用专业通货膨胀预测的 Livingstone 数据集所进行的研究，谢弗林认为，"对总序列的穆斯（J. Muth）理性判断取决于要检验的时间期间、计量技巧和总程序。有关个体反应的研究明显拒绝理性假设"。② 试想：连卢卡斯对自己能否以及何时获能贝尔经济学奖的预期都不如自己妻子，③ 那么，我们能够相信其理性预期假说的有效性吗？

当然，正如斯基德尔斯基指出的，发展理性预期这一理论是为了解决一个抽象问题：要达到市场完全有效需要什么样的信息条件？但是，"大多数政策制定者甚至大多数经济学家都不会区分逻辑陈述和现实描述之间的差异，理性预期假说恰恰顺水推舟地接纳了这一模糊性"。④ 正是没有区分这两者，理性预期就得出了政府对市场过程的干预是徒劳无益甚至极具弊端的结论，卢卡斯在美国经济学会 2003 年度会长致辞中就说，"预防萧条这一中心问题已经被解决"；当经济危机爆发后，卢卡斯又辩称衰退只是由暂时的混淆引起的：工人和企业很难将由通胀或通缩导致的整体价格水平变化与由各企业自身具体的商业环境变化区分开来；而且，卢卡斯还极力反对拯救经济危机的一切措施，认为奥巴马政府的经济刺激计划只是"次品经济学"，激进分子的政策只能使一切雪上加霜。⑤ 在很大程度上，正是由于卢卡斯倡导的理性预期学说及其政策主张对现实实践的误导，尤其是对经济危机产生的推波助澜作用以及对人类经济健康发展的负效应，在 2010 年"后—我向思考"杂志为追究经济学家对此次经济危机的责任而在设立的"经济学炸药奖"（The Dynamite Prize in Economics）评选中，卢卡斯被推为候选人并在最终投票排名中名列第七位。见表 1。

---

① 斯基德尔斯基：《重新发现凯恩斯》，秦一琼译，机械工业出版社 2011 年版，第 32、34 页。

② Sheffrin S. M., 1983, *Rational Expectations*, Cambridg：Cambridge University Press，P.21.

③ 卢卡斯 1989 年与妻子签订离婚协议时，妻子丽塔认为他获得诺贝尔奖的可能性极大，便让她的律师在离婚协议上加入一条规定：若在 1995 年 10 月 31 日以前获奖，妻子将分得诺贝尔奖金的 50%。结果，卢卡斯果真在那之前获了奖，而奖金的一半——30 万美元按照协议分给了前妻。媒体揶揄卢卡斯称，卢卡斯的前妻似乎比他本人更加吃透了理性预期理论的真谛。

④ 斯基德尔斯基：《重新发现凯恩斯》，秦一琼译，机械工业出版社 2011 年版，第 34 页。

⑤ 克鲁格曼："经济学家如何错得如此离谱？"，朱富强、安苑译，《中国社会科学内刊》2009 年第 6 期。

续表

表 1　经济学炸药奖的得票排名 [①]

排名	票数（张）	姓名	在经济危机中的主要"功绩"
1	5061	格林斯潘（Alan Greenspan）	1987~2006 年担任美联储主席，制定了最终导致泡沫破裂的货币和信贷膨胀政策，并促进了金融市场是中性有效和不需管制的观点
2	3349	弗里德曼（Milton Friedman）	建立了"经济能够精确地用非现实假设模型化"这一误导性的研究方法，并以其简单化的货币理论促使了全球金融的崩溃
3	3023	萨默斯（Larry Summers）	作为美国财政部长，成功地废除了大危机后实施的银行分业经营《格拉斯—斯蒂格尔法案》，并协助格林斯潘和华尔街破坏对衍生品的管制
4	2016	布莱克（Fischer Black）斯托尔斯（Myron Scholes）	合作发展的布莱克 - 斯托尔斯模型引发了金融衍生品的爆炸性发展，其害处在于，不仅定价的计算前提是假的，而且忽视了真实世界的研究
5	1668	法玛（Eugene Fama）	其"有效市场理论"为所有的贪婪、掠夺行为及不合格的公司管理提供了道德"保护伞"，以致非理性、泡沫及破坏性投机的学术讨论中消失
6	1291	萨缪尔森（Paul Samuelson）	其《经济学》教科书对新古典经济学观点的普及所做出的贡献比任何其他经济学家都大，这最终导致对金融市场管制的放松
7	912	卢卡斯（Robert Lucas）	其"理性预期假说"将理性定义为能够精确地预见未来，不仅支持弗里德曼货币因素不会影响真实经济的论断，且走得比弗里德曼还要远
8	433	理查德·波兹（Richard Portes）	1992~2008 年担任英国皇家经济学会会长，压制了非主流经济学家对金融部门过分发展的担忧，在冰岛银行破产前几个月还在鼓吹其健康

[①]　最终的排名数据来自霍奇逊教授于 2010 年 2 月 22 日发给我的电子邮件"Greenspan wins Dynamite Prize in Economics"，其信息见 http://hodges-model.blogspot.com/2010/02/greenspan-wins-dynamite-prize-in. html 和 http://rwer.wordpress.com/vote-for-the-ignoble-prize-for-economics/。

排名	票数（张）	姓名	在经济危机中的主要"功绩"
9	403	普雷斯科特（Edward Prescott）基德兰德（Finn E. Kydland）	合作发展了"真实周期理论"，这种理论极大地忽视了信贷的作用，从而降低了经济学对宏观经济动态过程的理解
10	375	林德伯格（Assar Lindbeck）	使诺贝尔经济学奖毫无例外地授予新古典经济学家，从而在经济学从关注公共观点转向市场原教旨主义过程中发挥了非凡作用

注：每个投票者至多可以票选三个人，到2010年2月22日为止，共有7500人参与投票，主要是来自订阅《真实世界经济学评论》杂志的11000位经济学家，有效票一共是18531张。

可见，尽管卢卡斯的理性预期学说似乎符合形式的数理逻辑，却根本经受不起经验事实的检验。事实上，理性预期模型本身建立在一系列完全不现实的条件之上，而这仅仅方便了数学的使用，或者是一种自我逻辑的公理体系，而根本反映不了经济学的内容。而且，这种研究取向对经济学带来了深远的负效应，海尔布罗纳（Heilbroner）和米尔博格（Milberg）的《现代经济思想中的视野危机》就论证说，自从理性预期革命以来，纯理论经济学家就发生了一个远离真实世界的"内在转变"——转向了纯粹的智力游戏，以致现代经济学"高度理论化"不切实际的程度只有中世纪经院哲学可与之相提并论。[1]从表1还可以看出，被列入名单的几乎都是数理经济学的奠基者、发展者、鼓吹者以及数理模型的构建者和应用者。例如，自布莱克—斯托尔斯模型被创造出来并用于股票和债券以及其他金融衍生品的定价后，就使曾经被视为赌博场所的市场合法化，最终酿成了目前这种全球性的经济、金融混乱。事实上，这种理论家正在和他们的或然性模型一道接受社会的"审判"，如美国一个国会小组就调查了布莱克—斯托尔斯模型在这种金融风暴中的作用，美国著名的网络电子类杂志 *WIRED* 也将这种不负责任的或然性模型描述为"谋杀华尔街的公式"。与此同时，那些风险模型的传奇而坚定的批评者却正在获得人们的重新评价，如《黑天鹅》的作者尼古拉斯·塔勒布（N. N. Taleb）以及由数学家转变的金融教育者保罗·威尔莫特（P. Wilmott）现在就开始被视为先知。塔勒布说，

[1]　Heibroner R., Milberg W. 1995, *The Crisis of Vision in Modern Economic Thought*, Cambridge：Cambridge University Press, PP.3–4.

这些模型"增长而不是限制了风险"，而且，"它们已经糟得不能再糟了"。[①]

 ## （四）经济直觉与数理直觉的差异

上面的分析表明，直觉在经济学的理论研究非常重要，而且经济直觉又不能等同于抽象的逻辑推理。譬如，阿罗和德布鲁等证明了一般均衡的存在，但现实经济果真会达到一般均衡状态吗？布劳格就指出："阿罗—德布鲁的证明更多是关于数学逻辑问题的处理而非经济学。"[②]那么，这些经济直觉又是如何形成的？经济直觉的培育需要什么条件呢？根本上说，经济直觉源于不断积累的经验知识：早期主要是源于个人依靠数据统计、案例分析而获得直接经验材料，但随着人类知识的积累，更多源于他人所整理的或历史文献所流传的间接性经验材料。因此，要形成好的经济直觉，就要求研究者能够认真而广泛地梳理人类所积累的经典文献，从前人的著作中寻找思想火花。

归结起来，经济直觉的形成和经济理论的构建至少需要包含这样两个方面：①要多读书。只有多读书才能为经济直觉提供较为坚实的经验基础，而不是凭空猜测就以为有了"我知道啦"的直觉；②要能够静下心来进行认真的思考。高强度的思考是修正、提炼和完善经济直觉的重要过程，不要以为一个周末就可以突然悟出来有价值的直觉，这在社会科学领域根本做不到。事实上，这正是反映了经济学与自然科学在直觉形成和发展及其基本特性上所存在的重大差异。

首先，从直觉的形成和发展来看。自然科学的定理或理论往往可以通过后来的实验或新材料进行检验，在没有得到证实或证伪之前，任何直觉都仅仅是猜测或假说；同时，这种猜测或假说往往也不需要严格的逻辑推理，只有被证实之后才会作进一步的严谨化努力。正因如此，自然科学中的直觉具有较大的跳跃性和任意性，往往源于个人的想象力。与此不同，经济学理论本身缺乏自然科学那样的可证伪性或可证实性，因而它一开始就需要有较为严谨的逻辑推理；并且，经济直觉不能是凭空脱离实际的，而是要从大量的经验事实中

[①] Number-Crunchers crunched：The Uses and Abuses of Mathematical Models，*Economist*，2010-02-11.

[②] 布劳格："现代经济学的严峻趋势"，载迈凯编：《经济学中的事实与虚构》，李井奎等译，上海人民出版社2006年版，第43页。

抽象出来。正因如此，经济直觉和理论与日常生活的经验联系更为紧密，是对大量经验现象进行长期思维的结果。哈耶克就指出，经济学和自然科学的逻辑特征是不同的，"在自然科学中，演绎过程必须从某些假设出发，而这些假设来自归纳；然而，在社会科学中，演绎过程直接从已知的经验要素出发，并利用它们去发现复杂现象的规律性，这些规律性是直接观察所不能直接确定的"。[1]

正因为数理直觉和经济直觉存在这种差异，它们在未来的发展过程中也呈现出不同的命运。一般地，数理直觉（也即猜测）被证明错误是非常普遍且正常的，否则，人类社会就会积累太多的直觉性思想，而且一旦被证明错误就会被扫进历史。其实，绝大多数数理直觉根本就没有人愿意去证明，往往只有在这些直觉被后来越来越多的事实或预测证实以后，人们才开始对之进行逻辑证明。与此不同，包括经济学在内的社会科学领域的直觉往往很难被证明或证伪，因为社会现象远比物理学、天文学或者气象学等所探究的自然现象复杂得多，相应的直觉形成也需要更为广博的知识素养和更为强烈的人类关怀。其实，尽管那些博学大师或者敏锐的先驱者提出其直觉时往往为当时社会所不容，但后来却逐渐被证明是有用的；显然，正是这一点促使后人不断重新审视和解读柏拉图、亚里士多德、斯密、穆勒乃至马歇尔等的著作，以取得其中曾经被忽视的洞见。

其次，从经济直觉的基本特性来看。社会经济现象不像自然现象那样具有相对稳定性和独立发展性，而是与行为主体的预期目标、行为过程千丝万缕地联系在一起。例如，米塞斯就写道"人类行动总是以达到所选择的目的为目标。一个行动人如果不受到干扰就会一心一意地通过有目的的行为使事物发展的进程偏离事物发展应该遵循的路线。他想用更加适于自己的事态来代替不太适合于自己的事态。"[2]正因如此，我们必须清楚这样两点：①经济直觉是重要的，没有直觉就根本不可能对事物有任何真正的认识；②经济直觉又不是想象力的任意驰骋，而是建立在长期的"学"和"思"并举的基础之上，直觉的可信度本身就体现了提出者的知识素养和思维能力。也即经济直觉不仅源于丰富的知识素养，而且需要进一步的材料和逻辑来支撑。

同时，社会科学领域中的直觉是有层次的，对事物的认知不能停留在直觉

① Hayek., 1935, *The Nature and Hostory of Problem*, In:// Hayek . Collective Economic Planning, London : George Routlege & Sons, P.11.

② 米塞斯：《经济学的认识论问题》，梁小民译，经济科学出版社2001年版，英文版序言。

的第一层面，而是要透过表象形成对本质的直觉，从而形成对大量经验事实的系统认知。显然，这就必须将经验性直觉进一步抽象和一般化，从而将直觉提炼成理论。熊彼特就写道："对一组相互关联的现象的直觉是一种前科学行为。给予我们的头脑以某种可以进行科学研究的事物——指示研究对象——是必不可少的，但这本身并不是科学的。但尽管它是前科学的，却不是前分析的。它不仅仅包含一种或几种我们可感知的事实。这些事实必需被认为具有某种意义或某种相关性，能够说明我们对它们的兴趣的合理性，并且，这些事实相互关联——故而，我们可以把它们和其他事实分离开来——这就包含了我们的想象力或常识的某些分析性工作。这种直觉和前科学分析的混合物被称成为研究者的'视界'或'直觉'。"①

正是基于经济直觉的特性，我们不能简单地以数学逻辑来验证直觉。事实上，数学逻辑证明的东西都依赖于假设，只要给定一个适宜的假设前提，任何命题都可以通过数学逻辑证明。既然如此，那些经受数学逻辑证明的直觉就一定合理吗？科学发展史本身就已经完全证伪了这一点，庇古定理和科斯中性定理之争也说明了这一点。事实上，科斯强调通过私人谈判来解决外部性问题，并且科斯中性定理获得了西方学者的广泛认同；但其中原因并非科斯中性定理比庇古定理更能获得数理的证明，而是西方学者更崇尚市场机制中体现的个人主义精神。因此，我们不要迷信数理逻辑的证明，在社会科学尤其是经济学界更是如此，因为这些领域的认知和理论更具规范性。

再举个例子说明。有"百优"博士学位论文基于流行的均衡分析把集群效率看成小企业通过联合实现规模经济的结果，并在层层假设下得出了"规模经济越大，对集聚的支撑力越强"的命题。②但试问，这种结论符合任何经济直觉吗？如此，企业集聚或企业集群不就会变得越来越大而没有穷尽了吗？尤其是，这种结论如何解释一些企业集群或企业集聚的衰亡以及其他小型企业集群的成长呢？而且，该博士学位论文还随意地使用"正反馈"机制将企业集聚或集群的出现视为微笑的愕然性事件导致了一个累积过程的结果："历史的一次偶然事件导致了某个地区建立了一个行业，在此之后，累积过程便开始发挥作用。"③确实，很多集群的出现有一定的偶然性，例如，据说一名士麦那妇女乔

---

① 熊彼特："科学与意识形态"，载豪斯曼编：《经济学的哲学》，丁建峰译，世纪出版集团、上海人民出版社 2007 年版，第 199–200 页。

② 梁琦：《产业集聚论》，商务印书馆 2004 年版，第 45 页。

③ 梁琦：《产业集聚论》，商务印书馆 2004 年版，第 48 页。

治亚不小心弄伤了手，因而不得不学着用另外的办法缝棉被，从而发明了一种更高效的新技术，并把它教给了几个朋友；几十年后，由于她的技术在朋友之间广为流传，士麦那成为世界制毯中心之一。[①] 且不说这很大程度上是在说故事而不是讲历史，即使存在这种偶然性因素，我们也应该想到，这种偶然性因素不仅只是出现在士麦那，也出现在其他地区，但只有士麦那最终成了制毯中心。此时，我们就需要分析为何士麦那成功了而其他地区失败了，而这需要对其具体的人文社会环境进行考察。

在某种程度上，任何"科学"理论本身都不是绝对真理，社会科学领域固不待说，即使自然科学也是如此。当然，这不是说理论没有好坏、科学没有正误的区分，否则是极端的怀疑主义者的观点。不过，理论的好坏、科学的正误的确都是相对的，是基于特定的环境和目的而言。一般地，那些比较适合我们时代的理论和科学往往被认为是正确的。譬如，早期社会的人类往往会举行各种魔法仪式，这种魔法仪式也是有意识地对准目的的行动，并且往往是经验的产物，就如我们现在的"科学"一样。只不过，早期仪式和现代科学在关于原因与结果间的具体观点上是不一致的：现代的"科学"挖掘了体现因果关系的真正机理，从而对事物及其相互联系的认知更深；相应地，它更有助于达到我们的目的，也会被更多经验事实所证实，从而更适合当前社会的需要。这意味着，任何理论根本上必须经受得起经验事实的检验，特别是要能够为时代实践所检验；一般地，那些能够为更为事实所证实的理论，也就会得到更为广泛的认同和传播。显然，尽管就单个反例或一次性检验而言，所有的科学知识特别是经济学理论本身都不具有证伪性；但是，从整个历史的发展以及大范围的经验事实来看，这些知识和理论显然可以且应该得到检验。

同时，就现代主流经济学而言，尽管它极力朝数理化的方向发展，将数理证明的定理视为严谨的和客观的；但实际上，它的流行并非源于它的科学性和客观性，甚至也不是因为它比其他理论更为科学和客观，更不是经受了更多事实的检验，而主要是由意识形态所主导。譬如，郎达内就指出，"一般均衡理论在视察经济体制方面占统治地位，不仅使因为它的现实化程度比所有其他理论更先进，而且还因为它以二元论为标志（即使实证的优势规范的，即使科学

---

① 凯莫勒：《行为博弈：对策略互动的实验研究》，贺京同等译，中国人民大学出版社2006年版，第349页。

的优势意识形态的，不但描述而且还指导一个'理想化的'市场经济体制。"①
这种规范性和价值取向也是一般科学尤其是社会科学的理论常态。罗斯写道，
"科学的成功，无论是在实验室里还是在流行的教科书中，都将通过引用一些
社会性因素，一些在特定的历史背景下导致一种特定的科学理论成功取代它的
竞争者的社会因素，才能获得解释"。②

　　在很大程度上，正是为了增强自己论证的说服力，现代经济学人往往广泛
地运用文学修辞、类比以及隐喻等带有强烈情感色彩的方式。正如麦克洛斯基
指出的，"在经济学文献当中充斥着未经论证的前提，它们玩弄文字游戏，把
自己打扮成合乎理想的，证据的形式并不顾忌读者的关注点，而且，经济学修
辞还有缺乏自我意识的症状。这种症状在有关经济学研究范式的争论中显得尤
为明显。"③譬如，科学主义强调研究的客观性，现代主流经济学人就热衷于将
其学说包装成一种客观的科学；科学主义将数学逻辑视为科学和客观的，经济
学人在论证过程中就大量使用复杂的数学公式而不是文字。但实际上，经济学
理论本身就体现为主体基于特定立场和视角的认知，因而无论数理推导还是计
量分析都做不到真正的客观，甚至完全客观的工作反而没有任何意义。正是数
学模型的过分依赖，导致了经济学与经济现实日渐脱离，逐渐丧失了预测经济
发展和指导社会实践的功能，而日益局限在"我向思考"的解释上。显然，经
济学的这种退化特性也很早就被认识到了，在 20 世纪 70 年代就出现了"经济
学危机"的广泛讨论，80 年代后又掀起了经济学方法论的争论。

　　不幸的是，正如麦克洛斯基指出的，"即便经济学家们认识到他们的'经
济学皇帝'其实根本没穿衣服，这门学科也不会发生什么根本变化。甭管在
哲学上是赤裸裸的还是穿了衣服的，经济学皇帝依然故我，尽管被裁缝骗得
不亦乐乎，但他的身体还算相当健全"。④正是由于热衷于鼓吹自身的科学性
而不愿且不敢承认自身的内在缺陷，现代主流经济学就逐渐并且正在退化为

---

　　① 郎达内："科学的多元化：经济学与理论物理学比较"，载多迪默、卡尔特里耶编：《经济学正在成
为硬科学吗》，张增一译，经济科学出版社 2002 年版，第 89 页。

　　② Roth P. A., 1987, *Meaning and Method in the Social Science*, Ithaca, NY : Cornell University Press,
P.155.

　　③ 麦克洛斯基："经济学的修辞"，载豪斯曼编：《经济学的哲学》，丁建峰译，世纪出版集团、上海
人民出版社 2007 年版，第 371 页。

　　④ 麦克洛斯基："经济学的修辞"，载豪斯曼编：《经济学的哲学》，丁建峰译，世纪出版集团、上海
人民出版社 2007 年版，第 354 页。

一门"伪科学"。而且，正如爱丁堡大学的社会经济学家唐纳德·麦肯齐（D. MacKenzie）指出的，"对模型的过度使用改变了他们（研究者）所设想的市场形态，并进而破坏了它们自身预期的有效性"，于是经济问题就日积月累，最终酿成了严重的经济、金融危机。[1] 正因如此，当我们欣赏优美的复杂数理模型时，当我们感叹于一些计量分析得出的新鲜的结论乃至惊世骇俗的观点时，必须对这些"洞见"保持审慎的警惕。究其原因，形式逻辑之美并不等同于真理之美，而可能离现实很远，受数据支撑的结论也并非客观的，而可能渗入了大量的主体偏见。

 五·经济直觉上升到经济理论的检验

　　上面剖析了直觉对经济理论的意义以及数学逻辑所潜含的缺陷。那么，经济学是否就不需要运用数学推理和训练呢？完全不是如此。约翰·罗默指出，"一个理论就其本性来说并非是数学化的，理论产生于直觉领域。（但）人们通过构造一个能够概括理论基本内容的模型以检验理论的内在一致性，这是也许就要用到数学了。一个模型能够让论证具有无可辩驳的准确性（在模型的范围内），而通常一个理论中的论述并不具有这样的逻辑严密性"，当然，这"只适用于用模型来检验一个社会理论的内在一致性而不是其有效性或正确性。而检验一个理论的有效性或正确性则需要将历史资料和数据与该理论或其模型进行对照"。[2] 究其原因，人类知识并不是直觉的简单映像，也"依赖于观察者的经验、知识和期望，这点隐含在这种无可争辩的认知中：人必须通过学习才能成为一个合格的科学观察者"，"在面对同样的情况时，经验丰富并且经过特殊训练的观察者的知觉经验，与未经训练的信守的知觉经验是不同的"。[3] 在很大程度上，数学逻辑的训练有助于提高我们对经验事实的认知，并进而将直觉上升为理论体系。由此，我们进一步思考这样一个问题：作为一门社会科学，经济学理论如何从直觉发展而来呢？这涉及经济理论的检验问题，这里就此继

　　① Number-crunchers Crunched : The Uses and Abuses of Mathematical Models，*Economist*，2010-02-11.

　　② 约翰·罗默：《马克思主义经济理论的分析基础》，汪立鑫等译，世纪出版集团、上海人民出版社2007年版，第3页。

　　③ 查尔默斯：《科学究竟是什么》，鲁旭东译，商务印书馆2007年版，第20、21页。

续作一剖析。

首先，任何社会科学理论的检验都是多次性而非一次性的。一般地，就社会科学的理论与实证之间的关系而言，我们可以从两方面加以认识：一方面，理论为实证提供了对象和前提，没有理论就用不着实证了。事实上，如果没有深厚的具有学理性的理论为基础，我们就难以有针对性地对社会经济现象进行观察，对社会实践的调查和研究也就会流于形式。同时，如果发现了与理论相悖的事实，就需要进一步剖析发生偏差的原因：是存在其他没有考虑到的因素，还是理论推理时本身就存在逻辑问题。另一方面，检验是理论发展的必然过程，任何直觉上升到理论都必须经受检验。事实上，只有建立理论和实证之间的良性互动，才能把从实践中获得的感性知识上升到理论层次，并在检验中促进理论的发展和成熟。

同时，考虑到理论中假设前提的多样性以及影响因素的复杂性，任何一次性检验都无法颠覆旧理论，理论的强化还是瓦解都不是通过某些单一的检验能够一蹴而就的。这对作为社会科学的经济学理论尤其如此，经济理论的发展或更替往往是无数经验反例所触动的结果。一方面，经济直觉和经济理论的形成主要不是依据特定经验数据的计量检验或特定数理模型的逻辑推理，而是来自每天所经历的那些日常生活和周遭现象。另一方面，人类社会中的每一次日常实践或学术界的每一次微观检验都是对传统理论的一个冲击，都是理论发展的动力以及新理论的思想来源，从而成为检验理论的真正磨砺。正因如此，经济理论研究者必须关注那些长期为众多经济学人所熟视无睹的周遭现象，借助人类的知性能力来挖掘这些现象背后的东西。

尤其是，考虑到经济学理论的社会性、人文性和时空性，真正的检验必须对该理论所涉及的结构、逻辑、目的等作全方面的分析，这也是早期实证主义往往与分析主义联系在一起的原因。显然，按照这种检验程序，任何理论从提出到检验的整个过程必然是一个非常宏大的探索，从而能够由此构建并形成一个新的研究体系。事实上，社会科学领域的思想大师大多是具有高度敏锐性和知性思维的哲人，他们往往能够先驱性地洞悉社会环境的变化，并能从大历史的角度来思考社会发展的规律。正是在前人思想的支配下，我们"自发"地实践着当前的日常生活，直到旧思想、理论与不断变化的社会环境又发生了新一轮的脱节，于是又一个新的支配性思想出现了。

其次，任何成熟的社会科学理论都必然经受双重检验。一般地，任何成熟的理论都具有这样两大特征——内在合理性和外在合理性，并由此产生了双重检验。其中，内在合理性是指理论能够经受形式逻辑一致性的检验，而外在合理性是指理论能够经受经验事实一致性的检验。譬如，我们发现一块地上周围有牛粪的草往往比这块地的其他地方的草长得长，那么，从这个事实可以得出怎样的认知呢？一般地，我们可以有这样三种看法：一是牛粪的施肥效应；二是牛粪将潮气盖在下面抑制蒸发的覆盖效应；三是牛本身就不愿吃长在自己粪便周围的草。那么，究竟哪种效应更有说服力呢？首先，我们必须进行尽量消除其他干扰因素的试验，如将牛粪碾碎而保留施肥效应，看它对草生长的影响；其次，如果发现某个因素的影响更大，那么还需要进一步解释其作用的机理，这样才可以上升为理论。同时，这两种检验方法是不可分割的。

一方面，来自事实的经验判断必须上升到对事物之间因果关系认识的逻辑层次上，只有这样才能将感知理论化。正如牟宗三指出的，对因果关系的确立有三个层次：一是"直觉的统觉上之直觉的确定性"，二是"理解上使用概念之逻辑必然性以客观化之"，三是"自形而上学寻出共理性之根据以保证之"。[①] 也就是说，只有通过理性思维的形而上学阶段，基于经验的直觉认知才能客观化和普遍化，这是对事物之"理"的认识。波普尔将这种分析看作相应思想过程的"理性重建"，"但是这种重建并不是把这些过程看作它们实际发生的过程；它只能提供该检验程序的逻辑框架"。[②]

另一方面，经济学理论本身不是一个公理体系，因而仅有逻辑检验和推演并不能断定理论的科学性，还必须进一步接受经验事实的检验。例如，波普尔就指出，"一种肯定性的决定只能暂时地支持该理论，因为随后的否定性决定总会推翻它。只要一种理论经受住详尽而又严格的检验，在科学进步的过程中没有被另一种理论取代，我们就可以说，它'已经证明自身拥有活力'或者说它已经被过去的经验所确认"。[③] 这也意味着，任何理论的提出都是一个从感性到理性的过程，同时任何理论都必须面临一个批判性的检验过程；波普尔提出了理论发展的一般过程："从一个尝试性地提出但还没有以任何方式进行证明的新思想出发，凭借逻辑演绎的方法得出一种预测、一种假说、一种理论体系，或者是你将要得出结论的东西。然后将这些结论彼此进行比较，并和其他相关的陈述进行比较，以便在它们之间发现所存在的逻辑关系（例如对称性、

① 牟宗三：《认识心之批判》，学生书局1990年版，第44页。

② 米勒：《开放的思想和社会：波普尔思想精粹》，张之沧译，江苏人民出版社2000年版，第132页。

③ 米勒：《开放的思想和社会：波普尔思想精粹》，张之沧译，江苏人民出版社2000年版，第134页。

可推演性、相容性和不相容性)。" ①

再次，现代主流经济学理论大多没有经受两个一致性检验。一般来说，由于各种保护带的存在，经济理论往往难以通过证实和证伪。罗森伯格写道："多数经济学研究者认识到：(a) 经济学理论事实上是不可证伪的；(b) 作为一个理论的科学性检验标准，可证伪性是不可接受的。但是我们还没有找到合适的检验标准。缺少这样一种检验标准导致这个学科的一些研究者的出结论认为，事实上经济学、物理学、数学、文学批评和占星术等在认知地位上并没有差别。" ② 结果，由逻辑实证主义主导的经济学研究具有强烈的约定主义和工具主义特点，而很多经济学人真正关注理论的一致性检验。

一方面，就被等同为现代理论经济学的数理经济学而言，数理经济学根基于自然主义思维而完全脱离了经验，乃至蜕化为象牙塔里的文字游戏或者是基于符号的逻辑游戏。其问题主要表现在：①它强调逻辑的严密性主要取决于数学上的逻辑标准，而不在于其是否契合现实活动；②为了使其数学模型的结果能够套入现实的诠释，还基于高度的"抽象"方法而建立了虚拟的经济个体。正因如此，目前那些基于数理模型构建出的经济理论很少能够获得经验事实的严密检验。米洛斯基甚至认为，目前经济学中任何处于待定状态的理论几乎都没有通过经济计量学的检验。

另一方面，就目前泛滥的计量经济学而言，计量经济学根基于功能主义而关注数字之间的关系，乃至仅仅是认识到事物的表面而无法进入超验的理论层次。其问题主要表现在：①计量分析所基于的数据往往非常片面，所选择的变量和函数关系具有明显的主观性；②计量分析本身就是受主流经济学理论的支配，以致不同学者对同一问题以及同一理论的检验结果往往相差天壤。正因如此，目前那些基于计量分析对经济理论的证实和证伪往往并不可信。米洛斯基写道："从来没有一种期望以归纳推理覆盖经济学的单独要求——尽管事实上，经济计量学在 1940~1980 年期间已被纳入新古典经济学框架——并且经济计量学的失败使得许多竞争者走出了这个圈子。" ③

---

① 米勒：《开放的思想和社会：波普尔思想精粹》，张之沧译，江苏人民出版社 2000 年版，第 133 页。

② 罗森伯格："经济学理论的认知地位如何"，载巴克豪斯编：《经济学方法论的新趋势》，张大宝等译，经济科学出版社 2000 年版，第 286 页。

③ 米洛斯基："问题是什么"，载巴克豪斯编：《经济学方法论的新趋势》，张大宝等译，经济科学出版社 2000 年版，第 89-90 页。

事实上，弗里德曼的逻辑实证主义就对波普尔的证伪方法作了修正和发展：并不因为存在一个反例就否定该理论，而只有不适用于这个（类）现象时才抛弃它。在弗里德曼看来，理论的应用需要确定一个相应的范围，如果排除任何一项关于理论应用范围的参考，必然使理论无法接受检验，因为每一个对理论的反驳都可能遇到因理论本身被错误运用的状况，这都是缺乏范围限度的结果；因此，只有当该理论频繁地被证据所反驳以至于丧失其"一般化"的价值而成为"特殊的"理论时才应该被抛弃，相反，该理论如果多次成功地避免了证据的反驳，其合理性就可以大大提高。正是弗里德曼对证伪主义的演绎，不仅为维护新古典经济学的分析框架夯实了基础，同时也为库恩的科学范式以及解释共同体的形成提供了思维来源。

最后，两类一致性检验的内涵和重要性对不同学科并不相同。内在的推理逻辑检验和外在的经验事实检验都有助于对直觉进行甄别，并由此推进理论的形成和发展。但对不同学科来说，两者的重要性是不同的，内涵也存在差异。长期以来，科学理论尤其是社会科学理论往往更重视经验事实的一致性检验。事实上，从科学理论的发展史来看，这两个检验并不是同步的：在自然科学领域，往往是某种猜想被经验事实证实之后，才寻求内在逻辑上的一致性检验；在社会科学领域尤其如此，一些重大理论的出现几乎都是由现实问题促生的，一些逻辑上完美的理论也往往因社会条件的变动而被抛弃。关于这一点，我们从以下几方面加以说明。

第一，就一般理论而言。所谓理论是指在若干概念、判断以及推理基础上，以某种语言来表达——事物内部之间以及事物之间具有规律性的关联性，它是被系统化并能被恰当运用以推演以及预测的逻辑体系。显然，作为表述理论的语言本身只是某种逻辑关系的表达形式，不具有任何经验内容，这和数学方程式没有什么两样。也就是说，符合形式逻辑的"内在一致性"仅仅体现了语言的要求，相反，经验事实的"外在一致性"体现了现实世界的外化和理论世界的内化之间的一致性关系。正是由于理论是从纷繁复杂的现实中抽象出事物本质特征的逻辑体系，需要在客观经验上对现实进行反映，因而后者更为重要。

第二，就社会科学理论而言。社会科学中的"外在一致性"检验并不像自然科学那样的苛刻：一个反例即可推翻一个理论，而是主要体现在可证实的程度，即在多大程度上可以容忍"例外"发生的频度。相反，如果过于发展那些排除了"例外"的"一般性"理论，就必然会导致理论与现实的脱节，成为空泛而毫无实际操作意义的东西，现代经济学中的经济人假设就是如此。事实上，这种空泛的理论往往排除了自身适用的范围和条件，不但把自己变成了一个拒绝更新、排斥证伪的"放之四海而皆准"的绝对真理，而且也因不可证伪而不具有科学特性。

第三，就逻辑一致性的具体内涵而言。社会科学的逻辑一致性往往并不只体现为数和物的逻辑关系，而主要体现为人类的思维和行为逻辑。究其原因，正如劳森的超验实证主义所反映的：有关对结构和作用机制的认识并非就是现实；而且，这种体现内在本质的理论或知识是作为界定现实事物变动范围的基准或奇怪吸引子而存在的，但其本身却往往并没有经验表征。事实上，当少数具有高度前瞻性的学者已经开始先驱性地更进一步接近到本质，从而在能够阐述社会事物的发展规律时，整个社会现实还处于异化之中；那么，这个先驱性的理论往往就不能为经验事实所证实，而只能从逻辑上加以推敲。当然，正如马克思的矛盾律指出的，代表方向的新事物总是有生命力的，体现事物本质的认知也是如此；同时，随着越来越多的新事实的出现，它会被越来越多的人所认识和赞同，从而促使研究范式或科学纲领不断调整。

事实上，如果理论仅仅来源于经验事实，那么，它必然是滞后的，反而会阻碍社会的发展。所以，布劳格就指出，"'理论上的进步'可以伴随也可以不伴随着'经验性的进步'，经验性的进步是一个比理论进步难懂得多的观点……这也是为什么经济学家（像大多数科学家）确实被进行预测这样的想法所困扰的一个原因。"[1] 在很大程度上，正因为经验检验的滞后性，许多学者都认为，研究纲领往往"存在于科学家的形而上学的信仰、人生观和世界观的'范式'、熊彼特的'洞察力'以及一系列在解决那些选出来加以分析的问题时的'要'与'不要'的实用主义判断的中心。"[2] 也就是说，我们的研究视角本身就会受个人的价值观所支配，因而也就不可能是客观的。但是，我们必须注意：社会科学理论的内在一致性并不仅仅体现在形式逻辑上，更重要的是要体现实质逻辑，这种实质逻辑不是体现为数学的推理和运算，而是体现为人类真实世界中的行为机理。

[1] 布劳格："为何我不是一个建构主义者"，载巴克豪斯编：《经济学方法论的新趋势》，张大宝等译，经济科学出版社2000年版，第156页。

[2] 布劳格："为何我不是一个建构主义者"，载巴克豪斯编：《经济学方法论的新趋势》，张大宝等译，经济科学出版社2000年版，第153页。

如何培育良好的经济直觉

对经济学的学习和研究来说，培养对问题表象背后原因的经济直觉是根本性的。事实上，正如怀特海在《思维模式》中提出的，在任何理解之前，先有表达；而在任何表达之前，先有对重要性的感受，这种重要性的感受就是理论直觉。林毅夫也强调，青年学子要研究现实经济问题，首先"必须培养良好的经济学的直觉，现实的社会经济变量成千上万，如果保留在模型中的变量错了，固然不能揭示造成所要解释的现象的真正的因；保留的变量多了，模型不仅会很复杂，而且，会没有确定的结果，但是，所要解释的现实的经济现象是确定的。一位大师和一般经济学家的差别就在于大师像孙悟空一样，有火眼金睛，对一个现象看了一眼之后，马上就知道在众多的社会经济变量中，什么是造成这个现象的最重要的因，哪些变量应该舍掉，哪些变量应该保留在理论模型中"，其次才是"要有良好的数学基础，能够把经济直觉用严谨的数学模型表述出来，并用严谨的计量方法来检验理论模型的各种推论。只有这样才能进入国际经济学界的俱乐部，成为被国际经济学界接受的一员，也只有这样才有机会去影响国际经济学界"。①

那么，如何培养合理的直觉呢？

首先，培养经济学直觉的方法并不等同于现代主流经济学的分析方法，更不等同于数理建模的训练。事实上，数学推导所获得的往往是那些不怎么直观的结果，因而过分强调数学逻辑反而会窒息我们对周围经验事实所产生的直觉。例如，我们从两个人的生产联合中可以看到生产力的提高，但这种直觉不能用数学的"1+1=2"进行逻辑证伪。所以，被誉为"欧洲最后一位文人"的本雅明（W. Benjamin）强调，事物的内涵与事物本身的关系永远不可能通过逻辑推导得出，内涵必须理解为表现事物的印章，就如从封蜡的材料、封印的目的、或凹或凸的印痕，都推导不出印章的图样，而只有那些曾有过印章并了解缩写字母所指的人才能知道它。相反，直觉往往来自敏锐的观察和思考，而这种敏锐性往往又与其知识结构和理论素养有关。例如，斯基德尔斯基就指出，"凯恩斯是所有经济学家中最具敏锐性直觉的一位，他对特殊情景下的态势有着非凡的洞察力"，而这种直觉很大意义上来自他的博学；而且，凯恩斯

---

① "林毅夫访谈：中国经济学何处去？"，《21世纪经济报道》2005年9月3日。

还"时常抱怨说那些年轻的经济学家没有'接受过良好的教育',他的意思是他们无法从更广博的文化知识中汲取营养,诠释经济事实"。[①]

同时,经济直觉也是有层次的,可以简单地分为观察问题的视角层次或者看待具体问题的观点层次;前者源于对理论的系统性内省,后者则源于对广泛知识的有机契合。张五常写道:"经济的准确推断,主要靠简单的理论掌握得通透,历史的经验记得多而清楚,推论客观、快而又能顾及多方面。此外,不可或缺的是对经济观察的感受好。缺少了后者,学经济是浪费时光。弗里德曼多次这样说。凯恩斯曾经说,经济是浅学问,但学得通的人甚少。"[②] 正因如此,要培养经济直觉,就不能将大量时间和精力集中在少数基本主流经济学教材上,而应该站起来观察,应该广泛阅读和深刻体悟。林毅夫就认为,中国经济学子要培养有关当前社会经济问题的良好经济直觉,"除了必须对经济学的研究方法有体认外,还必须有良好的人文素养,必须对中国的历史、文化、社会有深刻的了解。因为经济现象总是发生在活生生的现实中,由于发展阶段、文化传统、社会制度不同,在西方重要的、必须保留在理论模型中的变量在中国不见得重要,在西方不重要的、可以舍掉的变量,在中国不见得就不重要。一个变量到底重要不重要,不能从数学模型的推导中得到,只能从个人对社会的了解得来。如果人文素养不足,就很难掌握住这个时代给予我们的机遇"。[③]

其次,直觉的形成往往依赖于提出者的理论和经验两方面素养,尤其要有一个好的认识论。事实上,直觉首先源于经验,但仅有经验也不能产生理论的直觉,而需要将经验进行提炼、升华。说明如下:①尽管具体的观点直觉有时来自顿悟,但绝大多数的观点直觉主要是建立在方法论的基础之上;因此,要培养经济学的直觉,有一个非常有用的分析方法非常重要。②尽管也可能顿悟出可以将以前所掌握的知识加以系统化、理论化的认知视角,但这种方法论直觉也不是凭空产生的,而是有坚实的方法论基础的,需要认真梳理各种科学哲学思想以及方法论专家的著作,并且要对具体理论的分析框架非常熟悉。在很大意义上,从本质到现象的研究思维是训练经济学直觉的重要认识论,因为经济学理论的精彩就在于:它源于经验事实而又高于经验事实,它可以为认知主

---

① 斯基德尔斯基:《重新发现凯恩斯》,秦一琼译,机械工业出版社 2011 年版,第 54 页。

② 张五常:"凯恩斯学派的不幸",http://zhangwuchang.blog.sohu.com/124145064.html。

③ "林毅夫访谈:中国经济学何处去?",《21 世纪经济报道》,2005 年 9 月 3 日。

体提供一个观察社会现象的清晰思路。[①]

同时，人们对事物本质的认知绝不是突发奇想，而是建立在非常深厚的知识素养和潜心沉思的基础之上。事实上，由于经济学的直觉要能够综合出复杂多样的经济变量因素，本身就是建立在可获得的经验材料之上，并要经受更多经验事实的检验。因此，要培养经济学的直觉，首先要夯实我们的理论素养，需要将重要的知识全部消化吸收，要多读、多看、多想、多比较，努力理顺前人思想形成的原因、背景、理论目的及其缺陷，而不是局限于一些数据收集和处理上，这种工作只会窒息我们的思维。正因如此，经济学直觉的形成大多都不是一蹴而就的，而是要经历一个漫长的思索过程，连小穆勒这样的天才都曾为之苦恼不已。正因为直觉的形成过程是非常辛苦的，所以很少有人能够踏踏实实地这么做，这造成了当前经济学界的经济学直觉严重不足。进一步地，正是由于经济学界同仁缺乏应有的经济学直觉，他们的所作所为往往就会严重危害到我们的社会。试想：连基本的经济学直觉都不具备，又怎能通过抽象的数理运算来指导整个社会的实践呢？

再次，经济学要将一个具体的经验事实上升为超验的系统认知，实现从直觉到理论的认知飞跃，还需要经历逻辑分析和实证检验两个阶段。正如豪斯曼指出的，"通过研究那些明显成功的解释、检验或理论化的实践，然后谨慎归纳，人们已获得了更多东西"。[②]一方面，需要继承并吸收以往科学分析的某些结果，在此基础上构建出一个满意的科学模型。熊彼特说："科学程序开始于有待分析的一组相互关联的现象的知觉，暂时地终结于一个科学模型；现象在科学模型中被概念化，他们之间的相互关系已经以假设或命题的形势被明确地表示出来。"[③]另一方面，还必须通过检验阶段，只有这样，灵感和设想才能被上升一种发现，一种知识，从而被视为科学，科学模型的合理性和有用性才能得到证实。熊彼特认为，只有在科学模型的分析框架下，一些意识形态的东西才会被分析所排除。

问题是，经济理论本身往往具有不可证实和证伪性，因而这两个阶段的检验都不成熟，从而需要借助于研究者的知性而将两者结合起来。事实上，也只

① 朱富强："从本质到现象：比较制度分析的基本路线"，《学术月刊》2009 年第 3 期。

② 豪斯曼："库恩、拉卡托斯和经济学的性质"，载巴克豪斯编：《经济学方法论的新趋势》，张大宝等译，经济科学出版社 2000 年版，第 260 页。

③ 熊彼特："科学与意识形态"，载豪斯曼编：《经济学的哲学》，丁建峰译，世纪出版集团、上海人民出版社 2007 年版，第 199 页。

有如此，经济学研究才能成为一个统一的整体，由此得出的理论才更有说服力和生命力，才能更深入地探究到事物的内在本质以及事物之间的作用机理。正是基于这个统一的理论探究框架，计量分析和模型推理本身都是理论探究的组成部分，都对因果机理的探究具有积极意义。不幸的是，在现代主流经济学的研究范式中，理论思想与其检验之间的关系已经被完全颠倒了，模型构造和计量检验已经完全超出了其应有的限度，从而造成了数量化的泛滥。

最后，经济直觉告诉我们，任何现实的个体行为都或多或少是非理性的，或者是有限理性的。究其原因，人们往往只能看到一次性的或短期行为所带来的收益，而对行为的长期影响缺乏充分的考虑。例如，即使股价已经很高了，人们仍然乐于继续买进，因为他认为至少明天还会涨；正因为很多人都只是以今天的情形推测明天的情形，从而推动了股价不断攀升，导致虚拟经济远远地偏离了实体经济。然而，在科学主义和客观主义思维支配下，现代主流经济学却置这些明显的经济直觉于不顾，而在完全理性的基础上建立优美的数理模型，并根据这种模型获得的结论来设计金融市场。结果，现代经济学越来越远离了其他社会科学分支，越来越失去了对社会现实的关怀和经济直觉的培育，也对社会实践产生了越来越严重的误导。

在很大程度上，经济危机的爆发就可归咎于现代经济学过分倚重基于数学推理的那种极其抽象的研究方法：原子个体主义使现代主流经济学忽视了现实行为的非理性以及个体理性与集体理性之冲突，抽象演绎主义使现代主流经济学热衷于推理的形式逻辑而缺乏人文性和历史感，静态均衡主义使现代主流经济学把复杂不确定的市场想象成自动有效的并刻意打造各种人为市场，短视功能主义则使现代主流经济学把视野局限在表象层次上而看不到内在结构等实质性关系。正是根植于这些方法论，现代主流经济学越来越偏重于数理建模和计量实证这两个技术性方面，而且，为了追求所谓的客观性和科学性，数理化趋势又使经济学研究越来越形式化，以至于对一些明显的社会经济问题都熟视无睹，这也是现代经济学没有预测到经济危机的根本原因。而且，正是基于理性模型中潜含的乐观主义，即使经济危机爆发后，现代主流经济学也开不出应对经济危机的有效措施，反而试图以"强制性的市场出清来帮助经济'破坏性重建'"来美化它。相反，凯恩斯却强调，学者应该具备"敏锐的观察力"以在没有理论预设的情况下发现事实，并站在一个反驳的立场而不是求证的立场调查事实，这也是凯恩斯得以做出开创性贡献的根本原因。所以，斯基德尔斯基指出，"凯恩斯作为一个经济学家所获得的成功和他的个人风格是密切相关的，就像今天主流经济学的失败也是和它的风格密切相关"。[①]

七　结语

当前，现代经济学界几乎成了数理经济学家的天下，数学运算和计量工具成为经济学专业训练的核心内容，数理建模和实证分析也成为经济学人的主要工作。问题是，这种研究取向果真增进人们对社会经济现象的认知以及提高人们对社会实践的能力了吗？一个明显的事实是，2008 年全球经济危机的直接导火索就是西方社会尤其是美国的金融衍生品，而这些金融衍生品则是数理金融学家按照严格的数学结构和数理逻辑创设的。何宗武写道："只要财务过程能设定均衡条件且解出相关参数，这个商品就可以被规划一个市场然后上市。政府和国际组织规划许多的金融制度，其中所界定的游戏规则，也是以市场运作的数学条件为基础。"[②]

在一些主流经济学人看来，只有经过数理证明的结论才是正确的，而且，人类社会也必然且应该朝模型所设计的方向发展；否则，这个世界就太糟了。但经济危机的爆发表明，现实世界恰恰与这些数理模型所揭示的状态相去甚远，那么，难道是人类世界错了吗？其实，经济学说发展史也表明，那些热衷于数理建模和计量分析的学者对经济发展几乎都持有强烈的乐观主义态度，乃至根本无法发现现实经济中的问题，更无法预测经济危机的到来，如杰文斯、费雪、凯恩斯、斯科尔斯、默顿、泽尔腾等在经济危机中都曾损失巨大。与此形成鲜明对比的是，为现代主流经济学所极力排斥的西斯蒙第、马克思以及凡勃伦等却都预见到了经济危机，他们凭借的不是严格的数理推导，而是深厚的历史知识以及由此形成的经济直觉。

一般地，当理论得不到现实经验的验证时，就表明理论本身存在缺陷，它没有真正揭示事物的本来面目；同时，当社会现实一再与理论出现背离时，就表明理论思维出了问题，就应该对理论思维作系统性的反思。譬如，现代主流经济学热衷于在一系列非现实的前提假设下通过数理逻辑获得种种结论，进而

①　斯基德尔斯基：《重新发现凯恩斯》，秦一琼译，机械工业出版社 2011 年版，第 55 页。

②　何宗武："经济理论的人文反思"，载黄瑞祺、罗晓南主编：《人文社会科学的逻辑》，松慧文化 2005 年版，第 425 页。

提出政策建议；但是，周期性重复出现的经济危机却明显"证伪"这些理论，由此也提出了对现代主流经济学理论和思维的反思和修正。不幸的是，绝大多数经济学人却依然继续他们的数理崇拜，依然孜孜不倦于数理逻辑的证明，不仅不对现代主流经济学稍加质疑，而且置明显的经济问题于不顾，甚至刻意地贬低经济直觉的意义，乃至置明显的社会事实于不顾，由此也就严重窒息了经济思想的形成和发展，制约了人们对社会现实的观察和洞识，进而也就阻碍了经济学科的进步。

第5篇

经济学数量化的路径及成因审视

由于逻辑实证主义本身内在的逻辑缺陷，无论是科学哲学家还是方法论专家都对其在经济学中的应用提出了深刻的反思和尖锐的批判。实际上，实证主义在经济学中的地位已经日渐衰落了，甚至越来越多的主流经济学对弗里德曼方法论表示了蔑视态度。既然如此，数量经济学为何能够获得如此快速的发展呢？这就涉及特定的社会背景以及特殊的研究对象。

当然，随着社会经济问题的变化以及社会环境的变化，经济学的研究对象也远远超越了传统的"经济"领域，那么，传统的量化思维和方法是否还能适用呢？即使研究方法与研究对象、理论与实践之间的脱节已经如此明显，但为什么主流经济学界从事计量分析的队伍却依旧在不断壮大？特别是当前中国学术界为什么会形成这样的风气呢？这就涉及学术风气的内卷化以及研究者本身的学术精神等问题。因此，本篇通过对数量经济学的发展历程进行梳理，来探究经济学走上数量模型化道路的成因及其内在缺陷。

经济学数量化的两大初始
原因及现实落差
——功能主义哲学观和科学主义发展观的反思

导 读

经济学的数量化壮大于 20 世纪 30 年代而极盛于 50~70 年代，起因主要有两个：①实践上盛行的实用主义原则，这由功能主义哲学观所促发；②理论上遵循的自然主义思维，这由科学主义发展观所引领。尽管数学在工具层面上对经济学的理论研究具有重要意义，但过分偏重数学却窒息了经济理论的发展：一方面，经济学研究的经济行为涉及人与人之间的互动，而人之行为是复杂多变的，因而经济学是无法完全"精密"化的；另一方面，尽管经济学是一门致用之学，但过分强调经济学的应用色彩，就会蜕变为就事论事的庸俗实用主义。

 一 引言

经济学本质上属于社会科学，其理论研究的根本目的是揭示事物的本质以及事物之间内在作用机理；因此，尽管主流经济学极力强调实证的客观性，但研究的根本目的又规定了该学科的规范性。这包含了两个基本要点：一方面，人类社会中事物的本质规律是永远无法被完全揭示出来的，人类只能在继承一代一代先辈探索的基础上不断接近这种本质；另一方面，每个人所处的时代背景以及个人的认知角度是不同的，从而对客体的本质有不同的认识，也即经济学的理论带有较强的主体性和时代性的特点。正是由于经济学对事物的认知主体性和时代性的特点，有关表象背后的本质理论以及事物相互作用的因果关系的认知往往体现出较强的思辨性，这种思辨性体现了人类的思维（或行为）逻辑而不是数的先验逻辑或物的功能逻辑。正因如此，探讨本质的经济学理论并不完全适合用数学逻辑和模型来表示，尽管数学在思想的表达和传播以及异化因素的实证中也具有非常重要的意义。

然而，西方主流经济学却越来越把经济学数理化和模型化了，那么，这种取向是如何形成的呢？毋庸置疑，西方主流经济学之所以越来越走上数理化和计量化的道路，是有其特定的历史背景：①19世纪下半叶，随着自然科学的分析工具引入经济学，经济学预测的精确化更为可能，因而伴随着边际革命的兴起，数理经济学就急速发展了起来；②在整个新古典时期，经济学的研究对象偏重于资源配置的私人领域，所涉及的生产要素主要是可同质化的物质资源，因而数理化的研究方法能够相对适应；③20世纪30~50年代，世界范围内的经济危机和物质资本的短缺为计划经济的施行提供了历史契机，而计划需要以数理计算为依据；④20世纪50年代以后，计算机的发明为数量经济学和计量经济学的发展提供了新的手段，以至于萨缪尔森把第二次世界大战后的经济学视为经济计量学的时代。

正是由于新古典经济学将研究对象限定在物质领域，与内容的狭隘化相关，主流经济学的方法论也逐渐走向了抽象演绎、个体主义、形式理性以及均衡的分析路径。特别是随着主流经济学把社会制度视为外在的合理存在，它日益强调事物表象之间的数字联系，从而促进了功能主义分析在经济学中的盛行。显然，正是功能主义的分析思路推动了经济学分析工具的日益形式化发展，而经济学日益抽象化的分析又使经济学往往以科学学科的身份自居，也正是对分析工具形式化的强调以及科学学科的心态促使经济学不断努力地试图构造一个具有形式结构的"模型"。同时，对人性假设的抽象化又使新古典经济学能够简单地把它的分析视角从人与物的关系领域转向人与人的关系领域，并且可以在新古典的框架下进一步分析所有经济的或非经济的人类现象。正是这些，推动了主流经济学不断高涨的数理化努力：不但基于物质资源配置的一般均衡模型越来越精巧，而且，基于社会资源配置的激励模型也越来越复杂，日益复杂博弈论模型更是为当前经济学的数理化取向提供了火药。因此，本文就经济学数理化的发展进程做一梳理。

二 经济学数量化发展的基本历程

数学方法在经济学中的运用在经济学从伦理学解脱出来之初就开始了，其先驱是法国的法学家简·博丹，他率先应用数学方法来分析货币与价格的关系。到了16世纪下半叶，洛克和休谟等将货币数量分析进一步用到对外贸易上，由此发展出了价格—货币流通机制。休谟还认为，货币只是一种隐匿经济制度实际运行的"面纱"，在价格调整到同货币数量相适应之后，不管国家的货币存量如何，都没有重大影响，从而产生了早期的货币数量论。这是16世纪经济学史上的一项重大事件，因为它实际上已经把供给和需求的分析运用于货币，从而为供求分析作为一般分析原则的最后出现奠定了基础。特别是，由于早期许多伟大的思想家都是伟大的数学家，如17世纪牛顿和莱布尼兹发现了微分，笛卡儿创立了解析几何学，用曲线的交点表示方程的一般解。因此，数量方法大量应用于经济学也受到了哲学思想的鼓励。例如，霍布斯在巴黎期间结识了笛卡儿等第一流的数学家和科学家，从而开始把数学用于人的心灵和人的关系；瑞士数学家伯努利则第一次把微积分和解析几何应用于经济分析，提出了效用的相对性。影响更大的是威廉·配第，他在经济学领域提出了政治算术的方法，认为数量方法的引入会产生对社会现象更严密的分析，因而在《政治算术》中致力于以简单的统计分析来为政治经济学提供"精确性"基础；同时，他还最早使用数据进行分析的人，从而开创了经济学使用统计方法的先例。这种政治算术思想也为其他一些学者所继承，如格雷高利·金对小麦价格和销售数量之间的关系进行了考察并提出了所谓的金氏定律。随后，重农主义者魁奈试图通过理性演绎和数学运算去发现人类社会的"自然秩序"，他的《经济表》是利用简单的数学运算研究社会经济运行秩序的一个代表。特别是李嘉图对抽象分析法的引入，大大促进了数学在经济学中的应用，并最终促使了数学模型化的发展。例如，穆勒在有关作为价值囤积武器的供求论述中就引进了严格的数学概念。

数学在经济学中的广泛应用在边际革命前后出现了拐点式增长：德国的屠能在《孤立国》中首次利用了微积分和其他一些变数数学公式来表达若干经济范畴和经济学原理，开创了运用数学模型研究经济问题之先河；法国的古诺在《财富理论的数学原理研究》中则明确认定经济理论必然与数学方法结合，较系统地运用了变数数学来经济问题；接着，德国的戈森在1854年出版的《交换规律的发展和人类行为准则》也极力主张应用数学方法，并将这种方法看作唯一健全的经济学方法，还运用数学原理建立起所谓的"戈森定律"。当然，也正是古诺和戈森的工作直接引发了边际革命，而边际革命以后，经济学和数学结合的趋势进一步加强，数学成为经济理论推导、演绎的重要工具。[①] 一般认为，数理经济学只是在19世纪70年代后的杰文斯和瓦尔拉斯才真正形成的，瓦尔拉斯又被称为数理经济学的真正创始人，而古诺和戈森等则是数理经济学的主要先驱者。例如，杰文斯就宣称，（政治）经济学在特征上实质是数学的，因为它不只是简单地关注是否时间将会不将发生之类的问题，而是要处理在数量方面具有根本重要性的经济现象，要确定控制这些现象起伏的规律；而且，如果在广泛意义上来使用数学的术语以便包含处理数量关系的所有研究的话，那么对经济科学的合适描述可以很容易地展示出来。杰文斯写道："经济理论——表现形式类似于物理学中的静态制，而交易法则类似于力学原理中的均衡法则。价值与财富的性质可以通过考察点滴的快乐与痛苦来加以说明，正如物理学中的静态理论是基于对点滴能量平衡的考察所得出的一样。"[②]

进而，尽管在古诺之后，杰文斯、瓦尔拉斯、马歇尔、维克塞尔、庞巴维克、帕累托、埃几沃斯、费雪等都受过正规的数学训练或者是卓有成就的数学家或者天生就是数学家；但是，直到在第一次世界大战之前，数量经济学并没有形成巨大的声势。巴龙在1908年就说，虽然数学正日益成为理论家所必不可缺的工具，但每一个智力正常的、受过中等教育的人都能够在大约6个月的时间内学会所需要的数学。实际上，经济学数量化的全面发展主要在20世纪二三十年代以后，其主要原因有二：① 19世纪末20世纪初资本主义经济在自由放任的指引下已经出现了越来越严重的经济危机，而20世纪30年代的大危机使凯恩斯鼓吹的国家干预和投资决定论产生了深远的影响，与此同时，苏联相对成功的工业化使越来越多的学者开始思考理性地构建有计划经济的可能性；②在社会矛盾日益突出的时代，实用主义开始流行，此时高等数学越来越多地进入了经济学领域，因而经济学把数学和实用性结合起来。正是在这种情况下，又有一股科学家和工程师的大量转入经济学，并以一种更加规范的形式在瓦尔拉斯的方向上重新塑造了学术传统，从而促进了数量经济学的发展。而且，即使如此，数理化在经济学中依旧没有占据绝对的支配地位，30年代还只有少量用数学方法的文章发表在一流学术杂志上。事实上，1940年以前出版的经济学著作也很少需要其读者或著者精通技术性数学，所需要的只是代数和解析几何的基本原理，外加微积分知识。

① 参见程恩富、胡乐明等：《经济学方法论：马克思、西方主流与多学科视角》，上海财经大学出版社2002年版，第293页。

② 转引自谢拉·C.道：《经济学方法论》，杨培雷译，上海财经大学出版社2005年版，第80页。

　　然而，第二次世界大战却极大地促进了经济学的数学化发展。霍奇逊写道："战争时期这一巨大的变化对美国科学研究的目标和研究行为产生了影响。尤其是，科学活动的大面积军事化将各种资源配置给设计数学和统计技术的研究，这些研究也容易获得较高的威望。科学的军事基金还包括给经济学家研究战时运作的经费，这导致对最优问题进行形式化分析的研究大大发展。战争一方面加速了经济学的数学化过程，另一方面确保了数学这一特殊形式得以普及"；"战争的紧迫性也有助于加快形式化的微观经济学和形式化的凯恩斯理论的综合。……成百上千的经济学家被征集入伍，解决一些统计问题和形式化的问题，诸如在特定投入的前提下如何使产出最大化，或者如何设计爆破现实才能使对敌方工业能力的破坏达到最大化。20世纪最大的战争促进了新古典经济学的一个核心主题的发展——在给定的制度和技术条件下，在固定的生产函数中，如何使稀缺的资源配置达到效率最大化。"[①]

　　同时，"二战"以后，经济学的数理化取向得到更进一步的发展。究其原因，为了恢复和振兴被战争摧毁的经济，各国几乎都开始实行了有计划的经济建设，从而就需要更为精确的模型设计和统筹规划，这就促进了线性规划和投入产出分析等发展。在这种背景下，库兹涅茨、诺伊曼、摩根斯坦、丁伯根、里昂惕夫、希克斯、弗里德曼以及萨缪尔森等都对经济学的数量化做了进一步的推动，从而使数量经济学越来越成为主流，经济学家之间的沟通也逐渐数学化了。这样，到了20世纪70年代，经济学文章不用数学而能有影响力就变得很不寻常了。

　　因此，尽管凯恩斯本人在其主要著作中很少用复杂的数学，并对经济计量学和数学模型持相当的怀疑态度；但是，后来的凯恩斯主义理论与政策经过汉森、希克斯以及萨缪尔森的数学处理，却越来越走上了形式化道路。尤其是经过逻辑实证主义的梳理，凯恩斯经济学与新古典经济学开始结合而形成占主流地位的新古典综合经济学，且渐取得了"科学"的地位。即使如此，直到20世纪60年代末，尽管数理方法已经在经济学研究中确立了主流地位，但文字推理依旧发挥着主要作用，很多经济学研究仍然采用传统的研究方法。其主要原因在于：①尽管越来越多的经济学家尤其是年轻经济学人接受了常规的数学和统计学的训练，但仍然有不少年龄偏大的经济学人并没有掌握这些技能；②尽管主流经济学乐观地认为可以将经济学整体纳入一般均衡的分析之中，但依然有很多社会问题是形式化的数理研究鞭长莫及的，而当时的经济学家又存

---

① 霍奇逊：《制度经济学的演化》，杨虎涛等译，北京大学出版社2012年版，第382页。

在着对现实社会问题的关注。[①] 但是，20世纪70年代之后的经济学局面却呈现出完全的数理特性。其原因包括：一方面，在20世纪六七十年代，博弈论和信息经济学开始兴起并获得迅猛发展，这使经济学可以运用形式化的数学建模来解决更广泛的经济问题，如对策论就被广泛运用于产业经济学、贸易经济学、政策经济学以及市场竞争和货币利率等领域；另一方面，20世纪70年代之后，西方大学广泛推行了终身职制，这使数学好的青年经济学人快速取得了教授职称并拥有巨大话语权，由此滋生出强大的自增强效应而吸引经济学人进入数理经济学领域。

最后，正是基于"科学主义"认识，诺贝尔经济学奖也在1969年设立。当时将这一殊荣授予丁伯根和弗里希时的理由就是他们"给予经济理论以数学的严密性"，并且"把经济学发展为数学和定量的科学的先行者"（参见伦德伯的诺贝尔颁奖讲话）。而且，该奖项的设立又进一步加强了对经济学作为一门"科学"的认同：一方面，诺贝尔经济学奖的巨大荣誉激励众多的经济学人为之奋斗；另一方面，诺贝尔经济学奖得主的巨大声誉使其可以培养更多具有类似倾向的学者。当然，需要指出，作为经济计量学和经济模型先驱的丁伯根虽然建立了第一套统计的经济学模型，并用这些模型去研究经济周期和经济政策对国民经济的影响；但是，他并不是一个玩数字游戏的人，相反，他的所有统计学著作都源于"对人类福利的深刻的忧虑和确信科学的、数学的分析能与广泛的人文主义方法相结合"。即使认为"将数学方程转化成平铺直叙的文章是浪费时间以及没有数学形式的经济学理论是不系统的"的萨缪尔森，也并不支持"为了严密而严密"或"为了形式而形式"，而仅仅把数学看成工具，强调用数学方法阐述论点和证明那些能够被经验所证实的经济学理论。[②]

然而，后来的经济学数理化道路却越来越与现实脱节，与人类的需要脱节，也与其他社会科学相脱节。正如斯诺登等所写的："经济学学历证明常常被过分看重，这说明这门学科几乎已与物理学一样'硬'，而与那些'软'的社会科学之间的距离已经很大。这种感觉加强了人们的一种幻觉，即对任何经济问题都只有一种解决方法，只有一种答案。许多经济学家向往的是科学家的白大褂，而不是凯恩斯在其关于'我们孙子辈的经济可能性'的论文中所暗指

[①] 巴克豪斯：《经济学是科学吗？现代经济学的成效，历史与方法》，苏丽文译，格致出版社、上海人民出版社2018年版，第130–131页。

[②] 转引自普雷斯曼：《思想者的足迹：50位重要的西方经济学家》，陈海燕等译，江苏人民出版社2001年版，第281页。

的谦逊的牙科医生的白大褂。其至一些著名的科学哲学家也牵连其中。波普尔指出了一个事实，尽管那些落后的社会科学还需找到自己的伽利略，而经济学却已经历了自己的牛顿革命。与此类似，库恩也认为经济学表现出了成熟性，比其他各门社会科学更有连贯性，一致性也更大。"[①] 显然，正是在这种思想的支配下，经济学的数学模型化趋势就愈演愈烈。萨缪尔森就宣称，"到1935年经济学已经进入了一个数学的时代。让一个骆驼穿过一个针眼比让一个非数学天才进入具有创见的经济学家的万神殿要容易"；[②] 进而，他其至推论说："在数学模型出现之前，凯恩斯本人并不真正懂得他自己的分析。"[③]

归纳起来说，经济学之所以快速走上数理化道路，主要源于这样两个原因：①实践上盛行的实用主义原则，这由功能主义哲学观所促发；②理论上遵循的自然主义思维，这由科学主义发展观所引领。接下来继续作一详细的阐述和剖析。

 ## 三　经济学数量化的实践动因：功能主义哲学观

在实践中，经济学走上大量运用数学的抽象模型化道路与20世纪30年代以后西方社会逐渐盛行的实用主义有关，而实用主义在理论分析上又进一步转化为功能主义哲学观。功能主义关注事物之间的数字联系而不是内在的逻辑机理，关注事物之间在量变上的相互影响，从而促发了经济学的数量化趋势。事实上，知识分子的重要使命就是对社会缺陷进行观察和揭露，并且试图改变它；因此，早期的知识分子大多积极涉入政治领域，希望通过对社会权力机构进行渗透的方式而使掌权者成为实施其理念和方案的工具。20世纪30年代勃兴的功能主义则进一步强化了这种理念，因为功能主义的基础是实用主义哲学，这种哲学强调将思想和行动统一起来，主张通过实际活动来检验思想。如詹姆斯所说："要做一个实用主义者，我们就必须面向经验，面向'事实'。"[④]

①　斯诺登等：《现代宏观经济学指南：各思想流派比较研究引论》，苏剑等译，商务印书馆1998年版，第495页。

②　Sammuelson P., 1976, Alvin Hansen as a Creative Economic Theorist, *Quarterly Journal of Economics*, 90(1)：24-31.

③　曾伯格：《经济学大师的人生哲学》，侯玲等译，商务印书馆2001年版，导言。

④　詹姆士：《实用主义》，陈羽纶等译，商务印书馆1979年版，第86页。

显然，自 20 世纪 30~60 年代，实用主义和功能主义都是主导美国社会的基本哲学思潮。与此同时，由于社会经济问题的总暴露，经济学与社会政策的联系也越来越紧密。例如，布劳格就指出，"经济学总是主张给政策制定者提供指导，并且为了'指导得好'，所有伟大的经济学家们都很显而易见地被鼓舞去研究经济学。自从'二战'以来，这种对'成为有用的经济学家'的渴望一直通过对政府的大规模侵入而被经济学家们满足。在美国，有总统指定的经济顾问委员会"。[①] 同样，埃克伦德和赫伯特也指出，"20 世纪，经济学家的知名度和声望是同其把经济理论转变成为经济政策的能力成比例地增长的。当代经济学家是政府的顾问，是决策体系的成员，是准备分析现时经济问题的各种'思想库'中的探讨者"。[②] 特别是由于美国在 1960 年建立了官方的经济顾问委员会，经济学家对政治家的影响也就被制度化了。

同时，功能主义的另一思想来源是孔德的实证主义，而实证主义又与历史主义相联系。历史主义把历史预言视为社会科学的基本目标，并认为，这种目标通过发现历史进化的基础规律或趋势是可以达到的。正是基于这一理念，经济学就成为对未来进行预测的工具，并与建构理性相结合而演变为对社会制度进行改造或设计的工具。例如，弗里德曼就强调，"实证科学的最终目标是建立一套'理论'或'假说'，对尚未被观察到的事物作出有效且有意义的（而不是空洞平庸的）推测"。[③] 在很大程度上，随着经济学日益走上应用化的道路，功能主义分析在经济学中所取得的支配地位就得到了进一步的强化。进而，功能性分析又为数学的使用提供了广阔的舞台。究其原因，作为应用性服务的结果，它要求尽可能精确、尽可能消除不确定性、尽量减少模棱两可的空间，否则那些政策制定者将感到无所适从，而数学形式主义的主要特征就在于其表述更为清晰、更为精确。

正是基于这种应用性的考虑，自 20 世纪 30 年代起，用工程技术来解决社会问题的欲望就变得非常明显，以致像政治工程、社会工程以及经济工程这些

---

① 布劳格："为何我不是一个建构主义者"，载巴克豪斯编：《经济学方法论的新趋势》，张大宝等译，经济科学出版社 2000 年版，第 158 页。

② 埃克伦德、赫伯特：《经济理论和方法史》，杨玉生等译，中国人民大学出版社 2001 年版，第 166 页。

③ 弗里德曼："实证经济学方法论"，载豪斯曼编：《经济学的哲学》，丁建峰译，世纪出版集团、上海人民出版社 2007 年版，第 151 页。

词汇已经变成了时髦的口头禅。①事实上，当前的一些社会科学研究也往往被冠以"工程"的概念，似乎一旦有了这个名号，研究就具有科学性了，就客观了。科塞曾指出，"知识一套上追求权力这个重轭，它就会失去其本质特征，必然变成辅助性的了。将知识套在权力的战车上，也就阉割了它。新政改革者获得了权力从而也改变了自己的角色"；而且，"随着新机构中顶头上司变得正规化和惯例化，为他们效力的人也不得不循规蹈矩。随着实践的流逝，那些曾经是自由知识分子的角色，也变得和过去的技术专家的角色并无区别了"。因此，留在政府或为政府服务的人逐渐"接受了他们作为技术人员的角色，不再感到有必要对他们服务的政策表示怀疑。作为目标取向的知识分子，他们在不知不觉中被驯化了，逐渐接受了手段取向的脑力技师的角色"。②

其实，20世纪上半叶美国曾经盛行过两大经济学流派：老制度主义学派和凯恩斯学派，两者都努力为政府政策的制定出谋划策。特别是在很长一段时间内，老制度学派更得宠幸，它在美国处于支配地位，其许多成员都成了罗斯福总统的顾问。例如，当时美国400多名经济学家曾联名要求凡勃伦出任美国经济学会会长，但被凡勃伦拒绝了；康芒斯曾担任美国货币协会会长，对美国联储和社会保障制度的建立起过重要作用；米切尔创建美国全国经济研究局，为经济周期、宏观经济以及后来库兹涅茨等所研究的国民收入账户及其核算奠定了基础。当然，"二战"后制度学派的地位很快就衰落了，究其原因主要在于：制度主义的群体惯例行为模式分析不大适合用数学形式表述，无法承担脑力技师的角色，从而逐渐从政府中被排挤出来。与此同时，萨缪尔森1949年出版的《经济分析的基础》中却为之提供了技术分析的基础，从而标志着经济学理论数学化趋势已经形成；这样，随着经济学家对政府政策制定的影响加大，新古典经济学更"科学的"数学方法就成功地压倒了不大严密的制度学派。可见，正是第二次世界大战后经济学与政策的联系日益密切，为经济学的数学化发展提供的舞台，但与此同时，也造成了经济学思想的窒息。科塞就写道："官僚化的知识分子允许决策者为自己规定行动目标，用自己的知识和技术盲目地维护制度安排。他因此放弃了知识分子的批判角色，因为他实际上已不再能确定自己的问题了，不再能根据自己的价值去选择问题了。"③所以，布

---

① 哈耶克："工程师和计划者"，载秋风编译：《知识分子为什么反对市场》，吉林人民出版社2003年版，第24页。

② 科塞：《理念人：一项社会学的考察》，郭方等译，中央编译局出版社2001年版，第203页。

③ 科塞：《理念人：一项社会学的考察》，郭方等译，中央编译局出版社2001年版，第204页。

劳格指出，"对所有这些荣誉所必须支付的代价是，一种智力的浪费、一种过于吹嘘这个学科的倾向，以及对不支持经济学界所制定的任何法案的经验性证据加以忽视的一般倾向"。①

四 经济学数量化的理论动因：科学主义发展观

在理论上，经济学之所以快速走向数学模型化道路，主要是与启蒙运动后在西方社会日益盛行的自然主义思维传统有关。根据自然主义的思维，社会秩序仅仅是自然秩序的延伸，而自然科学领域的物理学已经为社会科学的发展确立了基本思路；相应地，科学主义的经济学发展观就产生了，而科学的基本特征就是客观和精确，从而促发了经济学的数量化趋势。实际上，正是受科学主义的支配，当时人们相信整个社会科学都是科学主义的产物，即使社会科学的各分支还不成熟，但最终会像自然科学一样成熟起来，所有科学都应该建立在单一方法论的基础之上。特别是在 20 世纪初期，马赫发起的实证主义对知识生活产生了支配性的影响，它宣称凡是不能计量的就不是真实的，进而把凡是不可观察的东西都归于"形而上学"而排斥在科学之外。后来，在维也纳学派学者的努力下，实证主义又进一步发展为逻辑实证主义，声称要为所有的经验陈述的意义和有效性建立严格的标准。正因如此，伴随着近代物理学、化学、天文学、地理学和生物学等自然科学的发展而产生的实证主义最终在社会科学领域确立了以寻求确定性、准确性、验证性为基本目标的实证论思维方式，并将以数学化程度来衡量社会科学科学化或成熟化的程度。

显然，这种科学主义的实证思维深深地影响了经济学以及社会科学其他分支学科的发展。② 因此，"（发展到）'二战'以后，美国社会科学的霸权将任

---

① 布劳格："为何我不是一个建构主义者"，载巴克豪斯编：《经济学方法论的新趋势》，张大宝等译，经济科学出版社 2000 年版，第 158 页。

② 科学主义源于文艺复兴和启蒙运动以后物理学和生物学取得的巨大进展，以致物理学和生物学的研究方法为社会科学所模仿，从而形成了新的自然哲学流派。由于这种思路源于对自然的观察，思维上带有浓厚的自然主义特征。实际上，波普尔根据对物理学方法在社会科学领域可适用性的观点将思想学派分为前自然主义和反自然主义两类：前自然主义流派喜欢将物理学的方法应用于社会科学，并崇尚实证主义研究，这种信念得到需要长期的天文学预测和达尔文主义的支持；而反自然主义流派则反对将这些方法用于社会科学，而推崇否定主义的研究方式，这种信念得到变化的社会和不变化的物理世界之间差异对比的事实支持。

何有关自然科学和社会科学之间的区别的痕迹统统勾销掉了，对科学至上主义的不加思考的引入，成为自 20 世纪 20 年代以来的大多数美国社会科学的特征"。① 正是基于自然科学的特征和目标，社会科学开始强调对社会现象的自觉控制，而"对社会现象进行自觉控制的理想，在经济领域里影响最大。当前'经济计划'的流行，可以直接追溯到……惟科学主义观念的得势。这个领域中的惟科学主义理想，是以应用科学家、尤其是工程师所采取的特殊形式表现出来的"。② 显然，对任何企图精确化的学科来说，数学往往都被视为一种必不可少的工具：①它容易对经验材料进行测量，可以提醒人们注意那些在具有说服力的文字讨论中漏掉的逻辑关系；②它还可以使人们摆脱漫无边际的空想，成为理论内部逻辑一致的可靠保证。事实上，数学也往往被视为更为稳定、更加精确的学术语言。特别是科学主义首先必然涉及理性的充分运用。究其原因，只有充分使用人的理性，我们才可能对行为的意向有直接和清晰的把握；进而，对理性的理解，又首先体现在数学或逻辑之中。③ 例如，盖内里就认为，"经济现象的理性假说与数学模型毫无疑问是相关的"。④

同时，需要指出的是，西方主流社会所理解的科学概念本身就来自自然科学，而它的基本特征是建立在实证论和还原论两大理论基础之上。显然，由于数学是实证论和还原论分析的基本工具，经济学只有借助于数学才显得更为"科学"。一般认为，数学使用所呈现出来的客观性包括两个方面：①数学的使用有其自己的修辞手段——前提与假定，逻辑具有明显的精确性和严密性，这是数理模型化的发展道路；②建立在对经验数据的系统分析和实证的基础之上，可以使对存在现状的分析更为确定，这是计量化的发展道路。正因如此，数学化逐渐被视为能令一门研究领域提升到科学层次的唯一途径，而且，"形式化程度越高的理论（也）可以被认为是越'科学'的"。⑤ 在这种情况下，主流经济学逐渐舍弃了传统使用的比喻、类比以及求助于权威的修辞，而是通

① 米洛斯基："问题是什么"，载巴克豪斯编：《经济学方法论的新趋势》，张大宝等译，经济科学出版社 2000 年版，第 73 页。

② 哈耶克："工程师和计划者"，载秋风编译：《知识分子为什么反对市场》，吉林人民出版社 2003 年版，第 24 页。

③ 韦伯：《社会学的基本概念》，胡景北译，上海人民出版社 2000 年版，第 2 页。

④ 盖内里："模型化与经济理论：演变与问题"，载多迪默、卡尔特里耶编：《经济学正在成为硬科学吗》，张增一译，经济科学出版社 2002 年版，第 120 页。

⑤ 郎达内："科学的多元化：经济学与理论物理学比较"，载多迪默、卡尔特里耶编：《经济学正在成为硬科学吗》，张增一译，经济科学出版社 2002 年版，第 85 页。

过数学的引入把经济学变成了像自然科学一样具有高度专业性并越来越晦涩难懂的学科。特别是在社会科学领域，经济学似乎最具有可计量化的特征，因为按照德布鲁所说，"（经济学的）两个最重要的概念——商品和价格——被一种特殊的方式定量化了……这样，微分计算和线性代数被运用于（商品—价格）空间就是理所当然的了"。①

正是由于经济现象在定量化方面所表现出来的性质，人们尤其期望通过经济学来理解、预测甚至改变现实世界中的经济现象；因此，在所有的社会科学中，经济学的科学化取向最为明确，经济学逐渐成为数量化程度最高的科学。相应的结果是，经济学逐渐被视为是介于社会科学和自然科学中间地带的特殊科学，关于经济学的科学性质问题也比其他任何社会科学分支都提出得早，也要明确得多，并且还往往以科学学科的身份自居。② 正因如此，此后的主流经济学就逐渐行进在非常狭窄的轨道上。可见，从定义和公理出发，通过假设来确定结论的精确性的数学推理的运用程度就成为一个学科科学化和先进程度的衡量标准，这也是绝大多数社会科学发展的方向；尤其在经济学界，"除了声称发现了真理之外，经济学家所采用的方法似乎具有如此明显的特征，那就是希望在理论的完美性和科学成就方面都达到与理论物理学同样的发展水平"，③从而实现硬科学的梦想。

其实，把经济学视为一门硬科学的科学化取向出现的时期非常早，这一倾向从政治经济学作为一个独立科学在建立起来之初就有了；特别是在法国的重农主义时期，魁奈就将政治经济学研究与自然科学联系了起来。这种数学化倾向的加速演化期大致可以追溯到边际革命的时期，杰文斯就宣称，政治经济学是"一种模糊的数学，用以计算人类勤劳的原因与效果"，并且强调，"没有数学家，什么也不可能做得非常彻底"。④ 而随着新古典经济学的兴起，边际分析工具日益大兴其道，经济学的数学化趋势已经牢不可破地确立了。波普尔甚至乐观地宣称，经济学已经进入了牛顿革命的前夜。一个里程碑式的标志是，新

---

① 米洛斯基："问题是什么"，载巴克豪斯编：《经济学方法论的新趋势》，张大宝等译，经济科学出版社 2000 年版，第 84 页。

② 多迪默、卡尔特里耶："导言"，载多迪默、卡尔特里耶编：《经济学正在成为硬科学吗》，张增一译，经济科学出版社 2002 年版，第 1 页。

③ 郎达内："科学的多元化：经济学与理论物理学比较"，载多迪默、卡尔特里耶编：《经济学正在成为硬科学吗》，张增一译，经济科学出版社 2002 年版，第 71 页。

④ 转引自豪伊：《边际效用学派的兴起》，晏智杰译，中国社会科学出版社 1999 年版，第 5 页。

古典经济学将经济学的研究对象从公共领域转向私人领域，并集中在物质财富方面；相应地，将价值理论转化为价格分析，以货币概念的分析来取代财富的分析。显然，正是价格和货币的引入，使经济学的数学化变得简单可行；随着价格和货币的分析占据了经济学的主流地位，经济学也就被赋予了越来越强烈的科学化特征。而且，为了能够进行这种所谓的科学性分析，新古典经济学逐渐将其理论建立在形式化的抽象假设基础之上，从而建立起了形式化的分析体系：采用均衡作为一个抽象分析的核心概念，并运用数学模型来阐述一个封闭系统。张五常就指出，"使经济学成为精密科学的是下列事实：我们能够从一组假定和规律出发推导出一些假说，这些假说将这些看起来相互无关的规律性现象联系起来，并做出解释。由于这门学科是公理性的，故论点能够一般化。解释规律性的假说可以用事实来证伪，并且由于其结构在逻辑上显然，目前经济学一个重要的偏误就是对具体的模型太过重视了，相反，忽视了真正经济理论所在，这是一致的，所以解释是有意义的"。①

可见，正是基于科学性和应用性的推崇，主流经济学认定人类行为同样具有自然现象那样的规律性和科学性，进而把预测精确性视为科学性的一个基本特征；同时，功能主义哲学观和科学主义发展观又与理性主义思维结合起来，它们共同推动经济学日益走上数学模型化的发展道路。张五常就指出，"经济学是'精密'的科学，人类行为的经验性规律比得上物理学中的规律。100元的钞票掉在繁忙的街道上会很快消失。……从更大范围来说，如果货币数量增加一倍，价格水平将会上升"。尤其是，主流经济学甚至将科学化和数学化等同起来，以至于数学化成了主流经济学提升科学性的基本形式和工具。例如，瓦尔拉斯就指责约翰·穆勒是一位庸俗经济学家，因为他不求助于数学甚至无法证伪一个明显错误的命题。③问题是，数学化的经济模型能够证伪一个经济学理论吗？显然，这遇到了波普尔的证伪主义在经济学中的适用性问题。尽管如此，在数量拜物教的驱动下，主流经济学的研究渗入了越来越多的数学因素，甚至蜕变成为应用数学的一个分支，最终演变为"为科学化而数学化"。埃克伦德和赫伯特就写道："伟大的古典作家如亚当·斯密和杰里米·边沁等认为经济学在最大可能上是一门社会科学。……然而，随着经济学在19世纪和20世纪的发展，其研究范围逐渐缩小。在美国及其他各国的许多研究机构

---

① ② 张五常：《经济解释：张五常经济论文选》，商务印书馆2000年版，第17页。

③ 基尔曼："经济理论的演变"，载多迪默、卡尔特里耶编：《经济学正在成为硬科学吗》，张增一译，经济科学出版社2002年版，第129页。

中，我们实际上已经达到把经济学看作是应用数学的一个分支而不是一门社会科学的程度。"[①] 同样，罗森伯格则认为，"微观经济学理论，至少它的核心部分，是抽象数学的一个分支"。[②]

五 经济学数量化与其初始目标的落差

尽管数学作为一个工具对经济学的发展特别是对其应用具有其重要的积极意义，但显然，过分偏重数学也为经济学科以及经济理论的发展带来了严重阻碍。究其原因，社会现象是复杂多变的，关于它的认知也带有较强的主观性。马兰沃写道："不管人们如何进行（沟通经济学与硬科学的）这类尝试，两者之间仍然保持一定的距离：无论是从对现象的解释还是从中得出的解释原则方面来说，经济学不如硬科学可靠，其中包含着无法彻底消除的根本原因。甚至，我有这样的一种感觉，认为两者之间的差距在将来也几乎不可能缩小。从这方面来说，我倾向于认为这种攀亲似的尝试几乎已经达到了终点：经济学将继续发展，硬科学也将继续发展，但是，两者的发展仍将保持一定的距离。"[③] 事实上，披上数学外衣的经济学往往成为意识形态争夺滥用的一个工具。有学者指出，尽管经济学的科学化努力给人留下了深刻的印象，无论在理论经济学还是应用经济学领域，数学技巧都得到了极大发展，但剥开这层科学外衣，经济学除了为经济学家发展了一套更为完善、圆滑的自我辩护技巧外，并没有取得实质性进步；相反，经济学仍然只是一种流行的意识形态，其主要功用是为社会既得利益集团提供一种貌似科学、客观且公正的理论辩护。这里从两方面加以说明。

（一）经济学的理论科学性并非精密化

经济学所研究的经济现象是人与人之间的互动所产生的，而人之行为本身是复杂多变的，涉及文化的、心理的、认知的以及制度的等各种因素。因此，

---

① 埃克伦德、赫伯特：《经济理论和方法史》，杨玉生等译，中国人民大学出版社 2001 年版，第447 页。

② 罗森伯格："经济学理论的认知地位如何"，载巴克豪斯编：《经济学方法论的新趋势》，张大宝等译，经济科学出版社 2000 年版，第 197 页。

③ 马兰沃："经济学与硬科学的攀亲：一种不可避免的、达到终点的尝试"，载多迪默、卡尔特里耶编：《经济学正在成为硬科学吗》，张增一译，经济科学出版社 2002 年版，第 11 页。

经济学理论根本上是无法通过数理化而加以"精密"化的，相应地，现代数理经济学本身也就存在严重的缺陷。一方面，数学化往往把太多的注意力放在它们推理过程中的最强联系上，而忽视了相当重要的最弱的联系，如初始敏感性条件的稍微变化都将产生截然不同的结果；另一方面，数学化仅仅将那些可以转换为数字的因素考虑进来，而那些无法转化成数字表示的因素可能是更重要的，如制度、文化等因素在数学化过程中都被舍弃了。其实，正如布隆克指出的，对数学上的精确的重视会产生两个主要效果：①如果数额计算可以奏效的话，它需要有具体的假定或前提；②对数学精确这一重要性的体认会使经济学家把注意力集中在可测量的事情上，而把它转化为相应的用数字表示的价值（即货币）。[①]但显然，这两个方面都会导致经济学逐步与每天生活的丰富性、复杂性和非理性相脱离，特别是使经济学与伦理学的研究极大地相分离。

关于这一点，很多经济学大家也早有清醒认识。例如，熊彼特就指出，"数量经济学具有所有领域中所称的'纯科学'的性质。无论如何，其结果对于实际问题而言都是毫无意义的"。[②]同样，哈耶克在1974年发表的《知识的僭妄》的诺贝尔奖演说中也强调："与物理学的情况不同，在经济学中，以及在研究的现象十分复杂的其他学科中，我们能够取得数据进行研究的方面必定是十分有限的，更何况那未必是一些重要的方面。在物理学中，一般认为，而且也很有理由认为，对受观察的事物起着作用的任何因素，其本身也是可以直接进行观察和计算的。但是，市场是一种十分复杂的现象，它取决于诸多个人的行为，对决定着一个过程之结果的所有情况，几乎永远不可能进行充分的了解或计算。……物理学的研究者对他认为重要的事项，能够根据不证自明的原则进行计算，而在社会科学中，碰巧有个事项能够进行计算，往往就被认为是重要的事项。"[③]

然而，即使绝大多数学者都承认人类有偏离最大化的情形，但现代主流经济学还是在最大化原则的支配下偏好于采用数学模型进行理性分析，而异常简单地将"偏离现象"视为随机的。而且，现代主流经济学还先验地认为：①是在随机的和无法预测的范围内才有偏离，因而没有理由要在分析中提及；②我们对社会学和心理学行为没有足够的了解，因而无法对它们进行随机预测。正

---

①　布隆克：《质疑自由市场经济》，林季红译，江苏人民出版社2000年版，第118页。

②　熊彼特：《从马克思到凯恩斯》，韩宏等译，江苏人民出版社2003年版，第234页。

③　哈耶克：《经济、科学与政治：哈耶克思想精粹》，冯克利译，江苏人民出版社2000年版，第460页。

因如此，现代主流经济学认为，我们能够在某种确定的程度上预测的唯一事情就是，人在最大化行为范围内会做什么。不过，正如阿克洛夫指出的，"我不明白为什么要假定在这种情况下的偏离现象是随机的。要假定你不知道的某件事情对你的理论体系没有任何影响，很显然是件危险的事情。我就找不出任何理由来说它一定是随机的。社会学家和心理学家常常撰文论及这不是随机的原因！我想，这也是难以应用社会学和心理学深刻见解的原因"。①

其实，政治经济学的根本研究目的就是揭示社会现象的内在本质以及事物之间作用的因果机制，同时，它要剖析引起现象偏离本质的因素以及这些因素起作用的机理，而不能简单地把其他潜在因素归结为随机向量。更甚者，在随机变量引入之前，模型化的数学分析往往把这些无法量化的因素完全舍去。米洛斯基就指出，"约束最优化的数学方法的可靠性来自它同力学中出现的相同数学方法的高度相似性，而不是来自任何基于经济学的认识论和本体论的清楚的证明。通过几个偏微分方程，自然和社会就被含糊地统一起来了"。②但殊不知，这种武断的作风往往会引起一些反社会、反道德的荒谬后果，如对市场中的穷困现象视而不见，对反道德市场交易行为的推崇，等等。

正因为经济学本身不可能完全精密科学化，所以这种强调模型化的分析就存在问题。撇开早期那种确切地从数学符号中推导出结论的数理经济学不说，目前流行的模型化分析往往并非理论研究，它们几乎没有任何理论创新，而仅仅是为了展示作者的构思技巧。在1995年的一篇文章中，福格尔就写道："近年来，人们一直把经济理论与经济行为的数学模型相提并论；把模型和理论混为一谈是不幸的。30年前，人们普遍地把经济理论探索称为'经济学理论'，把处理经济行为的数学模型称为'数理经济学'。20世纪50和60年代，某项经济理论研究常常像经济学家认可的那样是对经济运行进行的概括和一般化……这种一般化还是成为基础理论研究的核心。"③事实上，经济学家首先应该是思想家，但思想家并不必须是数学家。一位哲人也曾指出，语言一旦说出来，它的含义就消失了。同样地，经济学的思想一旦用数学模型来表达，其威力也就大打折扣了。所以，舒尔茨说："经济行为比我们关于经济行为的思想

---

① 转引自斯威德伯格：《经济学与社会学》，安佳译，商务印书馆2003年版，第102页。

② 米洛斯基："问题是什么"，载巴克豪斯编：《经济学方法论的新趋势》，张大宝等译，经济科学出版社2000年版，第74页。

③ 福格尔："道格拉斯·诺思和经济理论"，载德勒巴克、奈编：《新制度经济学前沿》，张宁燕等译，经济科学出版社2003年版，第22页。

要复杂，而我们的思想要比我们的经济学语言更有理解力，我们的语言比标准理论更有理解力，而标准理论比数理经济学更有理解力。"[①]

试想：在物理学、数学等学科中建立一个特定环境下的方程（模型），并得出结果（解），这种工作是否会被视为理论的创造呢？譬如，根据万有引力原理和动量守恒原理，某人制造了一个在特定环境下（譬如在西北大风环境下）适用的弓箭，他是否可以把自己的制作过程写出来，而在理论杂志上发表呢？这种提法看似荒唐，但它却在当前的经济学领域非常流行，而且简直就是最为典型的经济学研究方式。目前那些数理经济学文章绝大多数都只是一种学生的练习之作，却可以在"一流"理论杂志上发表。况且，经济学中这种练习的适用性和理论性还根本比不上运用自然科学理论进行制造的实践，因为经济领域的这些文章基本上是建立在高度抽象的基础之上，而不对具体的环境进行真实的考虑。正因如此，新古典主义的创建者马歇尔就一再提醒年轻学者，过分依赖数学会使我们沉迷于智力游戏，头脑中想象的问题与现实生活条件不一致的，而且会使我们忽略掉那些不容易用数学加工的因素。

（二）经济学的实践致用性不能庸俗化

作为一门致用之学，经济学应该与社会现实紧密结合在一起，而不能停留在"我向思考"式的逻辑演绎上。但是，这种应用性主要体现在认知思维的提高而不是功能性检验，否则就会蜕变为就事论事的庸俗实用主义，进而窒息经济理论的发展。关于这一点，涂尔干、马歇尔、皮尔士、波普尔、迈克尔·波兰尼、默顿以及劳丹等一大批学者都曾作了明确的告诫。例如，涂尔干就告诫说："观念或概念出自浅显的经验，是在实用中产生，也是为了实用而创造的，目的是为了使我们的日常活动与周围环境的事物相适应。然而，从实用出发，用观念推测事物所产生的理论，尽管仍然实用，却往往会是错误的理论。例如，虽然波兰天文学家哥白尼在十六世纪时就已证明人们通常相信太阳绕着地球旋转是错误的，但是由于实用的缘故，太阳绕地球而行的思想在我们的社会里至今仍然沿用。……实用的观念往往只求大概的适应，只求适应普遍性的情况，却说不清它的可靠性到底如何。"[②]所以，皮尔士强调，"实用主义是一种

---

①　舒尔茨：《报酬递增的源泉》，姚志勇译，北京大学出版社2001年版，第32页。

②　涂尔干（又译迪尔凯姆）：《社会学方法的规则》，胡伟译，华夏出版社1999年版，第14页。

关于意义而不是关于真理的学说"。[①] 也就是说，基于实用主义的应用经济学本质上难以发现事物的内在机理或者理论的。

事实上，就科学研究的目的而言，尽管长期以来一直存在着是求知（即为纯理论的或"无用的"好奇心）还是应用（作为解决实际生存问题的工具）的争论，但是，两者本身是不能截然分开的。例如，马歇尔就指出，"经济学的目的，第一是为求知识而求知识，第二是解释实际问题。我们在进行任何研究之前，虽然必须仔细考虑这种研究的实际问题，但我们却不应当直接根据这些用途来计划我们的工作。因为，如果这样做的话，一当某种思想与我们当时心目中的特殊目的没有直接关系时，我们就会打断这种思想：直接追求实际目的，会使我们将各种知识的点滴集合在一起，这些知识除为当时的目的集合在一起外，彼此并无关系；它们也很少说明相互间的关系。我们的心力就消耗于从一种知识到另一种知识上面，没有彻底想出什么东西来，也没有得到真正的进步"，"所以，为了科学的目的，最好的分类法就是把一切性质上相类似的事实和推论收集在一起的方法；这样，研究一种东西就可以明了与它有关的东西……经济学家对经济研究的时间和用途绝不应该不加注意，但是他的特殊工作是研究和解释种种事实，以及找出不同的原因单独地和合在一起地发生作用时的结果怎样"。[②]

在这两种目的中，波普尔强调求知。他说："科学最重要之点乃是作为人类所曾知道的最伟大的精神探索之一。"不过，即使强调科学的目的是求知，这种求知实际上也不是真正"无用"的；相反，它"可以和我们承认实际问题的重要性对科学发展的实际检验的重要性结合起来；因为实践对于科学思索的价值是无法估计的，它既是马刺，又是马缰"。[③] 相似地，迈克尔·波兰尼也强调，"科学的本质就在于对知识的爱，而知识的功用绝非我们关注的首要内容。我们必须一再为科学要求公众的尊敬和支持，追求知识且只追求知识的科学应受这样的尊敬和支持。因我们科学家宣誓效忠的，乃是比物质福利更珍贵的价值，乃是比物质福利更为紧迫的工作。"[④] 同样，劳丹则指出，"科学中的许多理论活动，以及科学中大多数最好的理论活动，都不是直接旨在解决实际

① 转引自胡佛："实用主义、实效主义与经济学的方法"，载巴克豪斯编：《经济学方法论的新趋势》，张大宝等译，经济科学出版社2000年版，第379页。

② 马歇尔：《经济学原理（上卷）》朱志泰译，商务印书馆1964年版，第59页。

③ 波普尔：《历史主义贫困论》，何林等译，中国社会科学出版社1998年版，第50页。

④ 波兰尼：《自由的逻辑》，冯银江译，吉林人民出版社2002年版，第6页。

的、或有社会效益的问题。即使在那些高层次的理论概括最终已在实际上取得成效的情况下，这在很大程度上也是偶然的；这种偶然的应用既不是研究的动机，也非普遍的规律"。[①]

显然，这种强调求知作为首要目的的思想也为大多数的思想大师所鼓吹。例如，康德就指出，屈服于好奇心的每一种念头，让我们的探索热情除了自己能力的局限外并不受任何事物的束缚，这一点就表现为一种与学术研究相称的心灵的渴望。[②] 所以，默顿强调，"科学家在评价科学工作时，除了着眼于它的应用目的外，更重视对扩大知识自身的价值。只有立足于这一点，科学制度才能有相当的自主性，科学家也才能自主地研究它们认为重要性的东西，而不是受他人的支配。相反，如果实际应用性成为重要性的唯一尺度，那么科学只会成为工业的或神学的或政治的奴仆，其自由性就丧失了。这就是为什么今天的许多科学家对三个世纪前由弗郎西斯·培根所提出的观点表示担忧的原因，培根由于提出科学具有实用性价值，因而使科学具有了社会价值。但我们应该清楚，培根无可否认是科学适用性的最大鼓吹者，可他区分了所称的成果实验和观点实验，前者可以用于帮助获得各种人类实用目的，而后者只产生新知识，它除了扩展认识外，至少彼时彼地尚无发现另外的用途，即使它有"。因此，"合格的社会学家中无人认为这个学科已提出了单一的严谨形式的理论，能够对广泛的社会问题全面包容，从而使我们能够对所有这些问题的每一个重要方面都能做出解释。一旦当社会面临困境时，就会有大量冒牌社会学家出现，他们相信上述观点，而且宣称他们很快会医治令我们头痛的社会问题。然而事实上，由于社会组织和人类行为如此复杂和难辨，对那些声称能说明组织和行为的方方面面的'解释'，我们最好加以防范"。[③]

同时，尽管波普尔、默顿等当时所针对的是社会学，但是，这种告诫对包括经济学在内所有理论研究显然具有同样的意义。然而，不幸的是，在这种告诫随着学术中功利性的膨胀而变得越来越无力了。迈克尔·波兰尼写道："由过去的时代里那些领导性的哲学运动卓有成效地灌输进我们头脑里的学说明确教导的却是这样：正义不是别的，正是某个阶层的意志；同时再没有什么，能够比对物质利益的渴望来得更高——因此侈谈什么更高的使命，不是愚蠢，便

---

① 劳丹：《进步及其问题：科学增长理论刍议》，方在庆译，上海译文出版社1991年版，第244页。

② 波普尔：《历史主义贫困论》何林等译，中国社会科学出版社1998年版，第51页。

③ 默顿：《社会研究与社会政策》，林聚任等译，生活·读书·新知三联书店2001年版，第48—49、51页。

是欺骗。"① 在经济学界，尽管马歇尔认识到经济学研究的双重目的，但由于他把"有助于社会问题的解决"视为经济学的首要目的，并且，这种思想被他的弟子庇古、凯恩斯等继承及发扬光大，以致后来哈耶克这样的学者认为，"经济分析从来就不是对于社会现象的原因的单纯智力好奇的产物，而是一种强烈要求重建一个引起了人们深刻不满的世界的结果"。② 结果，20 世纪五六十年代以后，为了这样应用的目的，以数学为工具的抽象演绎分析几乎一统整个社会学界。

事实上，尽管数学在经济学中使用的最初目的是提高经济学理论的精确性，但由于社会现象本身要比自然现象复杂得多，结果，数学在经济学中的泛滥非但没有提高经济理论对实践的指导价值，反而可能误导了改革的方向：这不仅体现在实行中央计划经济的前社会主义国家所做的大量经济计划，也表现为当前中国那些由经济学家设计或提出的改革政策。究其原因，如哈耶克所说，那些崇尚控制的经济工程师的"典型任务通常有着完全自足的特点：他只关心单一目标，对为此目标而做的所有努力进行控制，并为此而支配范围明确的现有资源。这使他的工作有可能获得一个最典型的特点，即至少从原则上说，复杂的操作工程的各组成部分，事先就在工程师头脑里完成了，作为其工作基础的全部'数据'，已被清楚地纳入了他事先的计算，并被绘制成蓝图，以此支配整个方案的实施"；显然，这类工程师只能在孤立的世界里处理"已知数据"，而不"参与别人在其中独立作出决定的社会过程"，而且，"他的技术只适用于根据客观实施确定的典型环境，而不适用于如何找出什么资源可以利用，或不同的需求中哪一个更为重要这种问题"。③

特别是基于数量模型的功能主义分析根本上无法适应信息的变化，因此，随着技术革新的加速和全球经济一体化的加强，社会经济的不稳定性越来越强，经济的应用性将更为削弱。正如哈奇森指出的，"尽管预测的记录一直很差，或者从某种意义上讲可能实际上已经恶化了，但似乎很可能的是，经济预测，特别是宏观经济预测在最近的半个世纪里明显地变得比以前更加困难了，

---

① 波兰尼：《自由的逻辑》，冯银江译，吉林人民出版社 2002 年版，第 6 页。
② 转引自波普尔：《历史主义贫困论》，何林等译，中国社会科学出版社 1998 年版，第 51 页。
③ 哈耶克："工程师和计划者"，载秋风编译：《知识分子为什么反对市场》，吉林人民出版社 2003 年版，第 24 页。

并且更加容易犯错误了"。[①] 究其原因，这种观念性分析仅仅是基于暂时的数字联系，是对现象的一种反映，而没有揭示社会现象产生的内在机理以及物质之间发生作用的因果联系。显然，这正如历史主义所主张的，"社会科学中的因果规律，如果有的话，其性质也必定与物理学中的大为不同，与其说是定量的与数学的，倒不如说是定性的。如果说社会学的规律能确定任何事物的程度，那么它们这样做也只能是以非常笼统的词句，并且至多也只能容许一种很粗疏的估计"。[②] 为此，米塞斯更直截了当地说："相信定量经济学可以代替或补充定性经济学时一种幻想……经济学作为一门理论科学所能传递的只是定性的知识。"[③]

可见，正是数学在经济学中应用的泛滥，导致了经济学理论在预测经济现象和指导社会改革两方面都遭遇了越来越严重的危机。一方面，就其预测功能而言，经济学之所以能在 20 世纪下半叶名声大噪，正是因为它许下了能够控制"天气"的诺言。然而，经济学家作为预言家的记录却相当不妙，譬如，"在'滞胀'发生以前，没有一个经济学家预见到了；金融理论家的著作在预言通货膨胀的正确率方面，已明显失败了……1967 年以来，依据最复杂的理论为经济合作与发展组织提供的预测，还不如运用常识或下述幼稚预测方法来得成功，即以前十年的平均增长率为指导，或假定后六个月的通货膨胀率将相似于前六个月"。[④] 事实上，在过去的一个世纪里，尽管经济学模型的复杂性似乎大大提高了，但预测精确度却依然不尽如人意。正如罗森伯格指出的，"经济学理论似乎永远地停留在一般预测的水平　　这些预测告诉我们某些变化在某时、某地将会发生，而不能告诉我们何时、何地、多么大的变化会发生。经济学家告诉我们：严寒之后橘汁会上涨，或者对高等需求不会很有弹性。但是，它似乎从未能以更准确的方式改进这些预测，指出价格上涨多少或无弹性的系数是多少。"[⑤] 另一方面，就其实践功能而言，在 20 世纪五六十年代，经济学走上数量化的一个基本动因是向政策制订者提供政策建议，对社会现象进行自

① 哈奇森："经济学方法论的目的和方法"，载巴克豪斯编：《经济学方法论的新趋势》，张大宝等译，经济科学出版社 2000 年版，第 41–42 页。

② 转引自波普尔：《历史主义贫困论》，何林等译，中国社会科学出版社 1998 年版，第 26 页。

③ 米塞斯：《经济学的认识论问题》，梁小民译，经济科学出版社 2001 年版，第 113 页。

④ 麦金太尔：《三种对立道德探究观》，万俊人等译，中国社会科学出版社 1999 年版，第 112 页。

⑤ 罗森伯格："经济学理论的认知地位如何"，载巴克豪斯编：《经济学方法论的新趋势》，张大宝等译，经济科学出版社 2000 年版，第 287 页。

觉控制，甚至全面改造社会。然而，尽管早期凯恩斯理论在社会实践中确实取得了短暂的成效，但后来的结果却反映出严重破坏了"气候"，并导致了政策的恶性循环。究其原因，就如麦克洛斯基所指出的，"经济学中的预测是不可能的"。[①] 所以，在华盛顿特区的政界里有 50 多年经济学研究经历的斯坦因所总结的，他所学到的两个主要的教训就是，"经济学家对经济并不知道多少，而其他人（包括制定经济政策的政治家）就知道得更少了"。[②]

 ## 六 尾论：经济学的发展趋向及其危机

尽管现代主流经济学基于科学化和应用性两方面的理由而走上了数量化的发展道路，但迄今为止的效果并不好，甚至导致了 20 世纪以来经济思想的不断萎缩；究其原因，主流经济学混淆了社会科学和自然科学之间的界限，想当然地把两者统一起来，并集中研究两者的共同之处。正因如此，经济学理论实际上已经走上了两个极端：一方面，为了追求所谓的客观化和科学化，数理经济学开始陷入了一种自我解释的逻辑游戏，构建一些远远脱节社会现实的最优化或均衡模型和学说，从而表现为"极高明而不道中庸"；另一方面，为了追求所谓的实用性，计量经济学又热衷于对现象的描述和解释，这些实然分析因没有揭示人类社会的本质和理想状态而不能为社会变革提供方向和路径，从而表现为"道中庸而极不高明"。

韦伯等就指出，社会科学和自然科学的研究是不同的：自然科学有目的地从具体的特殊事例进行抽象以期达到揭示其中规律的目的，而作为自我解释的存在物，社会科学更喜欢历史的细节。既然存在这种区别，那么"预测"和"控制"的话题根本就是被误导的，甚至可能是有害的，因而"经济学中普遍存在的对自然科学的嫉妒将被认为是所有错误的根源"。[③] 不幸的是，绝大多数主流学者还是在为目前这种经济学范式辩护：①如罗森伯格指出的，"当今

① 转引自哈奇森："经济学方法论的目的和方法"，载巴克豪斯编：《经济学方法论的新趋势》，张大宝等译，经济科学出版社 2000 年版，第 38 页。

② 转引自迪克西特：《经济政策的制定：交易成本政治学的视角》，刘元春译，中国人民大学出版社 2004 年版，第 2 页。

③ 米洛斯基："问题是什么"，载巴克豪斯编：《经济学方法论的新趋势》，张大宝等译，经济科学出版社 2000 年版，第 75 页。

经济学理论的辩护者仍然坚持认为，经济学理论并不需要改进其预测水平而超越一般性的预测，因为当它们赢得广泛的'可见性'时，实际上是进行自杀性的自我反驳。如果这是正确的，它对经济学家则是一个确实的安慰"；[①]②仍有一部分人沉浸于以前曾出现的昙花一现的成功，并竭力维护经济理论对实践的指导作用。

其实，经济学中的科学化和实用性两种取向并非总是一致的：一个是概念上的，另一个是实践上的。①作为概念意义上经济学，它被视为应用数学的一个分支。在这个标准上，真理从数学的推导中得出，真实的东西并不一定是使数学家式的经济学家相信在任何给定的时间中都会发生的事，而是认为只有在长期来说经济学理论的政策方面才是合适的。在这种情况下，经济学理论指导政策方面的空白就需要由其他东西来填充，这些东西能够对个别政策和公共政策方面提供可以改进的指导。②作为实践意义上的经济学，它被视为一门规范的学科。在这个标准上，微观经济学理论是假定的规律，要求人们根据假定采取行动。但是，这些假设规则的使用必然受到先决条件的限制，因而建立在这些假设基础上的预期必须反映在对付完全意想不到的结果时的状况。

最后，尽管两种经济学定位各有特点，但对社会现状的预测都没有取得预期的那样成功。既然如此，经济学又何去何从呢？两者相权，现代主流经济学还是继续对新古典的纯粹形式的问题感兴趣，而越来越不顾及它与现实世界之间越来越严重的脱节；结果，经济学就不可避免地演变成为一个在很大程度上或者完全与政策无关的学科，经济学也越来越被视为纯粹的公理性体系。尤其是，一方面主流经济学在理论层面上将科学性与自然科学联系起来，另一方面现代经济学在应用层面上暴露出了越来越严重的缺陷；因此，主流经济学家对经济学的实用主义日益表现出某种轻蔑，并转而支持严格抽象的经济理论。正是在这种导向下，早先的瓦尔拉斯一般均衡在新的数学工具的包装下重新焕发了生命力，卢卡斯等基于严格数学模型所发展出的理性预期也得以迅速流传。

---

① 罗森伯格："经济学理论的认知地位如何"，载巴克豪斯编：《经济学方法论的新趋势》，张大宝等译，经济科学出版社 2000 年版，第 287 页。

经济学数理化过程中存在的
俄狄浦斯效应
——学术等级化、逻辑游戏化、评审匿名化及其他

导 读

　　尽管当前的经济学课程越来越枯燥无味，经济学理论与现实之间也越来越脱节，以致有越来越多的关注"人"的经济学家对这种过于膨胀的抽象化和数理化倾向提出了反思；但是，绝大多数主流学者还是在为现代主流经济学范式辩护，经济学数理化倾向还在加剧。其中的主要原因大致有：①模仿和攀比促发了数学应用于经济学的自反馈路径；②学术界等级化秩序的形成导致了理论研究的单一化；③流行的匿名审稿体系强化了数理形式上的规范要求；④引导假定的不可通约性夯实了"我向思考"式研究；⑤形式逻辑的偏重使经济学研究蜕变为数学逻辑游戏。

一 引言

　　前文指出，经济学在 20 世纪 30 年代后尤其是"二战"后迅速走上数理化道路，主要源于两个原因：①实践中盛行的实用主义原则，这由功能主义哲学观所促发；②理论上遵循的自然主义思维，这由科学主义发展观所引领。而且，这种哲学观和发展观又与理性主义思维结合起来，所有这些都共同推动经济学日益走上数学模型化的发展道路，从而成为主流经济学的基本特征。当然，正如哈奇森指出的，为政策制定者提供建议、进而预测未来曾是大多数经济学家压倒一切的目标，但是，"在过去的大约半个世纪里，主要的研究生院的师生们对政策问题的兴趣明显地下降了；与此同时，一群人数正在不断增

长的学者已经明确抛弃了经济预测这一目标，或含糊地将它降了级"。[1] 同样，斯威德伯格也指出，"1940 年代的经济学界更愿意用社会制度的术语来进行思考，虽然他们的主要目标在于发展经济理论。相反，今天，按照罗伯特·索洛这样的人对我所说的话来判断，杰出的年轻经济学家对研究社会制度毫无兴趣，他们的行为显得好像他们的模型能运用于所有的社会"。[2] 然而，放弃经济学与政策的相关性，并没有为经济学带来真正的解放，相反，经济学研究却逐渐走上了满足"天生好奇"的目标，进而成为一些经济学家展示其个人智力的舞台；特别是，由于社会事物本身所存在的俄狄浦斯效应，经济学自此开始进入一个更为极端的数量化阶段。为此，本文就经济学在数理化过程中存在的自我强化的机制在此做一剖析。

 二　经济学数理化的现状及问题

　　20 世纪自 50 年代中期以降，西方经济学界就出现了多种相互争斗的流派。其中，萨缪尔逊把凯恩斯经济学和马歇尔经济学结合在一起而形成了"新古典综合"，但相互对立的派别仍然存在。显然，此时的主流经济学与传统的新古典经济学之间已经出现了差别，也就是说，由于西方经济学内部在具体观点上的分歧和变化，使主流经济学的界定遇到困难。然而，不管如何，数学的大量运用却是这些经济学流派的共同特征，究其原因，它们都无一例外地从新古典经济学那里继承了个人主义方法论。正因如此，这些经济学流派就在数理形式主义的旗帜下统一起来，数理化取向成为主流经济学的根本特征，并且成了主流经济学打击异端和新思想的锐利武器。正如劳森引用一位学者的话所指出的："在一名主流经济学家看来，理论就意味着模型，而模型就意味着经济思想必须使用数学形式来表达……在越是高级的课程中，经济理论就越是使用更多的数学模型加以阐释……因为所有的模型都是不完全的……对简化的假定提出过多的质疑是不礼貌的表现……真正有价值的工作是建立一个更好的模型，

---

　　[1]　哈奇森："经济学方法论的目的和方法"，载巴克豪斯编：《经济学方法论的新趋势》，张大宝等译，经济科学出版社 2000 年版，第 36 页。

　　[2]　斯威德伯格：《经济学与社会学》，安佳译，商务印书馆 2003 年版，第 211 页。

也就是更好的理论……"①

　　然而，基于数理化的经济学发展并没有产生预想的效果，其理论与现实之间的距离似乎越来越远，无论是最基本的解释问题还是原先强调的预测社会经济现象的能力似乎并没有真正的提高。就预测功能而言，由于现代主流经济学采取的是功能主义的分析思路，而基于供求的功能分析往往是对事物现状的分析，却无法揭示事物的本质，从而也就必然难以对事物的发展进行预测。为此，尽管早期的经济学宣称其目的是经济预测，但经济学数量化的发展结果显然越来越偏离了早先所设定的这一目标；相应地，人们对经济学所起作用的认识似乎又有了新的改变：经济理论与其说是用于解决问题，不如说是解释问题。也就是说，经济学理论以及经济学家本身对社会的作用显然已经发生了很大改变，从原先用于对未来实践作指导性意义转变到对过去事件进行解释方面。正如有的学者指出的，经济学家们所做的一切不过是给它们做了一个富有想象力的解释而已。正是基于这一对经济学作用的新界定，一些学者又重新区分了经济学和社会学之间的学科分工：社会学的任务是处理复杂的现实，而经济学的任务则是更好地理解一般现实。正是在这种情势下，经济学就可以心安理得地进一步发展高度简化的数学模型，而无须通过建立逐步符合现实的模型去接近复杂的现实。

　　问题是，即使就"富有想象力的解释"而言，嵌入自然主义思维的经济学帝国主义所推行的理论分析果真具有合理的想象吗？事实上，根据斯蒂格勒的看法，科学的想象有两大特征：①应该在一定程度上是真实的；②应该能适用于相当大量的可能事件。但显然，传统的黑板经济学是无法做到这一点的，因为它把组织等都视为"黑箱"，从而根本就没有想象。譬如，在新古典经济学眼中，所有的企业都是一样的，都是一个投入—产出的自动转化器，从而也就有了完全竞争、市场出清这样的假设。正因如此，才出现了新制度经济学这样的新兴学科，科斯就宣称，新制度经济学将制度因素的分析引入经济学就是对黑板经济学的革命；同时，像张五常这样的新制度主义鼓吹者也为此大肆宣称，"直到本世纪（20 世纪）的最后 25 年，经济学的解释力才开始使人比较满意"。②

---

① 转引自贾根良："西方异端经济学传统与中国经济学的激烈转向"，《社会科学战线》2005 年第 3 期。

② 张五常："关于新制度经济学"，载沃因、韦坎德等编：《契约经济学》，李凤圣主译，经济科学出版社 1999 年版，第 61 页。

进一步的问题是，即使就经济学的解释功能而言，目前引入制度、博弈等理论的主流经济学果真不辱使命吗？事实上，我们知道，新制度经济学并没有真正把制度作为自变量来考察人之行为，而主要是利用新古典经济学的旧框架、旧范式来探究现存制度的形成；同样，博弈理论考虑到了人与人之间的互动行为，但是，它所假设的互动理性仍然是自然主义的理性，并没有真正考虑人的社会性问题。正因如此，经济学往往抛开人类80%的现象不顾而转注于那些少量的功利主义行为。如威尔逊在其《道德观念》中写道："我觉得，最需要解释的不是为什么有些人会犯罪，而是为什么大多数人不会犯罪。"[①] 显然，正是由于现代经济学从抽象化的角度来分析人类越来越多的行为，而撇开了具体的、丰富多样的社会关系考虑；这样，以过度的形式化和数量化分析所得出来的结论，对人类实践就没有多大的指导意义。例如，舒尔茨就曾指出，"经济学家很少去评估经济学在何种程度上是有用的"，而"尽管目前的统计资料数量巨大，但经济学的实证基础仍然薄弱。"[②]

因此，无论是在预测、指导实践乃至解释的层次上，现代主流经济学都是成问题的：数学和经济学的结合非但没有对实践起到应有的指导作用，甚至提供的事后解释也往往只是加重了人们的迷糊。有鉴于此，奈特对经济学的作用就显得更为低调，他认为，对经济学的研究仅仅导致"了解"，而不是真正的"解释"，更不是准确"预测"经济事件。问题是，即使主流经济学在预测和解释两方面都没有起到原初所宣称的追求目的，但主流经济学家依旧非但没有静下心来反思一下经济学大量应用数学的问题，反而越来越走上了形式化的道路。结果，就如哈奇森所批评的，经济学理论已经变成了一种智力游戏，从而窒息了经济学这门学科的发展。

从根本上说，作为一门致用之学，经济学理论研究的最终目的是改造世界；因此，经济学的研究思维不能模仿物理学等自然科学，更不能被视为像几何学那样一套公理体系。然而，尽管源于归纳主义的计量经济学和源于演绎主义的数理经济学本身在方法论上是不同的，但在逻辑实证主义的思维支配下，计量检验和模型分析却通过双方的变种——约定主义——统一在一起。正因为逻辑实证主义已经成为经济学领域支配性的方法论，绝大多数的经济学家都或多或少地首先由实证分析开始经济学研究，因此，尽管还存在对实证经济学感

---

① 转引自朱富强：《博弈、协调与社会发展：协调经济学导论》，广东人民出版社2005年版，第162页。

② 舒尔茨：《报酬递增的源泉》，姚志勇译，北京大学出版社2001年版，第30页。

兴趣和对建立模型的数理经济学感兴趣的不同，但已经很少有人还在挥舞"实证主义"或"实证经济学"的旗帜，而只是偏好数学根据和数学符号的使用。那么，主流经济学为何如此执迷不悟呢？这些反对意见为何没有严重地阻碍经济学沿着采用越来越复杂的数学工具这一方向稳步发展呢？这就涉及治学精神、学术风气以及学术制度等问题。

 ## 三 经济学数理化过程中的俄狄浦斯效应

一般地，经济学数理化的快速发展可以从两个角度进行说明：一方面，经济学的性质已经发生了很大变化，许多经济学家把它视为一个具有挑战性的智力活动，这种研究本身就具有很高的价值。例如，瓦里安就指出，"没有人抱怨诗歌、音乐、数学理论和天文学是'无用的'，但是，人们经常听到抱怨经济理论过于深奥了。我认为人们在纯粹的审美层次上来讨论经济理论是合情合理的。的确，在被迫无奈的情况下，大多数经济学家承认他们研究经济学示因为这项工作很有趣"。[①]另一方面，经济学中数学的泛滥和形式化更大程度上是理论界中那些既得利益者所主导的结果。正如迈克尔·波兰尼指出的，"某些大学操纵在一小撮教授的手里达一代人之久，他们维护着裙带关系与政治恩赐的紧密系统。任何获得了科学声望的候选人，都会被视为争名逐利之徒，企图以不公正的手段混迹于大学之中。虽然学术自由的制度卫士乃是众望所归，我们却不可忘记单有这些是不够的，因为制度会成为败坏学术观点的保护伞"。[②]中国学术界中的学霸以及裙带关系固不待言，即使欧美学术界也大致如此。实际上，目前经济学研究路径之所以得以形成，大体上就在于存在以下自我强化的演化逻辑。

（一）模仿和攀比促发了数学应用于经济学的自反馈路径

早期经济学家的数学并不太好，米洛斯基戏称他们"看起来像蹩脚的应用经济学家"。例如，多马就承认他与计量经济学的主要联系（但只是定期有联系），就是每年交 8 美元来买他们那让人看不懂的杂志。但是，一种强盛的自

---

① 瓦里安："经济理论有什么用"，载多迪默、卡尔特里耶编：《经济学正在成为硬科学吗》，张增一译，经济科学出版社 2002 年版，第 154 页。

② 波兰尼：《自由的逻辑》，冯银江译，吉林人民出版社 2002 年版，第 46—47 页。

我实现效应却导致经济学数学化取向日益偏盛。正如马兰沃指出的，"当我年轻的时候，人们普遍对数理经济学和计量经济学持怀疑态度。只有在两个学科证明了它们可以作为处理经济学问题的一种有效工具之后，才为人们所接受。后来，情况逐渐地发生了变化，至少在那些被认为是代表着经济学前进和发展方向的国家是这样。有点像法国的初等教育或出于相关的原因，数学化常常作为一种作定性的标准。这是一种明显的滥用，但是，人们很难再回到过去的研究模式中去"。① 一个重要的原因就是，20 世纪六七十年代之后，美国高校内开始盛行终身制，由此产生了大量应付职称晋升的文章；进而，在竞争日趋激烈的经济学界，年轻学子为了使自己的文章能够发表，开始大量使用越来越高深的数学工具。正如杨小凯所写的，"大家都朝一个比较'硬'的标准靠，结果就是竞争的胜负越加靠你的数理水平，像群论、拓扑、点集的应用，连数学系的人都很觉得数学味。有的数学概念甚至在别的地方还没有找到应用的地方，经济学就开始应用了"。② 正因如此，在经济学界就逐渐出现了数学应用的自反馈效应，这可以从两方面加以阐述。

一方面，从事经济学领域研究的新老交替导致这种自反馈效应的持续存在。其实，早期关于数学在经济学中的应用程度和范围曾是经济学方法论中引发争论的一个重要话题，但是，20 世纪 40 年代和 50 年代以后，这种争论却成为"一边倒"地对数学的维护；那些对数学的泛滥提出审视和发展的人受到了越来越严厉人身攻击压制，那些对数学在经济学中的应用持保留意见的人则被视为分析上的无能力者。正是这种偏见导致技能迥异的学者开始发生持续的单向置换："当这种状况持续了一代之后，老的经济学家逐渐为年轻的同事所取代。对这些年轻的经济学家做出出色工作的主要要求是，处理各种新的、不熟悉的数学形式时的更大的熟练性。这种要求已经如此这般地成为经济学的第二性质，以至于随着每一批新的毕业生的增加而生产一种向上的棘轮效应，以至于即将退休的老经济学家的坏脾气也可以忽略。在这种年代里，惟一能使学生从美国式的经济学研究生教学计划中退学的理由，是怀疑其缺乏对数学工具的熟练掌握。"③

---

① 马兰沃："经济学与硬科学的攀亲：一种不可避免的、达到终点的尝试"，载多迪默、卡尔特里耶编：《经济学正在成为硬科学吗》，张增一译，经济科学出版社 2002 年版，第 20 页。

② 杨小凯：《杨小凯谈经济》，中国社会科学出版社 2004 年版，第 2 页。

③ 米洛斯基："问题是什么"，载巴克豪斯：《经济学方法论的新趋势》，张大宝等译，经济科学出版社 2000 年版，第 82 页。

　　另一方面，对经济学中数学人才在各个层次上的有意识选择和教育强化了这种自反馈效应。随着整个经济学舆论对数学的强调，那些原本对数学知之不多的"老"经济学家也只能逐渐退出对数学应用意义的相关争论，甚至还可能产生一种深深的自卑感；为了弥补自己的这种缺陷，于是就要求他们的学生在数学上加强训练，特别是越来越偏好于招收理工科出身的学生，这导致数理出身的学子逐渐占领了几乎整个经济学领域。同时，这些数理出身的学生也会把主要的研究精力集中在数理经济学领域：首先，他们在思想领域严重缺乏积累，也不感兴趣；其次，他们在数学上所做的工作往往又是作为他们导师的"老"经济学家所不懂的，从而也就相对容易获得他们的赞扬。基于相同的逻辑，由政府及其相关部门掌孔的政策性课题大多也集中在数量领域：那些政客本身就因为对数学的不通而产生自卑感；同时，他们也根本不愿花太多的时间和精力作理念上的思考。正因如此，通过数量论证的课题、研究报告往往更容易获得这些人的青睐，而这又进一步强化了经济学的数学化倾向。这些方面早已经为哈耶克所分析，在中国现阶段经济学界也表现得尤其明显：我们那些因受传统教育而对数学不通、目前又大力鼓吹经济学数学化的导师们实际上对数学究竟起多大作用、如何起作用是非常寡知的。

（二）学术界等级化秩序的形成导致了理论研究的单一化

　　思想和理论的发展，最讲究自由沟通、自由交流，并能够自由批判。但是，现代经济学在演绎和归纳论证方面却越来越形式化以及越来越严格，研究方法上这种变化使经济学逐渐离开了其特定目标，甚至一些研究者也完全丧失了他们研究经济学的原初目标。究其原因，20世纪70年代以后欧美开始盛行发表论文的浪潮，而要发表论文就必须得到承认，尤其是要得到权威人士或控制杂志的人士的青睐。事实上，学子们只有接受这些支配者的理念才有出人头地的机会，所以，1973~1978年在美国主要主流或正统经济学刊物上发表的文章中，只有三篇试图证伪已有的假说。在这个意义上说，经济学的现状很大程度上与主流学术圈评价研究成果的方式有关，进而也与自发出现的摆脱学术研究复杂化和学院派风格的趋势有关。一般认为现代经济学界的这种等级秩序发源于美国，相应地，美国经济学界似乎更不倾向于接受新的思想，更不愿接受其他学科的批判。例如，斯威德伯格就指出，"在美国，经济学家与社会学家间相互交流的状况更逊于欧洲的情况"。[①] 从某种程

---

① 斯威德伯格：《经济学与社会学》，安佳译，商务印书馆2003年版，第16页。

度上讲，在当前的主流经济学界，经济学家之间已经形成了一个类似于种姓制度的等级结构：经济学家形成了高级与低级、资深与普通之分，他们之间又存在支配与被支配的关系；一个年轻经济学家的成长以及一个新洞见的传播都必须通过这个组织，符合所谓的学术秩序。关于这一点，我们也可以从以下两方面加以说明。

一方面，青年学子要取得进入欧美高校的资格，往往要获得权威人士的推荐作为"敲门砖"。事实上，在西方学术界，导师的名字对于在大学中谋取职位往往至关重要，从而那些等级支配者们的学生在毕业以后更容易找到教席。显然，自20世纪60年代之后，弗里德曼和萨缪尔森等经济学泰斗们就逐渐控制了全美主要大学的讲席，从而成为这个经济学家等级的支配者。正因如此，为着一生的生计着想，功利主义的学子们对弗里德曼、萨缪尔森等也必然趋之若鹜。而且，这些泰斗们还在整个经济学界宣扬他们所偏好的研究方法，要求青年学子们继承他们的理念和方法，否则就可能毕业不了。例如，著名的历史学家和经济学家弗兰克就因不认同其导师弗里德曼的思维理念和研究方法而不容于弗里德曼，甚至差点毕不了业。事实上，正是由于目前研究生院所讲授的经济学日益专注于形式技术而排斥对真实世界的问题进行研究，结果，不是那些喜欢别出心裁并有独特看法的学生被清除出经济学界，就是那些对主流经济学不满的学生则会主动放弃继续学习经济学，以致毕业以后往往转到其他院系从事教学研究工作。例如，克鲁格就写道，一些最高级的自由艺术学院的教师就告诉她，一些他们最好的学生都不愿意到研究生院学习经济学，一些学生即使进去也往往在一年级的时候就退出了，因为经济学课程太抽象了，充满了技术特性，而这与他们所知道的经济学相差很大。[①]正是这种脱离现实的抽象性，导致西方高校中选修经济学的学生急剧下降，经济系的经费也大幅减少，而管理、会计、市场营销、广告以及公共关系等新兴学科则迅速成长。

另一方面，青年学子要在毕业后的短期内获得终身职业，也必须遵循这种既定的等级秩序。事实上，在当前学术体系下，低级经济学家要出人头地，除了在名牌大学获得博士头衔以外，还必须通过在一流学术期刊上发表文章来确立声望；而这两个渠道都操纵在"高级"经济学与资深经济学家及其他们的信徒手中，这些主宰学位授予与学术期刊的资深经济学家们往往又形成一个核心

---

① Nelson J. A., 1993, The Study of Choice or the Study of Provisioning? Gender and the Definition of Economics, In: // Ferber M.A. & Nelson. *Beyond Economic Man* : *Feminist Theory and Economics.* Chicago : University Of Chicago Press.

圈。显然，这些支配者也控制了几乎所有的所谓顶尖杂志。例如，1969~1980年，《美国经济评论》编委会成员中有一半来自芝加哥大学、麻省理工学院和哈佛大学，大约70%的成果来自美国最著名的七所大学，大约57%的提名委员也来自这七所大学。而且，只有符合这些杂志的控制者所定规范的文章才被认为是好文章，这也是绝大多数主流经济学家所强调的规范。例如，在20世纪七八十年代，探讨方法论的论文中如果不涉及弗里德曼的文章几乎就没有发表的机会。事实上，1969~1980年担任《美国经济评论》编辑的波茨就曾说，他几乎没有收到过有价值的激进文章，但在很大程度上，主要是因为这些主流经济学家们不喜欢这类文章。[1] 例如，韦恩特洛博（R. Weintraub）就指出，有些论文之所以没有被收入会议论文集之内主要是因为这些观点引起了同行的不安。斯特拉斯曼则指出，即使一些有名的作者的论文也往往受到排斥，这都体现了编辑们的价值观和"兴味"，实际上显示了经济学界的狭隘封闭性。[2]

（三）流行的匿名审稿体系强化了数理形式上的规范要求

自20世纪70年代以来，由于功利主义日益盛行，学界就逐渐流行所谓的匿名审稿制，现在则到了迷信的程度。但显然，这种匿名审稿制往往只能评定出符合所谓"规范"的庸俗之作，而往往扼杀了那些具有创新性的文章。关于这一点，我们可以从以下几个方面加以理解。首先，基于常识性的博弈思维可以获得认识。一般地，缺乏信息沟通的非合作博弈导致了囚徒困境，在匿名审稿中也正是由于缺乏信息交流而导致庸俗文章的泛滥。究其原因，每个人对文章的评价是不同的，特别是对那些具有创新性的文章尤其如此，在这种情况下，那些审稿者为了体现自己的学术水平就只能根据主流的规范和理论来选定文章。显然，匿名评审的囚徒困境在于：他不清楚其他审稿者对那些创新性文章的确切看法，因而只能以主流观点来判断其他审稿者的取向；相应地，其他人也如此思维，结果就产生了大量的庸俗且无用但似乎符合某种"规范"的文章。其次，这里还涉及审稿者的利益。①文章的作者与审稿者没有私人关系，审稿者也不为作者所知道，因而审稿者也就不会努力为他个人看好的文章而呼吁；②如果他推荐的文章多次被其他审稿者多否定，那么他个人的学术声望反而会有所下降，因而这些匿名审稿者一般不情愿冒利益损失的风险而

---

① 参见赵凌云："'裸体的皇帝'：经济学为什么还不是一门科学"，《开放时代》1998年第6期。

② 斯特拉斯曼："经济学故事与讲故事者的权力"，载麦克洛斯基等：《社会科学的措辞》，许宝强等译，生活·读书·新知三联书店2000年版，第187页。

推荐一些具有完全创新特别是自己还无法把握的文章。① 最后，这些评阅工作大多是评阅者本身工作之外的免费服务。显然，这些人物不但很忙，同时这些工作又是匿名的，因而他们不可能花费大量的精力来仔细严格地评审；特别是，对数理性文章的推敲需要花费更大的力气，因而更容易获得那些本身也具有机会主义倾向的编辑们的通过，相反，文字性的则遭到批判的可能性要大得多。

显然，正是在这种崇尚规范而不是思想的匿名审稿制度进一步强化了经济学的数学化取向，这是因为数理模型为杂志和编辑提供了"把作者在现有反实质内用现实化方式处理问题的能力作为一种低成本的筛选程序，以限制不这样做可能带来的大量潜在投稿"。但问题是，正如霍奇逊指出的，"一旦将数学视为一种科学严谨性的象征的话，就会出现对科学内容进行粗野评定的倾向。一旦数学形式主义成了确定的标准，起明显的倾向性就会成为评价所发表的文章或者审查个人研究成果的既定准则"。② 关于这一点，我们可以从两个方面加以说明：一方面，一些主要杂志不愿接受任何没有模型的论文，以致今天的出版物已等同于使用数字描绘的研究。例如，斯坦福大学经济学家哈尔曾宣言，他看到任何里面有"社会的"或"社会"字眼的文章都会把它扔在一边，因为这种文章是不科学的。另一方面，经济学界日益浓郁的功利主义氛围使那些编辑更看重自己的事业而不是注重学术水平，从而强化了对数学的应用，因为无论是对研究人员还是审稿人来说，用数字描绘来得安全，不会出问题。例如，杨小凯就说过，理论本身要新颖而有原创性，但这远不是充分条件；究其原因，新理论往往引起争议，与功成名就的老理论有冲突，从而在匿名审稿过程中不一定有出头之日。正因如此，许多顶尖级经济学家都曾遭到退稿的命运，如张伯伦、阿克洛夫、塔洛克、博兰等，因而在他们最终成名后还对当年的稿子一再被编辑丢进废纸篓而石沉大海感到耿耿于怀。例如，博兰就感慨地说：

---

① 这种逻辑同样适合于当前的课题审批制，也正因如此，目前的课题研究不是看是否有真的创新，而是看以前是否有过类似研究特别是是否获得过相应资助；显然，正是这种体制造成了不断重复资助的现象，而另一些有才华的学者却自始至终无法获得丝毫的科研基金。据笔者的观察，众多学者往往基于一个相似的研究课题（最多将题名作一些变换）就可以不断地获得学院、学校、市、省、部委以及国家自然科学和社会科学资金的资助，研究这个课题了几十年而美其名曰为"专家"，难道国家不觉得这些资金是无效和浪费的吗？

② 转引自霍奇逊：《演化与制度：论演化经济学和经济学的演化》，任荣华等译，中国人民大学出版社 2007 年版，第 6 页。

"这些审稿人对他们自己事业成功的关注，超过了对我的事业成功的关注。特别是，我认为，我收到的来自《政治经济学杂志》审稿人的报告，是心胸狭隘的和把投稿人不当一回事的一味追求名利的做法，已经成为注重学术水平的经济学的祸根。"①

事实上，自匿名评审体制实行以来，经济学的主流化倾向就大大加强了，并日益局限于形式规范上，最终形成了目前这种八股文的论文写作风格。而且，即使那些原本属于"非正统"而受到排斥的经济学家，当他们像小媳妇一样终于熬成婆婆以后，其中大多数学者又会不由自主地效仿当年对待他们的婆婆。例如，杨小凯就宣称，"匿名评审虽弊病不少，过程也十分艰辛和痛苦，但是却是对诊治学术权威和主流学撒的形成必不可少……你要让自己的理论进主流学派，你就必须老老实实过五关斩六将，任一关过不了，你只能老老实实检查自己为什么不能被人接受，以求改进"，"即使我们体认到真正高水平的学术在这制度下也有一定几率被扼杀，而成功的并不一定是真正最好的。我们也只能在体制内拼命奋斗，老老实实在自己身上找潜力"。②一个明显的例子是，当前中国社会一些主要经济学刊物的匿名评审者大多是好不容易才终于掌握这套"八股"格式的海归经济学人以及在他们引导和影响下获得博士学位不久的青年学子；即使那些所谓教授来充当匿名评审员，他们大多也会将这些琐碎而无利可图的工作交由其博士生。显然，这些评审者除了了解一些分析工具和形式规范外，在知识积累以及思想创见等方面都非常浅薄；然而，他们却可以凭借一些计量工具以及少量模型的玩弄而成为学术的"弄潮儿"，甚至左右了学术发表体系，从而扭曲和庸俗化了学术的探讨。③

（四）引导假定的不可通约性夯实了"我向思考"式研究

现代科学理论都是基于特定的引导假定之上，而引导假定本身无法做出优劣的绝对判断，从而导致相互竞争的引导假定的共同存在。正是基于形形色色

---

① 博兰：《批判的经济学方法论》，王铁生等译，经济科学出版社2000年版，第377页。

② 杨小凯：《当代经济学与中国经济》，中国社会科学出版社1997年版，第124页。

③ 实际上，这就像中国的科举制一样，尽管一些有识之士早就对八股文式的策略文章心存不满，但是，一旦他们用焚膏以继晷的方式熟读儒家经典并在这种文化设计中体验了显示其智力的"高峰成就"，在进入官僚体系之后，他们反过来又成为这种考试制度以及原先"贵贱有等"式的封建金字塔的维护者；结果，进一步造成整个社会的层层压抑，以致如果不是近代西洋的冲击，这种考试方式就会牢不可破。

的引导假定，经济学界形成了一个个对内相呼应、对外相排斥的解释共同体，这些不同的共同体产生出不同的、或许相互之间都不能理解的解释；相应地，解释共同体内部又因受制于原则性的争论而处于相对稳定状态，并在特定引导假定下做些细枝末节的检验工作。显然，正是由于现代经济学理论是建立在特定的引导假定的基础之上，因而经济学解释共同体具有明显的"我向思考"（Autistic）的特点；特别是，由于学术的制度化、等级化以及形式匿名审稿制的强化，"我向思考"的主流经济学范式日益形成了八股文式规范，而流行的经济学研究则越来越热衷于对八股文式所谓规范进行追求。正因如此，现代主流经济学能够比较的已不再是相互争论的思想观点，不再是研究视角，也不是结论的可证实性，而主要局限于成规定制式的"规范"上。一个明显的事实是，不仅类似思想探讨的会议很少召开，更重要的是专业杂志越来越不喜欢反思性的文章。例如，博兰就指出，在主要的主流杂志的编辑工作中，意识形态显然起着重要的作用，有多少主要的主流杂志的编辑敢冒风险去发表一位有才干的马克思主义的学者的文章呢？即便有，也是极少的。

特别是随着 SSCI 及 SCI 学术评价指标体系的发明，经济学的学科研究不但高度专业化而排斥非期刊性质的学术活动，而且也极度主流化而排挤非SSCI 所好的文章。这样，就连经济学文章的创作也会标准化、程序化和商品化，从而导致了严重的思想和知识的扭曲。正因如此，我们可以看到，在当前的经济学论文中，那些用非常浅显的文字就可以表达的思想，却非要用非常难懂的数学符号；计量往往给出一些非常空洞的结论而缺乏内部因果机理的分析，绝大部分的数理模型也仅仅是将一些空洞的思想模型化，思想根本没有启发性或原创性。而任何对数理方法进行质疑的人都会遭到排斥。例如，乔治斯库－罗根就举例说，由于他在《分析经济学》中主张量化不能解决一切问题，并在后来的论文中揭露经济计量模型在预测经济前景上的无能，于是，计量经济学们就改变了对他的态度，甚至"这无异于宣判了我作为计量经济协会会员的死刑"。[①] 在这种环境下，经济学与社会科学其他分支就越来越分离了，与现实之间越来越相脱节了，而成为一个自我生产、消费的系统。正如何宗武所写的，"泛数学化或过度数学化，容易造成对经济问题的本质越来越不清楚。甚至表示出一种特别的知识形式：经济理论是来自模型设定条件及解方程式的问题。也就是说，经济问题化约成一个简单的数学模型，重点变成'变数内生

---

① 尼古拉斯·乔治斯库－罗根："尼古拉斯·乔治斯库－罗根自述"，载曾伯格编：《经济学大师的人生哲学》，侯玲等译，商务印书馆 2001 年版，第 222 页。.

和外生的设定'、'参数求解的数学公式'等等。这个学门则很奇特的把经济研究视为模型参数求解的数学技巧，而不是解决生活中经济问题的知识"。[1]

当然，出于对主流学术体制的不满，一些非正统者也试图利用他们所能掌握的资源创办一些新的刊物。然而，尽管专业性杂志增多了，但这并没有提高学术的自由交流氛围，相反还会造成进一步的隔离，形成各个学术利益团体。博兰就写道："具有开明思想的经济学家把（许多专业杂志的问世）这一发展视为是使非主流学者有了发表著作的论坛的明显机会，而为之欢呼。不幸的是，这一开明的希望落空了。我们在今天所见到的只是专业杂志的激增，每种杂志所迎合的只是一思想偏狭的特殊利益集团。而且，传统杂志利用这些专业杂志的存在作为借口，以防其它们为其他成员更广泛的兴趣服务的社会责任。"[2]特别是在中国社会，那些新杂志的创办往往成为一个新学术宗派的集聚点，成为利益瓜分的一种工具，而很难对当前这种学术体制中的缺陷进行系统而深入的剖析。事实上，尽管这些非主流的杂志往往强调经济学的规范性和思辨性，但它们同样存在两方面的问题：一方面，那些强调经济学规范性和思辨性的人，往往扭曲了这种规范性，把它与政治意识形态完全等同起来，或者以某种教条来诠释；另一方面，那些在数理建模过程中认识到数理过度抽象化缺陷的人，又往往因缺乏必要社会科学的知识而不知如何进行改进。

（五）形式逻辑的偏重使经济学研究蜕变为数学逻辑游戏

随着 20 世纪 50 年代以后经济学数理化趋势的强化，新思想的影响越来越取决于其内在逻辑和数学表达的复杂程度，而不是取决于其是否能够解决现实世界中的具体问题。在这种情势下，主流经济学人就越来越舍弃了现实社会经济生活以及历史文化传统等因素，只是单纯根据数学"审美观"来评价模型，从而形成一个八股文式的论文写作程序。例如，按照索洛的看法，文章写作的目的就是，思考一个问题，然后建构一个模型，再线性化这个模型——每件事你都进行线性处理——并对真实经济数据进行标准的统计分析，再评估模型的参数或测试假设前提，然后再做标准的统计检验或测试，最后才阐述结果。显然，正是基于这种论文写作方式，经济学研究就产生出两个明显现象：一方面，主流经济学在研究工具和观点上越来越趋于一致，越来越要求一致，否则

[1] 何宗武："经济理论的人文反思"，载黄瑞祺、罗晓南主编：《人文社会科学的逻辑》，松慧文化（台北）2005 年版，第 23 页。

[2] 博兰：《批判的经济学方法论》，王铁生等译，经济科学出版社 2000 年版，第 380 页。

你就不被承认。以致尼尔·凯发出这样的叹息：个人要从事经济学家这个职业，必须足够聪慧地理解新古典理论的抽象结果，并出色地装聋作哑，对它们忠心不二。① 另一方面，使用的数学工具越来越偏狭，使用的数学逻辑越来越复杂，否则就不会被接受。正如塔洛克指出的，经济学越来越经常地用非常复杂的方法处理那些能够容易地用简单的方法处理的问题，微积分将会被用来处理那些用简单的数学就能解决的问题，拓扑学将会取代平面几何学。

正是在这种浮躁而功利的学风下，现代经济学人的研究已经不再是提高对理论的思辨和对社会的认知，而是热衷于如何构建一个能够唬人的空洞模型。1988 年由美国经济协会成立的"经济学研究生教育委员会"发表的一份报告表示，大学正在费劲地培养一代技术高超、但对现实经济问题一无所知的"低能特才者"。委员会委员艾伦·布林德尔（Alan Blinder）指出，"学生和教师都发现经济学充斥着技巧而没有实质内容。……委员会检查的很多宏观和微观理论考试……测试了解决数学难题的能力，但却没有关于经济学的实质性知识……只有 14% 的学生报告，他们的核心课程确实强调了'把经济理论应用于现实世界问题'"。相应地，麦克洛斯基也写道，"为了做到严谨，现代经济学过多地依据各种假定在多为空间中进行研究……一个又一个经济系已经被形式主义者所控制，形成了多维空间研究的'古拉格'（Gulag）。只有极个别的经济学研究生课程在教授经济学，特别是对一年级学生更是如此。他们教'工具'，而这些工具每过五年左右的时间就过时了"。② 事实上，目前很多学生搞起泛函空间证明或者其他数学模型头头是道，但对一些基本的经济常识却一无所知。结果，就出现了如克拉克指出的，"研究生教育可能会使一代人中有太多的白痴专家，技术非常熟练，却对现实经济问题一无所知"。③

显然，尽管经济学中所运用的数学工具越来越复杂了，但思想却并没有得到深化，反而越来越弱化了对现实的理解。如同瑟罗指出的，经济学的状态十分混乱，数学的精致性是加强了，但对真实世界的理解减少了。更为严重的是，目前的经济理论几乎完全变成了数学化的逻辑训练，而根本不考虑许多影响实际经济过程的因素。宋小川就举例说，他在为北美一个杂志审稿就发现，

---

① 转引自霍奇逊：《现在制度主义经济学宣言》，向以斌等译，北京大学出版社 1993 年版，第 9–10 页。

② 转引自霍奇逊：《演化与制度：论演化经济学和经济学的演化》，任荣华等译，中国人民大学出版社 2007 年版，第 7 页。

③ 克拉克：《政治经济学：比较的观点》，王询译，经济科学出版社 2001 年版，第 424 页。

一些数学出身的作者在文章中使用一大堆看来天衣无缝的数学定理，却讲不清两部门之间的经济关系，甚至搞不清资本是如何积累的。尽管如此，在崇尚数理的过程中，主流经济学逐渐形成了对新古典经济学范式的盲目信仰，把经济学者的任务简单地视为将原来一些并没有得到验证的思想和理论模型化。科斯在《企业、市场和法律》中则对过分数学化倾向进行了嘲讽："我年青时，人们说，说出来被认为太愚蠢的事可以唱出来；在现代，经济学如果太过愚蠢，就用数学形式表达。"① 事实上，在美国，几乎所有"顶级"大学的经济学系都成了新古典主义进行思想统制的工具，而不是多元化思想交锋的场所，在这些地方，许多学生可能从没有听说过异端经济学的思想。为此，美国经济学家布林德质疑说：今天要成为一名真正的现代宏观经济学家，你的技术行装就必须比一二十年前更沉重；但是，难道我们对宏观经济学如何运行真的比过去知道得多了吗？

可见，正是由于学术的学院化效应以及数学应用的自反馈效应，在整个20 世纪下半叶，崇尚数理的主流经济学获得了不断强化的垄断地位。霍奇逊写道："数学家控制了招生、课程安排、教师的招聘与晋升，以及最著名杂志所发表文章的把关等。他们把持各种各样的委员会，任命主席、分配资源、评估国家的或机构的研究基金的申请。他们贬低非数学家和对核心假设持不同意见的质疑者。如果你发现一位反正统经济学家，他或她会抱怨被剥夺了权力，他或她要有什么影响的话，就要从属于形式主义者的意愿及其占统治地位的准则。很多这样的经济学家已经简单地选择放弃，并采纳了主流经济学得技巧、方法和假设。也许不再有'经济学的危机'了，仅剩下为数不多的反对者的抱怨。"② 正是由于主流经济学对数学形式主义的迷恋，导致了经济学思想的死亡。霍奇逊写道："形式主义的做法，既不需要经济学史的知识，甚至也不需要了解现实经济的历史。一篇数学文章可以主要按其自己的方式进行评价。这样，经济思想史甚至经济史，大量地从这门学科中消失了。形式主义甚至能够在贫瘠的哲学和方法论文化氛围中繁荣昌盛。更为重要的是，形式主义并不要求熟练掌握英文或任何其他主要语言，因而得以在积极效仿全球标准的非英语国家的经济学系中受到鼓励。形式主义不断成长并自我强化，就像劣币驱逐良

---

① 转引自克拉克：《政治经济学：比较的观点》，王询译，经济科学出版社2001 年版，第425 页。

② 转引自霍奇逊：《演化与制度：论演化经济学和经济学的演化》，任荣华等译，中国人民大学出版社 2007 年版，第8 页。

币一样。"[1]

面对这种形式主义的研究方式，一些异端经济学家们也表达了强烈的反抗。但遗憾的是，这种体制内的抗议始终无法减缓主流前进的步伐，反而招致了主流经济学家们对异端学者的进一步排斥和打击。例如，乔治斯库－罗根就指出，他因在文章中"指出了肯尼思·阿罗和德布鲁备受赞美的对于瓦尔拉斯解的存在性证明实际上是离题的，因为他们的证明基于一个狂想式的前提，即每个人都有着足以维持生活的收入。这导致我职业处境无可挽回地恶化"，以致"我提议和某个同事在一个有意义的农业问题项目上合作，他拒绝了我，理由是：他不能违背他的新古典信仰"。[2] 正因如此，那些关注现实问题的学者被迫离开经济学系。霍奇逊就写道："有很多促进了我们对经济行为和经济体系的礼节的杰出而且仍然健在的经济学家，目前并没有供职于经济系。诸如布赖恩·阿瑟、克里斯托弗·弗里曼、理查德·纳尔逊、赫伯特·西蒙和西德尼·温特等著名的、富有创造性的任务，已在经济学系以外的地方取得成功。他们的很多研究成果鲜见于最著名的经济学杂志，大多见诸商学院、技术政策、改革政策和国际关系之类的出版物。经济系已经成了应用数学家的天堂，而非研究现实世界经济的学生的乐园。令人遗憾的是，经济学系滋养了符号而非实质、成就了公式而非事实。"[3]

 ## 四　尾论：经济学数理化的进程反思

卢梭曾指出：当思想交流变成了游戏，人们有可能回避真正有创见的知识分子，因为他坏了这里的规矩。显然，正是在既得利益的主导和支配下，"那些企图创造一个新起点的人，可能被认为是'靠不住'的'外人'而不予信任"。[4] 正因如此，经济学的数量化取向本身获得了一种强盛的自我强化能力，

---

① 转引自霍奇逊：《演化与制度：论演化经济学和经济学的演化》，任荣华等译，中国人民大学出版社2007年版，第6页。

② 尼古拉斯·乔治斯库－罗根："尼古拉斯·乔治斯库－罗根自述"，载曾伯格编：《经济学大师的人生哲学》，侯玲等译，商务印书馆2001年版，第221页。

③ 转引自霍奇逊：《演化与制度：论演化经济学和经济学的演化》，任荣华等译，中国人民大学出版社2007年版，第7-8页。

④ 科塞：《理念人：一项社会学的考察》，郭方等译，中央编译局出版社2001年版，第310页。

在经济学数理化目标的支配下，即使人们可以用简单的图形来表达用复杂高深的数理分析得出的同样结论，但人们还是要努力选择更显高深的数理分析，否则就大大降低了发表在第一流期刊的可能。与此同时，经济学课程开始变得越来越枯燥无味，仅仅充满了成规定制式的数字推算，而越来越忽视经济学直觉的训练，不关心真实的生活世界，不关心丰富多彩的人性。显然，之所以会产生这种扭曲的学风，是与特定的学术制度分不开的，像萨缪尔森、弗里德曼、卢卡斯等经济学界的"泰斗"也是难辞其咎的。实际上，正是他们对学术机构的垄断和对学术思想的控制，导致经济学界逐渐形成了自我审查的保守学风。因此，米洛斯基呼吁，"我们必须摒弃这样的思想，即方法论学者先天注定的角色就是拜倒在科学团体的哲学领域内最新的、最伟大的导师脚下聆听教诲，朝圣回家后而皈依对这种新创造出的知识的大打折扣的翻版，以供一般的经济学家在自己的领域内运用。那种做法已经被证明是一个令人悲哀的失败；这个失败不能简单归咎于经济学是一门沉闷的科学"。① 就经济学而言，它的发展就不能完全在萨缪尔森和弗里德曼等学术泰斗的乌云笼罩之下呼吸。

当然，从学术发展史可以知道，学术的发展明显地呈现出一个从被排斥的异端到被迷信的主流化过程，数量经济学在今天的命运与当初兴起时就处于这样的两个极端。事实上，数理经济学之父古诺在试图应用数学分析的形式和符号来进行经济学理论性研究时就遇到巨大的挑战，他曾感慨说："这样的计划，从一开始就自处于招致许多有名望的理论家斥责的地位。他们在反对数学形式上是协同一致的，而想在今天去克服这种为斯密及其他更时兴的作者所强化了的偏见，无疑是困难的。造成这种偏见的原因，一方面是那些已经想到应用数学方法的少数人，对待理论的观点不正确，另一方面则是某些人对政治经济学的其他方面固然明辨而善于言词，但因不熟悉数学科学而对这种分析方法持有错误的看法。"而且，他还指出，"确有像斯密和萨伊那样的作者，在政治经济学著作中保持了纯文学的优美风格；但也有像李嘉图那样的作者，他们在处理极其抽象的问题或为了寻求高度的精确性时，实际上已经不能回避代数学了，却仍然要用冗长的算术计算的外衣作伪装。任何一个懂得代数技法的人，一眼就可读出方程的结果，若通过算术方法获得同样结果，只能是花费更多的精力。"②

---

① 米洛斯基："问题是什么"，载巴克豪斯编：《经济学方法论的新趋势》，张大宝等译，经济科学出版社 2000 年版，第 68-69 页。

② 古诺：《财富理论的数学原理研究》，陈尚银译，商务印书馆 1994 年版，第 17-18、19 页。

但曾几何时，现在的状况与古诺所面临的却完全颠倒过来了：大量数学语言已经导致经济分析陈述变得机械化，使经济理论的表现形式公式化，但却越来越远离了社会现实，这种数学模型拜物教已经使主流经济学成为一种伪科学主义的意识形态。例如，克莱默和科兰德对美国顶尖大学研究生的一项调查就揭示了一种骇人听闻的状况：这些年轻的和未来的经济学家们对经济或者对经济学文献没有兴趣，因为他们精明地感觉到，能够在经济学这个领域取得成功的主要是具备数理经济学和计量经济学的人。[1] 正因如此，目前这些研究已经引发了对西方世界顶尖大学经济学研究和训练的一片抱怨之声，因为在当前主流经济学的研究和训练中，数学建模具有压倒性的支配地位。布劳格指出，现代经济学是"病态的"，它日益成为一种为了自身而存在的智力游戏而不是为了实践的结果，经济学家们已经逐渐地把这个学科转变成了某种社会数学，数学系所理解的分析上的精密是最重要的，而经验相干性（正如物理学系所理解的）则是无足轻重的。

事实上，作为一门社会科学，经济学本质上是思辨性的，它需要非常广博的知识。那么，仅仅知道一些数学推理可以深化思辨的深度吗？特别是在中国，传统的政治经济学教育固然存在说教的教条问题，但当前主流经济学的教育就没有肤浅的媚俗问题吗？一个社会科学知识相当贫乏的人能够胜任经济学的研究吗？关于这一点，哈耶克等早就提出了告诫。现实情形也表明，在当前的中国经济学界，那些经济学科班出身的人反而在经济学院很难有所成就，不但不被重视，甚至越来越难以生存、越来越被边缘化。不过，他们到了其他社会科学院系后却往往如鱼得水，其研究也常常一跃为显学，为什么呢？显然，这反映出经济学专业的学生并非缺乏逻辑能力，不过，由于本科阶段毕竟把经济学当成社会科学来教育，经济学子的推理思维与数理逻辑就存在一定区别，但这种推理逻辑这却较为适合对人的行为进行研究。显然，这也恰恰印衬出当今研究生阶段经济学教育的弊端。究其原因，经济学的学习根本上是要掌握对社会现象进行微观分析的思维以及各种流派所提供的分析视角，从而通过提高自身对问题的分析能力来不断增进自身的认知，而不是训练一种依葫芦画瓢式的撰写论文的能力。

在很大程度上，正是由于欧美社会对经济学的学习和研究目的有着较为清晰的认知，因而"在学过一门经济学入门课的大学生中，很少有人还会接着在

---

① 　Klamer A. & Colander D., 1987, The Making of an Economist, *Journal of Economic Perspectives*, (2): 95–111 ; Klamer A. & Colander D., 1990, *The Making of an Economist*, Boulder, CO : Westive Press.

这个领域里继续研究生的学习。实际上，他们大多数不会再上更高级的经济学课程了"。① 与此形成反差的是，在当前中国，经济学的学习已经严重地变味了，学习经济学并不是为了提高认知，而是为了寻找工作。一方面，就社会工作而言。经济学专业文凭已经成为进入主要工商业的通行证，因而经济学长时期保持着显学和热门的地位，不但经济学本科的学生很少去其他领域学习新的知识，而且，其他学科的学生也在不断试图进入经济学领域，这导致经济学的研究生数量不断高涨。另一方面，就经济学研究工作而言。随着越来越多的学子进入经济学领域并展开激烈的竞争中，体现个人经济学水平的不再是思维和认知，而是那些让外行人不懂的数理模型论文；在这种情况下，那些学子就只有不断地学习那些连他们自己也根本不知所云、不知何用的经济学模型，其目的就是在经济学领域越来越激烈的竞争中取得优势。也正因如此，尽管西方经济学的引入打破了传统的教条主义窠臼，却又陷入了性的功利主义樊笼之中；特别是经过那些掌控话语权的海归"学者"对主流经济学极度渲染，经济学的数学化越来越严重，但认知和思想却越来越肤浅，构成了严重的二律背反画景。

---

① 克鲁格曼：《流行的国际主义》，张兆杰等译，北京大学出版社、中国人民大学出版社2000年版，第128页。

经济学过度数量化中的问题及发展反思

——来自国外学术界主流及非主流的批判

> **导 读**
>
> 　　现代主流的新古典经济学关注资源配置的私人领域，并试图通过数学元素的添加使其变成一门科学。但是，过度数学模型崇拜以及对经济学思想的忽视，使经济学脱离了现实并且扼制了理论的发展。特别是随着经济学研究内容的拓宽以及经济现象影响因素的增加，单纯的数理体系已经越来越无法满足经济学科的要求。正因如此，国外已经有越来越多的智者认识到这一点，并对此进行了深刻的反思和批判，由此也正在引领一场经济学的革新思潮。

 一 引言

　　我们知道，像马克思、熊彼特等社会科学大师都曾经指出过，没有应用数学的学科就不能算是一门真正的科学。[①] 杰文斯更是强调，"经济学如果是一门科学，它必须是一种数学的科学"。[②] 这也可以从熊彼特身上得到认知：一方面，他明显偏好于历史和制度分析，并认为，经济学的主题根本上就是历史进程中的一个独特过程，没有足够的历史感觉就无法理解任何经济现象，而当前经济学家们在经济分析中所犯的错误正是由于缺乏历史经验造成的；但另一

[①] 马克思和熊彼特之所以会有此观点，根本上还在于他们深受西方根深蒂固的自然主义思维之熏陶；尽管他们都因为出身于社会科学领域而对庸俗数理化取向也抱有深深的警惕。

[②] 杰文斯：《政治经济学理论》，郭大力译，商务印书馆 1984 年版，第 30 页。

方面，他又宣称，"作为科学的经济学的未来有赖于数学的方法"，[①] 这也是他给予杰文斯、瓦尔拉斯以及马歇尔等数理经济学家特别高评价的重要原因。这意味着，尽管数学的应用确实可以在一定程度上将一门研究提升到科学的层次上，但是，对任何一门学科的发展而言，数学的应用又都是有一定限度的：数学的实际应用绝不能被降低为一个简单的咬文嚼字的机器，对社会科学来说尤其如此。究其原因，数学的应用也是需要一定的条件，而揠苗助长式的数学化只会窒息思想的产生和理论的发展。戴维斯和赫斯就曾指出，数学家也会按照以下条件来判断其他学科所"应用"的数学是真有需要还是纯粹装饰：①究竟被研究的现实问题是否复杂到要用到艰深的数学模型？②是否有真正的数学上的理由或并非一目了然的运算，需要运用到所提出的数学模型？③公式内系数或参数是否能够有意义及合理地被准确地算出。[②] 基于这三大理由，一些专业数学家对行为科学所使用的数学的怀疑比一些不采用数学的行为科学家所持的怀疑还更甚。克洛尔和豪伊特就指出，"坏的物理学并不会因为使用数学而变成好的物理学，好的物理学也不会因为它们的思想是通过数学方程表达出来而变成坏的物理学。同样，一个经济学理论是否是一个好理论或坏理论，也与它是否通过数学表达出来没有关系"。[③]

其实，科学本身反映了主体对客体的认知，它充满了主观性，社会科学更是如此。例如，麦克洛斯基就指出，科学既要用到数学的逻辑，但最核心的还是人文主义思维。[④] 显然，这就涉及数学在经济学研究领域中使用的"度"。数学对经济学的科学化和客观化发展所起的作用即使再大，也必须存在这样一个"作用边界"：它的使用不能使伦理学理论完全脱离经验事实的检验。一般地，数学应用于现象描述和解释必须有其根本基础：现象具有确定性或体现一定的大数定律；只有在这种前提下，我们在处理具体的不确定问题时才可以通过概率将事件数学化表示。但问题恰恰在于：不确定并非一定是可度量的。例如，

① 转引自繁人都重：《制度经济学回顾与反思》，张敬惠等译，西南财经大学出版社2004年版，第37页。

② Davis P. J. & Hersh R., 1987, Rhetoric and Mathematics, In://Nelson J. *The Rhetoric of the Human Sciences*：*Language and Argument in Scholarship and Public Affairs*, Madison, Wisconsin：The University of Wisconsin Press, PP.53–68.

③ 克洛尔、豪伊特："经济学的基础"，载多迪默、卡尔特里耶编：《经济学正在成为硬科学吗》，张增一译，经济科学出版社2002年版，第24页。

④ 麦克洛斯基："经济学专业的措辞"，载麦克洛斯基等：《社会科学的措辞》，许宝强等译，生活·读书·新知三联书店2000年版，第136页。

奈特就把不确定区分为有两种类型：一种是可以度量的，是可以用某种概率值表示的随机状态，这也是通常所谓的可用于数学处理的风险问题；另一种是不可度量的，是不能够以某种实际概率值表示可能产生结果的随机状态。[1] 显然，后一种是人类社会所真正面临的不确定性问题。例如，赫什莱佛和赖利等就指出，决策者不会处在奈特定义的风险世界，相反总是处在他所定义的不确定世界。[2] 正因为人类所面临的经济问题真正是不确定的，因而理性选择和数理模型在社会科学中的应用就存在严重缺陷。例如，格拉诺福特就认为，"我们所要求的复杂的层次比多数理性选择理论所能允许的要大得多"。[3] 奈特则强调，"计量经济学家通常首先是数学家然后才是经济学家，他们总是对数据做过于简单化的解释，并低估他们的假设与生活事实之间的差距"。[4] 尽管如此，现代主流经济学往往一味地推动经济学数理模型化的扩张倾向，强化经济学的纯技术化和形式化之套路，从而导致数理化的风气在经济学界甚嚣尘上。那么，有识之士又是如何认识的呢？为此，本文就此做一分析。

 （二）西方学术界对经济学数理化现状的批判

在逻辑实证主义的支配下，继承新古典经济学基本思维的各主流学派在数学这一工具的媒介下结合在一起，并形成了两大基本分支：计量经济学和数理经济学。其中，计量经济学通过经验材料的实证分析来证明新古典经济学基本假设的合理性，数理经济学则将此假设作为不言而喻的命题并以此推出其他相关的结论。然而，逻辑实证主义无论在前提确证还是理论推理上都存在严重的逻辑缺陷。W.J.萨缪斯就感慨道："经济学家们使用数量化的技术是如此惯常，以至于根本不考虑它们的知识论和技术的局限。这类研究，一些要达致某种真实的结果，一些则欲达致某些确定性的结论，而另一些则仅仅要达致某些最优解。但是，大多数人在做这类研究时，并没有意识到演绎、归纳和某一特定计

---

① 奈特：《风险、不确定性和利润》，王宇等译，中国人民大学出版社 2005 年版，第 13 页。

② 赫什莱佛、赖利：《不确定性与信息分析》，刘广灵等译，中国社会科学出版社 2000 年版，第 11 页。

③ 斯威德伯格：《经济学与社会学》，安佳译，商务印书馆 2003 年版，第 144 页。

④ 转引自雷斯曼：《保守资本主义》，吴敏译，社会科学文献出版社 2003 年版，第 288 页。

量技术的局限。"①

事实上，正因为现代主流经济学对人类的经济行为以及现实的经济过程往往局限于做纯数理推导、证明和实证检验的"演练套路"，所以像卡普这类制度主义经济学家就提出了强烈批判，这"不仅仅是理论分析的一种滥用，而且还有一种导致使理性运用无多大意义的潜在危险，这一世风很快使经济学变成了一门技术，而不再是一门社会科学"。②而且，现代主流经济学这种形式化的数理倾向引起了越来越多学者的担心。例如，马兰沃写道："现在人们所进行的、与硬科学攀亲的努力在将来几乎不可能有更大进展。现在，在国际经济学界发表的论著中，数学模型的滥用导致了研究质量的下降。"③同样，米塞斯也指出，"在许多人眼中，甚至最令人困惑的数学问题都具有易于具体化的优点。那些认为不借助数学推理和术语给他的帮助就不能掌握经济学问题的人被允许使用数学。时代的退步！那些通常被称为数理经济学家大师的理论家完成的是他们没用数学做出的东西。只是在以后，他们才努力用数学形式提出自己的观点。到现在为止，经济学中数学表述的使用是弊大于利。"④我们从两个方面来加以阐述。

（一）数理经济学之外的批判

一般来说，主流经济学所形成的那种不遗余力的数学化倾向，大大扼杀了广大经济学家进行理论创新的积极性，从而引起那些追求经济思想深化的学者之不满。例如，奥地利学派的维塞尔就指出，经济理论采用数学方法"的适用范围是那些采用最抽象最理想化假设的部分，即既无进步亦无退步的静态经济中的价值和价格理论。如果考虑发展中的经济，价值和价格理论将不再能够以严格的数理形式来表达。如果把研究局限于一批采用最理想化假设的范围极小的理论问题，那么数理方法将是达到公式化结论的最合适工具。但是对于理论中其他抽象程度较低的问题来讲，在研究中采用数理方法将导致灾难。经济理

---

① 转引自韦森："经济学的性质与哲学视角审视下的经济学：一个基于经济思想史的理论回顾与展望"，《经济学（季刊）》2007年第4期。

② 转引自韦森："经济学的性质与哲学视角审视下的经济学：一个基于经济思想史的理论回顾与展望"，《经济学（季刊）》2007年第4期。

③ 马兰沃："经济学与硬科学的攀亲：一种不可避免的、达到终点的尝试"，载多迪默、卡尔特里耶编：《经济学正在成为硬科学吗》，张增一译，经济科学出版社2002年版，第19页。

④ 米塞斯：《经济学的认识论问题》，梁小民译，经济科学出版社2001年版，第114页。

论中大量的真理及其在主要的伦理和政治领域中的应用都不是通过数理方法来证明的。"① 同样，曾任美国经济学会会长的杨格就指出，"我很怀疑是经济学家们创建的分析工具……阻碍了我们去清晰地认识报酬递增现象更一般或更基本的方面……"② 实际上，这两人都曾经属于经济学的主流，但与目前这种主流经济学取向又有所不同，从而对当时业已出现的那种工具化取向提出了批判和告诫。

同时，随着经济学数理化趋势的泛滥，越来越多的学者加入了批判和反思的行列。例如，约翰·布拉特就曾以"经济学家是怎样滥用数学的"为题对这种数学滥用现象大加讨伐，他在检验了近年来经济学家所热衷的最佳控制理论后发现，经济学家使用的含有数学的大部分方法实际是一种技巧，使用这种技巧的应该是数学家，而不是经济学家。因此，布拉特说："所有这些不是数学运用于现实世界的经济问题，相反，是运用高度准确、精密的数学于一种完全虚构的理想世界。"③ 事实上，经济学不管如何数学化，它的结论最终必须经过经验的检验，而这正是现代主流经济学的危机所在。例如，日本的森岛通夫强调，近几十年来经济理论在发展中接连受挫的原因就在于，尽管经济理论家们明白他们自己的模型其实并不能用来分析实际问题，但还是不肯从全面、系统的角度去研究经济问题及经济组织的实际机制。

在很大程度上，抽象化和数理化的研究路径是与新古典经济学局限于稀缺性资源的配置这一工程学内容相适应的，但由于它抽象掉了伦理学内容而与人们的日常生活日益相脱节，从而舍去了经济学应该真正关注的"人"这一根本。正因如此，现代主流经济学人中抽象化和数理化的膨胀倾向遭到了大多数关心实际经济问题、尤其是关注"人"之发展的经济学家之反思。

例如，注重社会发展的诺贝尔经济学奖得主缪尔达尔写道："我预计在未来的十年或二十年内，现在流行的传统经济学家的高度抽象的分析理论将被取代。虽然它的逻辑基础薄弱——因为它不符合实际，可读性差，很少有明确的推论，但是它的衰退主要还是天翻地覆的变化所带给我们的巨大压力造成的。"④ 再如，制度经济学的代表人物加尔布雷思毕生都在反对抽象的工具模型

---

① 维塞尔：《社会经济学》，张旭昆等译，浙江大学出版社 2012 年版，第 52 页。

② 杨格："报酬递增与经济进步"，《经济社会体制比较》1996 年第 2 期。

③ 转引自赵凌云："'裸体的皇帝'：经济学为什么还不是一门科学"，《开放时代》1998 年第 6 期。

④ 转引自繁人都重：《制度经济学回顾与反思》，张敬惠等译，西南财经大学出版社2004年版，第79 页。

和数理分析，他在代表作《丰裕社会》里就提到要"与李嘉图的著作断绝关系"。2000 年法国爆发了反对经济学形式化的"post-autistic"的经济学运动，加尔布雷思还专门飞抵法国会见了这个新运动的学生和学术界领导人。在加尔布雷思看来，尽管正统经济学使用了看似严格的数理模型，但它其实只是为权力体系辩护的；那些有权力的人往往可以从经济学理论中获得为自己行为进行辩护的依据，从而也就没有什么可说的，但这阻止了经济学研究真正的经济问题。为了使经济学通俗化，加尔布雷思退休以后又写了本《几乎人人可读的经济学入门》，但正是这一点让他赢得了读者而失去了同行，相当一部分经济学家认为他的工作与主流经济学没多大关系，以至于他不再被认作一个严肃的经济学家。甚至 97 岁的加尔布雷思 2006 年在美国麻省的"剑桥"去世时，世界各大报纸都在第一时间做出了反应，但美国主流经济学界却没什么动静，这就不能不令人对主流经济学的性质提出质疑。

同样，著名华裔经济学家也是福利经济学重要代表的黄有光也举例说，他曾批评一位知名经济学者的模式不现实，而对方的辩护竟然是，"我不认为我的模式与现实世界有什么关系"。为此，黄有光感慨地说，这不是把经济学变成数学游戏吗？但是，作为数学，他们的分析既不高深，也不是很有趣。所以，黄有光强调，"尽管我丝毫没有反对使用严格数学工具的意思（因为我本人也在这么做），我还是认为数学在一些场合下被不必要地滥用了。……另一个例子是罗姆提出的福利平等主义可由资源平等主义导出的结论。如果将其高深的数理门面剥去，这个结论的实质可以用一个简单的图形来解释。这样一来，这个结论的正确性的存在都非常清楚了。但是，我十分理解罗姆以及其他一些人选择高深的数学来表达其思想的做法，因为不这么做而想要发表论文，已经越来越困难了。假使罗姆的文章本来使用的是一个一望即知的简单图示，那么我有相当地把握，它一定会遭到《经济学季刊》的退稿。形式主义竟已泛滥到这种程度，经济学家实在有必要进行一下反思了。"[①]

最后，即使是承袭新古典经济学思维的新制度经济学，它被称为现代主流经济学的主要流派，当前众多的新制度经济学家为了能够进入"主流经济"而致力于将制度演化、社会分工、激励机制等模型化和数理化，从而越来越落入了新古典主义的窠臼。但是，新制度经济学的开创者科斯却一直强调要考察真实世界中的经济运行，要关注"人"，而反对将其思想数理化。同时，针对目前这种现状，森岛通夫、科斯以及威廉姆森等都建议，应该使"经济学在强调

---

① 黄有光：《效率、公平与公共政策》，社会科学文献出版社 2003 年版，第 15 页。

制度方面上认真下功夫；也就是说要放慢全面数学化的速度，转而根据经济组织、产业结构和经济史的知识来发展经济学理论"，而当前大多数交易费用经济学是"粗糙的"，其使用的模型是"原始的"。[①]

（二）数理经济学内部的批判

现代主流经济学对数学模型的强调和对思想创新的忽视，除了受到来自数理经济学之外学者的强烈反对外，甚至也越来越引起数理经济学内部的一些明智学者的反思。事实上，被认为数理经济学先驱的凯恩斯就像他的老师马歇尔一样对经济学分析中的纯技术化和完全数量模型化倾向的潜在危险提出告诫，他在《就业、利息和货币通论》中写道："在近来的'数理'经济学中，只能代表拼凑之物的部分实在是太多了；这些部分的不精确程度正与他们赖以成立的假设条件是一样的。假设条件使那些作者能在矫揉造作和毫无用处的数学符号中，忘掉现实世界的复杂性和相互依赖性。"[②]我们可以从两方面加以说明。

一方面，就现代数理经济学的奠基人而言，很多人后来都对数学的滥用提出了批判。例如，尽管帕累托作为数理经济学之父而闻名于世，但到了晚年却为数理经济学越来越突出的狭隘性所困扰，并开始批判与否定数理经济学；为此，他舍弃了将经济学形式化的取向，转而相信要想真正地理解经济，就需要理解经济实际发生过程中所蕴含的文化内容和政治内容，从而他后来的大部分精力都放在试图将政治、社会学以及心理学变量与他对经济体系的分析结合起来。再如，尽管里昂惕夫以其开发的投入—产出分析而闻名于世，而且从20世纪40年代到60年代全世界都热衷于投入—产出分析；但是，在70年代数理经济学正蓬勃发展之时，里昂惕夫就从一个模型的建构者、对建立经验主义的关系感兴趣的专家变为一个尖锐的职业批评家。事实上，在就任美国经济学会会长的就职演说中，里昂惕夫批评了当时经济学的发展中相当有害的趋势：关于数理经济学和经典经济理论的文章比以前任何时候都占据了越来越多的突出版面，而具有更多经验、注重政策和解决问题的文章似乎在不断减少；并且认为，当前的经济学家只是对构建形式化的模型并逻辑地推演该模型的特征和特性感兴趣，而根本不去关心这些模型的假设是否真实。在里昂惕夫看来，没有对经济实际运作方式的很好的经验性评估，建立的模型就不可能阐明现实经

---

① 威廉姆森：《资本主义经济制度》，段毅才译，商务印书馆2002年版，第538页。

② 转引自韦森："经济学的性质与哲学视角审视下的经济学：一个基于经济思想史的理论回顾与展望"，《经济学（季刊）》2007年第4期。

济中的任何问题；为此，他对那些不喜欢经验调查而迷醉于演绎推理的"数学学究式的经济学家"提出忠告，强调这些数学推断的结论是互不相关的，因为它们的前提假设就是不真实的。

另一方面，许多享有盛誉的当代主流经济学家也是如此，不仅阿莱、鲍莫尔、鲍尔丁、多马和乔治斯库－罗根等都对经济学中不断增长的过度使用数学的趋势以及重技巧超过重实质的做法感到困惑并提出批判，而且，即使像萨默斯这样的对数理经济学和计量经济学做出重要贡献的经济学家也是如此。例如，1988 年诺贝尔经济学奖得主阿莱就把当前这种学风称为"数学骗术"，他写道，"将近 45 年（应指 1990 之前——作者注）来的当代经济学文献在完全人为的脱离现实的数学模型指导下，过于经常地在一个错误的方向上发展；也过于经常地越来越受数学形式主义的左右，而这在根本上说是一种大大的退步"，"大部分当代的理论文献的确已经越来越严重地出于纯粹学术家的控制之下，这些数学家更关心数学定理，而不关心对现实世界的分析。建立在抽象和先验概念上的、脱离实际的一种新学术独裁主义正在抬头；这种'数学骗术'在凯恩斯的《概率论》一书中早已受到痛斥"，"无论怎么重复这一点也不过分：对于经济学家，一如对于物理学家，基本目标不是为数学而使用数学，而是要把数学作为发掘和分析具体现实的根据，因而绝不要把理论与其应有分割开来"。[①] 同样，2008 年诺贝尔经济学奖得主克鲁格曼尽管极力推崇主流经济学的模型化趋势，并认为"从长期来看，也许我们可以设想经济学可成为融合成一体的社会科学的一个组成部分，就像遗传学已成为生物化学的一个分支一样"；但是，他依然对过度化数理范式表达了质疑，他写道："这么多有趣、又基本符合直觉的思想，任何没有受过经济学科班的训练的人都能理解它们。就因为模型化时其严谨程度达不到众多杂志日益狭隘的标准，而对它们视而不见。这不正说明我们存在对形式主义的迷信吗？甚至可以说，这难道不意味着整个学术界误入歧途吗？"[②]

可见，数学本身是经济学分析经济现象的一个有用工具，但是，一旦婢女转变成了主人，当数学主导经济学的研究后，经济学的性质就开始蜕变了，成为一种脱离现实的游戏。事实上，被纯粹数学符号冲昏头脑的危险已经为

---

① 阿莱："我对研究工作的热忱"，载曾伯格编：《经济学大师的人生哲学》，侯玲等译，商务印书馆 2001 年版，第 45 页。

② 克鲁格曼：《汇率的不稳定性》，张兆杰译，北京大学出版社、中国人民大学出版社 2000 年版，第 81–82、72 页。

大量的事实所证明，而且，这种反思声音还来自自然科学领域。例如，Kelvin
和 Tait 在《自然哲学论文》的序言中就指出了这一点，[①] 英国工程师 R. O. Kapp
也提出了严重警告。[②] 相应地，近年来对现代主流经济学持强烈批判态度的
"后—我向思考"经济学运动也在法国爆发并迅速席卷了整个欧美经济学界，
法国学生在致本学科教授和教学负责人的公开信中写道："使用数学作为工具
看来是必要的，但是，当数学本身不再是工具，而成为自身的目的时，求助于
数学形式化会导致对现实世界的一种真正的精神分裂症。形式化易于进行建构
联系和操纵模型，而模型的意义局限于能为写出'一篇优秀论文'而发现'好
的结果'（即来自初始假设的逻辑结果）。在科学的幌子下，这种习惯做法有利
于评估和选拔，但永远不能回答我们所提出的有关现代经济争论的问题。"事
实上，法国学生的经济学改革运动影响之广、之速，不仅加尔布雷思、马格林
等马上就表达了大力支持的态度，而且，新古典经济学的代表人物索洛也不得
不迅速做出了"主流经济学与改革运动的目标相一致"的回应。

 三 重新认识经济学数理化的发展路径

不可否认，经济学数学化的一个基本目的就是使经济学变得更科学，但
是，经济学的"科学性"并不等同于自然科学的科学性；究其原因，每个学科
都有其特定的目的，经济学的科学性体现在提高其解决和预测社会现象的能
力方面。例如，瓦里安就指出，经济理论对经济学的贡献应该根据经济理论对
经济政策的理解和指导的贡献大小来衡量。也就是说，我们不应该把经济学与
物理学进行比较，也不应该将经济学与生物学进行比较，而应该把经济学与工
程科学和医学进行比较。然而，经济学的数理化并没有取得如主流学者所宣扬
的那种科学进步。正如布劳格指出的，"尽管并没有很多人愿意像罗森伯格那
样否认今天经济学在预测特殊事情的可能结果比斯密时期好得多，但是有很多
经济学家却怀疑这样一种认识：我们曾经取得非常重要的经验性的进步，至少
在近半个世纪中是这样……（而且，）在经济学中，定性预测的历史记录要比

---

① Kelvin L.& Tait P. G., 1962, Treatise on Natural Philosophy, Reprinted as Principles of Mechanics and
Dynamics [M]. New York : Dover, Part I, P.viii.

② Georgescu- Roegen N., 1976, *Energy and Economic Myths : Institutional and Analytical Economic
Essays*, New York : Pergamon Press, P.61.

定量预测的历史记录好得多。这就解释了，那些对经济学的科学地位冷嘲热讽的人对'真正科学'的强调，是为了对他们所关心的重要结果做精确的定量预测"。① 因此，经济学必须谨慎地使用"科学"这一术语，特别是要警惕各种对于经济学的"伪科学"的包装；相反，要关注经济学的经验意义，以避免经济学泡沫化和空洞化的倾向。事实上，经济学要取得工程科学或者医学那样的成效，首先必须解释社会事物之间的内在机理。譬如，就医学而言，只有将病理揭示了，才能有根有据地进行治疗，否则只能是脚痛医脚、头痛医头，甚至是治标不治本。为此，拉尔森指出，"统计技术以及收集和分析资料的方法总体上对科学研究都是有效的，但是只有当紧密联系科学问题，例如理解理论和探寻理论时，它们才是真正有用的"。②

正因如此，我们在引入数学工具去描述和分析某个模型的一般性质，并能够更精确地传达、交流的同时，还必须牢牢认识到这些数学建模固有的简单的性质，警惕基于数学模型得出结论的荒谬性。有句古话说，错误比无知离真理更远。数学模型名义上是定量分析性质的，但是，由于数据本身的错误或者忽视其他相关的因素，所得出的量往往可能比基于因果逻辑所得出的定性结论离实际更远。所以，哈耶克就说："我得承认，我更喜欢虽不完美但正确的知识，即使它留下了许多无法确定和预测的事情，而不是那种貌似精确但很可能是错误的知识。表面上遵守公认的科学标准，会给具有简明外表的错误理论带来虚名，但目前的局势说明，这种理论会导致严重的后果。"③ 同样，凯恩斯和塔克等则强调，给对的问题一个近似于模糊的答案远胜于给错误的问题一个精确的答案。实际上，尽管数学对一个学科的发展具有相当的作用，但是，它最根本上还仅仅是一个分析工具；而且，数学使用也取决于我们所研究的领域以及研究者的兴趣，譬如，很多经济思想史和社会经济学领域的大家都不懂数学，但同样对经济学的发展做出了卓越的贡献。因此，我们在大力拓展数学在经济学中应用的同时，也应该记住这一教训："数学现代史上的教训之一是，数学

---

① 布劳格："为何我不是一个建构主义者"，载巴克豪斯编：《经济学方法论的新趋势》，张大宝等译，经济科学出版社 2000 年版，第 157 页。

② 拉尔森：《社会科学理论与方法》，任晓等译，上海人民出版社 2002 年版，第 1—2 页。

③ 哈耶克：《经济、科学与政治：哈耶克思想精粹》，冯克利译，江苏人民出版社 2000 年版，第 465 页。

的实际应用不能被降低为一个简单的咬文嚼字的机器。"①固然，由于学科的特点，经济学中的任何理论从严格意义上来说都是不正确的。实际上，经济学理论的重要作用在于提供某种揭示社会现象的思路。但问题是，当前过度数理化的经济学果真如瓦里安所宣称的那样能够提供这种有效的见解吗？丹西认为，新古典经济理论的缺陷并不在于它使用了数学模型，"而是因为它求助于不好的模型——也就是说，不是近似而是'虚构'。在它看来，有些假说只不过是'荒谬可笑的'"，"这些假说有可能被用来进行精确的预言，但是，通过一种弗里德曼的'仿佛'（as if）式的辩护，理论经济学家所剩下的是不具有任何真实的解释"。②

显然，现在已经到了我们重新审视数学与经济学之间关系，特别是反思经济学过分数量化的时候了，而进行反思的关键就是重新认知经济学研究的目的和内容。究其原因，在边际革命到新古典经济学确立这段时期，经济学研究的问题相对简单，主要集中在交换和生产领域，因而只要对这些知识有所掌握，像古诺、杰文斯、瓦尔拉斯等数学家就可以转行为经济学家；但是，经济学发展到今天，其研究内容已经大大拓宽了，影响"经济"现象的因素也复杂得多，现代已经几乎不可能有什么数学家能够较为全面地了解经济学的研究内容以及影响"经济"问题的那些因素，他们也不可能像边际革命时期的数学家那样创新构建经济学的数理体系。事实上，以前的古诺、杜普伊特等甚至都是将经济学视为一种业余工作，仅仅基于良好的技术教育就可以将其敏锐的实际洞察力带入经济问题的分析之中；但是，现在的学科分工如此细化，每个学科所积累的知识如此丰富，任何一个业余爱好者都不可能再像以前那样对经济学产生重大影响。数学家给予经济学的影响不再是提供理论而是提供分析工具，而经济学的研究毕竟还是应该由经济学家来进行，而且必须是具有深厚经济学理论的经济学家，他们能够娴熟地利用其他学科所发现的知识和分析工具；而且，经济学所使用的不仅是数学所提供的分析工具及由此获得的思想启示，更需要借鉴和吸收其他学科所提供的分析工具及由此获得的思想启示。显然，经济学领域本身需要集结各领域的研究专家，而不是像现在这样几乎清一色是理工科出身的，甚至经济学专业出身的人也站不住脚了。

---

① 米洛斯基："问题是什么"，载巴克豪斯编：《经济学方法论的新趋势》，张大宝等译，经济科学出版社 2000 年版，第 83 页。

② 转引自法夫罗："经济学及其模型"，载多迪默、卡尔特里耶编：《经济学正在成为硬科学吗》，张增一译，经济科学出版社 2002 年版，第 170 页。

那么，为什么会出现这种状况呢？麦克洛斯基在《经济学专业的措辞》中曾指出，当经济学家致力于经济学的研究工作时，他们关注的是去说服别人；但是，在当今的主流经济学界，说服经济学家的不是经验的检验或成功的预见，而是那些没有运用任何明确方法论的东西，即数学技巧、类比论证以及对称性等。正因如此，经济学的性质已经发生了改变，它不是基于对经济现象的认知或经济规律的探知，而是成了一种自我依赖的东西。哈奇森等批判说，现代经济学理论已经变成了一种智力游戏，或者成为麦克洛斯基所称的"假设的多维空间"的一种探索，而不是原先那种关注公共政策以及为人类提供合理配置资源的能力。也正因为如此，考德维尔对经济学的现实困难就持悲观主义的认识论态度，认为当今高深的理论对提高我们的理解力并没有起到多大作用；并且，他呼吁"经济学家应该考察一下他们学科的最近的历史，看一下理论和计量方面的进展是怎样以及在什么程度上提高了我们对经济现象的理解。我们必须回答这个问题：对于过去半个世纪的理论和经验进步的直接结果的当今经济，我们到底知道些什么呢？"①

不幸的是，尽管经济学的研究内容和对象已经大大改变了，但主流经济学非但不作相应的研究方法的调整，而且对任何反对数学化的非主流经济学家都进行"反"质疑。究其原因，那些主流经济学家往往想当然地怀疑他们根本不懂所反对的数学方法究竟是什么，或者把经济学本身就视为一个仅仅为获得一些逻辑推理上启示而与现实无关的学问。但显然，就后一种看法而言，需要重新对经济学这门学科进行界定，实际上，那些重要的数理方法和理论基本上都是自然科学领域的学者完成的，而经济学领域的学者一般仅仅是把这些模型与现实结合起来，这就是经济学的致用性；至于前一种看法，为了使这种反对更具说服力，就需要借助于专业数学家的声音。

其实，一些专业数学家对主流经济学所使用的数学的怀疑甚至比一些非主流经济学家对此的怀疑还有过之而无不及。例如，系统动力学的创始人福雷斯特就指出，诺德豪斯和所有的经济学家一样，只从简单因果关系来思考问题——他不明白变量之间可能同时相互影响。再如，戴维斯和赫斯就将经济学中的数学称为措辞数学，因为它既不能像纯数学那样创造新的数学概念，不能解决任何数学难题；也不能像应用学术那样能实质性地影响世界；相反，除了出版学术文章、学术报告和申请研究基金的建议书之外，并不产生什么实际的

---

① 考德维尔："关于复兴经济学实践的两个提议"，载巴克豪斯编：《经济学方法论的新趋势》，张大宝等译，经济科学出版社 2000 年版，第 197 页。

东西。[1]同样，政治科学家 B. Leoni 和数学家 E. Frola 写道："常常有人声称，把极大值的概念从普通语言转换成数学语言，增加了这个概念的逻辑精确性，并扩大了其应用范围。但是，普通语言的缺乏数学精确性恰恰反映了现实世界中人的行为……我们怀疑，转换成数学语言，意味着从事经济活动的人向事实上的机器人的转换。"[2]当然，尽管绝大多数数学家蔑视经济学中盲从和乱用数学推理乃至计量分析的倾向，但由于他们不像哲学家或文学批评家那样喜欢争论；因此，他们很少将这些怀疑以文字的形式发表出来，这变相地鼓舞了数学的滥用。

在很大程度上，目前经济学中大力运用的措辞数学其实仅仅是一种学术游戏的形式，它随着 20 世纪美国对数学的重视而出现的；实际上，应用数学迟早会引发相关的实验和测量，而措辞数学则往往在原则上不能与现实验证，因为模型中往往包含了无法被度量的数字参数。正因为主流经济对于演绎推理的偏好已经将经济学推向了危险的边缘，窒息了经济理论的真正发展，也离经济学的"科学性"越来越远；因此，经济学研究必须回到解决具体问题的轨道上来，重新考虑它应该优先解决的问题。事实上，经济学研究的根本目的是提高人的福利，那么就必须充分理解福利的内涵，分析人类福利需求的演变，从而必须充分分析苏格拉底提出的"人应该怎样活着"这一根本问题。显然，这也意味着，我们需要进一步考虑经济学与其他社会科学的联系，因为针对经济学家和其他社会科学家所面临的限制而展开的系统研究，比起简单地假定我们的学科问题要服从于科学工具而言，当然具有更大的意义。

事实上，根据经济学满足人类需要的目标以及包含工程学和伦理学的两方面的内容，经济学与其他社会科学是相通的。这意味着，经济学应该更多地借鉴其他社会科学的研究方法，而社会科学的基本研究方法就是哲学理念。因此，经济学研究本身也必须以一定的哲学理念为基础，只有这样，才可以更好地思考人的问题，并能够站在整体的高度研究经济学。其实，大多数经济学中的重要人物——从斯密到马克思、从埃几沃斯到凡勃伦、从凯恩斯到乔治斯库－罗根——都是在哲学的领域里面而不是在经济学领域里开始他们最初的社

---

① Davis P. J. & Hersh R.，1987，Rhetoric and Mathematics，Nelson J. *The Rhetoric of the Human Sciences*：*Language and Argument in Scholarship and Public Affairs*，Madison，Wisconsin：The University of Wisconsin Press，PP.53–68.

② Leoni B. & Frola E.，1955，*On Mathematical Thinking in Economics*，Unpublished Manuscript Privately Distributed，PP.23–24.

会活动的。然而，如同诺贝尔生物学奖得主卡雷尔（A. Carrel）强调的，文艺复兴以来舍质求量的研究方法不但误导了科学的胜利，也诱导了人类走上颓废的道路；这种趋势不仅体现在一般社会科学中，更严重地体现在经济学界。例如，考德维尔就指出，经济学家们通过严格界定它们学科的范围来对此做出反应，比起被局限在这个范围内的内容来说，真实世界要丰富得多，因而经济学又是"不精确"的科学。

可见，尽管经济学本身是一门致用之学，但是，如今体现经济学作为硬科学特征的数学化取向实际上已经妨碍了经济理论的发展，甚至正成为它变成硬科学的硬伤，因为经济学的数学模型往往是反现实主义的。当然，这并不是说经济学不需要数学化，关键是如何使用数学，从而提防在使用数学时走上形式主义道路。但是，主流经济学却把数量研究方法视为一种值得广泛推广的约定，把数学符号的大量应用视为经济学文章的游戏规则；由此，当前那些从事数量研究的"主流"经济学人所崇尚的就是，单纯地设计一个与自己所需要的结果相一致的模型以显示作者的智力而不是对理论相关性的证明。为此，布劳格感慨说，这种形式主义"仅仅意味着对模型的形式结构给予最高的优先权而不考虑它的内容；它将严密性和精确性置于优先相关性的地位，将分析的简练性和逻辑连贯性置于优先于实际的含义的地位；它制造了一个理论偶像并且嘲弄了真实世界的庸俗的呼吁……这种做法的最终目标是为了提供一个富于美感的优美的定理，是为了完成我们已经构造好的学术性的练习，因为凭借现有的分析方法它们就已经可以解决了，而不是向我们提供具体的对可观察行为的洞察力"。[①]

究其原因，主流经济学机械地移植了自然科学领域的自然主义思维，把经济学理论视为一门纯粹的逻辑推理。显然，正如波普尔指出，"如果我们仅仅以科学陈述的形式结构或逻辑结构作为经验科学的特征，我们就不能够从经验科学中排除形而上学的普遍形式，正是这种消失常常将一种过时的科学理论抬高为一种不可反驳的真理。"而且，尽管经济学往往主张用事实说话，但它所谓的事实也就是数字，虽然其所援引的数字本身充满了各种各样的问题，但却依旧要人们相信它已经发现了事实，甚至从中发现了规律；然而，正如波普尔指出的，"无论什么时候，他们相信自己已经发现一个事实，而实际上只是提

---

① 布劳格："为何我不是一个建构主义者"，载巴克豪斯编：《经济学方法论的新趋势》，张大宝等译，经济科学出版社 2000 年版，第 175-176 页。

出了一种约定。因此，这种约定很容易转变为教条。"[①] 显然，正是基于这种自然主义思维，经济学逐渐变成了非批判性的；也正是这种夜郎自大的自负，随着经济学在数理化道路上越走越偏，它越来越不愿也无法与其他学科进行真诚的交流，经济学变成了主要属于学院派经济学家范围中的事。例如，郑也夫就指出，正是由于学院派经济学已凭借数学工具为自己高筑起一道篱笆，结果使其他社会科学领域的学者望之却步，这进一步增强了经济学的封闭性，并形成了一个恶性循环。正因如此，经济学无法获得新的经济学增长点，即使偶尔有其他学者侵涉了经济领域，往往也只是带来暂时的震动，而无法促进经济学理论体系的变革和发展。

 结语

尽管马克思强调数学工具对科学研究的重要性，但他仅仅把数学视为辩证的辅助工具和表现方式。[②] 不幸的是，现代主流经济学不仅形而上学地运用数学，而且试图把数学变成形而上学的辅助工具和表现方式。其实，经济学不仅要研究抽象的工具理性行为，更要关注具体的交往理性行为。在某种意义上，经济学根本上是要研究公共领域的问题，历史上那些经济学大师之所以留名青史基本上都是因为其对公共政策的关注。当然，经济学家要能够对涉及人类公共领域的事物进行管理、引导，首先必须具有知识分子的学术理念和社会责任，需要关心现实。例如，米洛斯基就说："真正的创造力来源于对思想界限的重新勾画，来源于对新思想冲击的激发，而不是对事物单调秩序的标准偏见的一再确认。"[③] 但是，根基于一种数量化的偏见，主流经济学却对自身所存在的问题视而不见或者轻描淡写。显然，这种脱离实际的风格并不是真正的知识分子应有的学风。科塞指出，知识分子是理念的守护者，为此，他们总是"倾向于回避对技术专家来说十分熟悉的智力活动"；[④] 相反，"如果让他们的远亲，

①　米勒：《开放的思想和社会：波普尔思想精粹》，张之沧译，江苏人民出版社2000年版，第136、139页。

②　参见，《马克思数学手稿》人民出版社1975年版，第221页。

③　米洛斯基："问题是什么"，载巴克豪斯编：《经济学方法论的新趋势》，张大宝等译，经济科学出版社2000年版，第72页。

④　科塞：《理念人：一项社会学的考察》，郭方等译，中央编译局出版社2001年版，前言。

脑力技术人员和专家，抢占了知识分子现有的职位，现代文化很可能因僵化而消亡"。实际上，目前主流经济学界的绝大多数人已经不再关心思想、不再关注理念，而倾注于教条式的算计，结果，那种为理念而生的真正意义上的知识分子似乎在经济学领域消失了；库特纳说："经济学系正在培育出一代傻瓜学者，他们擅长难懂得数学，但对实际经济生活却一无所知。"[1] 正因如此，在当前这种极端功利化的学术界，尤其是经济学界，就如迈克尔·波兰尼强调的，"我们对今日世界应做的最生死攸关的工作，便是恢复我们自身的科学理想"。[2] 要做到这一点，就需要对经济学的核心假设、分析框架、研究工具以及基本术语进行修正，特别是要重新对待过去被认为是具有有效性的手段。

一般地，经济学理论研究根本上能够增进人们的现实认知，要提供能够启发心灵的思想；但是，数学本身却并不能体现任何思想，只不过是思想的一种表达工具。显然，思想和数学在经济学研究中本身就不处于同一层次，思想要高于数据表达，只有将思想搞得很清晰了，掌握了问题的症结，才能考虑用不用方程式等数学处理。同时，有些思想，尤其是在概念方面，用数学不仅不容易，反而往往会弄巧成拙。例如，曾有很多人尝试用方程式来表达科斯定律，但搞出来的往往似是而非，科斯本人就非常不满意。乔治斯库–罗根就认为，数理模型主要适用于这样两类情形：①工程学经济学，它主要处理给定环境的情形，如在给定的价格和给定的生产系数求最优化的解决；②数理模型被用于解决一个在模型化考虑之前已经存在的经济问题，这些问题通常具有辩证特性，而模型仅仅是这种辩证推理的明喻化说法。不过，在经济学或者其他任何社会科学中，我们都无法像工程学、物理学或者化学中那样使用数理模型，模型也许可以帮助我们探究辩证推理，但不能告诉我们如何做，而重要的是我们首先需要有这种推理。[3]

事实上，萨缪尔森除了在那本导致数学经济大行其道的《经济分析基础》中使用大量的数学方程式外，其他文章远没有当前经济学论文中有那么多方程式。而且，萨缪尔森自己也说，他自己更喜欢文字表达的经济学，但是由于自

---

[1] 转引自曾伯格：《经济学大师的人生哲学》，侯玲等译，商务印书馆 2001 年版，导言。

[2] 波兰尼：《自由的逻辑》，冯银江译，吉林人民出版社 2002 年版，第 6 页。

[3] Georgescu-Roegen N., 1979, Methods in Economic Science, *Journal of Economic Issues*, 13(2): 317–328.

己不具备足够的智力把经济学用文字写出来，才转而用数学模型。[①]张五常曾在自己的博客上指出，像阿罗那种数学高人，绝对不是数学识得多，而是无论你说什么，他们可以立刻用符号代替，但这是很难遇上的天赋。同样，博学多才的尼古拉斯·乔治斯库－罗根在其获得 1971 年美国经济学会杰出会员称号的演讲中就说："美国经济学家中尚无人能在他所受的训练中以及在他发表的作品中把经济学、数学和统计学比较成功地结合起来。"[②]正因如此，张五常认为，如果没有阿罗这样的天赋，就不应该用数学去想，而是要想好后才考虑用方程式证实。而且，在张五常看来，在经济学上应该用数学的有三种人：第一种人是像阿罗那样，天生脑子满是符号，但这种人绝无仅有，用数学思考理所当然；第二种比较多，天生脑子逻辑紧密，想得通，很少错，想通后用方程式表达只是为了粉饰一下，算是多此一举了；第三种最多，这些人的思想逻辑不能来去纵横，往往沙石无数，多用数学是有帮助的。

---

① 盖内里："模型化与经济理论：演变与问题"，载多迪默、卡尔特里耶编：《经济学正在成为硬科学吗》，张增一译，经济科学出版社 2002 年版，第 126 页。

② 转引自曾伯格：《经济学大师的人生哲学》，侯玲等译，商务印书馆 2001 年版，导言。

后　记

　　自 20 世纪 80 年代以来尤其是在 2008 年经济危机爆发之后，现代主流经济学就已经并且正在遭受越来越大的批判，而这套 4 卷本丛书则从最深层次的哲学思维和方法论上探究经济学如此情形的问题、何以如此的原因，尤其是集中剖析中国经济学的现状及其深层次原因，由此来寻求经济学的发展方向和要求。同时，基础理论著作重在学理和逻辑，因而本套丛书也力求逻辑上的严格、学理上的思辨、见解上的兼顾以及框架上的整体。当然，这套丛书的写作纯粹是源于笔者的个人兴趣，主要体现了笔者从事经济学教学和研究 20 年来的观察和思考。相应地，这套丛书所阐发的观点根本上属于"为己之学"，而社会上对此问题往往有截然不同的主张，因此，也希望读者和社会大众明我之心，期盼就不同看法加强交流。

　　其实，本套丛书的绝大多数内容都是在 15 年前完成的，其中一些内容也以论文的形式发表在各种专业刊物上。不过，一篇篇孤立的文章所呈现的往往是片段式知识，增加了读者整体性把握这些看法的难度，甚至还产生种种的误解。因此，不少同仁也一直敦促并期待这套丛书的早日面世。但是，由于笔者素来不喜且不善填表，因而也就一直无力出版这套丛书。这套丛书现在得以出版，才国伟教授居功至伟，是他积极帮助争取岭南学院学科建设经费的资助；同时，也要感谢陆军教授等岭南学院的新一届领导层，期间李义华女士也积极协助处理各种事宜。最后，要感谢王光艳女士，我们自第一次接触就产生强烈的学术共鸣，她在整套丛书的校对和出版过程中尽心尽力、细心周到，为本套丛书增色不少。

朱富强

2019 年 3 月 1 日